청소년 상담

청소년을 위한 선행주도 접근방법

캐스린 겔다드 · 데이비드 겔다드 지음

김시원 옮김

한울
아카데미

이 도서의 국립중앙도서관 출판예정도서목록(CIP)은 서지정보유통지원시스템 홈페이지(http://seoji.nl.go.kr)와 국가자료공동목록시스템(http://www.nl.go.kr/kolisnet)에서 이용하실 수 있습니다. (CIP제어번호: 2015023228)

Counselling Adolescents

The Proactive Approach for Young People

Third Edition

Kathryn Geldard and David Geldard

SAGE

Los Angeles | London | New Delhi
Singapore | Washington DC

차 례

───────────────── 1부 청소년 이해하기 ─────────────────

십여 년 전 뉴질랜드의 한 고등학교에서 실습 기간을 포함해 6년 동안 상담교사로 일했다. 그 마지막 무렵에는 일 년 동안 150명가량의 한국 학생을 만났다. 학생 수가 2000명이 넘는 학교였는데, 그중 10% 정도가 유학생과 이민자 자녀였으니 그 학교의 한국 학생은 거의 만난 셈이다. 그때 큰 도움을 받았던 책이 바로 이 책이다.

성인상담과 아동상담의 기법들은 일찌감치 발전해왔지만 청소년 상담은 성인상담과 아동상담 사이에 있는 것 정도로 생각되어왔다. 그 이유 중 하나가 청소년이란 어린이에서 벗어나는 중이지만 아직 어른은 아닌 상태에서 성인기를 향해 계속 변화하고 있기에 그들에 대한 일관된 이해를 갖기 힘들기 때문일 수도 있다.

청소년은 발달단계상 자기 정체성을 탐색하면서 삶의 이런저런 것을 실험해보고 싶어 하는 것이 당연하지만, 그로 인해 그들의 말과 행위는 어른이 보기에 위태위태하고, 어른에게 그렇게 취급당하는 청소년들 스스로는 자기 자신에 대해 확실한 생각과 느낌을 갖기가 쉽지 않다. 더구나 우리 청소년은 그런 탐색이 허용되지 않는 환경에서 살고 있다. 성적과 상급학교 진학을 지상의 목표로 삼으라는 압박감이 엄청나기 때문이다. 그렇다고 발달단계상 필요한 단계를 거치면서 극복해야 할 과제가 면제되는 것은 아니다. 따라서 그들이 정서적으로 겪는 내적 혼란은 그들을 학교폭력의 가해자나 피해자가 되도록 만들거나 우울증 또는 학교 기피, 자살 등의 결과를 낳기도 하는 것을 우리는 듣고 보고 읽는다.

이 책은 청소년의 본성과 발달단계에 맞춘 상담이 필요함을 역설한다. 부부인 두 저자는 몇십 년 동안 청소년을 상담해온 경험에서 나온 지식을 기존의 상담이론들과 접합시켰다. 이를 통해 청소년 상담사뿐 아니라 청소년 자녀를 둔 부모나 청소년을 가르치는 교사에게도 청소년을 어떻게 대해야 효과적으로 그들에게 도움이 될지를 구체적으로 가르쳐준다.

먼저 이 책은 청소년 상담이 '선행주도적(proactive)'이어야 한다고 주장한다. 조금이라도 지루한 것을 못 참고 끊임없이 변화를 모색하며 자기 정체성을 추구하는 청소년을 상담하려면, 상담사가 청소년의 태도와 언어적·비언어적 행위를 관찰해가면서 적시적소에 다양한 상담기법을 이용해야 한다는 것이다. 그래서 저자들은 '기회주의적'이라는, 별로 긍정적으로 들리지 않는 단어를 서슴없이 사용한다. 청소년 상담사는 기회주의적이어야 한다는 것이다. 수시로 변하는 청소년 내담자의 기분, 에너지, 집중도를 관찰하고 기회를 엿보면서 그 내담자에게 맞는 상담을 진행해야 효과가 있다는 것이다.

그렇기 때문에 이 책에서 제시하는 기법들은 절충적이다(eclectic approach). 다양한 이론을 배경으로 한 다양한 기법들이 상담상황에서 어떻게 구체적으로 적용될 수 있을지에 대해 상담대화의 예를 풍성하게 제시한다. 이 책은 상담을 공부하는 학생들이나 기존 상담사들조차 많은 도움을 받을 수 있는 안내서 역할을 한다.

한편으로 이 책은 청소년이 개별화와 독립성을 추구하면서도 끊임없이 자기 정체성의 모델이 될 본을 찾고 있다는 사실을 잘 지적한다. 부모나 상담사가 어떻게 그런 모델이 될 수 있으며, 되어야 할지에 관한 정보를 제공한다. 이 저자들에 따르면 권위적인 부모는 청소년 자녀가 안정되고 순응적으로 그 발달시기를 지나가도록 가장 잘 돕는다. 또 그런 부모는 청소년 자녀가 성숙한 어른으로 넘어갈 수 있도록 한다. 공부를 위해서는 자녀의 어떤 불의한 행위도 대신 양해하거나 변명해주고, 아니면 공부를 위해 자녀의 어떤 자유도 허용하지 않는 부모가 대다수인, 그래서 가정이나 학교에서 참된 권위가 거의 무너져버린 우리 상황에서는 '권위적' 또는 '권위 있는'이라는 단어가 어색하고 불편할 수도 있다. 그러나 이 저자들이 왜 그렇게 주장하는지 나는 설득되었는데, 나의 상담 경험으로도 이 책의 주장은 맞다. 이런 부분이 청소년 부모들을 향해 이 책이 부탁하는 것이라면, 상담사에게 부탁하는 것은 다음과 같다.

이 책의 화법은 주로 잠정적인(tentative) 서술이다. 3판 머리말에서도 밝히고 있듯이 이 저자들은 청소년 하나하나가 모두 독특한 한 개인이라고 본다. 그래서 청소년이란 동질(同質) 집단이라기보다는 각기 다른 개인들이 모인 이질(異質) 집단이라는 것이다. 한마디로 각각의 청소년을 고유한 한 사람으로 보고 있다. 그것이 이 책의 화법을 단정적인 서술보다 잠정적인 서술로 이끈 것이 아닌가 한다. 각 청소년에게 맞춰주는 일은 매우 중요하기 때문에, 이 책의 잠정적인 서술에는 모든 기법과 이론을 청소년에게 일괄로 적용하지 않으려는 의도가 담겨 있다.

사실 상담할 때 내담자를 단정적으로 규정짓고 대화한다면 그 태도는 청소년에게 훈계하고 싶어 하는 여타 어른들, 부모나 선생과 다를 바 없으며, 청소년은 굳이 상담할 필요성을 느낄 수 없게 된다. 그런데 상담사들은 그런 유혹에 쉽게 빠진다. 청소년이 어떤지에 대한 이해보다는 그들의 겉모습으로 판단하기가 쉽기 때문이다. 잠정적인 서술은 모든 것을 열어놓고, 청소년 내담자의 변화 가능성을 믿으며, 그들의 이야기를 들어야 한다는 저자의 믿음을 알려주는 간접적인 메시지라고도 볼 수 있다. 잠정적인 화법은 글을 늘어지게 만드는 경향이 있음에도 그 어법대로 번역한 이유는 저자들의 이러한 믿음에 동의하기 때문이다.

청소년 상담 책이 이미 여러 권 나와 있지만, 이 책은 나의 상담경험에서 확인된 사실들에 가장 부합하는 책이고, 청소년 상담사의 실제적인 상담상황에서 아주 많은 도움이 될 책이라고 확신했기 때문에 번역하고 싶었다. 책을 번역하도록 흔쾌히 결정해주신 도서출판 한울의 김종수 사장님과 꼼꼼하게 편집하면서 온전한 책이 되도록 애써준 편집부에 감사를 드린다. 또 평생을 고등학교에서 가르치셨고 이 책이 언제 나오나 궁금해하시면서 나의 모든 일을 격려해주시는 아버님과 어머님에게 감사를 드린다.

2015년 8월 15일
김시원

청소년과 함께 작업하는 일은 힘든 도전이 될 수 있다. 그들과 함께 어울리는 것이 힘들 수 있기 때문이다. 그러나 한편으로는 보람 있는 일이다. 이 세 번째 판은 저자들의 이전 저작들이 늘 그랬듯이 정보를 잘 기술해준다. 이 책에는 이전 판에서 제공된 정보에 더해 청소년과 작업할 때 실제로 효과적인 접근방법들이 가득하다. 이 접근방법들과 아이디어들은 쉽게 이용될 수 있는 것들이다. 이 책의 실천적 요소들은 청소년기의 발달양상과 상황의 측면에 관해 제공된 정보들을 잘 보완해준다. 그래서 청소년들과 상담하면서 자기 기술을 개발하기 원하는 누구에게나 이 책은 좋은 자산이 된다.

_ 서맨사 베스트(Sammatha Best)
CAMHS(Child and Adolescent Mental Health Services)* 매니저, 임상전문 간호사

Youth Access** 회원들은 이 책에서 많은 통찰을 얻어왔다. 청소년들과 함께 일하기 원하는 상담사들에게는 훨씬 더 가치 있는 책이다. 이 책은 청소년과 일하려 하는 상담사가 뚜렷한 기술과 지식을 개발하지 않을 수 없도록 만드는 상황이 있음을 분명히 보여준다. 이 책은 청소년의 발달을 이해하며, 그 발달에 병행하면서 상담대화를 강화시켜준다. 또한 이 책은 청소년의 관계를 강화할 유용한 기법들을 제공하는 상담방식의 필요성을 이해하려는 어떤 상담사에게도 '한번 들리면 모든 것을 살 수 있는 가게' 역할을 한다. 이 저자들은 상담사의 자신감, 그리고 청소년과 작업하는 일의 전문적·윤리적 이슈들에 초점을 맞춰 결론을 내린다. 즉, 성인상담을 위해 훈련받은 상담사가 이러한 이해

• 아동·청소년 정신건강을 위한 영국의 사단법인 복지기관이다. ─ 옮긴이
•• 청소년을 위한 영국의 사단법인 복지기관이다. ─ 옮긴이

없이 청소년을 상담하는 것은 충분치 않음을 분명히 보여준다.

_ 바버라 레이먼트(Babara Rayment)

Youth Access의 단체장

이 세 번째 개정판은 이전보다 더 많은 것을 전해준다. 크게 네 부분으로 나뉘는, 짤막하고도 읽기 쉬운 일련의 장들로 구성된 이 책은 청소년 상담의 뛰어난 입문서로서 이론적으로 탄탄하고 실제적인 기법을 풍성히 전달해준다. 각 장은, 실제로 일하기가 꽤나 힘든 이 영역에서 공부하거나 전문적으로 일하기 시작한 사람들을 향하고 있다. 각 장 끝에 있는 'key point'는 그 장에서 설명된 것을 간단하고 산뜻하게 요약해준다. 2부에서는 선행주도 접근법을 부각시키는데, 이는 협력관계 그리고 변화를 조성하기 위한 특정한 기술 및 기법을 발달시킨다. 성인상담과 청소년 상담의 차이가 강조되는데, 가령 청소년의 의사소통 스타일과 그 과정을 채용하는 식이다. 협력관계에서 본질적인 점들도 전달된다.

실천적인 기법을 위한 탐구는 3부에서 설명된다. 이는 상징기법, 창조기법, 인지행위기법, 심리교육기법으로 구성된다. 1, 2부에서 기술된 이론과 3부에 나타나는 기법들은 4부에서 두 가지 사례로 명쾌하게 합쳐진다. 이들 사례는 반드시 읽어야 할 부분이다. 또한 이번 개정판에서는 청소년 상담사를 위한 전문적이고도 윤리적인 이슈를 전달하는 장이 새로 추가되었다.

이 책은 상담을 공부하는 학생과 상담사라면 장서에 추가해야 할 중요한 책이다. 이 영역에서 상당한 경험을 쌓은 두 저자가 쓴 이 개정판은 이론과 실천을 합쳐놓은 책이기 때문이다. 저자들은 청소년기라는 복합적인 발달시기에 여러 가지 도전을 경험하는 청소년들에 대한 지식과 공감을 바탕으로 이 책을 쓰고 있다.

_ 실비아 로저(Sylvia Rodger)

오스트레일리아 퀸즐랜드 대학교 부교수

우리는 이번 세 번째 판에 많은 변화를 주었다. 시간이 흘러서이기도 하고, 상담사와 상담을 공부하는 학생에게 더 유용한 책이 되도록 하기 위해서였다.

청소년과 작업해온 결과로서 우리가 알게 된 것은, 청소년이 속하는 집단은 그 나름의 독특한 특성·성품·사고·신념·감정반응·행위를 지닌 매우 다양한 사람들의 조합이라는 것이다. 청소년이 속한 집단은 이종(異種)집단이며, 그 청소년들은 자기의 개인적인 지향성 그리고 관계 맺고 행동하는 스타일을 존중받을 필요가 있다. 이 책의 이전 판에서도 우리는 어린 사람들(young people)을 계속 '청소년(adolescents)'이라고 불렀다. 그들을 그런 식으로 언급하면, 유감스럽게도 그들이 하나의 동종집단에 속한다고 추론하는 셈이 될 수도 있다. 그래서 이 세 번째 판의 본문에서는 'adolescents'보다 'young people'이라는 단어를 일반적으로 사용할 것이다. 그렇게 함으로써 우리가 바라는 것은 청소년기를 부인하지 않는 것이다. 그러나 적절할 때는 'adolescent'로 언급하려고 한다. 예컨대 1장에서 청소년의 본질을 논의할 때는 'adolescent'로 청소년을 언급했다.•

독자들에게 더 쉽게 읽히고자 본문의 중요한 아이디어에서 주목할 문구를 포함시켰다. 아울러 학생들이 각 장의 소재에 대해 공부하기 쉽도록 각 장 끝에는 'key points'를 포함시켰다.

우리는 청소년과 상담할 때 특별히 생기는 전문적·윤리적 이슈가 있다고 생각한다. 따라서 이런 이슈를 논의하는 18장을 새로 추가했다.

최근 상담연구에서 상당히 강조되는 것은 이른바 '공통요소'와 '치유동맹'이다. 이와

• 이번 한글 번역본에서는 이 구별이 뚜렷이 나타나지 않지만 저자가 의도하는 것은 청소년을 각자 그 성격이 다른 유일무이한 존재임을 강조하는 것이다. − 옮긴이

관계된 중심 개념은 '협력관계 유지'와 관련이 있다. 새로운 장인 12장은 청소년과 협력관계를 유지하는 일과 관련된 이슈를 논의한다. 우리가 이전 판에서 청소년과 작업할 때 협력관계를 이용하라고 권고했다면, 이번 판에서는 새로운 장을 포함시켜 청소년 상담의 협력성에 초점을 맞추어야 할 정도로 협력성이 중요하다고 느꼈다. 협력하는 것은 이 책에서 논의된 선행주도 접근법의 중심적인 특징이다.

　이 세 번째 판이 읽을 만하길 바라고, 청소년과 어떻게 상담할지에 관한 지식을 얻는 데 쓸모 있길 바란다. 능숙한 상담사라면 참고자료로서 유용하다고 생각하게 되길 바란다. 이전 판에서 논의되었듯이, 우리는 청소년을 상담하기 원하는 상담사라면 합당한 훈련과 경험을 한 사람들에게 훈련·감독받는 것이 필수적이라고 생각한다.

1부

청소년 이해하기

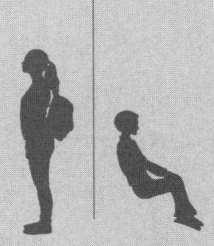

01

청소년기의
본질

청소년만 전문적으로 상담하면서 만족스러운 결과를 내는 상담사가 많이 있다. 그러나 청소년과 작업하는 것을 꺼리는 상담사도 많다. 이는 청소년을 상담하기 어려운 상대라고 생각하거나 상담결과에 실망하기 때문일 수도 있다. 어떤 청소년은 함께 일하기 어렵다. 그러나 청소년 상담은 신나고 도전적인 일이 될 수도 있고 효과를 볼 수도 있다. 기초적인 원리 몇 가지를 이해하고 존중한다면 말이다. 청소년을 상담하는 데 요구되는 원칙과 실천 요건이 복잡하거나 어렵지는 않지만, 많은 점에서 아이나 어른을 상담하는 것과는 중요한 차이가 있다. 그렇게 접근방식이 다르다는 사실을 인정해야만 청소년 상담을 만족스럽게 성공시킬 가능성이 높아진다.

청소년을 효과적으로 돕기 위해 필요한 것은 청소년기의 본질과 그 시기에 관련된 발달과정에 대한 이해이다. 일단 이를 이해해야 발달과정에 맞고, 또 청소년이 사용하는 소통과정을 고려해 특별히 고안된 접근방식으로 상담할 수 있다. 이렇게 함으로써 상담과정과 청소년 내담자의 경험 사이에 동시성이 이루어지고, 이는 상담사가 청소년과 적절히 손잡게 만들어, 서로에게 이득이 되는 상담관계를 이룰 수 있게 해준다.

이 책의 1부에서는 청소년기에 발생하는 발달과정을 논의하고, 청소년의 발달에 충격을 주는 다양한 내적 자극과 외적 자극에 대해 생각해볼 것이다. 1장에서는 '청소년기라고 불리는 단계란 과연 무엇인가?'라는 질문을 놓고 논의를 시작하려고 한다.

일차적으로 이 책은 이론적 논문이 아니라 청소년과 함께 일하고자 하는 상담사들을 위한 안내서를 목표로 쓰였다. 이 책은 『아동상담: 실천을 위한 입문서(Counselling Children: A Practical Introduction)』(Geldard and Geldard, 2008a)와 짝을 이룬다. 청소년기의 발달에 관한 이론을 더 깊이 검토하고 싶은 독자는 다이시(John Dacey) 등이 저술한 책을 참조할 수도 있다(Dacey et al., 2006). 그 책은 그랜빌 스탠리 홀(G. Stanley Hall), 지그문트 프로이트(Sigmund Freud), 루스 베니딕트(Ruth Benedict), 마거릿 미드(Margaret Mead), 앨버트 밴두라(Albert Bandura), 로버트 해비거스트(Robert Havighurst), 에이브러햄 매슬로(Abraham Maslow), 에릭 에릭슨(Erik Erikson), 리처드 러너(Richard Lerner)를 비롯한 많은 중요한 이론가들의 공헌에 관한 논의를 제공한다.

청소년기란 무엇인가

'청소년기란 무엇인가?'라는 질문은 정의를 내리는 일에 속하며, 그 정의의 정확한 성격은 문화에 따라 다양할 수 있다. 이 책에서는 청소년기를 한 사람의 생애 속에서 아동과 성인 사이에 놓인 단계로 간주할 것이다. 인간발달단계 중 이 단계에서 어린이는 의존 단계에서 독립·자율·성숙함의 단계로 옮겨가야만 한다. 어린이는 한 가족의 구성원에서 또래집단의 구성원으로 옮겨가고, 한 성인으로 혼자 서는 데까지 나아간다(Mabey and Sorensen, 1995).

일반적으로 서구사회에서 아동기와 청소년기를 거쳐 성인기로 이동하는 것은 한 줄로 변화하며 진보하는 것이라기보다는 그 이상의 많은 것이 뒤따르는 일이다. 그 이동은 다차원적이며, 어린이로서의 한 사람이 어른으로서의 새로운 사람으로 점차 변화되거나 탈바꿈하는 것과 연관된다. 그러나 청소년기의 어린 사람에게 요구되는 변화는 문화에 따라 다르다는 사실을 주목하는 것이 중요하다. 예를 들어 어떤 문화에서는 어린이의 역할과 어른의 역할 중 서로 유사한 것들이 있다. 어떤 문화에서는 아주 어린아이여도 가족 부양을 위한 노동이 기대되기도 한다. 또 다른 문화에서는 일하기 전에 교육받는 햇수가 짧다. 이런 문화에서는 아동기에서 성인기로의 전이가 덜 도전적일 수가 있다(Mead, 1975).

"문화가 어린이의 발달에 영향을 미친다"

청소년기는 한 사람의 인생에서 상당히 긴 시간에 걸쳐 있는 한 과정이다. 그러나 그 기간은 개인적으로 차이가 있으며, 어떤 아이들에게는 다른 아이들에 비해 훨씬 더 빠르게 지나가기도 한다. 청소년기는 생물학적·심리적·사회적 변화와 같은 많은 도전거리를 준다. 이 도전들에 순응적·성공적으로 직면하려면, 청소년은 변화의 중요한 과정을 거칠 필요가 있다. 어떤 청소년이든 이 발달상 도전을 성공적으로 다룰 수 없을 때 심리학적·감정적·행위적으로 도움이 되지 않는 결과들이 나오기 쉽다. 이런 결과들을 다루는 데 상담이 도움이 될 수 있다. 청소년이 발달상 요구되는 여정에 순응하며 나아갈 새로운 방법을 찾아내도록 상담사가 도울 수도 있다.

5장에서 충분히 논의하겠지만, 어떤 청소년은 다른 청소년보다 더 성공적으로 청소년기의 도전을 직면하고 다룬다. 그런 청소년은 더 탄력적인 회복력과 더 나은 대처기법을 갖고 있다. 이는 부분적으로 개인의 기질과 관련되거나 그의 과거 역사 및 현재 환경과 연관될 수도 있다. 청소년기의 발달은 그 시기에 불가피하게 발생하는 도전의 관점에서 고려될 수 있다. 그 도전은 다음과 같다.

- 생물학적 도전
- 인지적 도전
- 심리적 도전
- 사회적 도전
- 도덕적·영적 도전

생물학적 도전

청소년기는 소위 **사춘기**라고 잘 정의되어 이름 붙여진 성숙의 사건에서 시작한다. 사춘기란 여자의 경우 초경(初經), 남자의 경우 첫 사정(射精)을 둘러싼 생물학적인 일들을 가리킨다. 이런 일은 심오한 신체변화의 과정이 시작되었음을 나타낸다(Colarusso, 1992).

이는 정상적인 성숙의 과정이지만 그것을 겪는 개인에게는 곤란함을 일으킬 수 있다. 어린이가 조숙하거나 사춘기가 상당히 지연된다면 특히 그럴 수 있다. 그런 상황에서 청소년은 불편할 정도의 스트레스를 경험할 수도 있다. 그 결과 자존감과 자아개념이 낮아지고, 스스로를 어색하게 느끼면서 자신감을 결여하게 될 수도 있다. 청소년기의 이런 생물학적인 변화가 생리적·성적·감정적 변화를 낳는다.

생리적 변화

청소년기에는 주요한 생리적 변화가 일어난다. 키와 체중과 힘이 자라고, 성적으로 발달하며, 외모가 변한다. 여자아이는 가슴이 발달하고 남자아이는 목소리가 거칠어진다. 체모가 자라고 생식기관에 변화가 생긴다. 이러한 신체변화는 일정한 기간에 걸쳐 일어난다. 이런 변화가 일어나는 나이는 아이마다 다르고, 그 변화 속도도 다르다. 그 결과 자신을 당황스럽고 어색하게 느끼는 청소년은 다른 성장 속도로 발달하는 또래로부터 멀어지는 문제가 생길 수 있다. 그러므로 많은 청소년이 자기외모에 관해 매우 염려하는 것은 놀랄 일이 아니다.

"청소년은 각기 유일무이한 한 사람이다"

성적 변화

사춘기에는 성호르몬 생산이 중요하고도 의미심장하게 증가한다. 이는 앞서 말했듯이 몸의 변화를 가져올 뿐 아니라 남성과 여성 모두에게 성적 흥분, 욕망, 충동을 증가시키는 단초이기도 하다. 이러한 변화는 청소년을 불편하게 만드는 경우가 많다. 성적 욕망이 증가하면서 청소년은 성적 감수성과 성 정체성이라는 문제에 직면한다. 이 문제는 관계에 대한 청소년의 결정에 영향을 미친다. 초기 청소년기에는 동성 친구와 친밀한 우정을 형성하는 경향이 있다. 동성끼리 안정감을 느끼기 때문이다(Blos, 1979). 덧붙여 말하자면, 이는 부모와 가족에 대한 의존에서 떨어져나오는 과정의 한 부분이 된다. 이 시기 동안 어떤 아이는 친구와 성적인 실험을 하게 될 것이다. 그러나 어떤 아이는 초기 사춘기의 성적인 느낌을 환상과 자위를 이용해 다룬다. 사춘기의 초기단계는 보통 11~14세이다. 어린이는 이 시기로부터 점차 사춘기의 후기단계로 이동하는데, 이는 주로 15~18세에 해당된다. 초기단계와 후기단계가 구별되는 것은 청소년의 인지적·도덕적·사회적 사고에 차이가 있기 때문이다(Dacey et al., 2006).

후기 청소년기에 이르면 대부분의 청소년은 신체적·성적으로 성숙한 새로운 자기 몸을 수용하면서 이성 간 관계로 이동한다. 콜라루소(Calvin Colarusso)에 따르면, 후기 청소년기에는 많은 청소년이 성교를 포함한 적극적 성생활을 할 심리적 준비가 된다(Colarusso, 1992). 어떤 청소년은 이 시기에 자기의 성적 취향을 탐구하기 시작하면서 동성애에 관한 결정을 내릴 수도 있다. 사회의 많은 사람들이 동성애 혐오 경향이 있기 때문에 이러한 탐구는 불안증(anxiety)의 근원이 될 수도 있는데, 특히 동성의 짝을 선택하겠다고 결정을 내리게 된다면 더욱 그렇다(Mabey and Sorensen, 1995).

성적인 발달과 관련해 어떤 청소년은 청소년기의 초기부터 후기까지 내내 진행되는 어려움을 겪기도 한다. 이는 자신의 성적 감수성을 부모의 성적 감수성으로부터 분리할 수 없기 때문일 수도 있다. 그 결과 근친상간이 아닌 적절한 짝을 향하는 데 실패하고, 그 뒤에 나타나는 쓸모없는 성적 환상에 빠질 수 있다(Colarusso, 1992). 성적 발달을 평가할 때 중요한 것은 성의 이른 경험이 성적 발달의 빠른 진행을 나타내는 지표가 아님을 인식하는 것이다. 사실 그것은 아동기에 성적으로 받은 정신적 외상(trauma)의 표시일 수도 있다.

감정적 변화

청소년기의 성호르몬 증가는 청소년의 감정상태에 영향을 미칠 수도 있다. 그러나 호르몬만이 작용을 하고 호르몬만이 기분 변화의 원인이라고 추정하는 것은 잘못이다. 호르몬은 청소년에게 영향을 미치는 다른 주요한 변화들, 가령 사회적 관계에서의 변화, 신념과 태도에서의 변화, 자아인식에서의 변화 등과도 관련해 작용한다.

"호르몬 변화는 청소년의 감정에 영향을 줄 수도 있다"

생물학적 변화가 청소년에게 주요한 도전거리를 주는 것은 분명하다. 청소년은 신경 쓰이고 염려되는 몸의 변화와 성적 충동이 생기는 것에 대처해야 한다. 성적 충동은 청소년으로 하여금 새로운 관계를 탐구하도록 하며, 그런 관계가 청소년의 새로운 사교 생활에 도전거리를 만들어낸다.

인지적 도전

청소년에게 생물학적 변화가 나타날 때 인지적 변화도 발생한다. 청소년은 추상적으로 사고하는 능력을 개발하고, 관계의 문제를 생각하는 방법을 발견하며, 정보를 처리하는 새로운 방법을 식별하고, 창조적·비판적으로 생각하는 법을 배운다.

추상적 사고의 발달

피아제(Jean Piaget)에 따르면, 초기 청소년기에는 '구체적 작용' 단계에서 '형식적 작용' 단계로 넘어가는 과도기가 있다(Piaget, 1948/1966). 즉, 구체적으로만 사고하던 것을 넘어 아이디어나 개념 또는 추상적인 이론을 인지적으로 다룰 수 있는 능력을 갖추게 된다. 추상적 개념과 인식에 열정적으로 관심을 가질 수 있게 되면서, 무엇이 진짜이고 무엇이 가상인지 분별할 수 있게 된다.

플라벨(John Flavell)은 청소년의 사고가 아동기의 사고를 넘어 진보하는 여러 가지 방식을 제안했다(Flavell, 1977). 그중에는 다음과 같은 능력이 포함된다.

- 가능한 일과 가능하지 않은 일을 상상할 능력
- 어떤 선택을 할 때 일어날 수 있는 여러 결과를 생각할 능력
- 명제를 합성한 결과를 생각할 능력
- 정보를 이해하고, 이해한 대로 행동할 능력
- 가설과 추론이 포함된 문제를 해결할 능력
- 아동기 때보다 더 다양한 상황에서 더 큰 기술로 문제를 해결할 능력

청소년에게는 이러한 인지적 기술을 개발하는 것과 그 기술을 사용하는 것 둘 다 도전거리가 된다. 이런 기술을 사용하는 데 자신이 붙으면 새로운 상황에서도 시도해보기 쉽지만, 늘 성공하는 것은 아니다.

자아중심적 사고

청소년은 자아중심적이다. 이런 성향은 초기 청소년기에 시작해서 중기와 후기에 더욱 발달한다. 청소년은 마치 무대 위에 있는 것처럼 모든 사람이 자기를 바라본다고 생각할 수도 있다. 때로는 일부러 남들 앞에서 '행진하며' 특별한 자세나 행위를 과시해 주목받으려고 한다. 청소년은 자기에 관한 이야기를 만들어내는 경우가 많은데, 다이시 등은 이를 **개인 동화**(personal fables)라고 부른다(Dacey et al., 2006). 청소년은 성공을 꿈꾸면서 그 꿈을 사실로 믿기 시작할 수 있다. 자기는 특별하며 아무도 자기를 상처 입힐 수 없다고 생각할 수도 있다(Elkind, 1967). 때때로 자기는 전능하고 엄청난 힘이 있기 때문에 다칠 일이 없다고 느낄 수도 있다. 이 모든 것은 개별적으로 독특한 한 개인이 되어가는 복잡한 과정이며, 이 과정은 성인기로 가는 길 위에 있다. 그러나 불행하게도, 이러한 믿음과 자신이 특별히 다르다는 느낌은 청소년으로 하여금 자신에 대해, 그리고 자신이 어떻게 느끼는지에 대해 누군가가 이해할 수 있다고 믿지 못하도록 만든다. 이런 사실이 상담사에게는 중요한 의미를 지닌다.

"청소년은 아무도 자신을 이해할 수 없다고 믿는 경향이 있다"

다른 사람을 고려할 능력

청소년은 독특성이나 개별성에 대한 의식을 가지는 한편, 다른 사람들에 대해서 그리고 사람들 간 문제에 관해 비판적으로 생각하는 능력을 갖기 시작한다. 청소년은 자기관점에서 다른 사람을 어떻게 이해할지 배우게 된다. 즉, 다른 사람의 생각이나 행위도 '말이 된다'는 것을 배운다. 이를 통해 청소년은 다른 사람에게 어떻게 반응할지 결정할 수 있게 된다.

정보처리능력 발달

청소년기에는 정보를 인식·이해·보유하는 능력이 나이와 함께 증진되는 것처럼 보인다(Knight et al., 1985). 더구나 청소년은 기억하는 방법을 더 잘 이용할 능력을 개발해나가며, 모순을 탐지하는 능력도 더 커진다(Keil and Batterman, 1984). 따라서 복잡한 사회적·윤리적 이슈를 다루는 데 어린 청소년보다 나이 많은 청소년이 더 큰 능력을 갖는 경향이 있다. 나이가 들수록 더 복잡한 정보처리수준에 도달하는 것이다. 그러나 이런 능력은 지능에 따라 다르다. 젠슨(Arthur R. Jensen) 등이 서술했듯, 정보를 신속히 처리하는 능력은 더 높은 수준의 지적 기능과 직접적으로 연관되기 때문이다(Jensen et al., 1989).

비판적 사고 능력

청소년은 논리적으로 생각할 능력을 개발하고, 그 능력을 사용해 스스로 판단하며 결정할 수 있게 된다. 그들은 문제를 인식하고 정의하며, 정보를 수집하고 잠정적인 결론을 내리며, 이것들을 평가해서 결정을 내릴 수 있다. 몇몇 연구들은 상담사에게 특히 중요한 사실을 제시하는데, 청소년은 비판적 사고 역량을 향상시키는 법을 배울 수 있다는 점이다(Pierce et al., 1988). 따라서 청소년이 비판적 사고를 향상시킬 방법을 찾도록 돕는 일은 상담사 역할의 한 부분이 될 수 있다.

> "청소년이 비판적 사고를 개발하도록 돕는 것은 유용할 수 있다"

창조적 사고 능력

창조적 사고에는 여러 갈래로 생각하기, 유연성, 독창성, 희박한 가능성에 대한 고려, 동일한 문제에 대한 다양한 해결책을 고려하는 능력이 포함된다. 청소년기에는 창조적으로 생각하는 능력이 발달하며, 그 결과 은유를 더 잘 이해하고 사용할 수 있게 된다(Dacey et al., 2006). 은유를 사용할 줄 아는 능력은 특히 상담을 할 때 유용하다. 은유가 변화를 만들어내는 강력한 도구가 될 수 있기 때문이다.

심리적 도전

앞서 말한 생물학적 변화와 인지적 변화는 직접적인 도전거리를 줄 뿐 아니라 심리적 기능에도 의미심장한 영향을 미친다. 더구나 청소년에게는 청소년기의 중심 특징과 관련된 심리적인 주요 도전거리가 있고, 새로운 정체성 형성도 그중에 포함된다. 청소년은 더 이상 어린이가 아니다. 새로운 한 인간이 등장하고 있는 것이다.

새로운 정체성 형성

청소년에게 가장 중요한 심리적 과제 중 하나는 개인정체성 형성일 것이다. 만족스러운 개인정체성을 이루지 못할 경우, 거의 확실하게 부정적인 심리적 함축 의미들이 생긴다. 워터만(Alan S. Waterman)은 이런 사실을 지지하는데, 그의 조사연구는 자아정체성과 효과적인 심리적 기능이 강하게 연결된다는 사실을 광범위하게 검토해서 보여준다(Waterman, 1992). 크로거(Jane Kroger)의 논의에 따르면, 에릭 에릭슨, 피터 블로스(Peter Blos), 로런스 콜버그(Lawrence Kohlberg), 제인 로에빙거(Jane Loevinger), 로버트 키건(Robert Kegan) 등 주요 이론가들은 청소년기의 정체성 발달에 관해 글을 쓰면서 '자아', '에고(ego)', '나'와 같은 나름의 용어를 사용했다(Kroger, 2005). 그들 각자가 나름의 용어를 사용하고 있음에도 불구하고, '개인정체성'을 정의내리는 것에 관한 한 모두가 일치하는 것처럼 보인다. '개인정체성'이라는 용어는 '타자'로 고려되는 것과 대조되는, '자아'라고 여겨지는 것의 관점에서 정의되어야 한다는 것이다. 청소년은 자기만의 독특한 개인정체성을 형성해야 하는 과제를 지닌다. 그러나 개별적 정체성의 의식이 발달하는 그 과정에서도 자기 개성의 연속성을 좇으려는 무의식적 노력이 있을 수 있다(Erikson, 1968). 개인정체성이 발달하는 가운데 시간이 흐르면서 성숙해지는 청소년은 성인기를 향해 움직인다.

"청소년은 개인정체성을 얻으려고 노력한다"

개인정체성의 기능

애덤스(Gerald R. Adams)와 마셜(Sheila K. Marshall)은 자아와 정체성에 관한 여러 분석과 연구에서 공통적으로 가장 많이 기록된 개인정체성의 다섯 가지 기능이 다음과 같다고 본다(Adams and Marshall, 1996).

① 자기가 누구인지 이해하는 틀을 제공하는 기능
② 헌신, 가치, 목표를 통해 의미와 방향을 제공하는 기능
③ 개인적 통제감과 자유의지에 대한 감각을 제공하는 기능
④ 가치, 신념, 헌신 사이에 지속성, 일관성, 조화를 만들어주는 기능
⑤ 장래 가능성과 대안적 선택에 대한 감각을 통해 잠재력을 인식할 수 있게 만들어주는 기능

애덤스와 마셜은 정체성 추구가 청소년기를 넘어 계속되는 과정이라고 본다. 개인정체성은 고조된 자아인식을 통해서 변화될 수 있고 인생 주기에 따라 예민해지는 지점들이 있는데, 그중 하나가 청소년기이며 이때 자아 집중과 정체성 형성이 고조된다는 것이다. 정체성 추구가 평생 계속되는 과정이라는 사실에 동의할지라도, 우리가 청소년을 관찰한 바로는 이러한 자아 집중과 정체성 형성이 청소년기에 더욱 두드러지며, 청소년기의 중심 특징이라는 것이다.

개별화

어린이는 부모 및 가족과 함께하지만, 청소년은 분리된 공간으로 움직이면서 분리된 한 개인이 되어간다. 즉, 개별화(individuation)가 발생하는 것이다. 이 과정에서 가족관계로부터의 독립성이 상대적으로 발달하며, 어릴 때 중요했던 대상과의 유대가 약화된다. 그리고 성인사회의 한 구성원으로서 역할을 감당할 능력이 증가한다(Archer, 1997). 개인정체성을 세우고 개별화를 성취하는 과정은 사회적 의미를 지닌다. 청소년은 타자와의 관계에서만 자아개념을 구성할 수 있지만, 경계들을 통해 타자와 분리되려고도 노력

한다. 따라서 청소년의 사회화 과정의 기초는 개인정체성 형성과 더불어 개별화를 한쪽 끝에 놓고, 타자와의 사회적 통합을 다른 한쪽 끝에 놓은 채 그 사이에서 균형을 잡는 일이다(Adams and Marshall, 1996). 이 균형이 이루어지지 않으면 개인적으로 위기가 오기 쉽고, 그 결과 상담이 필요해질 수 있다. 예를 들어 청소년이 개별화를 아주 심하게 추구하면 또래관계가 손상되어 주변으로 밀려날 수 있다. 더구나 타자에게 자기가치를 인정받는 느낌이 줄어드는 결과를 낳기 쉽다(Schlossberg, 1989).

감정적 반응

청소년은 자아발견 과정에서 새로운 경험, 만남, 환경에 계속 적응해야 하는 동시에 자기의 생물학적·인지적·심리적 변화에도 적응해야 한다. 이 두 종류의 적응은 모두 스트레스를 주고 불안을 불러일으킨다. 그래서 청소년이 변화를 참으며, 변화에 동화하고 어울리는 능력의 감소를 보여주는 것은 놀라운 일이 아니다(Shave and Shave, 1989). 따라서 청소년 발달단계의 특징은 감정적 반응성과 그 반응의 강도가 높다는 것이다. 이런 특징은 행위 반응을 통제하거나 조정하는 것을 어렵게 만들며, 그 반응이 때로는 부적절하게 극단적일 수 있다. 어른에게는 비교적 별것 아닐 수 있는 자극이 청소년을 급격히 심각한 기분으로 바뀌게 만들어 흥분, 분노, 슬픔, 우울함, 당황함 등 예상치 못한 강한 감정적 반응을 하도록 만들기도 한다. 그때 청소년은 고조된 강도의 감정과 반응을 다루어야 할 힘든 시간을 분명히 가지게 된다.

> "청소년이 급격한 기분 변화를 경험하는 것은 일반적이다"

초기 청소년기에 괴로운 주요 감정은 수치심이다(Shave and Shave, 1989). 청소년은 놀림받은 느낌과 창피하고 당황스러운 느낌을 빈번하게 경험하며, 그래서 스스로를 싫어하고 수치스러울 때가 자주 있다. 그러므로 이들이 부정(不定), 부인(否認), 투사, 퇴행 등 강한 방어기제를 발달시키는 것은 이해할 만하다. 이 방어기제들이 초기 청소년기에는 상황에 반응하고 타자와 상호작용하는 데 중요한 역할을 한다. 부적절한 행동이 때로는 이런 내적인 자아 방어기제의 결과일 수 있다.

인종정체성과 심리 적응

인종적으로 소수집단에 속한 청소년은 개인정체성 수립에서 특수한 문제들을 지니게 된다. 그들에게는 개인정체성의 중요한 한 부분으로 인종정체성이 포함될 가능성이 크다. 워터만(Waterman, 1984)은 인종정체성 형성의 모델을 제시했다. 인종정체성 발달의 첫 단계에서 소수집단의 청소년은 다수집단의 가치와 태도를 수용한다. 이때 자기집단에 대한 부정적 견해를 내면화하는 경우가 많다. 워터만은 이 첫 단계가 그 개인이 인종차별이나 편견을 경험할 때까지 지속된다고 본다. 그 경험으로 인해 청소년은 자기가 소수집단에 속한다는 것을 알게 된다. 이러한 자각이 생긴 다음에 청소년은 자기의 인종정체성을 탐색하게 된다. 그 탐색에는 자기문화를 배우려는 노력이 포함되며, 탐색과정에서 매우 감정적으로 치닫기 쉽다. 이 단계에서 분노와 격분과 같은 감정은 다수집단 사회를 향할 수 있다. 한 집단에 대한 소속감을 깊게 발달시키면서 이 인종정체성 과정의 만족스러운 결과물이 달성될 수도 있다.

사회적 도전

청소년에게 주된 도전 하나는 사회에서 자기자리를 찾고 그 자리에 적합한 느낌을 얻으려는 욕구와 관련된다. 이는 청소년이 사회와 통합되는 것을 포함하는 사회화 과정이다. 이는 동시에 개인정체성 탐색으로 나타난다. 사회화 과정과 개인정체성 탐색은 사실상 서로 밀접하게 연관되며 상호 의존적이다. 사회화가 개인 정체감을 강화시켜주고, 개인정체성이 발달하면서 청소년은 사회의 기대와 기준을 다룰 줄 알게 된다.

사회, 가족, 부모, 또래집단 모두 청소년에게 각각 기대하는 것이 있다. 이 기대는 성숙해가는 개인이 이제는 다르게 행동할 수 있을 거라는 합당한 가정을 근거로 한다. 사회, 부모, 또래의 기대와 함께 새로운 심리적 · 인지적 변화가 어우러져 사회적 행동에도 변화를 가져온다.

사회의 기대

사회의 기대는 청소년에게 도전이 되지만, 성인기로 나아가는 데 도움이 되므로 귀중하다. 어른이 일관성 있는 가치와 기대를 표현하는 공동체 안에서는 청소년이 긍정적 자아감을 키우는 경향이 있다(Ianni, 1989). 반면에 가족, 학교, 사회가 일관된 방향과 긍정적인 목표를 제시하지 못하면, 청소년은 바람직하지 못한 행동을 하게 되고 혼란스러워하며 냉소적으로 되는 경향이 있고, 흔히 자아에 대해 산만한 느낌을 경험한다.

　　청소년은 타자와의 관계 속에서만 개인정체성을 형성할 수 있다. 타자와 관계하는 일에는 당연히 타자의 기대에 적절히 반응하고 그 기대를 존중하는 일도 포함된다. 청소년이 어떻게 행동해야 할지에 대해 사회가 일반적으로 기대하는 것이 있다. 이 기대와 청소년의 기대가 서로 갈등을 일으키기도 한다. 따라서 개별화를 이루려는 욕구는 청소년에게 갈등을 느끼게 하는 도전거리가 된다. 청소년은 개인정체성을 추구하면서도 사회에 맞추는 새로운 방식을 탐색하기 때문이다. 결과적으로, 독립성 대 의존성의 이슈와 관련해 청소년은 양가감정을 뚜렷이 보여주는 경우가 많다. 또한 사회적 관계를 유지하면서 태도나 행동의 변화를 표현하는 일에서도 모순된 모습을 보여준다(Archer, 1997).

　　청소년기의 과제 중 많은 것들이 강력한 사회적 기대와 연관되어 있다. 해비거스트(Havighurst, 1951)는 아래의 아홉 가지 발달 과제에 능숙해지는 것이 청소년기의 순응적 적응에 결정적으로 중요하다고 여긴다.

① 자기 겉모습과 성 역할 수용
② 양성(兩性)과 새로운 또래관계 맺기
③ 부모로부터 감정적 독립
④ 직업 선택과 준비
⑤ 한 시민으로서의 역량을 갖추기 위한 지적 기술과 개념 개발
⑥ 경제적 독립 확보
⑦ 사회적으로 책임지는 행위양식 갖추기
⑧ 결혼과 가정생활을 위한 준비
⑨ 환경과 조화를 이루는 가치의식 형성

이러한 과제 목록을 감당하기 벅찬 것으로 보는 청소년이 많을 수도 있다. 어떤 청소년은 그런 도전거리에 압도당하는 느낌을 받을 테고, 어떤 청소년은 사회의 기대에 미칠 수 없기 때문에 사회로부터 소외감을 느낄 것이다.

<blockquote>"청소년은 일반적으로 사회의 기대에 압박을 느낀다"</blockquote>

청소년은 자라나면서 젊은 어른처럼 보이기 시작하고, 아이보다 더 효과적으로 성숙한 의사소통이 가능하다. 따라서 청소년이 어른의 행동규범에 맞추어 행동할 것을 기대하는 어른이 많다. 그러나 청소년이 책임을 질 줄 알고 발달과제에도 성실히 맞추려고 노력하리라는 기대는 비현실적이다. 청소년은 성장과정 중에 있으며, 이전에는 부딪히지 않았던 새로운 도전들을 다루기 때문에, 특정한 과제들에 계속 초점을 맞추기 어렵고 실수하는 것이 당연하다. 사회의 기대에 압도당한 청소년은 낮은 수준의 비행에서 심각한 범죄에 이르기까지 다양한 행동을 통해 반사회적 행위를 할 수 있다. 어떤 청소년은 불량 집단의 멤버가 됨으로써 자기욕구를 충족시킨다. 그들은 갱에 속함으로써 필요한 소속감을 경험하고, 자기가 맞추어줄 수 있는 기대가 있음을 경험한다.

사회가 고정관념을 가지고 청소년에게 기대하는 것이 남녀를 불문하고 청소년들에게 영향을 미친다는 사실은 관련 문헌에서 명확하게 확인되었다(Schrof, 1995). 여성주의의 영향에도 불구하고, 여자 청소년은 인생의 일차적 역할이 결혼해서 아이를 낳고 좋은 아내와 엄마가 되는 것이라는 메시지를 받을 수 있다. 이는 그들이 장기목표를 선택하는 데 파괴적인 역할을 할 수 있고 여자 청소년의 자아존중감에 손상을 입힐 수도 있다. 마찬가지로 남자 청소년이 성인 남성이 된다는 것에 관해 가지고 있는 생각은, 그 생각대로 살려고 애쓸 때 심리적으로 파괴적인 기능을 할 수도 있다. 남녀 청소년 모두에게 나타나는 중독부터 폭력까지 망라하는 문제의 뿌리는 많은 경우, 사회화 과정에서 요구되는 것들에 대한 청소년의 대처능력 결여에 있다.

부모의 기대

많은 부모는 자녀가 청소년기를 지날 때, 자녀에 대한 어떤 기대가 정상적이고 현실적인지 알지 못한다. 청소년기의 관점에서 보면 자녀가 정상적인 행동을 하는 것일지라도, 스트레스를 받고 염려하는 부모가 많다. 청소년 대부분은 특별히 어렵게 만들거나 말썽을 부리지 않지만, 루터(Virginia Rutter)는 서구사회의 경우 부모가 청소년기 자녀에게 반응하는 방법에 문제가 있다고 본다(Rutter,1995). 부모의 반응이 부정적 느낌을 만들어내고 청소년이 반사회적 행위를 하도록 내던진다는 것이다. 그녀는 자기주장의 근거를 스타인버그(Laurence Steinberg)의 연구에 둔다(Steinberg, 1990).

스타인버그의 가설은 어린이가 사춘기에 접어들 때 청소년의 발달 국면에 부모의 행위와 감정이 합쳐지면서, 부모가 엄청난 변화를 겪고 갈수록 스트레스를 받는다는 것이다. 이와 함께 따라올 수 있는 것은 결혼생활의 만족도 하락, 자신의 아동기에 놓친 기회들에 대한 유감스러움, 나이 든다는 사실에 대한 인식, 독립적으로 되어가는 청소년 자녀의 거부와 그로 인한 소외감, 도전적인 10대 자녀로부터의 비판 증가, 이전에는 받아들여지던 권위와 지도가 점점 받아들여지지 않음, 무력감, 외관상의 젊음 상실, 자기의 성적 감수성에 대한 의심 등이다. 스타인버그와 스타인버그(Wendy Steinberg)는 부모의 이런 변화로 인해 청소년 자녀에게 지속적인 지도와 지지가 필요할 때 부모가 자녀에게 관심을 못 가지게 되는 경우가 자주 있다고 말한다(Steinberg and Steinberg, 1994). 자녀가 청소년기를 지나갈 때 어떤 부모는 자녀와 적절히 접촉하지 못하고 물러서는 경우가 있는데, 이해할 만하지만 불행한 일이다. 오히려 청소년은 뒤로 물러설 필요가 있는데, 이는 독립적으로 되어가는 것이 그들에게는 중심과제이기 때문이다. 청소년 자녀가 이런 전환기를 통과할 때 부모는 특별히 주의를 기울이고 돌볼 필요가 있는데, 불행하게도 이런 변화 속에서 오히려 자기가 거부당하고 버림받았다고 느끼는 부모가 많다.

가정생활에 긴장이 있다고 하더라도, 가족은 가치를 심어주며, 학교생활을 잘하도록 힘을 주며, 또래 사이에서 자신감을 가질 수 있게 하는 일을 가장 효과적으로 할 수 있다. 스타인버그와 스타인버그(Steinberg and Steinberg, 1994)가 발견한 바로는 성공적으로 청소년기를 통과하는 자녀들의 공통점은 부모와의 긍정적 관계이다. 따라서 청소년기의 중요한 도전 중 하나는 부모와 긍정적인 관계를 유지하면서 자신의 발달목표들을 성취하는 것인데, 그 발달목표 중 하나가 역설적이게도 부모와의 분리와 떨어짐이다. 이는 분명 이루기 힘든 일이다.

대부분의 자녀가 14세가량에 부모와 떨어지기 시작한다. 때로는 이런 분리가 가정의 역기능적 결과일 수 있지만, 반드시 인식해야 할 것은 그것 또한 청소년기의 정상적인 과정이라는 사실이다. 양성 간에 차이는 있다. 남자아이는 보통 여자아이보다 가족과 시간을 덜 보내는 것처럼 보인다. 또한 여자아이가 남자아이보다는 가족과 개인적인 이야기를 나누는 경우가 더 많다.

"부모가 자녀의 개별화에 적응하기 힘들어할 수 있다"

청소년기에 있는 자녀가 개인적인 문제들을 부모와 이야기하려고 하지 않아 힘들어하는 부모가 많다. 그러나 청소년은 독립성을 추구하기 때문에 부모의 질문에 반응하기보다는 자기가 적합하다고 생각하는 시간에 부모에게 말하기가 더 쉽다. 더구나 청소년은 자기가 말의 주도권을 잡았을 때 계속 말하는 경우가 많다. 청소년의 이러한 기질이 상담사에게는 중요한 의미를 지닌다.

청소년의 기대

청소년이 스스로 무엇을 중요한 도전거리로 생각하는지가 상담사에게는 중요한 질문이 된다. 청소년이 생각하는 주요 도전거리는 또래관계를 포함한 관계를 둘러싼 이슈와, 사회나 학교 또는 대학에서의 수행평가 이슈이다(Youniss and Smollar, 1985). 여기에는 나이에 따라 몇 가지 차이가 있다. 학교에 대한 압박감은 초기 청소년기에 가장 문제가 되지만, 14세 이상의 청소년에게는 부모와의 갈등이 가장 문제인 것으로 확인되었다.

또래관계에 관한 이슈는 보편적인 문제로 나타난다. 후기 청소년기에는 더욱 그렇다(Spirito et al., 1991). 친밀한 관계와 우정을 형성해가면서 많은 청소년은 공동의 태도와 관심사를 나누는 집단에 소속되는 데 관심을 갖는다. 이 집단 안에서 그들은 자기 친구가 믿을 만하고 자기에게 충실하기를 아주 강하게 기대한다. 그들은 무시하는 행동을 참지 못하고, 기분이 잘 변하며, 고집스럽고, 감추며, 술을 너무 많이 마시고, 허풍을 떠는 경향이 있다. 이러한 행위는 갈등을 초래하기 쉽다(Youniss and Smollar, 1985).

도덕적 도전과 영적 도전

도덕적·영적 발달과 관련된 이슈는 사회적 발달과정과 정체성 형성에 중요하다.

도덕적 발달

청소년기에는 다양한 도덕적 결정의 순간에 직면하고 도전받는다. 도덕적 발달과정에 관한 수많은 견해들이 있다. 이 분야의 이론에 중요한 공헌을 한 학자는 콜버그와 길리건(Carol Gilligan)이다(Kohlberg, 1984; Gilligan, 1983). 콜버그(Kohlberg, 1968, 1984)가 제시한 모델은 도덕문제에 관한 사고방식에 기초한 도덕적 발달단계를 개괄한다. 그 단계는 다음과 같다.

- 1단계 ＿ 관습 이전의 도덕성(4~10세). 이 단계의 어린이는 벌을 받지 않거나 상을 받으려는 두 가지 동기 때문에 좋은 일을 하거나 나쁜 행동을 피한다.
- 2단계 ＿ 관습적 도덕성(10~13세). 이 단계에 있는 어린이나 청소년은 자기가 살고 있는 사회와 일치하는 법을 배운다. 선한 일을 하거나 나쁜 일을 하지 않으려는 동기는 자기보다 나이가 많은 사람의 승인 여부에 달려 있다. 더구나 법과 질서를 따르는 것에 주안점이 있다.
- 3단계 ＿ 관습 이후의 도덕성(13세 이후). 이 단계에서 인권에 대한 감수성이 발달하고 양심이 계발되기 시작된다. 인권에 대한 자각에는 상황을 향상시키기 위해 법을 바꾸는 일이 포함될 수도 있다. 아울러 이 단계에서 청소년은 자기가 무엇을 믿는지, 그리고 어떤 일에 준비가 되어 있어야 할지를 명확하게 생각하기 시작한다. 행동 하나하나를 더 이상 두려움이나 승인의 필요성 때문에 행하지 않게 된다. 그 대신 도덕 원칙들이 청소년의 내면에서 통합되어 자기 것이 된다.

콜버그(Kohlberg, 1984)는 모든 청소년이 3단계까지 도달하는 것은 아니라는 사실을 알고 있다. 어떤 청소년의 도덕성과 그 동기는 1단계에 머물러 있을 수도 있다. 그런 청소년의 도덕성은 여전히 상을 받거나 '붙잡히지 않는 것'에 묶여 있다.

길리건(Gilligan, 1983)은 콜버그의 이론이 여성의 도덕발달을 제대로 대변하지 못한다고 생각한다. 콜버그의 연구가 남성을 대상으로 했다는 것은 반드시 인정되어야 한다. 길리건은 여성의 발달수준을 세 단계로 제시한다.

- 수준 1 __ 개인의 생존이 도덕적 추론의 동력이다. 자기에게만 관심을 둔다.
- 수준 2 __ 이 수준에서는 자기희생과 사회적 순응의 위치로 옮겨간다.
- 수준 3 __ 도덕적인 결정을 내릴 때 개인적인 욕구뿐 아니라 타자의 욕구도 고려한다. 타자에게 상처를 주지 않으려는 데 주안점을 둔다.

"도덕적 발달은 양성 간에 차이가 있을 수밖에 없다"

길리건은 여자가 자기 삶에 관한 결정을 내릴 때 돌봄의 윤리를 자주 이용한다고 본다. 그녀에 따르면 돌봄의 윤리는 어머니에 대한 아이의 애착에서 나온다. 자기 어머니를 통해 여자아이는 도덕적인 결정이 이루어지는 관계에서의 '주고받는' 성격에 관해 배운다는 것이다. 도덕적 발달에 대한 길리건의 이론과 콜버그의 이론을 비교해보면 도덕적 결정의 발달에서 남성과 여성이 다름을 알 수 있다. 청소년의 도덕적 추론 발달은 주변 상황에서 큰 영향을 받을 수도 있지만, 이 시기에 또한 일어나는 지적 발달에 주로 달려 있다(Lovat, 1991).

영적 발달

청소년은 개인정체성을 세우려 하면서 자기 삶의 의미를 찾고자 시도한다. 자기를 들여다보며 생각과 느낌을 검토하고 그것들을 합리화한다. 이렇게 하면서 영적인 질문에 대한 답을 찾는 청소년도 많다(Elkind, 1980). 관습적인 종교적 신념과 조직화된 종교적 관행에 참여하는 것에는 영성의 측면이 있다. 그러나 청소년의 영성은 일상경험에서 의미를 찾으려는 탐색을 통해서 더 근본적인 방식으로 나타날 때가 많다.

파울러(James Fowler)는 개인의 지적 성장과 감정적 성장의 범위 안에서만 영성이 발달될 수 있다고 생각한다(Fowler, 1981). 그에 따르면 아동의 영적인 신념은 5~6세에 시작해, 부모나 교사와 같은 권위 있는 인물로부터 사실로 증명받은 것에 주로 의존한다. 초기 청소년에게는 사실에 입각한 진실을 아는 것보다는 상징이 중요하다. 청소년 후기에는 개인의 경험, 상징, 의식 절차가 영적 신념의 발달에서 주요한 역할을 할 수 있다. 후기단계에서 청소년은 다른 사람들이 영성을 이해·표현하는 방식이 자신의 방식과 다르더라도 동등하게 타당한 방식일 수 있음을 인정하기 쉬워진다. 어떤 청소년은 관습적인 종교체제에 문제가 있다는 것, 그리고 가족의 전통이나 가치에서 어느 정도 분리되려는 자기욕구가 그 체제와 일치하지 않는다는 것을 발견하기도 한다. 정체성 형성에 분투하면서 사회 안에서 자기자리를 찾으려고 애쓰는 청소년들은 자기의 영적 신념과 가치를 탐구하기 위해 비정통적인 종교의 종파나 종교생활에 매력을 느끼기도 한다. 어떤 청소년은 이러한 종파가 인생의 더 깊은 의미를 제공해준다고 여긴다. 불행하게도 그들은 평범한 사회가 받아들일 수 없는 종교적 관행에 연루될 수 있다. 이는 청소년을 사회의 주변부로 밀려나게 할 수도 있다.

청소년이 비정통적으로 자기영성을 탐험할 수도 있는 방법의 예로 악마숭배에 연루되는 것이 있다. 터커(Rob Tucker)는 악마숭배에서 발견되는 종류의 경험들에 청소년이 깊이 매혹된다고 지적한다(Tucker, 1989). 불행히도 악마숭배는 매력적으로 보일 수 있는 이유가 많다. 그것은 집단 정체감과 결속감, 그리고 스스로 '카리스마적'이라고 여기는 성격과 힘을 개발할 기회를 제공한다. 다른 사람에게 공포심을 유발하고, 관습적 믿음체계의 규제로부터 자유롭게 하기 때문이다. 그것은 또한 기성 종교를 공개적으로 거부할 기회를 제공한다. 따라서 어떤 청소년들이 이런 믿음체계에 끌리는 것은 놀랄 일이 아니다.

요약

분명 청소년기는 변화와 위기의 시기이며, 어떤 청소년은 순응적으로 이 시기에 직면한다. 그러나 어떤 청소년에게는 바람직하지 않은 심리적·사회적·감정적 결과를 낳을 가능성이 있는 시기이다. 이 시기의 일차적 목표는 아동기에서 성인기로 옮겨가는 것이다. 이 목표를 이루어가면서 청소년은 생물학적·심리적·사회적 변화에도 대처해야 한다. 더구나 성공적으로 아무 탈 없이 성인기에 도달할지의 여부는 2, 3, 4장에서 논의될 아동기의 경험적·환경적 스트레스와 장애물들의 영향에 달려 있다.

key
point

- 청소년기에 청소년은 개별화하면서 가족 구성원에서 또래집단의 구성원으로 옮겨 간다.
- 청소년은 청소년기 동안 생물학적·인지적·심리적·사회적·도덕적·영적 도전거리에 직면한다.
- 청소년이 경험하는 생물학적 도전들은 육체적·성적·감정적 변화와 관계가 있다.
- 인지적 도전거리에는 정보를 처리하는 새로운 방법과 비판적·창조적으로 생각하는 능력이 포함된다.
- 심리적 도전거리에는 개별화, 그리고 새로운 개인정체성과 인종정체성 형성이 포함된다.
- 사회적 도전거리에는 부모, 가족, 사회의 기대가 포함된다.
- 도덕적·영적 발달의 결과로서 청소년은 새로운 도전거리를 대면하게 된다.

02

아동기 경험의
영향

1장에서 탐구한 것은 청소년이 타협하고 극복할 필요가 있는 생물학적·인지적·심리적·사회적 도전이었다. 발달상 필요한 이 도전거리가 어떤 청소년에게는 엄청나게 압도적인 것일 수도 있다. 그러나 많은 청소년이 이러한 도전거리에 대결할 준비가 되어 있고 그 과제를 열심히 완수하려고 한다. 사랑하는 부모와 이해심 있는 교사, 광범위한 사회의 지지가 있다면 청소년기의 이행이 비교적 쉽게 이루어질 수 있고, 그 결과는 잘 적응한 성숙한 어른이 되는 것이다. 불행히도 현실 속에서는 청소년기를 부드럽게 문제없이 지나가는 경험을 하는 청소년이 많지 않다. 어려움을 겪는 이유는 다양할 수 있는데, 가장 중요한 요소로 청소년의 성품과 대처능력이 꼽힐 수 있다. 또 다른 요소로는 초기 아동기의 경험, 외적·환경적 스트레스, 현재 사회적 상황의 영향이 있다. 이 모든 요소가 성인기로의 발달여정을 따라가는 청소년의 능력을 방해할 때가 있다.

이 장에서는 아동기의 경험으로 인한 영향을 검토할 것이다. 그 경험이 해결되지 않는다면 청소년기의 과제를 순응적으로 다룰 수 있는 청소년의 능력이 방해받을 수 있기 때문이다. 해결되지 않았을 경우 청소년기에 영향을 미치는 아동기의 문제들은 다음과 같다.

- 초기 애착의 문제
- 도움이 되지 않는 부모의 태도
- 학대의 영향
- 정신적 외상(外傷, trauma)의 영향
- 유전적 영향

초기 애착의 문제

발달심리학 문헌에서 사용되듯이 **애착**이란 단어는 아이가 특정한 사람과의 친밀함을 반복적으로 찾는 경향을 말한다. 그 특정한 사람이 보통은 엄마이고, 그렇게 친밀함을 찾는 이유는 내면의 긴장을 줄이기 위해서다. 볼비(John Bowlby)는 애착을 이론화한 주요한 공헌자다(Bowlby, 1969). 그는 애착이 지속적인 애정을 가진 결속이며, 그런 결속이 생존에 필수 불가결한 생물학적 기능을 한다고 본다. 아동과 그 애착대상의 관계가 안정된 기반을 제공하며, 그 기반으로부터 아동이 세상을 탐구하고 익힌다는 것이다.

어떤 아동은 한 사람과 안정된 애착을 형성할 기회를 갖지 못한다. 부모가 자녀를 방치하거나 학대하는 사람일 수도 있고, 아동이 병원에 입원하게 되어 부모와 분리되었을 수도 있다.* 또는 부모가 질병이나 사고 또는 전쟁으로 사망했을 수도 있다. 아니면 아동이 안정된 애착을 형성할 수 없도록 정신적 외상이 반복적으로 일어난 결과일 수도 있다. 그 결과, 이른바 **애착장애**에서 오는 고통을 받기 쉽다. 애착장애는 아동에게 아주 심각한 결과를 가져올 수 있다.

아동이 1차 양육자에게 발달시키는 애착의 종류는 일생을 통해 그 아동의 발달에 영향을 미칠 수도 있다. 비교적 안정된 애착을 형성한 청소년은 그렇지 못한 청소년보다 학교와 관련된 일에서 스트레스를 덜 경험하고 대학생활에서도 덜 긴장한다. 학업수행도 더 높게 나타난다(Burge et al., 1997). 부모에 대한 애착은 자아상에도 강한 영향을

---

* 서양의 병원에서는 보호자가 병실에 상주하지 않는 것이 일반적이다. — 옮긴이

미치는 것으로 나타나는데, 특히 청소년기에 뚜렷해지는 몸 이미지와 장래희망, 성 정체성 등과 관련된 자아상에서 더욱 그렇다(O'Koon, 1997).

"초기 애착은 청소년의 대처능력에 영향을 줄 수 있다"

1차 양육자와의 초기 애착은 청소년의 이후 경험에 많은 영향을 끼치고, 그들이 스트레스가 심한 상황을 다루는 방식에도 영향을 미치는 것처럼 보인다. 아동기의 불안정하거나 만족스럽지 못한 애착은 청소년기의 약물남용(Gerevich and Bacskai, 1996; Burge et al., 1997), 섭식장애(Burge et al., 1997; Salzman, 1997), 어린 나이의 성관계 및 매우 위태로운 성행위(Smith, 1997)와 관련이 있다고 여겨져왔다. 또한 유아기에 엄마와 불안한 애착을 가졌던 청소년은 안정된 애착을 가졌던 청소년보다 불안장애를 일으키기 쉽다고 관찰된 바 있다(Warren et al., 1997).

청소년의 어떤 부적응 행위가 부분적으로는 아동기에 일차적 주요 인물과 빈약한 애착관계를 맺은 결과일 수 있음을 알아차리는 일이 청소년 상담사에게는 확실히 중요하다.

부모의 쓸모없는 행위의 영향

가족은 아이가 살아가는 감정적·지적·신체적 환경의 일차적인 제공처다. 이 환경은 아이가 나중에 갖게 될 세계관과 장래의 도전에 대한 대처능력에 영향을 미친다. 따라서 가족의 연대와 체계는 청소년기의 적응에 영향을 미친다. 가족이 건강하게 기능할 수 있는 능력은 분명히 부모에게 달려 있다.

부모가 아동과 청소년의 발달과정에 주요한 영향을 끼친다고 말하는 것은 당연하고도 진부하다. 능숙한 부모의 자녀가 청소년기의 도전거리와 성공적으로 대결하게 되는 경우가 많지만, 그렇지 못한 경우도 있다는 사실을 인식할 필요가 있다. 또한 중요하게 인식해야 할 점은 부모가 자녀의 욕구를 적절히 배려하지 않은 채 자신의 욕구를 앞세우면 가족체계가 역기능적이 되고(Neumark-Sztainer et al., 1997), 그 결과 자녀는 여러

모로 그 영향을 받는다는 것이다. 이 장에서 그것을 보여줄 것이다. 이 책은 상담에 관한 책이기 때문에 청소년을 문제에 빠뜨리는 요소를 빈번하게 고려함으로써 상담사가 이 문제들을 이해하고 선행주도 상담기법을 사용할 수 있게 하려고 한다.

　부모는 자녀에게 허용될 수 없는 행동이 무엇인지 알려주고, 사회적으로 적절한 행위를 개발하도록 격려할 필요가 있다. 그렇지 않으면 그 결과가 아동기나 청소년기의 사회적 관계에서 나타난다. 발달상 일반적으로 따라오는 결과 안에서 반사회적이고 공격적인 행위가 발달한다. 이러한 행위는 아동기에 으스대거나 말싸움하거나 주목받으려 하는 것에서 시작하기도 한다. 이런 행위를 부모가 적절히 다루지 않으면, 아동기 중반에 무자비하고, 싸우며, 거짓말하고, 속이는 행동으로 발전하기 쉽고, 그 결과 빈약한 또래관계를 가질 수 있다. 그다음에는 집 안에서 파괴적인 행동을 일으키고 훔치는 일이 나타난다. 즉, 아동기에 나타나는 반사회적 · 공격적 행위는 용납될 수 없는 가벼운 형태로 시작되지만, 나이가 들어감에 따라 강도 · 빈도가 증가하고 그 형태가 강화된다.

"반사회적이고 공격적인 행위는 초기 아동기에 시작되는 경우가 많다"

　어떤 경우에 부모는 사회에서 허용되지 않는 행위로 자녀에게 해를 입히기도 한다. 부모가 반사회적 · 공격적 행위에 연루될 때, 불행히도 그 자녀가 동일한 행위를 할 가능성이 커진다(Kazdin, 1985). 부모의 범죄행위와 알코올중독, 특히 아버지의 그런 행위가 청소년의 반사회적 행동과 관계있다는 것은 일관된 연구결과다(West, 1982). 즉, 부모의 무책임한 행위는 가족 내 다음 세대로 전달되는 반사회적 · 공격적 행위를 낳을 수 있다.

학대의 영향

어릴 때 경험한 학대의 심리적 · 감정적 결과는 그 당시에도 나타나지만 이후의 청소년기에까지도 영향을 미친다. 아이나 청소년이 학대경험과 관련된 이슈들을 만족스럽게 해결할 능력이 없다면 그로 인한 심리적 · 감정적 영향은 거의 확실히 부적응 행위의 발달로 이어진다. 학대의 영향을 고려할 때 논의할 주제는 다음과 같다.

- 방치
- 감정적 학대
- 신체적 학대
- 성적 학대

방치

방치가 아동에게 주는 충격은 수많은 연구의 중심에 놓여 있다. 방치되어 위험에 처한 아이들은 대다수가 사회경제적으로 열악한 환경, 그리고 혜택받지 못하거나 문화적으로 빈곤한 소수집단에 속한다. 어떤 아이들은 심리적 문제나 알코올 그리고/또는 마약 남용, 또는 재정적 문제가 있는 역기능 가정에 속해 있다(Swanson, 1991). 방치의 결과는 보통 행위문제, 학교 출석률 저조, 낮은 학업성적, 낮은 성취로 이어질 수 있다. 방치된 아이는 이후 인생에서 반사회적 성격장애를 진단받을 위험성이 더 높은 것으로 드러났다(Luntz and Widom, 1994).

아동기에 방치된 전력이 있는 청소년은 자기를 방치한 양육자를 향한 분노를 지닐 수 있다. 또한 개인의 안전, 필수적 욕구에 대한 공급, 형평성, 공정함, 신뢰, 책임과 관련된 문제를 갖기 쉽다.

감정적 학대

감정적 학대는 보통 다른 종류의 학대와 함께 섞여 있는 경우가 많다. 맥기(R. McGee) 등은 가혹행위 경험에 대한 청소년의 자각을 조사했다(McGee et al., 1997). 그 경험에는 감정적 학대, 신체적 학대, 성적 학대, 방치, 가정폭력에 대한 노출이 포함되었는데, 연구에 참여한 청소년들이 그중 가장 강력한 가혹행위로 지적한 것은 감정적 학대였다.

자녀가 어린이건 청소년이건 긍정적 행위를 위한 지지와 긍정 강화가 필요할 때, 어떤 부모는 자기욕구를 자녀의 필요보다 앞세운다. 이때 부모는 그 자녀의 입장에서 보면 감정적으로 부재하는 셈이다. 이것이 감정적 학대다. 이런 자녀가 청소년기에 도달하면 자신의 감정적 욕구와 관련된 미해결 이슈를 가지고 있기 쉽다. 결국 이 욕구를 만족시킬 새로운 방법을 찾을 것이다. 이는 예컨대 약물남용이거나 또래의 '흥분되는' 위험한 비행(非行)에 가담하는 일일 수도 있다.

"감정적 학대는 멀리 청소년기에까지 미치는 결과를 낳을 수 있다"

마찬가지로, 가족 안에 약물남용이나 화학물질 의존성이 있으면 부모와 자녀 사이에 대화가 없고, 부적절하고 일관성 없는 처벌이 있으며, 친밀한 감정적 지지와 애착은 없을 것이다(Garcia, 1992). 이런 가정에서 자라는 아동은 감정적 상처를 지닌 채 청소년기에 진입하기 쉽고, 그 결과 역기능적 행위를 발달시키는 경향이 있다.

아동기에 감정적 학대를 경험한 청소년은 행위문제로 상담하는 경우가 많다. 선행주도 상담사의 과제는 밑바닥에 깔려 있는 감정적 이슈가 무엇인지 확인하고 청소년이 해결책을 발견하도록 도와주는 일이다.

신체적 학대

어릴 때 신체적 학대를 받은 아이는 확실히 심리적인 상처를 지닌 채 청소년기로 간다. 많은 경우 그런 청소년은 고통스러운 과거의 경험뿐 아니라 현재까지 지속되는 학대에 대처해야 하는 상황에 있을 수도 있다. 신체학대의 중요한 역학은 힘과 통제의 문제다. 어릴 때 학대당한 청소년은 결과적으로 힘과 통제의 이슈를 둘러싼 해결되지 않은 강렬한 감정을 가지고 있기 쉽다.

학대하는 부모의 공통적인 특징은 책임을 지지 않고, 자녀를 비난하며, 말과 행위가 일치하지 않는 경향이 있다는 점이다. 아이에게 힘을 행사하길 원하고, 아이를 믿지 않으며, 자기욕구에 대해 지나친 관심을 갖고, 이기적이다. 그들은 충동적으로 학대행위를 반복하는 경향이 있다(McEvoy and Erickson, 1990).

아동을 신체적으로 학대하는 부모는 부모노릇에 관한 강한 신념을 발달시키는 경우가 많고, 자녀의 태도형성 방법으로 신체적 통제와 체벌을 사용한다. 여기서 학대하는 부모를 권위 있는 부모와 혼동해서는 안 된다. 권위 있는 부모는 자녀의 행위를 관리하기 위해 비학대적인 방법과 순응적인 대화기술을 이용한다. 불행하게도, 자녀를 다룰 때 강압이나 체벌, 위협을 이용해 힘 위주로만 접근하는 부모는 자녀의 도덕적 가치를 제대로 개발시킬 가능성이 낮다(Hoffman, 1988). 칭찬을 잘해주면서도 벌을 줄 때는 엄격함을 유지하는 부모가 자녀의 양심을 높은 수준으로 발달시키는 것으로 보인다. 그 자녀가 부모의 기준과 가치를 내면화하기 때문이다(Baumrind, 1971). 권위 있는 부모가 자녀를 사회적으로 유능하고 책임감 있게 만드는 데 가장 성공할 수 있다.

신체학대에 노출되었던 아동이나 청소년은 외상 후(外傷後) 스트레스 장애와 비슷한 증상을 나타낼 수 있음이 밝혀졌다(Glod and Teicher, 1996). 연구의 관찰에 따르면, 신체학대를 받은 아동의 행동내력은 주의력결핍 과다행동장애(Attention Deficit Hyperactivity Disorder: ADHD)로 진단받은 아이의 행동내력과 유사하다는 것이다. 이는 상담사를 혼동시키기 때문에 중요하게 고려되어야 한다. 아동과 청소년에게 나타나는 신체적 학대의 영향과 ADHD의 영향은 그 유사성 때문에 부정확한 평가가 이루어지기 쉽다.

아동의 부모노릇에서 청소년에게 적절한 부모노릇으로 옮겨가야 할 때, 부모는 새로운 기술을 개발할 필요가 있다. 이런 전환이 어떤 부모에게는 스트레스가 심한 일이다. 그래서 마약과 화학물질 의존 가정이나 알코올중독 가정 출신 청소년은 그의 변화에 좌절한 부모로부터 신체적 학대를 받을 위험에 노출될 수 있다. 더구나 화학물질에 의존하거나 알코올중독인 부모는 분노조절 기술이 빈약한 경우가 많다.

어려서부터 지속적으로 학대받은 청소년이 학대에 반응하는 두 가지 공통된 방법이 있다. 높은 정도의 공격성을 가지고 반사회적 방식의 행동을 해버림으로써 자기느낌을 표현하거나, 느낌을 속으로 감추고 내면화해 우울증을 키우며 자살에 대한 생각을 갖는 것이다. 자기느낌을 내면화하는 청소년은 주류 또래집단의 사교적 접촉에서 벗어나 주변화되고 또래집단과의 사회적 연결이 끊어진다(Schmidt, 1991).

아동기의 학대나 지속적인 학대의 결과로서 자기느낌을 내면화하고 무력감을 경험하는 청소년의 더 큰 문제는 자살의 위험이다. 자살이나 자살시도는 대처기술이 빈약한 청소년의 선택지라는 인식이 점차 증가하고 있다. 캐플런(Sandra J. Kaplan) 등은 신체학대를 받지 않은 청소년과 학대받은 청소년을 비교할 때, 학대받은 청소년의 자살시도 비율이 늘어난다는 사실을 발견했다(Kaplan et al., 1997). 이 청소년들은 학대받은 적 없는 또래와 매우 달라서 자살의 위험요소, 예컨대 우울증, 약물남용, 분열성 행동 등이 상당히 더 많다는 것을 보여준다.

"신체적으로 학대를 당한 청소년은
유해무익한 행위를 발달시킬 위험성이 증가한다"

성적 학대

아동기에 발생한 성적 학대는 청소년기와 성인기 적응 문제의 원인이 된다는 사실을 광범위한 문서들이 밝혀준다. 더욱이 청소년기 이전에 성적 피해자가 되는 것은 청소년 비행의 위험성에 한 요인이 된다(Widon, 1994). 아동기 성적 학대의 단기간 영향에 대한 연구들은 우울과 불안의 증상이 공통적이라는 사실을 지적한다. 피해자는 또한 청소년기에 지속되는 다른 증상들로 고통받을 수 있다. 여기에는 성적으로 표현되는 행위, 악몽, 사회적 위축, 고립, 수면장애, 분노, 그냥 저지르기, 신체문제, 학업장애가 포함된다.

아동기 성적 학대의 장기 영향에 대한 연구에 따르면, 피해자가 어른이 되면 우울증, 불안장애, 약물남용, 성적 역기능, 인간관계의 어려움 등이 포함된 정신건강상의 문제가 발생하는 경향이 높아진다(Browne and Finkelhor, 1986). 더구나 아동기와 청소년기 동안의 성적 학대는 자살의 표현이나 시도의 한 원인이 된다는 문서가 있다(VanderMay and Meff, 1982; Bagley et al., 1997).

가네프스키(Nadia Garnefski)와 디크스트라(René Diekstra)가 주목했던 점은 성적 학대를 받은 남자아이가 성적 학대를 받은 여자아이보다 감정적 문제를 비롯해 자살까지도 포함한 상당히 더 많은 행위문제를 지닌다는 것이다(Garnefski and Diekstra, 1996). 그들의 연구는 청소년이 성적 학대에 반응하는 방식에서 성 차이가 있을 수 있음을 암시한다. 성적으로 희생당했던 여자 청소년은 열등감을 느끼거나 자신의 여성성과 성을 역겹게 여기는 경우가 많다. 이는 자기의 체중, 체형, 몸 사이즈를 염려하도록 만들기도 한다(Oppenheimer et al., 1985). 그러므로 성적 학대를 당한 청소년이 자기자신을 뚱뚱하거나 못생겼으며 가치 없다고 생각하며 몸 이미지의 혼란을 토로하는 경우가 많은데, 이는 놀라운 일이 아니다. 그런 청소년은 나중에 섭식장애로 발전할 수도 있다(Hall et al., 1989). 분명 아동기의 성적 학대와 몸 이미지의 혼란은 관련이 있다. 웰치(S. Welch) 등은 폭식증 진단을 받은 청소년들이 이전에 성적 학대와 같은 사건을 겪었다고 보고한 사례들을 발견했다(Welch et al., 1997). 그런 경우에 성 학대는 자기 몸을 온전하고 안전한 것으로 느끼지 못하도록 하는 위협이 된다. 더구나 캐스퍼(Regina C. Casper)와 류보머스키(Sonja Lyubomirsky)는 폭식행위와 성적 학대에 의미심장한 관련이 있다고 지적했다(Casper and Lyubomirsky, 1997).

아동에 대한 성적 학대는 안면과 신뢰가 있는 사람에게서 일어나는 경우가 많다. 이런 학대는 몇 년간 지속될 수 있고 청소년기까지 이어지는 경우도 빈번하다. 알렉산더(A. Alexander)와 켐페(R. Kempe)에 따르면 가장 심각한 유형의 성적 학대는 친부와 친딸 사이에 일어나는 것이다(Alexander and Kempe, 1984). 의붓아버지와 의붓딸 사이의 성적 학대 비율도 높다. 그 학대가 모두 피해자 잘못이라고 생각하도록 왜곡시키는 경우도 빈번하다. 나아가 피해자들은 그 학대를 다른 사람에게 발설하면 나쁜 사람으로 보일 것이며 체포되어 감옥에 갈 거라고 협박받기도 한다. 그런 상황의 결과는 슬프게도 청소년이 사회적으로 위축되거나 가출하는 것인데, 이런 일이 자주 생긴다. 그런 청소년은 학교에 무단결석하고, 조숙한 성행위에 연루되기도 하며, 장래에 관계형성에서 어려움을 겪는다(Alexander and Kempe, 1984). 어떤 청소년은 성매매로 나아가기도 한다. 불행하게도 아동기에 성적 학대를 당한 전력이 있는 청소년은 스스로 피해자라고 느낄 뿐 아니라 다른 사람을 희생시키고 성범죄를 저지를 위험성도 있다(McClellan et al., 1997).

정신건강에 심각한 장애가 있는 청소년에게서 성적 학대의 전력을 발견하는 경우가 많다. 아틀라스(Jeffrey A. Atlas) 등은 성적 학대를 당한 전력이 있는 청소년에게 해리성(解離性) 정체성 장애의 특징이 나타난다고 지적한다(Atlas et al., 1997). 샌더스(Barbara Sanders)와 기올라스(Marina H. Giolas)도 해리증상은 청소년기의 성적 학대경험이 트라우마로 남은 것과 연관된다고 제시한다(Sanders and Giolas, 1991). 해리증상은 아주 무서운 성적 학대 때문에 청소년이 대단히 두려워했던 경험과 관계가 있다는 것이다. 이런 경우에 아이가 '멍하게 있거나' 시간이 흐른 것을 놓치고 외부 자극에 반응하지 못하는 상황들에서 나타나는 행위를 분석하는 것이 필수적이다.

정신적 외상(트라우마)의 영향

정신적 외상 후 스트레스 장애(Post-Trauma Stress Disorder: PTSD)에 대한 연구는 대개 아

동보다는 성인에게 나타나는 증상 치료에 관한 것이었다. 대단히 충격적인 사건에 대한 아동의 반응은 성인에게 나타나는 PTSD의 증상과 매우 유사하다고 보고된다. 아동에게 나타나는 이 장애에 대한 최근의 연구들은 자연재해(Frederick, 1985; Earls et al., 1988), 인간이 만든 재해(Handford et al., 1986), 전쟁 관련 외상(Arroyo and Eth, 1985), 폭력범죄(Nader et al., 1986), 의료처치과정과 연관된 정신적 외상(Stoddard et al., 1989)에 노출된 아이들을 조사했다. 이 연구들이 발견한 바에 따르면, 충격적인 사건이 아동에게 신체적으로 해를 입혔거나 아동에게 중요한 의미를 지닌 사람을 다치거나 죽게 만들었을 때, 아동에게도 PTSD가 생긴다는 사실을 뒷받침한다.

오늘날 아동이 경험하는 가장 공통된 형태의 트라우마는 가정폭력이다. 가정폭력이 발생하면 그 가정의 성인, 청소년, 아동이 부상당하거나 때로는 죽기도 한다. 아동이 피해자로 연루되지 않더라도 그 폭력을 목격함으로써 트라우마가 생기고 정신적 외상 후 스트레스로 고통을 받는다.

"청소년은 가정에서 폭력을 목격할 때 트라우마를 지니게 된다"

외상 후 스트레스의 결과 중 하나는 트라우마가 되어버린 사건이 불쑥 재현되는 기억이나 꿈속에서 다시 경험될 수 있다는 것이다. 그 일이 실제 다시 일어나는 것처럼 생생하게 느껴지거나, 그 사건 안에서 실제로 행동하는 것처럼 여겨지는 해리성 순간회상(flashback)을 경험할 수도 있다. 또한 트라우마를 준 그 사건의 어떤 측면과 닮은 내적·외적 단서가 기억을 건드릴 때 강한 스트레스를 경험할 수도 있다. 그 청소년은 트라우마와 연관된 자극을 끈질기게 피할 수도 있고, 일반적인 무반응성이나 무감각함을 경험할 수도 있다. 트라우마와 연관된 생각이나 느낌을 피하려는 시도, 트라우마의 양상들을 기억해 말할 수 있는 있는 능력의 상실, 활동에 대한 뚜렷한 무관심이나 참여부족, 현실과 떨어져 있는 느낌이 모두 무감각함에 속한다. 그 청소년은 또한 감정적 정서를 가지는 데 제한을 받을 수도 있다(사랑하는 느낌을 가질 수 없는 것이 한 예가 된다). 어떤 경우에는 지속적으로 흥분되고, 초(超)각성상태에서 안절부절못하며, 집중하는 데 어려움을 겪을 수도 있다(American Psychiatric Association, 2001).

심각한 폭력에의 노출은 정신의학적 장애, 특히 PTSD와 연관될 가능성이 극히 높다. 슈타이너(Hans Steiner) 등이 행한 연구에서는 소년범 수감자에게 PTSD가 많은 것으로 측정되었다(Steiner et al., 1997). 그들은 또한 연구대상자의 절반이 트라우마를 지녔고, 그 트라우마를 일으키는 사건은 대인(對人)폭력이었다고 증언했다. PTSD 진단을 받은 대상자 모두 스트레스와 불안, 우울증이 높고 충동조절과 공격성 억제 정도가 낮았다. 또한 투사나 신체(증상)화, 전환, 해리, 퇴행과 같은 미성숙한 방어 수준이 높았다.

성적 학대를 받은 아이가 불행하게도 성적 학대자가 될 수 있듯이, 가정폭력을 당하거나 목격한 아동은 폭력을 행사할 가능성이 커진다. 이러한 증거 중 하나로, 총을 쏘거나 칼로 찌르는 놀랄 정도로 심각한 수준의 폭력이 도심의 청소년들에 의해 자행된 적이 있는데, 그들이 그런 심각한 폭력을 목격했던 경험이 있었다는 사실을 들 수 있다(Singer et al., 1995).

트라우마가 청소년기에 장기간 미치는 영향도 있다. 데시빌야(Helena Syna Desivilya) 등은 청소년기에서 테러공격에 노출된 경험으로 인한 장기간의 심리적 증상과 행위변화를 검토했다(Desivilya et al., 1996). 그 결과로 나타나는 것에는 인간관계의 어려움, 자기내면과 관계하는 일을 잘하지 못함, 심각한 정신건강상 문제, 전쟁과 같은 사건에 의해 촉발되는 심리적 곤경에 극도로 취약한 경향, 배우자와의 낮은 친밀감, 그런 경험이 없는 다른 젊은이들에 비해 더 높은 고용 불안정 등이 포함된다.

상실

아동과 청소년은 상실에 의해서 정신적 외상을 입는 경우가 빈번하다. 이사, 거부, 죽음, 자살로 인해 또래를 상실할 수 있다. 또한 거부나 유기(遺棄), 이혼이나 죽음에 의해 부모의 상실을 경험할 수도 있다. 집 없는 아이에게는 수많은 상실이 있지만, 그중 중요한 것은 교육을 거부당하는 것이다(Eddowes and Hranitz, 1989).

아동이 상실을 경험할 때 그 애도과정은 청소년기로 연장될 수 있고, 그에 따라 청소년의 감정상태와 행위에 영향을 미칠 수도 있다. 청소년이 발달과정에서 지체되지 않도록 애도의 과정을 잘 통과하는 것이 중요하다는 인식은 점점 더 커지고 있다. 애도기간에 나타나는 우울함은 정상이지만, 우울함이 언제 병리적으로 변하는지를 고려하고 있는 것은 중요하다. 친구가 자살해서 상실의 고통을 겪는 청소년은 애도의 합병증으로 발생하는 중증 우울증을 경험할 가능성이 커지는 것으로 나타났다(Brent et al., 1993). 사랑하는 사람의 자살이 청소년의 자살위험성을 증가시킬 수도 있다. 서구사회에서는 청소년 자살이 널리 퍼지면서 자살 이후의 애도가 더 복잡하다는 사실이 주목받고 있다. 자연적 원인으로 인한 죽음과 비교했을 때, 자살에 의한 죽음에 대한 애도에는 죄책감이 중요한 역할을 한다(Peters and Weller, 1994).

부모 사망이라는 상실의 고통을 경험했던 청소년들은 강렬한 충격과 믿지 못함, 그리고 상실감을 증언해왔다. 이 경험은 동일한 경험을 한 성인보다 더 강렬한 것으로 밝혀졌다. 청소년은 또한 죽은 사람에 대해 성인보다 더 큰 분노와 수면장애, 꿈에 시달린 경험과 괴로움을 말했다(Meshot and Leitner, 1993).

유전적 영향

청소년 상담에서는 삶의 경험뿐 아니라 유전적 성향도 심리장애와 행동장애에 영향을 미칠 수 있음을 알아둘 필요가 있다.

커밍스(David E. Comings)는 ADHD, 투렛 신드롬(Tourette syndrome, 틱장애), 학습장애, 약물남용, 반항 비행장애, 행동장애와 같은 아동과 청소년의 분열성 행동이 내적으로 연관된 일련의 행위의 한 부분이며, 유전적 요소의 영향이 강하다는 생각을 지지해줄 증거를 조사했다(Comings, 1997). 또한 그는 이런 장애들의 유전적 요소가 많은 유전인자에 공통적으로 들어 있으며, 그 인자들이 도파민, 세라토닌, 기타 신경매개물질에 영향을 미친다고 지적했다.

요약

2장에서는 아동기에 해결되지 않은 이슈들과 관련된 다양한 요소가 청소년에게 영향을 미친다는 사실을 고려했다. 청소년 상담에서는 아동기의 발달과제에 타협해나갈 청소년의 능력에 아동기 경험이 어떤 영향을 미쳤는지 검토하는 것이 필수적이다.

key
point

- 애착문제, 부모의 태도, 학대와 정신적 외상과 같은 아동기 경험이 순응적 반응을 가능하게 할 청소년의 능력에 방해가 될 수도 있다.
- 학대에는 방치, 감정적·신체적 그리고/또는 성적 학대가 있다.
- 부모는 아동의 부모노릇에서 청소년에게 적절한 부모노릇으로 전환하기 위한 새로운 기술을 개발할 필요가 있다.
- 청소년이 성적 학대에 반응하는 방법에는 성별 차이가 있다.
- 아동과 청소년은 가정에서 폭력을 목격할 때 정신적 외상을 입는다.
- 삶의 경험 그리고/또는 유전적 성향은 청소년이 심리장애와 행동장애를 진행시키는 데 영향을 준다.

03

청소년기의
환경적 스트레스

청소년기란 청소년이 새로운 경험에 마주하는 변화의 시간이다. 그들이 활동하고 있는 다양한 환경이 기대치 못한 새로운 상황과 사건을 만들어서 이전에는 한 번도 해본 적 없는 반응을 요구한다. 검증되지 않은 새로운 반응을 예상치 못하게 요구받고 대처하는 일은 확실히 불안과 스트레스를 준다.

스트레스에 반응하는 방식은 청소년마다 매우 다르다(5장 참조). 어떤 청소년은 특별히 순발력이 좋고 높은 수준의 대처기법이 있는 반면, 어떤 청소년은 자기의 현재 발달과정이 요구하는 사항에 맞추기 어려워한다. 청소년 내면에서 스트레스를 일으킬 가능성이 있는 환경과 상황은 다음과 같다.

- 가족환경
- 교육환경
- 작업환경
- 변화하는 관계들
- 성 정체성 문제에 대한 노출
- 사회경제적 압박과 비고용

분명히 청소년은 이런 환경에 노출되는 것을 피할 수 없다. 그런 환경에 노출되는 것은 삶의 불가피한 한 부분이기 때문이다. 더구나 이런 노출은 청소년이 아동기에서 성인기로 옮겨갈 수 있도록 만드는 과정의 필수적인 부분이다.

가족환경

가족환경의 많은 요소가 청소년에게 여러모로 스트레스를 줄 가능성이 있다. 그러한 요소에는 다음과 같은 것이 포함된다.

- 가족기능의 양태
- 부모의 양육방식
- 부모 상호 간의 관계
- 별거와 이혼
- 혼합가족 문제
- 알코올중독 부모
- 가정폭력
- 문화적 이슈

청소년은 분명 이런 요소들 중 어느 것도 통제할 힘이 없다. 그러나 이런 요소들은 가족환경의 중요한 한 부분이며, 청소년은 그 환경 안에서 아동기로부터 성인기로 이동하는 가운데 새로운 행위를 배워야 한다. 즉, 환경의 질이 성인기로의 성공적 이동을 위한 청소년의 잠재력에 영향을 줄 수도 있지만, 결국은 환경에 대한 청소년의 반응이 그 성공의 정도를 결정할 것이다.

"청소년은 각기 나름의 독특한 반응방식을 가지고 있다"

가족기능의 양태

가족의 기능에 대한 맥마스터(McMaster) 모델이 말해주듯이(Epstein et al., 1980), 가족의 모습은 관점에 따라서 다양하다. 어떤 가족은 아주 엄격하고, 어떤 가정은 자유방임적이다. 어떤 가족은 아주 뒤엉켜 지내는가 하면, 어떤 가족은 소원(疎遠)하다. 엄격한 가족은 규칙이 분명하고 유연하지 않아서 어떤 규칙을 어겼을 때 그에 대한 특정한 결과가 정해져 있다. 그들은 현상유지를 위한 노력이 강하며 불일치에 대한 관용의 수준이 낮다. 자연히 이런 가족은 변화와 성장이 필수적인 시기에는 큰 어려움을 겪는다. 결과적으로 그 가족의 청소년은 새로운 행동으로 실험하는 것이 용납될 수 없고, 그래서 갈등과 불화의 원인이 된다. 또한 불일치가 허용되지 않기 때문에 드러내놓고 차이를 타협할 수 있는 갈등해결책을 찾는 것이 어렵다(Garralda, 1992).

어떤 가족은 자유방임적이어서 매우 자유롭고 규칙이 간단하다. 이 가족은 청소년이 변화하는 시기에 문제가 덜 생길 수도 있다. 그러나 이런 가족의 청소년은 어려운 규칙과 기대사항이 적용될 수 있는 더 넓은 사회와 직장에 적응할 때 어려움을 겪을 수도 있다. 이런 청소년이 겪는 또 다른 어려움은 청소년기에 매력적으로 보일 수 있는 자기파괴적 행위를 피해야 할 때, 부모의 외적 통제가 없는 탓에 거의 전적으로 자기 내면의 통제력에만 의존할 필요가 있다는 점이다.

경계 없이 얽혀 있는 가족의 청소년은 과보호 가정환경에 놓여 있을 수 있고, 청소년이 일정 수준의 분리와 개별화를 추구할 필요가 있음을 가족이 인정하지 않으려 할 수도 있다. 따라서 청소년의 자율성과 독립성 발달이 지체될 수도 있다. 마찬가지로 따뜻함과 애정이 많은 가족은 청소년이 가족을 떠나 그 시기에 필수적으로 요구되는 독립성을 세우도록 허락하는 데 어려움을 겪기도 한다.

관계가 소원한 가족이 독립성 추구에는 유리할 수도 있다. 가족이 이미 분명하게 개인 간 테두리를 갖고 고도로 독립적으로 기능하기 때문이다. 그러나 이런 청소년은 성인기로의 전환기에 필요한 가족의 지지를 받지 못할 수도 있다.

이런 논의에서 명확해지는 것은 가족의 상호작용이 어떤 양태든지 청소년에게는 문제가 있을 수 있다는 사실이다. 청소년기의 변화에 적응하는 일은 가족환경과 상관없이 어려운 일이다. 그러나 어떤 가정은 성장과 발달에 도움을 주는 환경을 제공한다. 가정의 감정적 분위기가 순응적으로 발달하는 능력에 영향을 미치고 스트레스를 최소화한다는 것은 확실하다.

청소년을 위한 최적의 조건은 환경이 조화로운 가족이다. 말하자면, 진정한 따뜻함과 돌봄, 차이에 대한 수용, 타인의 필요 존중, 좋은 소통, 갈등해소 능력이 있는 가족이다. 불협화음과 불화로 물든 가족, 대화가 부족하고 남의 행위에 대한 관용이 낮으며 갈등해결 기술이 없는 가족 안에서는 청소년이 스트레스를 받고 불안해할 수밖에 없으며, 성인기로 적응해나가는 과정에서 더 많은 어려움을 겪을 것이다.

"조화로운 가족이 개인성장의 최적의 조건을 제공한다"

부모의 양육방식

부모가 어떤 양육방식을 선택할지 청소년에게는 선택의 여지가 없다. 청소년은 그저 그 방식에 대처해야 한다. 만일 부모의 방식이 변화를 억제하고 청소년이 아동일 때 적용했던 구조를 그대로 유지하려 한다면, 청소년은 성인기로 넘어가는 데 필요한 변화를 위해 싸우게 된다. 부모의 방식에 맞추면 청소년기에 정상적 발달이 억제될 것이다. 맞추지 않고 대결할 수도 있지만 그런 경우 스트레스와 갈등의 고조가 불가피하다.

부모는 청소년에게 변화의 기회를 계속 제공할 필요가 있지만, 청소년이 아직 어른이 아니라는 것을 기억하면서 통제를 일정 수준으로 계속 유지할 필요가 있다. 이런 조건은 바움린드(Diana Baumrind)의 연구에 의해 지지된다(Baumrind, 1991b). 바움린드에 따르면 부모가 자녀를 지지하고 합리적인 소통의 대화에 적극적이면서도, 지속적으로 확실하게 훈련시키는 가정의 청소년은 그 능력과 자신감에서 더 높은 수준에 도달하는 경향이 있다. 달리 말해, 그런 부모는 권위가 있다. 청소년의 전환기는 자율성을 요구하면서도 내재적 부담이 큰 개별화 과정에서 자기파괴적 행위를 피해야 하는 시기라는 점에서, 이런 부모를 두는 것은 유리하다(Searight et al., 1995).

분명히 부모의 대화 스타일은 아주 중요하다. 청소년 자녀와 효과적으로 대화하며 부모와 자녀 둘 다 자기관점을 말할 기회를 갖는, 쌍방의 대화를 할 줄 아는 부모는 청소년 자녀의 순응적 발달을 유도하기가 더 쉽다.

부모의 기대도 중요하다. 대부분의 부모는 청소년 자녀의 행위, 신념, 태도, 가치, 친구의 선택에 관해 기대하는 바가 있다. 여기에는 학업이나 취업까지 들어갈 수 있다. 이러한 기대는 청소년에게 영향을 주며 발달을 도울 수도 있지만, 지체시킬 수도 있다.

부모 상호 간의 관계

부모 상호 간 관계의 질은, 그 부모가 함께 살든 별거·이혼했든 상관없이 청소년에게 매우 중요하다. 그로스먼(M. Grossman)과 로와트(K. M. Rowat)는 많은 가족을 조사했다 (Grossman and Rowat, 1995). 부모가 함께 사는 가정과 별거·이혼한 가정 모두가 대상이었다. 그들의 연구에 따르면 삶의 낮은 만족도, 장래에 대한 소망 감소, 고도의 불안은 부모 상호 간 관계의 질과 관련이 있으며, 그 부모의 별거, 이혼, 또는 동거 상황과는 관계가 없다는 것이다. 그렇다 할지라도 부모가 안정적·순응적으로 기능하는 가족 안에 있는 청소년은 그 혜택을 볼 것으로 기대된다. 이러한 환경은 많은 것이 변하는 청소년기에 안정감과 안전감을 제공하는 데 수월하기 때문이다. 덧붙여 말하자면, 잘 기능하는 부모관계는 청소년의 적절한 이성관계의 모범이 될 수도 있다.

별거와 이혼

가족이 깨지는 일은 청소년이 독립해가는 과정을 무척 방해할 수 있다. 이상적으로는 청소년이 가족의 안전과 안정에 대한 염려 없이 자기의 독립을 결정할 수 있어야 한다. 불행히도 부모가 불화하면, 이미 논의했듯이 그들의 별거 여부와 관계없이 그 청소년에게 문제가 생기기 쉽다.

"부모의 갈등이 청소년에게 문제를 만들어낸다"

부모의 이혼과 청소년 우울증의 연관성은 이미 드러나 있다(Aseltine, 1996). 더구나 부모의 별거와 이혼은 청소년의 삶의 상황을 바꾸기 때문에 수많은 부차적 문제들을 만들어낸다.

혼합가족 문제

이혼과 재혼으로 두 가정이 섞이는 것이 청소년의 발달에 역효과를 준다고 보는 견해도 있다. 부모가 결혼·이혼할 때, 그리고 새로운 동반자와 결합할 때 청소년이 다루어야 할 이슈가 생기는 것은 확실하다. 그러나 이혼과 재혼이 청소년의 적응곤란과 반드시 관계있는 것은 아니다. 청소년의 적응은 가족갈등에 대한 청소년의 인식 수준과 관련 있음을 아는 것이 더 중요하다. 가족이 주로 화목하다면 청소년에게 미치는 영향은 줄어들 가능성이 크다(Borrine et al., 1991).

알코올중독 부모

부모의 알코올중독은 가족기능의 방식에 영향을 미친다. 알코올중독 부모는 자녀와 감정적으로 소원한 경향이 있고, 음주패턴의 결과로 자녀에게 시간을 내주지 못하는 경우가 많다. 술 남용은 신체학대와 성적 학대 같은 다른 형태의 역기능적 행위로 이어질 수도 있다. 부모가 알코올중독인 가족 안에서는 가족의 역할이 굳어지는 경우가 많다. 버논(Ann Vernon)은 술이나 중독성 물질 의존 가정에서 생기는 역기능적 역할을 몇 가지 말해준다(Vernon, 2004). 이 중에서 특히 청소년이 떠맡는 역할은 세 가지다.

① **능력자**(the enabler) __ 보통은 알코올중독자의 배우자가 이 역할을 하지만, 후기 청소년기에 있는 자녀가 이 역할을 할 수도 있다. 이 역할은 중독자의 음주를 덮어줌으로써 중독의 부정적 영향을 완화해준다.
② **영웅**(the hero) __ 보통 맏이인 자녀가 이 역할을 하며, 뛰어난 학교성적과 같은 활동을 통해 가족에게 소망과 자랑거리를 제공한다.
③ **희생양**(the scapegoat) __ 일단 저질러보는 행동으로 또래에게 인정받는 경향이 있다. 보통 청소년기에 일찍이 약물남용과 같은 위태로운 행위를 발달시킨다.

버논(Vernon, 2004)이 말한 이런 역할들과 그 밖의 다른 역할들을 이해하는 것은 알코올중독 가족의 청소년을 돕는 상담사에게 유용할 수 있다.

토모리(Martina Tomori)의 연구가 제시하는 바에 따르면 부모가 알코올중독자인 경우 청소년은 불안 수준이 높다(Tomori, 1994). 이런 불안은 부분적으로 알코올중독 가정에 속하기 때문일 수 있지만, 개인적인 기질과도 관계가 있을 수 있다. 부모의 알코올중독은 아동과 청소년의 심리병리학적 증상의 증가와 연관되지만, 사실 알코올중독 가정의 아동과 청소년 대다수가 심리적 장애를 발달시키지는 않는다(West and Prinz, 1988). 체이신(Laurie Chassin)과 바레라(M. Barrera)에 따르면, 술 중독이었던 아버지가 단주한 경우 그 청소년 자녀는 음주를 제한할 때 자기통제가 필요함을 이해하는 경향이 있고, 장래에 약물남용의 위험이 있음을 인식하며, 타자에게 나타나는 술의 부정적 영향을 볼 수 있다(Chassin and Barrera, 1993). 이런 청소년은 신념을 가지고 약물남용을 멀리할 수도 있다는 것이다.

가정폭력

가정폭력은 청소년의 발달에 의미심장한 충격을 준다. 부모와 자녀 사이의 폭력이든 부모 사이의 폭력이든 그것을 목격하는 것은 적응에 부정적인 영향을 끼치고, 그에 따라 외면화한 행위의 문제와 내면화한 행위의 문제를 낳는다(O'Keefe, 1996). 더구나 가정에서 폭력을 목격하면, 청소년은 이런 폭력을 허용가능한 정상적 가정생활의 일부로 받아들이게 될 수도 있다.

문화적 이슈

현대의 서구사회가 점점 더 다문화적으로 되어감에 따라 인종적으로 소수집단에 속한 청소년이 가지는 특별한 문제를 인식하는 것이 필요하다. 주류 문화의 영향권과 다른 문화적 배경을 가진 가족의 청소년들이 지니기 쉬운 문제가 있다. 프리드먼(Herbert L. Friedman)은 청소년의 사회적 발달이 의미하는 바가 문화에 따라 다르다고 주장한다(Friedman, 1993). 그는 이것이 사회적 환경이 다르고, 사춘기와 결혼 시기에 사교생활 발달의 문화적 패턴이 다르며, 건강과 건강증진의 이슈도 다르기 때문이라는 점에 주목한다.

"가족의 문화와 사회의 문화가 다를 때 문제가 발생한다"

가족의 문화와 다른 문화들 가운데서 성장하는 청소년에게 생기는 주된 문제는 문화적으로 결정된 사회적·도덕적 가치들의 갈등 때문에 스트레스를 받는 것, 그리고 충돌하는 신념·태도·행위에 노출되는 것이다. 이런 상황에 있는 청소년은 정상적인 발달과정에서 변화하는 신념·가치·행위에 대처해야 할 뿐 아니라, 이런 것들이 현재와 미래의 그들 삶의 문화적 맥락 안에서 어떻게 적합한지를 고려해야 한다.

교육환경

청소년은 학교와 대학교에 대한 압박감으로 스트레스를 받는다. 실패의 위험성과 실패의 경험 둘 다 교육환경 안에서는 심리사회적 스트레스의 원인이 된다. 이 스트레스는 부모와 갈등이 있을 때 강화되기 쉽다. 결과적으로 학업성적과 진로계획에서 부모와 갈등이 있을 때 빈약한 학업은 더 악화된다(Hurrelman et al., 1992).

학교에서 청소년은 다른 일로도 염려한다. 일반적으로 교육환경에서 학생은 힘과 권위가 거의 없고, 학생을 가르치는 사람들이 상당한 힘과 권위를 지닌다. 청소년기에 힘과 권위의 이슈는 매우 핵심적이다. 만일 청소년이 어른처럼 책임지는 것을 배워야 한다면, 무엇을 어떻게 할지 그가 일정 수준 통제할 수 있어야 한다. 그러나 교육환경은 청소년이 힘을 빼앗길 수 있는 곳이기 때문에 스트레스를 받을 수 있다.

등교 거부

어떤 청소년은 등교를 거부하거나 무단결석한다. 이런 청소년은 특정 스트레스에 자신이 아는 최선의 방법으로 반응하고 있는 셈이다. 등교 거부의 이유는 다양할 수 있지만, 가족관계의 문제가 숨겨진 원인으로 언급되는 경우가 많다. 커니(Christopher A. Kearney)와 실버만(Wendy K. Silverman)은 청소년이 등교를 거부하게 만드는 가족의 세 가지 유형을 제시했다(Kearney and Silverman, 1995).

① **경계 없는 가족** __ 초점이 부모-아동/청소년 관계에 지나치게 집중되어 있는데, 특히 어머니-자녀 관계가 그렇다. 애정이 있으나 과보호적 애착도 자란다.

② **소원한 가족** __ 식구가 서로의 생각이나 필요를 돌보기에 충분할 만큼 서로의 활동에 관여하지 않는다. 부모는 자녀의 활동이나 문제가 명백해지거나 심각해질 때까지 방심할 수도 있다.

③ **고립된 가족** __ 가족 바깥과 거의 접촉하지 않는 것이 특징이며, 집 밖에서의 활동을 피하는 경향이 있다.

불행하게도, 청소년의 등교 거부는 방치될 경우 장기간의 심각한 역기능을 유발할 수 있다.

작업환경

학교나 대학교에 다니면서도 시간제 일을 찾는 청소년이 많이 있다. 어떤 청소년은 학교를 그만두고 전업으로 고용되기도 한다. 고용환경은 일반적으로 성인으로서의 행동이 요구되는 곳이다. 결과적으로 직장에서의 경험은 청소년의 발달과정에 영향을 줄 수도 있다.

직장에서 청소년은 감독자에게 받은 과제를 완수할 책임을 배운다. 청소년은 일반적으로 어느 정도의 자율성을 경험하지만 직장의 기대치에 맞추어야 하며, 관계 맺음을 둘러싼 다양한 이슈가 있을 수밖에 없다(Safyer et al., 1995). 청소년은 기대치가 있는 구조적 환경 안에서 또래·어른·권위자와의 관계에 노출된다. 분명 이런 상황은 개인성장의 기회와 성인기로 움직일 기회를 제공한다. 도전거리 또한 주는데, 청소년에게는 그것이 스트레스가 될 수도 있다.

"직장이 개인성장의 기회를 제공하기도 한다"

변화하는 관계들

청소년이 계속 직면해 스트레스 받기 쉬운 이슈는 관계의 변화에 관한 것이다. 그들이 성숙해가면서 부모, 형제자매, 또래, 권위 있는 위치의 사람과의 관계가 변화하기 시작할 것이다. 또한 성적 이끌림을 포함해 로맨틱한 애착이 생기기 쉽지만, 이런 관계는 임시적이고 불안정하며 변하기 쉽다. 청소년은 탐험과 실험의 단계에 있기 때문이다. 대부분의 청소년이 로맨틱한 사랑의 감정을 강하게 경험한다. 그 결과 사랑하는 사람에게 거부당하면 자신감이 손상되고, 자기감정이 변해서 또 다른 사람에게 마음이 끌리게 되면 혼란스러움을 느낄 수도 있다.

부모와의 관계는 청소년이 더 많은 책임을 갖게 되면서 변화될 필요가 있고, 부모는 책임을 청소년에게 넘겨주기 시작할 필요가 있다. 이때 많은 부모가 책임을 넘겨주는 일을 어려워하고, 의식적·무의식적으로 자녀를 계속 조정하려고 할 수도 있다. 그들 자신이 자녀에게 애착이 있고, 통제권을 넘겨줌으로써 잘못된 길로 나아가게 할 수 있다는 두려움도 있기 때문이다. 청소년은 삶의 결정에 대해 더 많은 통제권을 원하는데 부모가 이것을 기꺼이 허락하지 않을 때, 청소년과 평화롭게 지내기보다는 싸움이 커질 수도 있다. 이러한 싸움에서 만일 갈등을 지속시키지 않고 피하려면 청소년과 부모 사이의 대화가 매우 중요하다.

화이트(Michael White)는 부모와의 대화가 만족스럽지 못할 때 생기는 문제들을 논한다(White, 1996). 불행하게도 청소년이 부모와의 대화가 만족스럽지 못하다고 생각할 때는, 할 수 없이 자기견해와 의견을 더 잘 받아들이는 다른 사람들과 잘 지내려고 할 수도 있다. 이런 일이 발생하면 부모의 영향력은 감소된다.

성에 관련된 이슈에 노출됨

두섹(Jerome B. Dusek)은 청소년의 성행위와 관련해 문화마다 기대치가 많이 다르다는 사실을 지적한다(Dusek, 1996). 한쪽 극단에는 결혼하고 어른이 될 때까지 아동과 청소년이 이성에 연관되는 것을 금지하는 문화가 있고, 다른 쪽 극단에는 성행위가 더욱 점차적으로 발전해 청소년기의 성행위를 거의 제한 없이 허락하고 심지어 장려하는 문화가 있다. 서구사회는 분명 개인이 속한 문화와 신념체계에 따라 성에 대한 태도와 행위의 차이가 매우 크다. 따라서 청소년은 무엇이 적절한지에 관한 다양한 출처의 다른 정보를 근거로 선택의 필요성에 직면하게 될 수도 있다.

가장 중요한 것은 두섹이 청소년의 성행위에 대한 부모의 영향은 최소한임을 확인해주는 연구 발견에 의존한다는 점이다. 부모가 청소년과 성에 관해 토론하거나 그들의 성행위를 엄격하게 통제하는 것은 청소년의 혼전 성관계에 별 상관이 없다는 것이다(그러나 어머니가 더 많이 감시할 때 여성의 **보호되지 않은** 성관계가 줄어든다는 것을 지적하는 증거도 있다). 성행위를 하는 친구가 있거나 친구가 성행위를 한다고 믿는 청소년은 성행위를 할 가능성이 높아진다. 이런 요소는 청소년의 나이가 많을수록 더 강해지며, 남성보다 여성에게서 더 강하게 나타난다. 청소년의 성행위와 연관되는 위험성에 대해서는 4장에서 토의할 것이다.

사회경제적 압박과 비고용

오늘날 사회에서는 텔레비전과 인쇄매체로 인해 사회경제적 기대라는 측면에서 청소년에게 가해지는 압력이 높다. 대중매체는 끊임없이 역할모델을 보여주며, 매력적인 사람들은 높은 수준의 물질을 소유하는 것처럼 보이게 만든다(예를 들어 옷). 이는 청소년이 고용기회를 얻기 힘든 사회에서는 특히 불행한 일이다.

연구들이 설득력 있게 보여주는 바는, 고용되지 못한 청소년이 많은 심각한 문제들로 괴로워하는 경향이 있다는 것이다. 고용되지 못한 것은 청소년에게 보통 부정적인 경험이 되며 고용됨은 긍정적인 경험이 된다(Patton and Noller, 1990). 더구나 비고용 청소년은 고용 청소년보다 상당히 더 많은 우울증, 부정적 기분, 행위조절 및 감정조절 상실이 있음을 보여준다(Winefield and Tiggeman, 1990; Heubeck et al., 1995). 덧붙여서 말하자면, 청소년에게 비고용은 심리장애를 증가시킬 위험성과 연관 있다고 보여주는 연구가 많다(Hammarstorm, 1994; Fugusson et al., 1997a; Meeus et al., 1997).

"비고용은 청소년에게 중대한 부정적 결과를 가져올 수 있다"

비고용은 청소년 범죄와 연관성이 있을 수도 있다. 특히 학교를 떠난 경우 비고용은 청소년 범죄의 위험성을 증가시킬 수 있다. 그러나 비고용과 청소년 범죄 연관성의 많은 부분은 일반적인 삶의 과정과 요소를 반영하는 경우가 많으며, 그런 과정과 요소가 청소년을 비고용과 범죄 둘 다에 취약하도록 만든다(Fergusson et al., 1997b).

빈곤이 청소년의 발달과 행위에 부정적 영향을 미치는 경향이 있지만, 이런 결과들은 이웃의 조직적 시스템과 문화적 특징에 의해 완화될 수 있다는 사실이 밝혀지고 있다(Elliot et al., 1996). 분명 지역사회 시스템과 그 시스템이 청소년에게 미치는 통제력과 영향력에 많은 것이 달려 있다.

요약

이 장에서는 청소년에게 미치는 환경적 스트레스의 많은 결과를 다뤘다. 4장에서는 구체적인 장애물을 논의할 것이다. 정상적인 발달과정에서 청소년은 환경 스트레스와 환경의 장애물 둘 다에 직면하게 된다. 이에 어떤 청소년은 순응적으로 대처하고 어떤 청소년은 그렇지 못해서 상담을 찾기도 한다. 이런 상황, 사건, 자극이 청소년에게 어려운 도전거리를 준다는 중대성을 인식하고, 청소년이 이런 것들을 효과적으로 다룰 방법을 찾도록 만들어주는 것은 상담사의 필수적인 일이다.

key point

- 환경 스트레스는 가족, 교육, 작업환경, 관계, 성에 대한 태도, 사회경제적 압력과 관계가 있다.
- 가족기능의 양태는 청소년의 성장과 발달에 중대한 충격을 줄 수 있다.
- 가족문화와 더 넓은 사회적 환경의 문화가 서로 다르면 청소년에게 특별한 도전거리가 된다.
- 작업환경에서 받는 도전은 청소년에게 개인성장의 기회를 제공할 수도 있다.
- 성에 관련된 이슈는 서로 다른 출처에서 받은 정보가 서로 다른 의견을 제공할 수 있기 때문에, 무엇이 적절한 것인지 청소년이 선택하는 데 곤란하게 만들 수 있다.

04

청소년기의
장애물

3장에서는 청소년에게 강한 영향을 주는 환경적 스트레스를 다루었다. 청소년은 또한 수많은 구체적 장애물에 부닥치기 쉽다. 아동기에는 대부분이 보호받으며, 구조화된 환경 안에서 부모나 다른 어른들이 통제하는 상황 속에 산다. 청소년기에는 새로운 관계를 만들고 전에는 마주치지 않았던 상황에 들어가면서 부모의 보호에 덜 의존하는 경향이 있다. 이 상황을 다루는 일은 어른이 되어가는 과정의 일부다. 청소년은 이전에 비슷한 상황을 경험한 적이 없기 때문에 이에 반응하는 새로운 방식을 만들어내야 하는데, 이것이 그들에게 장애물이 될 수도 있다.

청소년기는 새로운 상황에 대한 반응으로서 새로운 행위를 시도·실험해보는 시기이다. 이는 위태로운 일이다. 불행히도 청소년은 자기가 거의 무너질 리 없다고 자기중심적으로 믿기 때문에 억제되지 않는 과도한 위험을 감수하기 쉽다. 이 장에서는 청소년이 직면하는 장애물을 다룰 것이다. 특히 우리가 논의하려는 것은 다음과 같다.

- 부모와 또래의 영향
- 또래집단과 갱
- 흡연, 흡입, 술, 기타 마약
- 성행위

- 위험을 감수한 반사회적 행위
- 체중조절

부모와 또래의 영향

청소년기에는 부모의 영향력이 줄어들고 또래의 영향력은 증가할 것으로 기대된다. 그러나 부모의 영향과 또래의 영향은 둘 다 청소년에게 영향을 미친다. 때로는 그 둘의 영향이 갈등을 일으키며, 청소년은 불가피하게 내적 갈등을 겪는다. 이때 청소년은 어떻게 반응해야 할지 찾느라 애쓰는 어려운 시간을 보낼 수도 있다.

부모의 영향

청소년기에 부모의 통제는 점차 감소되지만, 대부분의 부모는 자녀의 삶에 계속 상당한 영향력을 행사하며, 이는 청소년이 자기 장애물을 다루는 방법에 영향을 미친다.

청소년기의 과정은 청소년이 자율성을 찾고 얻도록 요구하는데, 이 자율성을 통해 자기파괴적인 행위를 피하는 것이 이상적이다. 이는 성취하기가 어려운데, 개별화 과정은 본래 부담스럽기 때문이다. 여기서 부모가 도와줄 수 있다. 연구에 따르면 자녀를 확고하고 일관성 있게 훈련하면서도 적극적·합리적 상호반응의 대화를 장려하는 지지적인 부모(즉, 권위 있는 부모)가 있는 청소년은, 더 높은 자존감과 자신감을 갖고 인생에서 마주치는 장애물과 같은 사건을 더 잘 다룬다(Baumrind, 1991a, 1991b).

> "권위 있고 지지하는 부모는 도움이 될 수 있다"

청소년은 한계와 경계를 시험해보는데, 청소년이라면 그렇게 해야 한다. 그래야 자신이 어른으로서 살 세상에서 어떻게 반응할지 감각을 얻을 수 있기 때문이다. 이 시기에 부모가 지지의 테두리를 설정해주는 것이 유리하다. 내적인 소용돌이의 시기에 안정감을 발달시키기 위한 억제감각*을 가질 수 있기 때문이다. 부모로서 가장 좋은 방법은 분명하고 일관된 비처벌적 한계와 테두리를 정해주는 것이다(Gaoni et al., 1994).

자기가 잘한다고 느끼기 위해서 청소년은 가족의 승인을 받고 있는 것으로 믿을 필요가 있다. 여러 연구들이 확인해주는 바는, 초기 청소년이 가족의 승인과 지지를 받는다고 생각할 경우 자아존중감이 높아진다는 것이다. 여기에는 성 차이가 있는데, 여자 청소년은 남자 청소년보다 가족의 승인과 지지에 훨씬 더 의존적이다(Eskilson and Wiley, 1987).

또래압력과 부모압력 사이의 갈등

또래집단의 기대와 부모의 기대 사이에 갈등이 있을 수 있다는 것은 이해할 만하다. 청소년은 가족으로부터 어느 정도 분리되는 느낌을 가지고 개별화를 추구하는 동시에, 수용되고자 하는 욕구를 가지고 있다. 수용되기를 원하는 이런 욕구는 청소년을 또래와 합류하도록 몰고 가며, 또래와의 합류는 바람직하다. 그러나 좋은 또래관계를 발전시키지 못하면 행위나 학업에서 불행한 결과를 낳을 수 있다(Connor, 1994). 또래와 합류하려고 시도할 때, 그러한 수용의 대가로 자기가 원하지도 않고 바람직하지도 않은 활동에 가담하라는 강한 압력을 받을 수도 있다. 자아존중감과 자기확신이 높은 청소년은 또래의 이런 부정적인 압력에 더 잘 저항할 수 있다. 그런 청소년은 더 쉽게 친구를 만들고, 우정을 유지하며, 다른 아이들에게 수용되기 때문이다.

가족의 압력과 또래의 압력 사이의 갈등은 가족체계의 성격에 따라 영향을 받는다. 가족 분위기가 독립성을 지지하고 성취를 압박하지 않을 경우, 초기 청소년은 또래압력에 맞추려는 강한 욕구 없이 또래집단을 감정적 지지자원으로 이용하는 경향이 있다. 이는 갈등이 있고, 성취를 강조하지만 개인발달을 위한 지지를 해주지 않는 가정 출신의 초기 청소년과 대조된다. 이러한 가정의 청소년은 또래집단의 압력에 더 많이 순응하기 쉽다(Shulman et al., 1995).

• 스스로 통제할 줄 아는 감각을 가리킨다. ─ 옮긴이

또래압력의 영향

또래는 분명 청소년에게 영향력을 행사하고, 이 영향은 청소년이 자기를 나타내는 방식에서 가장 뚜렷이 드러나는 경우가 많다. 이는 많은 부모를 불안하게 만들 수 있다. 그 부모들은 자신들이 쉽게 용납할 수 없는 외관으로 청소년 자녀가 변하는 것을 염려하기 때문이다. 그런 변화를 부모가 또래의 영향 탓으로 돌리는 것은 정확할 수도 있다. 그러나 중요한 것은, 이러한 변화가 또래압력의 영향이자 또래에게 수용되려는 욕구에서 비롯되었더라도 그것은 동시에 개별화와 정체성을 추구하는 청소년의 탐색과 일치한다는 점이다. 개인정체성을 추구하면서 청소년은 헤어스타일, 화장을 현재 10대의 기준에서 선택할 수도 있다. 또래에게 멋지게 보이는 평범하지 않은 옷을 입을 수도 있고, 귀와 같은 신체부위를 뚫거나 문신을 할 수도 있다. 자기를 나타내는 이 모든 방식은 시간이 지나면 시들해지고, 개별화의 성취와 또래집단에 속하려는 것, 이 두 가지를 향해 있을 뿐이다.

<blockquote>"어떤 행위는 개별화가 나타나는 표시로 볼 수도 있다"</blockquote>

어른들은 현대의 많은 청소년이 자기를 표현하는 방식을 반체제적이고 파괴적인 것으로 해석하고 부정적 의미를 함축한 것으로 볼 때가 많다. 그러나 그들이 자기를 나타내는 방식은 스스로에게 건설적일 수 있는 방식으로 개인정체성을 추구하는 지표로서 볼 수 있다. 마틴(Andre Martin)이 지적하듯이, 어른에게는 신체손상이나 파괴적인 것으로 보일 수 있는 것이 청소년의 관점에서는 장식적인 것일 수도 있다(Martin, 1997).

또래집단과 갱

청소년기에 또래집단 형성은 발달과정상 정상이다. 이런 집단을 형성하는 경향은 아동기에서 시작한다. 놀이친구, 학교친구, 보이스카우트, 걸스카우트가 그 예이다. 이런 집단은 집단애착을 형성하는 청소년의 자연스러운 경향에다가 사회적 외양을 제공한다.

청소년이 형성하는 갱은 본질상 또래집단이다. 그러나 그들의 행위는 사회 구성원 대다수에게 부정적으로 인식된다. 갱은 사회적으로 병리적인 것으로 간주되며(예를 들어 마약 거래자처럼), 일반적으로 폭력적 그리고/또는 반사회적 경향을 지닌 개인이 또래집단에 침투한 결과로 간주된다. 갱은 주로 도심지역에서 발달되는 경향이 있고, 쉽게 외부 영향을 받는 청소년에게 바람직하지 않은 영향력을 행사할 수도 있다(Sigler, 1995).

사실, 갱이 어떻게 청소년의 행위 일부가 될 수 있는지는 이해할 만하다. 연구들이 지적하는 바에 따르면, 갱에 연루된 청소년은 여자든 남자든 비행, 약물남용, 성적 활동의 수준이 증가한다. 더구나 여자 갱 멤버는 자기가 학교를 졸업하리라는 기대치가 낮다(Bjerregaard and Smith, 1993). 마찬가지로 연구들의 결과는 갱 멤버인 고등학생의 자아존중감이 갱이 아닌 학생보다 상당히 낮음을 보여준다(Wang, 1994).

많은 어른이 갱에 대해 갖는 부정적 개념과 갱이 사회에 미치는 파괴적 영향 때문에 학교의 전통적인 프로그램은 갱 멤버를 보통 반사회적이라고 간주한다. 그 결과 학교들은 갱 멤버임을 나타내는 상징물을 금지함으로써 갱의 존재를 불법화하는 경향이 있다. 그렇지만 갱들에게는 많은 청소년의 어떤 목표에 맞춰주는 부분이 있음을 인정할 필요가 있다. 특히 청소년이 소수집단에 속할 경우 갱에 소속되는 것은 자기문화를 지탱하도록 도와줄 수 있다. 이것의 불리한 면은 주류 문화에 동화될 가능성을 줄인다는 점이다(Calabrese and Noboa, 1995).

남자든 여자든 갱 멤버에게 주된 문제점은 학대 가능성이다. 갱 멤버는 일반적으로, 특히 여자는 다른 멤버에게 희생당할 수 있고 신체적·성적·심리적 학대를 받을 수 있다(Molidor, 1996). 확실히 또래집단이나 갱에 속한 청소년은 그 집단행위에 그 자신을 일치시키라는 강한 압박을 받을 수밖에 없다. 그 행위가 자기파괴적이거나 반사회적일 경우 그 결과는 당사자에게 부정적일 때가 많다. 더구나 또래 안에서 청소년은 지위나 주목을 위해 경쟁하는 경향이 있다. 결과적으로 생명을 위협하는 위험감수 행위에 가담하라는 강한 압박이 있는 경우가 많다.

홀스워스(Simon Hallsworth)와 영(Tara Young)은 청소년이 갱에 소속되는 것과 관련된 이슈들을 자세히 묘사하는 가운데, 청소년과 어떻게 작업해나갈지에 관해서 증거를 바탕으로 한 방법들을 추천한다(Hallsworth and Young, 2009).

흡연, 흡입, 음주, 기타 마약

대부분은 아닐지라도 서구의 많은 청소년이 접근 가능한 중독성 물질을 이용해볼지, 어느 정도나 이용할 것인지를 결정하는 고민에 빠진다. 어떤 물질은 성인에게 합법적이고 어떤 물질은 불법이지만, 대부분의 나라에서 중독성 물질 대부분이 일정 나이 이하의 청소년에게는 불법이다. 중독성 물질에는 담배, 흡입할 수 있는 휘발성 물질, 마리화나, 암페타민류(엑스터시, 아이스 등)와 같은 다양한 화학물질, 판타지 · '마법의 버섯' · 다투라 · LSD와 같은 향정신성 물질, 코카인과 헤로인 같은 마약이 있다.

> "탐구하고 실험해보는 청소년의 자연스러운 경향이
> 청소년을 위태롭게 한다"

　탐구하고 찾아내며 실험하는 것은 청소년 발달의 한 부분이다. 청소년은 호기심이 있고, 세상에 관해 더 알고 싶어 하며, 그 세상 안에서 점차 스스로 결정하는 자유를 더 갖게 된다. 결과적으로 중독성 물질을 사용하는 실험을 고려할 가능성이 높다. 그러나 그런 실험은 여러 요소, 즉 그런 물질의 입수 가능성과 가족과 또래의 영향에 달려 있다.
　청소년에 대한 몇몇 연구는 가족과 또래가 미치는 영향의 결과에 관해 조사했다. 이 연구들은 가족과 또래의 영향이 둘 다 중요하다는 사실을 명확하게 말해준다. 웹스터(R. A. Webster) 등은 또래가 주로 따라 할 행동을 보임으로써 영향력을 행사한다면, 부모는 규범적인 기준을 인식시킴으로써 영향을 끼친다는 사실을 발견했다(Webster et al., 1994). 프라우엔글라스(Susan Frauenglass) 등이 발견한 것은 담배, 술, 마리화나의 사용 수준은 비행 또래가 본을 보여주는 것과 강하게 연관되지만, 그런 청소년에 대한 가족의 지원은 담배와 마리화나 이용에 관한 또래의 영향력을 감소시킨다는 것이다(Frauenglass et al., 1997). 로빈(S. S. Robin)과 존슨(E. O. Johnson) 또한 청소년의 술, 담배, 마약이용에 또래압력이 중요하다는 사실을 확인했다(Robin and Johnson, 1996). 그들의 발견에 따르면 또래의 승인과 불승인 둘 다 중요하다. 그런 물질 사용에 반대하는 또래압력이 크면 클수록 사용빈도는 감소했다. 바우만(Karl E. Bauman)과 에넷(Susan T. Ennett)은 청소년의 마약이용에서 또래영향의 강도가 그 분야의 권위자들에 의해 과도하게 측정되었다고 주장하며, 또래영향이라는 맥락 속에서도 개인은 개별적인 결정을 할 수 있다는 점을 정확하게 지적했다(Bauman and Ennett, 1996). 그러나 또래영향의 중요성을 보여주는 증거는 강력하다.

흡연

흡연에 대한 노출이 아동기의 어떤 아이에게는 장애물로 다가선다. 그러나 흡연이 건강에 해롭다고 공개적으로 인정됨에도 불구하고, 청소년기에는 발달상의 이슈 때문에 흡연이 진짜 도전거리가 된다. 흡연에 관해서는 또래영향이 특히 중요하다. 후(Frank B. Hu) 등이 발견한 바에 따르면 청소년이 흡연하는 이유에는 차이가 있을지라도 흡연하는 친구의 영향이 흡연하는 부모의 영향보다 더 중요하다는 것이 일반적이다(Hu et al., 1995). 왕(M. Q. Wang) 등의 발견 또한 가장 친한 친구의 흡연이 청소년 흡연을 예측하는 데 유일하게 일관된 중요한 사회적 요소라는 것이다(Wang et al., 1997).

미켈(Lynn Michell)과 웨스트(Patrick West)는 청소년이 무슨 이유로 흡연을 시작하는지에 관심을 가졌다(Michell and West, 1996). 그들은 이전 연구들이 흡연자가 비흡연자를 강압하거나, 놀리고, 괴롭히거나, 소속되기 원하는 집단에서 거부함으로써 흡연하도록 설득하기 때문이라고 제시한 것에 주목했다. 그러나 그들의 조사연구에 따르면 그런 과정은 복합적이고, 청소년의 자기결단의 요소가 강하게 포함되어 있다. 이들은 흡연을 시작하는 데 있어서 개개인이 이전에 인식되던 것보다 더 많이 적극적인 역할을 할 수도 있으며, 따라서 또래압력 외의 사회적 압력이 고려될 필요가 있음을 제시해준다. 이는 청소년이 소속감을 얻기 위해 또래집단의 구성원이기를 원하지만, 동시에 개별화와 개인정체성 수립을 향해 움직이는 경향도 강하다는 이론과 맞아떨어진다.

사회적 건강의 관점에서 주목할 경우, 흡연에 관한 자료는 흥미로운 사실을 보여준다. 흡연은 보통 청소년기에 시작되는데, 비흡연에서 출발해 주위 영향으로 실험을 하는 단계를 거쳐 정기적으로 이를 이용하는 과정으로 변화한다는 것이다. 공중보건의 관점에서 본다면, 결과적으로 청소년기에 흡연 문제를 다루어주는 것이 중요하다(Wills et al., 1996).

휘발성 물질 흡입

어떤 청소년은 접착제, 휘발유, 부탄가스, 연무제 통(aerosal can)에서 나오는 가스와 같은 휘발성 물질을 흡입해 의식상태를 바꾸려고 한다. 흡입에 사용되는 물질은 구입하기 쉽고 비싸지 않다. 대부분의 나라에서 청소년은 공구점(工具店)에서 의심받지 않고 접착제를 살 수 있다. 불행하게도 흡입은 몹시 위험하며 뇌 손상 그리고/또는 죽음을 유발할 수 있다.

아이브스(R. Ives)는 영국, 스코틀랜드, 미국에서의 휘발성 물질 사용을 검사했다. 그리고 이를 통해 흡입 행위를 줄이는 데 도움이 되는 몇 가지 중요한 요소를 확인했다 (Ives, 1994). 이 요소에는 부모의 개입, 의사결정기술 개발, 또래의 치료개입, 자아존중이 포함된다. 이는 흡입하는 청소년을 상담할 때 고려해야 할 중요 요소임이 분명하다.

만일 휘발성 물질을 흡입하는 청소년을 상담하는 데 관심이 있다면 아이브스(Ives, 2009)가 쓴 장을 읽는 것이 좋다. 그 장에서 그는 증거에 기초한 적절한 상담개입에 대해 설명한다.

술, 마리화나, 기타 마약

청소년이 마약을 이용하는 주된 요소 중 하나는 감각추구와 위험감수 경향과 연관된다 (Perry and Mandell, 1995). 이런 경향은 청소년의 정상적인 발달과정의 일부이다. 청소년은 실험하고 새로운 경험을 추구하는 삶의 단계에 있다. 남이 제공하는 정보에 의존하기보다는 스스로 해보길 원한다. 이는 청소년이 술이나 마약을 실험해보고 싶은 유혹에 취약하게 만든다.

> "또래압력은 술과 마약이용에 중요한 영향을 미친다"

청소년은 '멋있다'거나 '남들도 다 술을 마신다(또는 마약을 이용한다)'는 말로 음주나 마약이용을 정당화하는 경향이 있다. 예상할 수 있듯이, 청소년으로 하여금 술이나 기타 마약, 가령 마리화나나 엑스터시, 헤로인이나 코카인 등을 이용하게 만드는 주요 요소는 그것을 이용하는 또래의 존재와 압력이다. 뒤프레(Deirdre Dupre) 등의 연구에 참여한 청소년 중 55%가 친구로부터 처음 술이나 마약을 받았다(Dupre et al., 1995). 젠킨스(Jeanne E. Jenkins)가 발견한 것은 마약이용의 시작은 그것을 이용하는 친구와의 친화와 강한 상관관계가 있다는 것이다(Jenkins, 1996). 마찬가지로 야놀드(Barbara M. Yarnold)와 패터슨(Valerie Patterson)도 청소년 코카인 이용자가 다른 청소년 이용자를 친구로 만드는 경향이 있음을 발견했다(Yarnold and Patterson, 1995). 마약이용과 마약하는 친구의 연관성이 놀랍지 않은 두 가지 이유가 있다. 첫째, 청소년은 또래에게 수용되려고 노력한다. 둘째, 마약이용자인 친구와 어울리는 청소년은 그 물질에 더 쉽게 접근할 가능성이 높다.

술이나 마리화나 등 기타 마약을 하지 않는 청소년은 마약을 이용하지 않는 가정 출신인 경우가 많다는 것도 놀라운 일이 아니다. 이런 청소년은 마약하는 친구를 만들 가능성이 적고, 술, 마리화나, 기타 마약을 하는 청소년만큼 심리사회적 문제나 학교 문제를 가지고 있을 가능성이 낮다(McBroom, 1994). 학교 문제에 관해 젠킨스(Jenkins, 1996)가 학업수행 수준이 마약이용과 반비례한다는 사실을 발견한 것은 예상 가능하다.

이런 문제가 있는 청소년을 돕기 위해 증거에 기초한 기법을 읽고 싶어질 수도 있다. 만일 그렇다면 음주에 관련해서는 리빙스턴(Brad Levingston)과 멜로즈(Jenny Melrose), 그리고 불법 마약이용에 관해서는 쉐퍼(Cindy M. Schaeffer) 등이 제시한 것을 읽어도 좋다(Levingston and Melrose, 2009; Schaeffer et al., 2009).

성행위

청소년기에 어른의 행위를 실험해보는 것은 자연스럽고 적절한데, 이런 실험에는 거의 확실히 성적인 행위가 어느 정도 포함된다. 불행히도 청소년은 경험이 없기 때문에 그러한 행위의 사회적·심리적·신체적 결과를 완전히 이해하지 못하고 성행위를 할 가능성이 높다.

청소년 사이에서 위험을 감수하는 성행위의 빈도수는 당황스러울 정도로 심각하게 높다는 것을 그들 스스로가 말해준다(Downey and Landrey, 1997). 청소년이 일단 성교를 경험하면 어쩌다 행하는 것 아니라 비교적 지속적으로 행하는 경향이 있다(Tubman et al., 1996). 이는 청소년이 성을 즐기고 성행위를 성숙함과 어른의 상징으로 보기 때문일 수도 있다.

분명히 성행위에는 상당한 위험이 있다. 임신과 질병의 위험이 있고, 존중과 돌봄이 없는 상황에서 성행위가 이루어질 경우 자아 이미지가 손상될 위험이 있다. 남성은 임신의 위험이 없기 때문에 위태로운 성행위의 결과가 여성에게서보다는 덜 두드러진다(Word, 1996). 10대에 부모가 되는 것에 대해 여성은 자연히 남성보다 더 문제라고 보고, 그래서 성적 충동이 통제될 수 있다고 믿는 경우가 더 많다(DeGaston et al., 1996). 분명히 청소년에게는 성적 이슈와 관련해 성 차이가 있다. 드가스톤(Jacqueline F. DeGaston) 등이 발견한 것은, 초기 청소년기에는 여자 청소년이 남자 청소년보다 성적인 행위가 장래 목표달성에 불리하다고 보는 경우가 더 많다는 것이다. 여자 청소년은 자기의 성행위에 대한 부모의 승인 가능성을 더 낮게 생각했지만, 성과 데이트에 관한 논의를 하기 쉬운 쪽은 남자 청소년보다는 여자 청소년이었다.

지금까지의 논의는 이성 간 성행위와 관련된 것이었다. 그러나 청소년의 동성 성행위도 고려할 필요가 있다. 초기 청소년기에 많은 청소년들이 동성 간에 실험행위를 해 보지만 나이가 들어감에 따라 대다수는 이성 간의 성행위만을 하게 된다. 자기의 동성애적 성 정체성을 인식하는 청소년은 불행하게도 사회적 환경, 특히 학교에서 심한 갈등을 경험할 수도 있다. 더욱이 가정생활과 또래관계, 그리고 타자와의 밀접한 관계 개발에 해로운 영향을 미칠 수도 있다(Anderson, 1993). 결과적으로 동성애 청소년은 사회적 낙인 때문에 정체감과 자아존중감을 얻을 능력이 줄어들 수 있고(Radkowski and Siegel, 1997), 따라서 외로움과 고립, 우울증에 취약해진다. 더구나 서스먼(Todd Sussman)과 더피(Maureen Duffy)가 제시한 바에 따르면 남성 동성애자(13~19세)의 성행위에 대한 더 많은 연구가 필요하다(Sussman and Duffy, 1996). 사실에 기초한 예방적 개입이 전 세계의 이들 집단 사이에서 증가하는 후천성 면역결핍증(에이즈)과 싸우는 데 도구가 될 수 있기 때문이다.

"성 정체성은 청소년의 발달과정상 본질적인 부분이다"

성 정체성이 인간발달상 주요하고도 긍정적인 차원임을 기억할 필요가 있다. 중요한 것은 청소년이 자신의 성 정체성에 긍정적인 방식으로 대처하는 것이다. 불행하게도 두려움과 질병에만 좁게 초점을 맞추면, 의도치 않은 결과로서 성적 부적응의 비율과 인간관계 문제의 발생률을 증가시킬 수도 있다(Ehrhardt, 1996). 그러므로 상담사는 청소년에게 자기보호 행위에 관한 정보를 제공할 때 민감하게 균형을 잡을 필요가 있다.

성적 건강과 관련된 문제를 가진 청소년을 돕고자 할 때, 증거에 기초한 개입방법에 관심이 있다면 무어(Susan Moore)의 책이, 성행위 문제에 관해서는 램비(Ian Lambie)의 책이 도움이 된다(Moore, 2009; Lambie, 2009).

반사회적 행위를 포함한 위험감수

청소년기의 실험에는 상당한 양의 위태로운 행위가 포함될 수도 있다. 많은 청소년이 재미있고 신나는 일을 좋아하고, 부모가 허락하지 않은 것을 하고 싶어 한다. 이는 반사회적 행위를 고려하게 만들기도 한다. 이처럼 청소년이 유혹받는 일은 다음과 같다.

- 가게 좀도둑질
- 공공기물 훼손
- 고속주행
- 방화
- 소란한 또는/그리고 공격적인 음악듣기

이 모든 것들을 재미와 아슬아슬한 느낌 때문에 행할 수 있고 또래모방 그리고/또는 또래압력과 함께 이루어질 수도 있다.

가게 좀도둑질

청소년이 가게에서 좀도둑질을 하는 경향은 사회경제적 가치와는 관련이 없고 재미, 아슬아슬한 기분, 또래압력과 관계있다는 사실이 밝혀져왔다(Lo, 1994). 이 행위는 좀도둑질을 하는 친구에게 강한 영향을 받지만, 부모와의 애착과 이 행위에 관한 청소년의 신념에 따라 달라질 수도 있다(Cox et al., 1993).

공공기물 훼손

많은 청소년이 무력감을 느끼고, 사회 일반으로부터 존중받지 못한다고 느낀다. 그 결과 좌절 그리고/또는 분노한다. 이런 느낌으로 행동해버리는 것이 기물 훼손일 수도 있다. 마찬가지로 어떤 청소년들은 낙서를 통해 그런 느낌을 표현한다. 보통 낙서는 남몰래 해야 하고, 그 위험감수 요소가 많은 청소년에게 매력적으로 다가간다. 낙서가 예술적으로 창조적이며 만족스러울 수도 있고, 메시지나 생각을 전달하는 데 이용될 수도 있다. 피터스(Thomas C. Peters)가 관찰한 바로는 낙서가 어떤 청소년들에게는 소속감과 정체성에 대한 염려의 표현일 수도 있고, 어떤 청소년에게는 대중적 가치들을 극단적으로 강조해주는 것일 수도 있다(Peters, 1990).

고속주행

청소년은 차를 자기 마음대로 몰고 싶은 유혹을 받는다. 이전에 언급했듯이 그들은 자기가 파멸될 수 없다고 곧잘 생각한다. 그들은 스스로 자랑스러워할 수 있는 정체성을 추구한다. 그래서 어려운 상황에서 자기의 기술을 시험하길 좋아한다. 고속주행은 아드레날린의 수준을 높이고, 위태로우며, 흥분되고, 재미있으며, 또래들 앞에서 잘난 척할 기회를 준다.

방화

심각한 방화중독은 정신의학적 질환의 지표이지만, 어떤 청소년은 방화의 아슬아슬함을 좋아하고, 무언가가 타는 것을 보는 일을 즐긴다. 불은 위태로움과 흥분과 도전을 주는데, 정확히 말하자면 그런 것들이 방화하는 청소년이 찾고 있는 것일 수도 있다. 또한 방화하는 일 자체는 쉽다.

샤프(Daryl L. Sharp) 등이 쓴 책은 방화에 연루된 청소년을 돕기 위해 증거를 기초로 한 실제적 개입방법을 제공한다(Sharp et al., 2009).

소란한 그리고/또는 공격적인 음악 듣기

청소년은 자기존재의 모든 측면을 탐험하길 원하는데, 감각에 노출되는 일도 여기에 포함된다. 시끄러운 음악, 특히 하드록이나 헤비메탈 종류는 고도의 청각적·신체적 자극을 준다(Arnett, 1992). 디스코에서 높은 수준의 소음은 참여자들의 의식상태를 변화시켜서 그 음악에 빠져들게 하고 일상의 압력에서 벗어나게 해주는 것처럼 보인다. 더구나 10대에게 인기 있는 음악의 가사는 청소년의 현재 감정적 좌절이나 경험을 낚아채는 경우가 많다.

소란한 음악을 듣는 것에는 불행히도 위험이 따른다. 브론자프트(Arline L. Bronzaft)와 도브로우(Stephen B. Dobrow)는 청소년이 디스코에서 소란한 음악을 듣는 것뿐 아니라 장기간 시끄러운 게임방에서 전자게임을 하는 것에 우려를 표명한다(Bronzaft and Dobrow, 1988). 과도한 소음은 남들을 방해할 수 있고, 관계를 손상시킬 수 있으며, 좀 더 중요하게는 청소년의 안녕에 장기적으로 문제가 발생할 수 있다. 그것은 귀를 멀게 할 수 있으며, 멀게 하는 결과를 낳는다.

체중조절

분명히 청소년에게는 체중조절과 관련해 위험한 장애물이 있다. 14~16세 여학생을 대상으로 그리그(Margaret Grigg) 등이 행한 연구에서는 참여자 3분의 1 이상이 바로 그 전 달에 적어도 한 번 이상 극단적인 방법으로 다이어트를 했음을 보여준다(Grigg et al., 1996). 그들은 속성 다이어트, 단식, 살 빠지는 약, 이뇨제, 설사약, 그리고/또는 담배 등으로 체중을 감량했다.

"특별히 청소년은 남을 따라 하다가 위험에 빠지기가 쉽다"

불행하게도, 청소년이 정체성을 찾다가 이러한 문제가 생기기도 하는데, 그 이유는 정체성 추구가 특히 남을 따라 하도록 만들기가 쉬운 데 있다. 청소년이 강한 영향을 받는 인쇄매체나 텔레비전에서는 체중 미달의 여성 모델이 아름답고 바람직하게 그려지고, 다소 과체중인 남성과 여성은 비호감적이고 조롱받을 만하다고 그려진다. 여자 청소년은 날씬해야 하고 체중을 감량하는 것이 낫다고 말하는 또래압력에 더 민감하다. 또래압력에는 다이어트 행위, 욕하기, 놀리기를 따라 하는 것이 포함된다. 욕하고 놀리는 것은 체중 미달이거나 체중 과다인 남자 청소년에게도 문제가 된다.

체중문제는 거식증(anorexia nervosa)과 폭식증(bulimia)이라는 극단적인 경우뿐 아니라 비만도 포함한다. 거식증과 폭식증 둘 다 여성에 비해 남성에게는 덜 나타나지만, 전혀 없는 것은 아니다. 어떤 청소년에게는 비만이 문제가 되는데, 이는 양성 모두에게 나타난다. 많은 연구논문이 보여주는 것은 10대의 체중조절과 연관된 문제에는 문화적 차이가 있다는 것이다(Raich et al., 1992; Wardle et al., 1993; Story et al., 1995).

호스테(Renee Rienecke Hoste)와 르 그랑주(Daniel le Grange)는 섭식장애 청소년들을 도와주기 위해서 증거를 기반으로 한 실제적인 개입방법을 제공해준다(Hoste and le Grange, 2009).

요약

이 장에서 다룬 것은 청소년을 위험하게 하는 장애물이다. 이 장애물과 대결하면서 순응적으로 반응할 수 없는 청소년에게는 이 장애물들이 해가 될 수 있다. 그러나 장애물과 대결하는 것은 성인기를 향하는 청소년의 여정에서 본질적인 부분이다. 어른으로서의 개인은 어떤 상황이나 사건이 펼쳐져도 그것을 다루어야 할 책임이 있다. 그것을 배우는 것이 청소년기의 발달과제 중 하나다.

청소년은 특정한 장애물을 잘 다룰 수 없을 때 상담사에게 도움을 요청하기도 한다. 그들이 장애물을 극복할 만족스러운 방법을 찾을 수 있게 함으로써, 그들에게 요구되는 발달과정을 따라 앞으로 움직일 수 있게 해주는 것이 상담사의 과제이다. 이런 일과 관련해서는 캐스린 겔다드(Kathryn Geldard)가 엮은 책『위태로운 청소년을 위한 실천적 개입방법(Practical Interventions for Young People)』을 참고하는 것이 도움이 될 수도 있다(Geldard, 2009).

key
point

- 청소년에게 위태로운 장애물에는 또래의 영향, 갱, 흡연, 흡입, 음주, 기타 마약이용, 성행위, 위험을 감수한 반사회적 행위, 체중조절이 포함된다.
- 지지해주고 권위가 있는 부모를 둔 청소년은 유리하다.
- 어른은 청소년의 어떤 행위를 부정적으로 묘사할 수도 있지만, 그 행위가 사실은 그 청소년이 개인정체성을 추구하는 지표인 경우도 많다.
- 또래개입과 또래압력은 청소년이 음주나 기타 마약, 성행위, 그 밖의 위태로운 행위를 시작하게 만드는 주요한 요소다.
- 청소년에게 문제되는 특정 행위를 돌볼 때는 증거를 기초로 한 실제적 개입방법을 사용하는 것이 더 낫다.

05

정신건강 문제 발달

이 장에서는 청소년의 대처능력 그리고 순응적으로 대처할 줄 모르는 청소년에게 나타나는 병리현상의 발달에 대해 논의할 것이다. 또한 청소년에게 영향을 미치는 일반적인 정신건강 문제도 설명할 것이다. 이 책의 의도가 정신건강 문제를 지닌 청소년을 관리하는 사람을 위한 처방 안내서가 되려는 것은 아니다. 정신건강 문제를 지닌 청소년을 관리하는 사람들이 이 책을 통해 괴로움을 겪는 많은 청소년들을 위한 총체적인 치료계획의 부분으로서 선행주도 상담 접근방식이 도움이 된다는 것을 알게 되기를 바란다. 우리는 이 책을 읽는 상담사들이 일하는 곳이, 심각한 정신건강 문제는 없지만 괴로워하는 청소년을 돕는 것을 자신의 역할로 삼는 곳이라고 생각한다. 그러나 모든 상담사에게는 정신건강 문제의 초기 징후를 인식할 수 있는 것이 중요하다. 초기 징후를 알아챔으로써 정신의학 전문가나 정신건강기관에 적절히 의뢰할 수 있다.

의뢰

성공적인 대처수단과 자원을 개발할 수 없었던 청소년을 지지해주는 것이 아주 분명하게 중요한 상담사의 한 기능이다. 그러나 병리적인 발달징조를 보이는 청소년을 다루기에는 개인적 · 전문적 한계가 있음을 인정하는 태도가 상담사에게 필수적이다. 이러한 한계를 인정하고 그것을 내담자에게 공개하는 것이 중요하다.

모든 상담사는 경험 있고 자격 있는 슈퍼바이저(supervisor)에게 개인적인 문제와 내담자와 관련된 문제를 둘 다 논의할 수 있어야 한다. 청소년에게 병리적 증상이 발달하는 지표가 있으면 상담사는 자기 슈퍼바이저에게 조언을 구하고 계속 상담할지 아니면 전문가에게 보낼지 결정할 필요가 있다.

병리적 증상 개시의 정확한 진단은 복잡할 수 있고, 특히 내담자가 청소년일 때는 더욱 그렇다. 밀러(Shirley M. Miller)가 상담사에게 주는 주의사항은, 청소년에게는 전형적인 것인데 겉보기에는 이상한 행동 · 사고 · 느낌을 심각한 심리적 병리의 지표로 과도하게 해석하지 말라는 것이다(Miller, 1983). 그런 것들이 청소년의 발달단계상 환경에 대한 적절한 반응일 수도 있다는 것이다. 다른 한편으로는, 보이는 증상들을 전형적인 청소년기의 행동으로 부정확하게 무시한 결과 그 증상이 심각해질 수 있고 내담자가 필요한 정신의학적 도움을 받지 못하게 막을 수도 있다. 그러므로 심리적 병리증상의 발달로 볼 수 있는 지표가 있을 때는 반드시 전문가에게 평가를 받도록 함으로써, 조심하느라 나오는 실수를 하는 편이 현명하고, 윤리적으로도 필수적이다.

확실히 청소년이 역기능적이거나 순응적이지 않은 대처기술을 지속적으로 사용할 때, 또는 상담개입이 실패할 때는 그 자체가 전문가 의뢰 필요성의 강한 표시가 될 수 있다. 이런 청소년은 약물과 심리치료 병합이 가능한 적절한 치료계획을 세울 수 있는 노련한 정신의학과 의사에게 진단받을 필요가 있다.

도전에 대한 청소년의 대처능력

직면한 도전에 대처하는 능력은 청소년에 따라 엄청난 차이가 있다. 어떤 청소년에게는 사소한 문제가 다른 청소년에게는 다루기 힘든 큰 문제가 된다. 이런 청소년은 순응적으로 스트레스를 다룰 능력이 없어서, 문제행위와 정신건강 문제를 발달시키는 위태로운 상황에 처할 수도 있다. 어떤 청소년은 중요한 문제를 지니고 있음에도 스트레스 상황을 성공적으로 극복할 수 있을 뿐 아니라, 오히려 이후 그의 능력과 자원이 증가된 것처럼 보인다(Seiffge-Krenke, 1995). 그들에게는 스트레스 상황의 대처가 개인성장에 자극이 되고, 성인기로 향하는 청소년기 발달궤도를 따라 움직이는 일을 도와준다.

"어떤 청소년은 다른 청소년보다 더 유연하고 탄력적이다"

각 청소년이 직면한 도전에 대처하고 반응하는 방법에 차이가 있다는 사실은 왜 이런 차이가 생기는지 묻게 만든다. 이를 이해하기 위해서는 청소년에게 스트레스를 주는 것이 무엇인지 먼저 이해할 필요가 있다.

청소년의 스트레스

어떤 일이 자기의 안녕에 부정적 의미를 가지고 있다고 평가할 때 청소년은 그것을 스트레스로 여긴다. 샌들러(Irwin N. Sandler) 등에 따르면 청소년은 스스로에게 다음과 같은 세 가지 질문을 던진다(Sandler et al., 1997).

① 내가 신경 쓸 일인가?
② 이것은 긍정적인가, 아니면 부정적인가?
③ 나는, 나의 목표는, 나의 참여는 어떤 식으로 관련되는가?

각각의 대답이 "그렇다, 내가 신경 써야 한다", "이것은 나에게 부정적인 의미가 있다", "나의 목표나 참여가 바뀔 수도 있다"라면, 청소년은 그 상황을 스트레스로 평가할 가능성이 높다. 이런 평가를 하면서 청소년은 또한 그 일이 이전에 일어났던 것인지, 한 번 일어났는지 아니면 여러 번 있었는지, 그리고 그 사건을 어느 정도나 통제할 만하다고 인식하는지를 고려할 수 있다. 또한 스트레스를 주는 그러한 일을 다루는 자기능력에 대한 인식도 생각해볼 수 있다. 일단 그 일을 스트레스라고 평가하면 청소년의 대처 자원이 역할을 시작하게 될 것이다.

청소년의 대처자원

청소년의 개인적 대처능력의 자원은 그 청소년이 지니고 있는 특성 중 비교적 안정되어 있는 특성들이다. 이 자원들이 특정 상황에 대한 대처방식에 영향을 미친다. 가장 중요한 것은 대처자원에 개인의 기질과 성품이 들어간다는 것이다. 그 자원들에는 자기자신과 세상에 대한 믿음도 포함된다. 청소년이 스스로를 대처능력이 있는 사람으로 인식하고, 주변 환경이 기본적으로 친절하거나 적어도 순하다고 믿을 때, 성공적인 대처기술을 사용할 가능성이 증가한다. 확실히 청소년의 대처자원은 자아존중, 통제위치, 낙관론, 문제해결 기법에 대한 지식·기술과 관계가 있다(Sandler et al., 1997).

가장 성공적으로 대처하는 청소년은 자기의 개인적인 대처자원을 가장 잘 사용하며, 입수 가능하고 가치 있는 다른 자원들을 이용하는 청소년이다. 가령 자기자원이 한계에 도달할 때 친구, 부모, 또는 상담사를 자원으로 이용할 수도 있다. 또한 느긋하게 생각하고 결정할 수 있는 조용한 장소 같은 환경자원을 이용할 수도 있다.

청소년의 대처유형

개인적인 대처자원을 포함해 입수 가능한 자원을 이용하는 능력은 문제의 성격이나 아동기의 역사, 또는 현재 살고 있는 환경적 상황과 거의 관계가 없다. 그 대신에 개인적인 자질과 더 관계가 있다. 개인에게는 각자 스트레스를 다루는 방식이 있다. 이것이 문화적 요소, 성별, 사회경제적 지위, 현재의 환경적 요소의 영향을 받을 수도 있다. 프라이덴버그(Erica Frydenberg)와 루이스(Ramon Lewis)는 세 가지 스타일의 대처방식을 제시하는데(Frydenberg and Lewis, 1993), 대략 다음과 같다.

① **문제해결하기** __ 사회적 지지와 해결책을 찾는 데 초점을 맞추고, 느긋해질 수 있는 다른 일을 찾아보며, 가까운 친구들과 시간을 보내고, 소속할 데를 찾으며, 성취하는 데 열심이고, 긍정적인 태도를 취한다. 이런 유형은 문제를 가지고 씨름하면서도 낙관적이고, 건강하며, 느긋하고, 사회적으로 연결되어 있다.

② **다른 사람에게 도움 구하기** __ 사회적이고 영적인 지지를 받기 위해 또래나 전

문가 같은 다른 사람에게로 돌아선다.

③ **비생산적 대처** __ 염려하며, 소속감을 좇고, 현실성 없는 것을 꿈꾸며, 문제에
대처하지 않은 채 무시하고, 문제를 혼자 알고 숨겨두며, 스스로를 비난한다.

"적극적인 대처방식이 소극적인 대처방식보다 바람직하다"

처음 두 유형에는 적극적인 과정이 포함되어 있지만 세 번째 유형은 소극적인 과정
이다. 적극적인 과정에서는 그 개인이 스트레스와 스트레스를 일으키는 것에 대처해 행
동을 취한다. 소극적인 과정에는 그런 것을 적극적으로 다루려는 시도가 없다. 적극적
인 대처법의 사용은 사회경제적 지위가 내려갈수록 줄어드는 경향이 있는데, 사회경제
적 하층집단의 수동적 대처가 역기능을 하는 이유는 수동적인 대처로 인해 그 개인을 더
많은 문제로 이끈다는 데 있다(Jackson and Bosma, 1990). 만일 이것이 정확하다면 이러
한 집단의 청소년들은 특히 불리하다. 현재의 사회경제적 위치를 변화시키려고 시도하
지 않도록 그들을 막을 수도 있기 때문이다. 청소년이 수동적인 대처 스타일에서 적극
적인 스타일로 옮겨가도록 돕는 것은 분명 상담사의 중요한 목표가 될 수 있다.

스트레스 대처에 인지기능 이용

인지기능은 스트레스 원인에 대처하는 데 중요한 역할을 할 수 있다. 곰곰이 생각함으
로써 대처과정이 목표를 향하면서도 유연해질 수 있게 만드는 한편, 적절한 수준의 감정
표현을 할 수 있게 해준다. 그러므로 청소년이 스트레스를 평가하고 긍정적인 결과를
가져올 반응법을 연습하는 인지기법을 배우도록 상담사가 도와줄 필요가 있다.

스트레스에 대한 즉각적 반응의 필요성

개인이 스트레스를 다루는 가장 적응력 있는 방법은 스트레스 원인으로 인한 감정적·
심리적 결과를 가능한 한 곧바로 다루는 것이다. 스트레스가 되는 일을 청소년 스스로
가 효과적으로 다룰 줄 모를 때, 가능하다면 상담사가 아주 초기에 도움을 주는 것이 가

장 효과적이다. 이것이 사실임을 뒷받침해주는 연구가 있다. 그 연구는 스트레스의 단기결과와 장기결과에 관한 것인데, 연구에 따르면 적극적인 대처행위를 증진시키기 위해서는 스트레스를 받는 일이 생긴 후에 곧바로 상담개입이 이루어져야 한다는 것이다(Seiffge-Krenke, 1995).

스트레스에 대한 반응으로 발달하는 심리장애

시먼슨(Rune J. Simeonsson)은 아동과 청소년의 15~18%가 심리적 원인이 있는 행동장애를 보여준다는 사실을 많은 연구의 측정치를 인용해 지적한다(Simeonsson, 1994). 이 장애들은 대략 내면화하는 장애와 외면화하는 장애로 나눌 수 있다. 내면화 장애는 사회적 위축, 외로운 느낌, 우울, 불안이 특징인 반면, 외면화 장애는 방해하는 행위, 공격성, 행동항진상태(hyperactivity) 등 행동장애의 전형적인 행위가 그 특징이다.

청소년이 스트레스 원인에 잘 대처할 수 없을 때는 병리현상이 발달되기 쉽다. 그러므로 순응적인 대처과정을 이용하는 청소년과, 스트레스 원인을 직면하지 않고 피하기 위해 방어기제를 부적절하게 사용하는 청소년을 분간할 줄 아는 능력이 상담사에게는 중요하다. 방어기제는 정신적 외상(트라우마)의 강렬한 초기단계 충격을 다룰 수 있게 해주는 목적에서 비롯된다는 사실을 인식할 필요가 있다. 예를 들어, 어떤 사람이 자기가 죽어가고 있음을 처음 알았을 때 그 현실을 받아들이고 다룰 수 있을 때까지는 기적적인 치유의 믿음에 매달릴 수도 있다. 부인(否認)이라는 방어기제의 초기 사용은 사람의 반응을 완충시키고 앞으로 나아갈 감정적인 힘을 모을 수 있도록 해준다. 그러나 방어기제의 사용은 분명 현실인식을 왜곡시키며, 계속 사용될 경우 부적절한 행위와 감정적 반응을 낳을 것이다.

"스트레스에 순응적으로 반응할 줄 몰라서 병리현상이 생길 수도 있다"

청소년이 스트레스 원인에 적응력 있게 대처할 수 없는 심각한 경우에는 광범위한 병리반응을 보여줄 수도 있다. 가령 신체화 증상, 공황, 집착적·충동적 행위를 발달시키거나, 자동적·의례적(儀禮的)·비합리적 행위를 보이는 분열과정을 발달시킬 수 있다. 스트레스에 눌린 청소년이 적응반응 대신 병리현상으로 넘어가기도 한다(Haan, 1977).

이 책이 정신의학 교과서는 아니지만 청소년이 경험하는 많은 심리장애를 고려하는 것은 중요하다. 여기서 다음의 증상들을 살펴볼 것이다.

- 우울증
- 불안장애
- 자살생각과 행동
- 정신병 발달의 초기증상
- 정신적 외상 후 스트레스 장애

이상의 것들을 각각 논의하는 이유는 모든 청소년 상담사가 인식할 필요가 있는 증상들이기 때문이다. 첫째, 우울증과 불안은 가장 일반적인 내면화 장애로서 정신의학적 증상으로 인정된다. 둘째, 청소년이 자살을 생각한다든가 정신병의 초기 증세일 가능성이 있는 표시가 보일 때 그것을 알아차리고 적절히 반응할 수 있는 능력이 상담사에게는 필수적이다. 셋째, 상담사는 정신적 외상을 경험한 청소년을 자주 맞닥뜨린다. 그러므로 외상 후 스트레스 장애의 증상을 인식할 수 있어야 한다. 그래야 필수적인 조치와 치료를 제공할 수 있다.

우울증

우울증의 특징은 정상적이라면 즐거워할 만한 행동에 관심이 없거나 즐거워하지 않는, 심각하게 손상된 기분이다. 우울증은 다음과 같이 세 단계로 나뉠 수 있다(WHO, 1994).

- **가벼운 우울증**(mild depression): 평범한 일상과제를 하는 데 노력이 필요하다.
- **중간단계 우울증**(moderate depression): 직업적·사회적 기능 손상이 수반된 것으로, 해야 할 필요가 있는 일을 우울증 때문에 하지 못한다.
- **중증 우울증**(severe depression): 사회적·직업적 기능의 손상이 뚜렷이 나타나

고, 환각이나 망상과 같은 정신질환 증세가 함께 나타날 수도 있다.

대부분의 사람들은 때때로 우울함을 경험한다. 그러나 '대우울성 나타남(major depressive episode)'은 정신적 질병이며 그 심각성, 지속성, 기간에 따라 보통 경험하는 우울함과 구별될 수 있다(WHO, 1997).

감정부전증(dysthymia)은 더 가볍지만 지속적인 형태의 우울증으로서, 적어도 2년 정도의 긴 기간 동안 우울한 기분, 관심과 에너지의 상실, 사회적 위축, 집중력과 기억력 저하, 부적절한 느낌, 낮은 자존감, 죄책감, 분노, 무력감, 짜증과 절망을 경험한다. 감정부전증은 사회적·직업적 기능을 방해하며, 어떤 사람은 이 장애를 겪는 동안 대우울성을 경험하기도 한다.

아동에게는 비교적 우울증이 적지만, 청소년은 때때로 우울함을 일상생활의 일부로 경험한다. 그 결과, 문제되는 수준까지 우울증을 발달시킬 위험이 있다. 청소년에게는 때로 우울장애보다 외로움과 사회적 위축이 먼저 오기도 한다(Simeonsson, 1994).

청소년기의 우울증은 다음의 다양한 상황이나 자극의 결과일 수도 있다.

- 연속적 상실경험
- 부모의 별거 그리고/또는 이혼
- 어쩌면 신뢰하는 친구들과 멀어짐까지 포함한 계속된 이사
- 사랑하는 사람이나 친구 또는 애완동물의 죽음
- 긍정적인 강화를 거의 받지 못하는 것
- 피할 수 없는 벌

우울증은 부정적인 생각의 결과일 수도 있다. 이런 생각에는 자기에 대한 부정적 관점, 자기경험에 대한 부정적 해석, 부정적 미래관 등이 포함될 수도 있다.

청소년이 우울증에 반응하는 방식은 다양하다. 어떤 청소년은 가출한다. 특히 남자 청소년의 경우, 외면화된 행위를 통해 자기느낌을 표현하고 공격적으로 행동해버릴 수도 있다. 여자 청소년은 우울증을 내면화해 표현하는 경우가 더 많고, 염려하고 그리고/또는 불안해진다.

불안장애

모든 사람이 때로는 불안하고, 불안함이 유용할 때도 있다. 불안이 상황적 요청과 일치될 때는 비교적 높은 수준의 불안도 도움이 될 수 있다. 예를 들어 축구나 시험기간, 또는 취직면접 중의 불안은 경계심과 수행능력을 증가시키는 데 도움이 될 수 있다. 그러나 고도의 불안은 불행하게도 수행능력을 감소시킬 수도 있다.

"불안은 동기를 부여할 수도 있고, 무능력하게 만들 수도 있다"

불안장애의 고통은 너무 불안해지는 것만의 문제가 아니다. 불안장애를 겪는 사람은 정상생활에서 일반적으로 경험하는 불안보다 더 많이 스며든 불안으로 힘들어한다. 이 장애는 보통 그 사람의 사회생활에 영향을 미치고 관계를 손상시킨다.

청소년기 불안장애의 일반적인 네 가지 유형은 DSM-IV-TR®이 말해주듯이, 일반화된 불안장애, 사회관계 공포증, 특정대상 공포증, 집착충동장애이다(American Psychiatric Association, 2001).

일반화된 불안장애(generalized anxiety disorder)는 오랜 기간 지속적으로 과도하게 염려하고 걱정하는 것인데, 그 원인이 특정하지는 않다. 이 장애를 경험하는 청소년은 신경과민, 초조함, 수면장애, 집중력 저하, 빈뇨증, 어쩔 줄 모르는 기분, 우울한 기분, 변덕스러움, 어지러움, 근육긴장, 쉽게 피곤함 등의 증세를 보일 수도 있다. 이 장애를 겪는 청소년은 사회관계 공포증이나 기타 공포증과 같은 장애를 함께 지닐 때가 많다.

사회관계 공포증(social phobia)은 사회적이거나 공연적인 상황이라는 확실한 유형들에 노출될 때 심각한 불안을 보이는 게 특징이다. 이 장애는 기피행위를 만들어내는 경우가 잦다. 특정대상 공포증(specific phobia)은 특정한 대상이나 상황에 지속적으로 비이성적인 두려움을 보이는 것이 특징이며, 기피행위가 나타날 수 있다.

- 미국 정신의학협회에서 발행한 『정신장애의 진단과 통계적 지침서(Diagnostic and Statistical Manual of Mental Disorders: DSM)』 제4판의 본문 개정판이다. 1952년에 DSM-I이 나온 후, 1994년의 DSM-IV와 2013년의 DSM-V 사이에 DSM-IV의 본문만 2000년도에 고친 것이 DSM-IV-TR이다. ─ 옮긴이

집착충동장애(obsessive compulsive disorder)가 있으면 통제하기 어려운 불쾌한 생각이 자꾸 침입하는 것을 경험한다. 예를 들어 자기나 자기 가족을 오염시키거나 해치는 것에 관해 집착적으로 염려할 수도 있다. 집착적인 생각은 통제할 수 없는 충동적 의례행위로 이어지는 경우가 많다. 예를 들어 반복적으로 닦는다든가, 점검한다든가, 계산하는 것 등이 있다.

청소년 상담사는 행위문제와 불안 증세를 보이는 청소년이 우울증을 경험하고 있을 가능성을 알아차릴 필요가 있다. 불안 증상과 우울증 증상은 겹치기 때문이다. 때로는 이 둘 다 진단하기 어려울 수 있는데, 이런 상태를 직접 드러내지 않는 행위로서 숨어 있을 수 있기 때문이다.

자살생각과 행동

청소년기 동안 어느 시점에서 자살을 생각해보는 청소년이 많다. 서구사회에서는 스트레스, 불안, 우울증을 앓는 청소년이 증가하고 있는데, 그 결과가 자살생각과 시도, 그리고 자살이다(Dacey et al., 2006). 청소년이 자살을 하나의 선택지로 생각할지, 그리고/또는 선택할지의 여부는 그 청소년의 개인적 대처자원과 스타일에 달려 있다. 특히 우울증을 앓는 청소년은 자살에 취약하다. 그들은 정신의학적·일반의학적으로 다른 질병을 가진 청소년보다 자살을 감행할 확률이 높다(WHO, 1997).

대처방안으로서 자살을 선택한 청소년은 분명히 심리적으로 심각한 장애가 있다. 많은 경우에 스트레스·불안·우울의 결과일 수도 있고, 정신적 질병이나 약물남용과 관계될 수도 있다. 자살을 시도하는 청소년이 자주 보이는 특징은 다음과 같다.

- 아주 소수와 강렬한 관계를 가지려 하면서 지나치게 매달리는 경향이 있다.
- 괴로운 느낌을 말보다는 행동으로 표현하는 경향이 있다.
- 자기의 환경을 자기가 통제할 수 없다고 생각하며, 자기 환경을 통제한다고 느끼는 청소년보다 자살시도의 위험이 더 높다.
- 깊은 절망을 표현하고, 더 나아질 일이 없다고 믿는다.
- 상황에 과도하게 반응하는 경향이 있고, 지나치게 예민할 수도 있다.

자살을 시도하거나 자살한 청소년은 스트레스가 더 많은 삶을 살지만, 대처기술은 더 적고, 성적은 빈약하며, 학업을 마치지 못한 경우가 많다(Dacey et al., 2006). 자살과 매우 빈번하게 관련된 문제들은 다음과 같다.

- 가족 문제, 특히 가족의 안정을 위협하는 문제
- 부모와 의사소통이 심각하게 손상됨
- 또래관계 문제
- 친구가 한 명도 없고 소속집단이 없음
- 부모나 다른 사람의 기대에 맞추어 살 줄 모름

총기의 입수 가능성과 접근 가능성 또한 청소년의 자살위험에 추가되었다. 널리 공개된 자살사건이 청소년의 잠재적 자살경향을 부추긴다고 제시한 연구도 있다(Dusek, 1996). 분명 상담사는 비극을 막기 위해 자살생각과 행위를 알아차리고 적절히 다룰 필요가 있다. 또한 자기능력의 한계를 인정할 필요가 있으며, 자살을 생각하는 내담자를 다룰 때는 상담사 자신이 세심한 슈퍼비전을 받으면서 상담할 필요가 있고, 전문적인 도움을 줄 수 있는 사람에게 의뢰하는 것도 필요하다.

정신질환 발달의 초기증상

정신질환은 자아경계의 상실과 더불어 현실점검 능력을 크게 손상시킨다. 그 증상에는 환각 그리고/또는 망상이 있다. DSM-IV-TR(American Psychiatric Association, 2001)에 따르면, 환각의 증거가 있을 때 환각을 경험하고 있는 개인은 그것을 통찰하지 못한다.

"정신질환의 초기 징후를 확인하려면 경계심을 가지고 있어야 한다"

정신질환의 발달에 유전적 요소들이 역할을 한다는 증거가 있다. 그러나 스트레스나 약물남용과 같은 심리사회적인 요소들이 정신질환에 취약한 사람에게 그런 증상을 발발·지속시키는 도화선 역할을 할 가능성이 크다. 정신질환이 확실하게 나타나는 기간에 청소년은 특히 자기상해의 위험이 있다. 그들은 자기를 해치거나 죽이라고 명령하는 환청을 들을 수도 있다. 이런 생각의 강도와 그것을 행할 능력은 정신의학 전문의에게 평가받을 필요가 있다.

가장 일반적인 정신질환 중 하나가 정신분열증인데, 청소년기에 발달할 수 있다. 코카인, 암페타민, 술, 대마초 등 약물남용의 결과로 생긴 정신질환의 증상은 환청과 환상, 이상한 말 등 정신분열증의 증세와 공통점이 많다.

정신분열증은 세 단계, 즉 전구기, 활동기, 잔존기로 나뉠 수 있다. 분명히 말할 수 있는 것은, 전구기에 상담사가 증세를 인식할 수 있어 초기단계에 치료받을 수 있다면 내담자에게 가장 좋다는 것이다.

① **전구기**(前驅期, the prodromal phase) __ 이 단계는 정신분열증의 전형적인 증세가 처음 시작되기 몇 주나 몇 달 전의 기간이다. 이때는 공통적으로 몇 가지 불특정 증세가 증거로 나타난다. 특히 청소년에게는 전반적인 관심 상실, 사교적 반응회피, 공부나 일 회피(예를 들어, 학교를 그만둠), 짜증과 과민함, 괴상한 믿음(예를 들어, 미신적이거나 마술적인 믿음), 이상한 행동(예를 들어, 공공장소에서의 혼잣말)이 나타난다. 이상의 증세 중 몇 가지는 정상적인 청소년들도 많이 보여준다는 것을 인식할 필요가 있다. 따라서 정확한 진단을 어렵게 만들 수 있다. 그러나 중요한 것은 상담사가 청소년에게 정신분열증이 있을 가능성에 경계심을 갖고, 의심이 들 때는 정신의학과에서 평가를 받도록 하는 것이다.
② **활동기**(the active phase) __ 이 기간에는 환상, 환각, 이상행동이 뚜렷하고 괴로움과 불안, 우울, 두려움과 같은 강한 감정을 표현하는 경우가 잦다. 치료하지 않으면 이 시기가 저절로 해소될 수도 있지만 무한정 계속될 수도 있다.
③ **잔존기**(the residual phase) __ 활동기 다음에 보통 잔존기가 온다. 기간은 전구기와 비슷하다. 정신질환 증세들이 강한 감정표현과 나타나는 경우가 덜하다.

청소년기에 나타날 수도 있는 정신질환 장애의 또 다른 유형은 **급성 일과성 정신질환 장애**(acute and transient psychotic disorder)이다. 그 증상은 보통 급성 심리적 스트레스와 연결되고, 며칠에 걸쳐 발생하지만 2~3주 안에 해소된다(WHO, 1997).

정신적 외상 후 스트레스 장애

외상 후 스트레스 장애(PTSD)의 전조증상과 증세는 2장에서 이미 논의했다. 이 심리적 장애는 급성이나 만성의 정신적 외상이 생긴 후 나타난다. 치료되지 않은 채 남겨질 경우 이 장애는 청소년의 사회적·직업적 기능에 영향을 주고 심각하게 무능화시키는 장애로 진행될 수 있다. 더구나 이 장애의 증세 중 상당수가 이전에 언급된 주요 심리학적 장애물, 즉 우울증, 일반적 불안장애, 정신질환 등의 증세에 속하는 것들과 혼동될 수 있다. 정신질환 증세와 혼동될 수 있는 이유는 PTSD 장애에서 해리성 환각 증세가 나타날 수도 있기 때문이다.

"치료되지 않은 PTSD는 심각한 결과를 낳을 수 있다"

요약

청소년이 정신건강 문제의 증상을 보인다면 그 상태를 진단하고 치료할 수 있는 정신건강기관에 의뢰되어야 한다. 정신건강 장애는 보통 적절한 투약과 정신요법을 사용해 관리될 수 있다. 투약하지 않는다면 이 장애를 겪는 많은 사람이 불쑥 침입하는 생각과 통제할 수 없는 행위 때문에 계속 압도당하는 느낌을 받으며 괴로워하고 염려할 것이다.

key
point

- 정신질환 가능성이 확인되면 상담사는 가능한 전문가에게 의뢰하는 일에 관해 슈퍼바이저의 자문을 구해야 한다.
- 어떤 청소년은 다른 청소년보다 스트레스를 더 잘 다룬다.
- 스트레스에 대한 적극적 반응은 소극적 반응보다 스트레스를 더 잘 다룰 수 있다.
- 청소년과 일하는 상담사가 직면하는 공통 문제에는 우울증, 불안, 자살생각과 행위, 정신질환 발달의 초기 지표, 정신적 외상 후 스트레스 장애가 포함된다.
- 상담사가 심리적 장애의 증상을 알고 있는 것이 쓸모 있다. 그래야 그 증상을 알아차리고 필요하면 전문가에게 의뢰할 수 있기 때문이다.

청소년을 위한
선행주도 상담

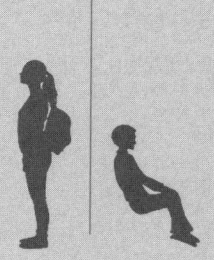

06

청소년에게
적합한 상담

어떤 상담사는 청소년만 전문적으로 상담하지만, 많은 상담사가 아동부터 성인까지 모든 연령대의 내담자를 만난다. 오래전부터 아동상담은 성인상담과 매우 다르다고 인식되어왔다. 성인상담에 특정한 상담기술이 사용되듯이, 아동상담사는 특정한 상담기술을 사용할 필요가 있을 뿐 아니라 매개물이나 활동을 통해 아동을 상담과정에 끌어들일 필요가 있다. 아동상담과 성인상담이 다르듯이, 청소년 상담은 아동상담이나 성인상담과는 다른 중요한 차이가 있다.

청소년 상담의 차이점

다음과 같은 점에서 청소년 상담은 아동상담과도 다르고 성인상담과도 다르다.

① 청소년에게 상담을 권장하려면, 청소년에게 적합한 유형의 내담자-상담사 관계를 제공할 필요가 있다(7장 참조).
② 청소년 상담과정은 아동상담이나 성인상담과 달라야 한다(7, 8장 참조).
③ 청소년 상담대화를 강화하는 데 필요한 특정 기술·기법이 있어야 한다(10장 참조).

이런 차이에도 불구하고 어떤 부분들은 아동상담이나 성인상담과 공통점이 있다(예컨대 상담 미세기술의 많은 부분과 상담사의 속성 몇 가지가 공통된다). 그런 공통점 때문에 대부분의 상담사는 한 연령대의 상담에서 다른 연령대를 위한 상담으로 쉽게 옮겨가기도 한다. 그러나 연령대별 상담의 차이가 무시될 때는 실망스러운 결과를 낳을 수도 있다.

아동상담

아동상담사는 겔다드(Kathryn Geldard)와 겔다드(David Geldard)가 말해주는 적절한 매개물과 활동을 선택해 사용할 줄 알아야 한다(Geldard and Geldard, 2008b). 특히 아동의 발달상 나이와 그에 따른 문제해결 능력에 주목해야 한다. 더구나 아동의 자아성찰 능력에는 한계가 있음을 인식해야 한다. 발달에 필요한 기술은 성숙함, 사회적 경험, 대화 기술 발달을 통해서 생기기 때문이다.

아동은 보통 가족을 떠날 수 없다. 아동은 가족에게 의존하고, 가족은 아이가 자라고 발달하는 주요한 사회적 틀을 제공하는 것이 보통이다. 아동이 자기의 개인가치, 능력, 열망에 관한 생각을 발달시키는 것도 가족 안에서이다(Downey, 2003). 불행하게도 아동이 자기 가족에게 영향을 주거나 힘을 가진 경우는 거의 없다. 아동의 문제는 가족 환경과 관련된 경우가 많고, 그래서 가족이 아동의 안녕을 위해 필수적으로 변해야 할 경우 그것이 가능하도록 아동상담사가 아동의 가족과 작업하는 것이 필요할 때가 많다.

아동상담과 청소년 상담의 차이

청소년 상담을 아동상담과 비교할 때 적절한 세 가지 주요 차이점이 있다.

① 아동과 달리 청소년은 가족에 덜 의존한다. 청소년 대부분의 사회체계에는 또래관계와 교육체계 그리고/또는 일터에서 발전된 관계들이 포함된다. 가족과의 관계는 청소년이 독립성을 추구하면서 변해간다. 따라서 어떤 청소년의 경우 상담과정에서 어떤 식으로도 가족의 개입을 원하지 않는다는 것을 상담사가 인식하고 존중할 필요가 있다. 가족의 개입이 청소년의 개별화 과정을 방해할

수도 있기 때문이다. 이것이 때로는 상담사를 곤란하게 만들 수도 있다. 청소년의 변화를 받아들이는 데 문제를 겪는 부모가 상담과정에 관여하길 원할 수도 있기 때문이다. 어떤 청소년은 가족이 상담과정에 관여하는 것을 기꺼이 허락한다. 그런 청소년의 경우에는 개인상담과 가족상담을 둘 다 선택할 수도 있다. 때로는 상담사가 가족·부모와 청소년이 협상하도록 청소년의 대변인 역할을 하는 것도 도움이 될 수 있다.

"자기문제를 가족에게 노출시키기 꺼리는 청소년이 많다"

② 청소년은 아동보다는 더 복잡한 인지과정과 더 발전된 인지기술을 가지고 있다. 이렇게 더 성숙한 수준의 인지기능으로 인해 청소년 상담사는 아동상담에서는 보통 사용될 수 없는 인지적 상담개입을 선택할 수 있다. 매개물과 활동을 이용하는 것이 유용할 때도 있지만(13, 14장 참조), 청소년 내담자의 성숙도와 자아 이미지를 반드시 존중해야 한다.

③ 청소년은 아동도 성인도 아닌 한 명의 개인으로 존중받는 것이 발달상 필요한 단계에 있다는 사실을 청소년과의 상담관계에서 존중해야 한다. 그 관계에서 상담자는 반드시 내담자에게 상담과정에 참여할지 결정할 권리를 주어야 한다. 그리고 상담결과에 대해 개인적으로 진정한 책임감을 가질 수 있도록 허용해야 한다.

성인상담과의 차이점

청소년 상담은 성인상담과도 상당히 다르다. 성인은 일반적으로 가족이나 타자의 지나친 영향 없이 비교적 자유롭게 결정하고 선택한다. 그래서 성인상담은 내담자가 개인적 자율성이 있고 한 명의 개인으로서 자기행동을 선택한다는 것을 기본적으로 전제한다 (Downey, 2003). 청소년은 대부분 일정 수준의 인지적 독립성이 있지만, 보통은 가족과 사회환경의 영향에서 자유롭지 못하다. 그 결과 청소년 대부분이 개인적 자율성을 충분히 느끼지 못하고, 아직 어른이 아니기 때문에 스스로 어느 정도까지 선택해도 되는지 확신이 없다. 정체성 형성과 개별화 과정에 있는 청소년은 자기 삶을 어린아이 때보다 훨씬 많이 조정할 수 있다는 사실을 믿지 못하는 경향이 있다. 그러므로 상담사는 스스로 선택하고 자기 삶에 책임질 줄 아는 개인능력의 정도와 관련된 발달상의 이런 딜레마를 존중해야 한다.

또 하나의 차이는 청소년에게 적절한 정상 발달과제가 어른의 과제와 다르다는 것이다. 예를 들어 청소년은 개인정체성, 개별화, 성 정체성, 또래와의 새로운 관계 등을 추구하지만, 대부분의 어른은 안정, 지속성, 가족 부양, 직업적 성공 등과 같은 목표를 추구한다. 분명한 것은, 청소년 상담에서 다루어질 필요가 있는 문제들이 성인상담에 해당되는 문제와 다르다는 점이다.

청소년 상담에 필요한 특정한 접근방식

이상의 논의에서 분명해지는 것은 청소년이 처한 발달단계와 그로 인해 나타나는 특정한 문제들 때문에 청소년이 하나의 특정 집단으로 묶인다는 사실이다. 만일 청소년 상담사로 일하려고 하면서 아동이나 성인에게 적합한 기법이나 기술을 사용한다면 성공률이 높아질 가능성이 별로 없다. 기억해야 할 점은, 청소년은 어른도 아니고 아이도 아니라는 점이다. 청소년은 전환기에 있다는 사실을 기억해야 한다. 그러므로 상담 접근방식을 청소년이 곧장 적극적으로 참여하도록 재단하고, 그들이 수용할 만한 방식으로 그들의 욕구를 구체적으로 다루는 기법을 사용할 필요가 있다.

"청소년이 수용할 만한 상담과정이어야 한다"

상담과정 전체는 청소년의 발달과정을 고려하는 것이어야 한다. 상담사가 의도적으로 청소년 발달과정에 맞추어야 할 사항은 다음과 같다.

- 청소년 내담자와 상담사의 관계
- 성공적 결과를 위해 필요한 상담기술
- 특정 문제를 다루는 데 사용되는 기법

이 책에서 설명하려고 하는 선행주도 상담이란 청소년 발달과정과 청소년 상담과정이 서로 맞아야 한다는 전제에서 고안된 상담 방법이다. 개별 상담만이 청소년의 감정문제, 심리문제, 행위문제를 다루도록 도와주는 유일한 방법은 아니라는 것은 널리 인정되어왔다. 괴로운 문제를 가진 청소년을 돕는 데 가족상담, 집단상담, 자조(自助) 지지 집단도 유용하며, 이 모든 것을 합쳐서 도울 수도 있다.

개인상담과 가족상담의 차이

가족상담은 일차적으로 가족 안에서의 인간관계 문제를 다룬다. 가족상담은 청소년의 감정적·심리적 내면의 욕구를 직접 다루지는 않는다. 인간 내면의 욕구는 사적이고 비밀이 보장되는 상황에서 개인상담을 할 때 가장 잘 다루어질 수 있으며, 그 청소년만의 성격과 발달과정, 그리고 개인적 스트레스에 상담의 초점이 맞추어질 수 있다. 개인상담상황에서 사용되는 치료적 접근방식과 기법들은 그 청소년의 개인적인 욕구를 구체적으로 다룰 수 있도록 형식화될 수 있다(Vernon, 2004).

개인상담과 가족상담의 결합

과거에는 청소년 상담과 관련해 두 가지 다른 전통이 있었다. 하나는 청소년의 개인상담과 관련이 있고, 다른 하나는 가족치료와 관련된다.

개인상담 전통에 속한 상담사는 청소년이 문제되는 이슈를 다루고 해결하도록 돕기 위해서 청소년을 상담하는 것으로 충분하다고 생각하는 경우가 많다. 마찬가지로 가족치료 전통에 열심을 내는 상담사는 가족치료만으로 충분하다고 믿는 경우가 많다.

가족상담사 중에는 청소년을 개인상담하는 것이 바람직하지 않다고 주장하는 사람도 있다. 청소년이 희생양처럼 비춰지고, 낙인찍히며, 병리현상이 있는 것처럼 여겨진다고 생각하기 때문이다. 반면 청소년을 개인적으로 만나는 상담사는 가족치료에서는 청소년이 아주 개인적이며 예민한 문제를 전달할 기회가 제공되지 않는다고 보기도 한다. 우리는 확실히 후자의 입장에 동의하는데, 가족 전체가 있을 때 말하기 너무 힘든 개인정보를 개인상담에서는 말할 가능성이 높다는 것을 경험해왔기 때문이다. 그러나 우리가 발견한 것은, 청소년이 일단 문제가 되는 정보들을 개인상담 회기에서 드러낸 이후에는 가족이나 부모에게 그 정보를 나눌 수 있게 되는 경우가 빈번하다는 것이다. 가족상담만으로는 이 정보가 표면에 떠오를 가능성이 적고, 따라서 청소년의 문제가 지속되기가 쉽다. 이 때문에 적극적으로 빠른 변화가 있어야 할 때는 청소년의 개인상담과 가족치료를 결합하는 것이 더 성공적인 결과를 가져오기 쉽다. 청소년을 위한 개인상담과 가족치료의 병행에 관심이 있다면 우리 책『아동, 청소년, 가족을 위한 관계상담(Relationship Counselling for Children, Young People and Families)』(Geldard and Geldard, 2009a)를 읽어도 좋다. 그 책에서 서술된 접근방식은 청소년과 아동 모두에게 적용할 수 있다.

"가족치료와 함께하는 개인상담이 유리할 수 있다"

청소년 세계와 상담환경의 관계

그림 6-1은 청소년 세계에서 상담환경이 차지하는 위치를 체계적으로 보여준다. 이 그림은 아동에서 성인으로 가는 청소년의 여정이란 가족이라는 안정된 기반에서 또래환경이라는 매우 덜 안정된 기반으로 움직여가는 것임을 보여준다. 가족환경이 실선 테두리인 것은, 가족이 보호·양육과 건강한 성장이 조성되는 곳임을 표시해준다. 모든 청소년이 이런 환경에서 발달기회를 갖는 것은 아니다. 많은 청소년에게 가족의 테두리는 파편적이어서 다른 청소년들이 누렸을 혜택을 받지 못할 수도 있다. 청소년이 이동해가는 환경(또래환경)은 점선 테두리로 그려졌는데, 이는 외부의 영향을 향해 열려 있어 그 환경으로 청소년이 들어가고 나오는 일이 허용되어 개별화가 발달할 수 있기 때문이다.

또래집단이 청소년의 욕구를 모두 만족시켜주는 것은 아니다. 그림 6-1에서 청소년은 내부 테두리와 외부 테두리 둘 다 가진 것으로 그려진다. 내부 테두리 안에는 청소년의 성격, 과거 역사, 축적된 기술이 담겨 있고, 점선으로 그려진 외부 테두리는 외부의 영향에 개방적이다. 외부 테두리는 청소년에게 새로 나타나는 자아감을 상징한다. 이 자아감은 청소년이 성인기로 이행해가면서 굳어질 것이다. 이 테두리가 강화되면서 청소년은 또래환경 안에서 더 편안하게 있을 수 있고, 개인적인 결정과 선택을 더 자유롭

그림 6-1 __ 청소년 세계와 상담환경

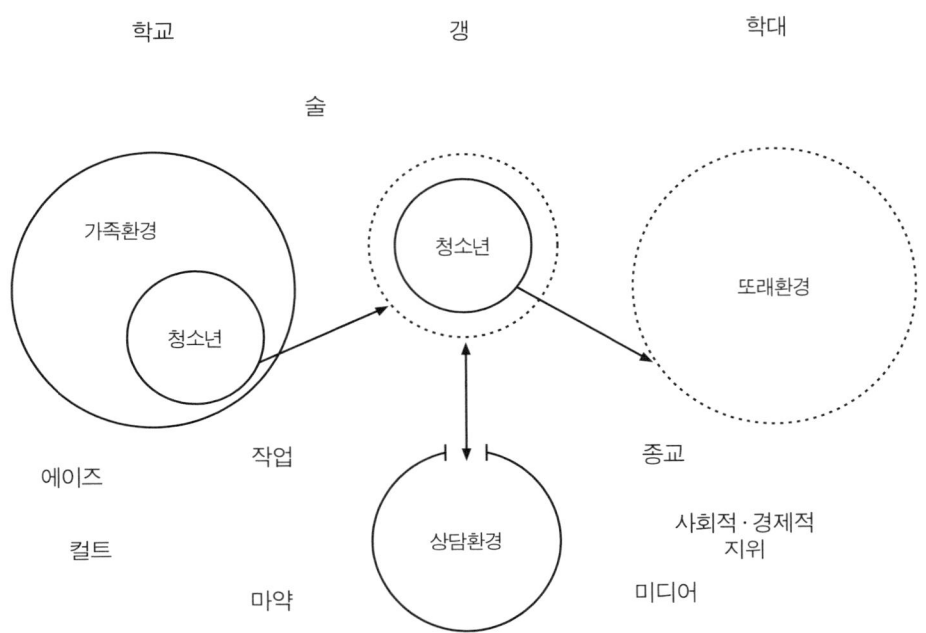

게 할 수 있게 된다. 그 테두리가 굳어지면서 열린 또래환경 안에서 자아억제에 대한 감각이 발달하게 되고, 그 결과 또래관계에서 적응할 것들이 수정될 필요가 생길 것이다. 청소년은 가족 집단으로부터 나오면서 가족과, 각각의 식구와 달라진 관계를 발달시킨다. 이는 새롭게 발달하고 있는 자아감 때문에 가능하다.

상담환경은 청소년 세계 안에 위치하지만 가족환경과 또래환경과는 별개이다. 상담의 테두리는 그림 6-1이 보여주듯이 실선으로 그려지는데, 이는 안전, 안정, 의지할 만함, 일관성이 있는 장소를 의미한다. 그러나 열린 문이 있어서 쉽게 접근하고 떠날 수 있다. 이 환경 안에서 청소년이 긍정적인 경험을 하게 되면, 그의 내적 테두리와 외적 테두리가 부서질 것 같거나 압도당할 때 이전의 긍정적인 경험으로 인해 상담환경으로 다시 돌아올 수 있다. 덧붙여서 말하자면, 그림 6-1에서 보여주듯 청소년은 광범위하게 다양한 외부 영향에 노출되어 있다.

청소년이 상담실에 오는 이유

조사 기록들에 따르면 청소년은 보통 부모나 다른 어른들보다는 우선적으로 또래에게 도움 구하기를 좋아한다(Buhrmester and Prager, 1995; Gibson-Cline, 1996; Turner, 1999).

한 연구가 보여주는 바에 따르면, 청소년이 또래나 어른에게 도움을 구하는 데 아주 중요한 영향을 준다고 청소년들 스스로 거듭 밝히는 것은 바로 도움을 줄 가능성이 있는 사람들과 그들이 맺은 긍정적이고 탄탄한 관계이다(Wilson and Dean, 2001). 그들은 또한 자기와 '똑같은 일을 겪었다'고 생각되는 사람, 그리고 스스로 어떻게 문제를 해결했는지 말해줄 수 있는 사람으로부터 받는 도움을 더 고분고분하게 받아들인다. 이런 상황이 생길 가능성은 비슷한 문제를 경험하고 있거나 이미 경험한 다른 청소년과 이야기할 때 가장 높다.

"청소년은 청소년에게 도움받기를 더 좋아한다"

청소년이 왜 상담실에 오는지 알기 위해서는 '상담'이라는 단어가 청소년에게 적용될 때 넓은 의미를 가진다는 것을 인식할 필요가 있다. 일반적으로 공동체나 청소년 스스로가 이해하듯이, 청소년에게 상담이란 다음 중 하나일 수도 있다.

① 조언받기: 올바른 결정을 내리는 일이 아주 중요해 보일 때
② 지도받기: 미성숙함 그리고/또는 행위로 인한 어려움을 겪으면서 직접적인 도움을 원할 때
③ 심리치료: 심리적·감정적 괴로움에 초점이 있을 때. 이때는 상담이 자기태도와 행동양식을 변화시켜서 자신이 더 편안한 느낌을 가질 수 있으리라 기대한다.

상담은 이 세 가지를 모두 합한 것이라고도 할 수 있다(Tyler, 1978). 비록 늘 그런 것은 아니지만, 청소년에게 조언을 주는 것이 일반적으로는 도움이 되지 않는다고 우리가 생각할지라도 말이다. 청소년은 자기결정에 책임지기 시작할 필요가 있기 때문이다. 그러나 청소년이 의미 있는 결정을 내리는 데 필요한 유용하고 정확한 정보를 상담사가 제

공하는 것은 적절한 일이다. 당연히 많은 청소년이 조언을 구하려고 상담사에게 자문한다. 이는 어려운 결정을 내려야 하기 때문일 수도 있고, 결정을 내리는 데 필요한 정보를 얻을 만한 경험이 자기에게 없음을 알기 때문일 수도 있다. 어떤 청소년은 감정적 괴로움 때문에 상담을 구하기도 한다.

상담실에 올 때 청소년은 보통 문제해결에 도움을 받거나, 지시·조언을 얻을 거라는 믿음을 갖는다. 상담사는 아는 것도 많고, 인생경험이 있으며, 자기의 특정 문제에 관해서도 지식이 있을 거라고 기대하는 것이다. 또한 상담사는 남을 염려하고, 이해하며, 돌보고, 지지하는 사람이라고 기대한다(Gibson-Cline, 1996). 상담사의 특성에 대해서는 7장에서 더 충분히 논의할 것이다.

보통 청소년이 전문적인 도움을 구하는 것은 심각한 문제들로 인해 삶이 아주 어려워졌고 해결하려는 시도가 실패했을 때이다. 그러나 불행히도 많은 청소년이 문제에 대한 도움을 스스로 찾지는 않는다. 나이 든 청소년보다 덜 성숙한 인지패턴을 지닌 초기 청소년기에 특히 그렇다. 이들에게는 도움이 필요할 수도 있음을 알아채고 어디서 도움을 구할지를 모색하는 부모가 있는지 여부에 따라 상담받을 가능성이 열릴 수 있다.

부모가 전문 상담을 찾는 것은 자녀의 행위가 부모 자신에게 문제를 일으키거나, 자녀의 문제가 아주 심각해질 때일 가능성이 높다(Raviv and Maddy-Weitzman, 1992). 후자에서, 부모가 지원할지 여부는 자녀의 문제되는 역기능 행위를 알아차리고 그 사실을 인정하는 부모의 능력에 달려 있다. 모든 부모가 알아차리는 것은 아니다. 그래서 학교나 법적 기관, 소년원, 자조(自助) 집단, 공동체 조직 등이 상담을 의뢰하는 경우가 많다.

많은 청소년이 상담사의 도움 없이 청소년기를 지나간다. 연구들이 제시하는 바에 따르면, 더 잘 적응하는 청소년은 자기자원을 이용하거나, 자기가 속한 사회환경에 있는 다른 사람으로부터 도움이나 조언을 구하는 경향이 있다(Billings and Moos, 1981; Lazarus and Folkman, 1984; Compas et al., 1988; Ebata and Moos, 1991; Frydenberg, 1999). 그러나 어떤 청소년은 자기 환경 안에는 이용할 자원이 없다고 느끼고, 그래서 상담사로부터 직접 도움을 구한다. 몇몇 연구자들 덕분에 도움을 구하는 청소년의 행위에 관한 문헌이 늘어나고 있다. 그 연구자들은 나이, 성, 인종적·종족적 차이, 문제의 심각성, 낮은 사회경제적 지위, 통제의 자리 등의 요소가 청소년이 상담을 찾을 가능성에 영향을 줄 변수임을 확인해준다. 쇼너트-라이클(Kimberly A. Schonert-Reichl)과 멀러(Jennifer R.

Muller)는 이 분야에서의 연구를 포괄적으로 요약해주었다(Schonert-Reichl and Muller, 1996). 불행히도 어떤 청소년에게는 상담 이용의 필요성과 관련된 상흔이 있다. 이는 정신질환 증세로 고통받는 청소년에게 특히 그렇다. 그들에게는 정신질환과 관련된 부정적인 고정관념에 관한 염려가 있을 수도 있고, 그들이 받은 치료 유형에 관해 부정적인 생각을 가졌을 수도 있기 때문이다. 그 결과 그들은 도움을 구하지 않고 미룰 수도 있다(Lincoln and McGorry, 1995).

"낙인찍힐까 봐 청소년은 상담실에 오기를 꺼린다"

자기노출과 비밀보장

사생활 보호가 보장된다는 느낌이 강할 때만 보통 자기노출이 가능해진다. 상담사에게 특별히 흥미로운 연구 결과 중에는, 청소년이 도움을 구할지 여부는 도움을 구하면 이득을 얻을 수 있다고 생각할지, 아니면 위협적인 부정적 결과를 얻을 수 있다고 생각할지에 달려 있다는 것이 있다. 예를 들어 약물남용 청소년은 경찰이나 법적 개입이 두려워서 상담을 망설이게 된다는 것이다(Darke et al., 1996). 분명 상담은 많은 청소년에게 위태롭게 느껴질 수 있다. 상담 중에 개인적인 느낌과 생각, 문제들을 스스로 노출할 수밖에 없기 때문이다. 그러므로 상담사는 비밀보장과 사생활 보호, 타자와의 정보공유와 관련해 청소년에게 어떤 이슈들이 생길 수 있을지 알고 있어야 한다.

key
point

- 청소년 상담에는 내담자-상담사의 특정한 관계, 성인상담과 아동상담과 다른 상담 과정, 상담의 대화를 강화시켜줄 특정 기술과 기법이 있어야 한다.
- 청소년은 아동기의 가족중심 상태에서 또래관계 등 새로운 사회체계로 이동 중이다.
- 선행주도 과정은 상담사가 상담과정을 청소년의 발달상 욕구에 맞추어 적용할 수 있게 해준다.
- 개인상담을 가족치료와 합치면 상당히 유리할 수 있다.
- 청소년은 어른에게 도움받기를 꺼리며, 또래에게 먼저 자문을 구하기 쉽다.

07

선행주도 접근방식의
토대

청소년에게 가장 적합한 상담을 해서 성공하려면 상담과정이 그들의 욕구에 맞게 특별히 재단될 필요가 있음을 6장의 논의에서 밝혔다. 청소년 상담을 위해 우리는 **선행주도 접근방식**이라고 부르는 것을 추천한다. 이것은 1부에서 설명했던 청소년의 욕구를 상담사가 맞추도록 하는 접근방식으로서, 다양한 범위의 상담기술과 기법을 사용한다. 그 기술과 기법들은 이 장과 다음 장에서 설명될 것이다.

선행주도 청소년 상담의 과정은 다음 8장에서 설명할 것이고, 먼저 이 장에서 논의할 것은 선행주도 접근방식의 기저 철학과 상담사-내담자 관계의 특성이다. 이 두 가지가 결합되어 선행주도 접근방식의 토대를 이룬다. 그 토대는 다음과 같다.

- 실존주의 철학
- 구성주의(constructivism)적 사고
- 상담사의 개인적 자질
- 청소년과 상담사 관계의 특성

그림 7-1은 선행주도 방식이 앞서 말한 네 가지 요소로 지지되는 것임을 보여준다. 각각의 요소는 밑의 요소가 만들어낸 기반 위에 놓인다. 따라서 선행주도 상담은 실존

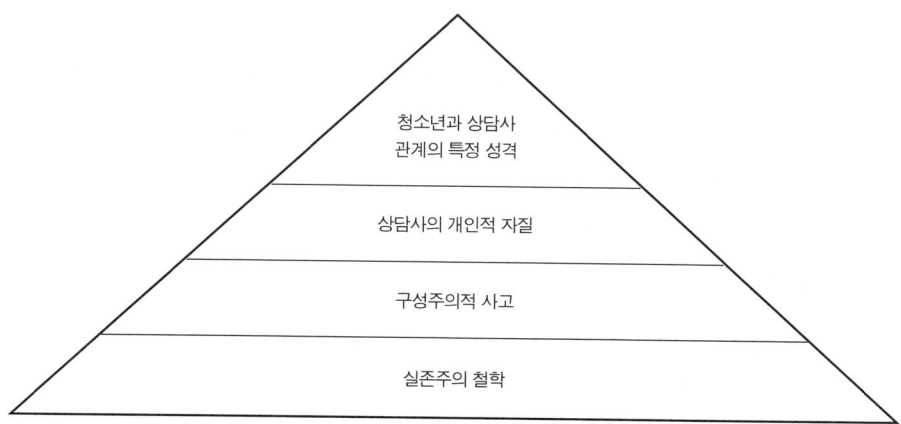

그림 7-1 __ 청소년을 위한 선행주도 접근방식의 토대

청소년과 상담사
관계의 특정 성격

상담사의 개인적 자질

구성주의적 사고

실존주의 철학

주의를 일차적인 기반으로 삼고, 그 위에 구성주의가 놓인다. 그다음 요소들은 이러한 기초를 바탕으로 청소년을 위한 선행주도 상담의 기반을 만들어낸다.

기저에 있는 실존주의와 구성주의의 철학적 방향설정을 선행주도 상담의 다른 요소의 지지기반으로 이용함으로써, 우리는 청소년의 발달과정과 상담과정이 나란히 맞도록 재단할 수 있다.

실존주의 철학

실존주의는 인생의 의미를 추구하는 데 관심을 두며, 인간이 자기실존을 의미 있게 만들 유일한 방법은 개인적인 경험을 통해서라고 본다. 실존주의 철학은 청소년의 발달과정과 아주 잘 맞는데, 청소년기에는 경험을 통해 자기인생을 의미 있게 만들려고 시도하기 때문이다.

실존주의적 접근은 인간에게 선택의 자유가 있으므로 자기선택과 행동에 책임을 져야 한다고 강조한다. 그러나 선택은 무제한이 아닌 상황의 테두리 안에서 이루어진다. 원하는 것을 무엇이든 선택할 수 있는 자유가 아니라, 이 세상에서 인간에게 주어지는 불가피하고 예측불가능한 '자극들'에 대해 어떻게 반응할지 선택할 자유이다(Spinelli, 2003).

선택의 자유라는 실존주의 철학의 가정은 청소년이 새롭게 발견하는 자유의 느낌과 부합한다. 청소년은 보통 인생에 대해 선택하고 결정할 기회를 갖는데, 이는 사회환경에 내재된 테두리와 한계 안에서만 가능하다. 현실에서 선택의 자유는 불가피하게 제한받는데, 그 한계 안에서 선택의 자유를 강조해야 청소년이 개인의 책임을 수용하는 데 초점을 맞추도록 도와줄 수 있다.

실존주의 철학은 장점보다는 결점을 강조하는 심리병리학에 초점을 맞추지 않는다. 그것은 성장지향 모델을 조장한다. 그 모델은 미래에 초점을 맞추면서, 인생의 방향을 제공하는 목표와 청소년이 자기운명을 창조할 수 있는 능력에 초점을 맞춘다. 이런 접근방식은 행위의 새로운 측면을 탐구하는 개인을 존중한다.

실존주의 철학은 인생의 의미를 추구하는 것, 자유와 책임, 자기 정체성 만들기, 타자와 의미 있는 관계형성에 강조점을 둔다. 아울러 '불안'을 삶의 한 조건으로 강조하며, 죽음이 불안의 주요 원인임을 인식한다(Corey, 2004). 이 모든 것이 청소년기의 근본과제와 상황에 아주 잘 들어맞는다. 따라서 실존주의적 상담 철학은 청소년의 사고와 나란히 가면서, 청소년이 불안을 현실로서 받아들이도록 격려하며, 그들이 자유에 대한 현실감각 안에서 결정하고 책임지는 데로 나아가게 한다는 점 때문에 청소년 상담에서 매우 적절하다.

"관계가 기법보다 더 중요하다"

실존주의적 접근방식은 상담사의 기법보다 상담사-내담자의 치유관계의 질이 더 중요하고 그 관계가 건설적인 개인변화로 이끄는 주요 요소임을 강조한다(Corey, 2004). 실존주의 치료사는 진정한 행위의 본을 보임으로써 내담자가 성장하도록 유도한다. 그의 과제는 내담자 스스로 개인경험을 검토해서 그 의미와 인생의 의미를 찾도록 격려하고, 자기선택을 탐구해 의미 있는 실존이 될 수 있도록 고무하는 것이다. 따라서 상담관계는 멘토(mentor)와 학생의 관계와 비슷해질 수 있다. 멘토는 청소년이 스스로 결정한 방향으로 가면서 자기양심에 따르도록 격려한다. 이는 결국 자기와 타자에 대한 책임을 깨닫게 해줄 것이며, 성공과 실패의 경험은 삶의 정상적인 부분으로 보이게 될 것이다.

구성주의적 사고

선행주도 상담은 실존주의적 기초 위에 구성주의 철학을 올려놓고 진행한다. 구성주의는 상담이론이 아니라는 사실을 이해하는 것이 중요하다. 그 이론은 우리가 살고 있는 세상의 의미를 어떻게 만들기 시작해야 하는지 설명하는 데 유용할 수 있다(Fransella and Dalton, 2000). 실존주의에서 설명했듯이, 인간은 자기가 살고 있는 세상의 의미를 만들려는 가운데 자기 경험을 이용해서 세상에 관한 생각이나 믿음을 개념화하고 발전시킨다. 다시 구성주의의 용어를 사용해 말하자면, 인간은 자신이 살고 있는 세상에 관한 개념들을 둘러싼 **구성요소**(constructs)를 형성한다. 이 구성요소 또는 세상에 대한 개인적 해석은 고정되어 있지 않으며, 새로운 정보가 입수되면 개정·대체될 것이다. 따라서 개인 구성요소 이론은 우주에 관한 우리의 현재 해석 모두가 개정·대체될 수밖에 없다고 하는 철학적 가정을 기초로 한다(Kelly, 1955). 우리는 각자가 과학자처럼 가설을 공식화하고, 우리 경험을 이용해 그 가설을 시험하며, 필요하면 그것을 개정한다(Winter, 2003). 이것이 바로 청소년이 하는 일이다.

청소년은 고도의 탐구가 수반되는 발달단계에 속해 있다. 그래서 이전에는 본 적 없는 새로운 경험에 도전할 때, 부적절한 그리고/또는 부적합한 구성요소를 새로운 구성요소로 개정·대체한다. 켈리(George A. Kelly)가 지적하듯 구성요소는 언제든 재구성될 수 있는데, 대개는 기존의 구성요소가 경험상 틀렸다고 입증되어야 그렇다(Kelly, 1955).

구성주의자는 사람이 그들 세상을 적극적으로 선행해 구성하며, 따라서 개인정체성과 개인적 평형을 유지한다고 믿는다. 개개인은 저마다 핵심 구성요소들을 가지며, 그 핵심 구성요소는 변화에 특히 저항한다. 이는 그 핵심 구성요소가 개인정체성의 감각과 결합되어 있기 때문이다. 핵심 구성요소를 변화시키는 일은 위협적으로 느껴질 수도 있고, 죄책감이나 불안의 원인이 될 수도 있다. 이런 죄책감이나 불안을 피하는 방책은 개인마다 다르다. 어떤 이는 세상을 예측가능한 것이 되도록 만들기 위해서 구성요소들을 치밀하게 만들 수 있는 반면, 어떤 이는 구성요소들을 느슨하게 만들어서 그것의 잘못이 증명될 가능성을 피할 수도 있다.

청소년 상담사는 청소년의 사고방식과 비슷하게 사고하는 방식을 유지할 필요가 있다. 구성주의 원리가 청소년기 발달과 잘 맞아떨어지기 때문에 청소년 상담사는 구성주의의 아이디어를 준거 틀로 사용하는 것이 유익하다.

상담을 위해 구성주의가 지닌 함축 의미

어떤 상담사는 프란젤라(Fay Fransella)와 돌턴(Peggy Dalton)이 설명하는 구성요소 상담 모델을 이용한다(Fransella and Dalton, 2000). 간단히 말해서 이 모델은 내담자의 구성요소가 무엇인지 결정하고, 그 구성요소들을 이용해 내담자가 가진 문제의 원인을 가설로 만들어서, 내담자가 자기의 구성요소들을 수정할 수 있도록 하는 것이다. 선행주도 상담은 이 모델에 의존하지 않는다. 그저 구성주의 철학을 준거 틀로 이용할 뿐이다.

구성주의 철학을 이용해 상담사는 청소년의 평가과정에 함께할 수 있다. 그 평가과정에서 내담자는 자신의 구성요소를 사용하는 가운데 자신의 세계관을 표현하고 스스로의 언어로 탐구하도록 격려받는다. 이 구성주의적 평가과정은 내적·외적 변화의 시기에 있는 청소년의 발달상 욕구라고 할 수 있는, 자기를 믿어주는 사람의 필요성과 일치한다. 상담사의 일차적 관심은 청소년의 이야기와 그 이야기와 연관된 구성요소들을 이해하고 탐구하는 것이다.

> **"청소년의 구성요소들을 존중하는 것이 중요하다"**

분명히 구성주의는 상담사에게 청소년의 개인적·개별적 이야기를 적극적으로 들으라고 요구한다. 그리고 그 이야기에 기초를 둔 구성요소들을 탐구·이해·존중하라고 요구한다. 이런 평가과정은 상담사에게 청소년의 구성요소들에 맞는 치유전략과 기법을 선택할 기회를 준다. 크레스피(Tony D. Crespi)와 제네랄리(Margaret M. Generali)는 이 과정이 청소년 상담에서 중요하고 가치 있음을 부각시킨다(Crespi and Generali, 1995).

상담사의 개인적 자질

실존주의에 근거한 구성주의는 청소년을 선행주도해 상담하는 데 필요한 기반이다. 성공적인 청소년 상담에 필요한 그다음 요건은 상담사가 특정한 개인 자질을 보여줄 수 있어야 한다는 것이다. 그 자질에 포함되는 것은 다음과 같다.

① 청소년 발달과정에 대한 건전한 이해
② 상담사 자신의 내면 청소년과 연결하는 능력
③ 개별화의 상징과 본보기가 될 능력
④ 일관된 진정성(眞正性, congruence)과 무조건적인 긍정적 존중이라는 로저리안 (Rogerian)*의 자질
⑤ 청소년과 공감하며 쉽게 관계 맺는 능력

청소년 발달과정에 대한 건전한 이해

상담사가 청소년기에 관해, 즉 청소년 발달과 발달상 욕구 및 과제 등을 명확하고 깊게 이해하는 일은 청소년 상담에서 필수적이다. 청소년기에 관한 총체적인 견해는 1부에 있다. 그러나 청소년 전문 상담사라면 1부에서 인용된 참고자료를 가지고 청소년기의 발달에 관한 주요 이론들을 더 충분하게 탐구하기 원할 수도 있다.

청소년을 상담하려면 특별한 기술과 능력이 있어야 된다는 것은 의심의 여지가 없다. 그리고 모든 청소년 상담사는 청소년 상담에 경험이 있는 적절한 전문가에게 계속 슈퍼비전(supervision)을 받아야 한다. 이는 분명 초보 상담사에게 특히 중요한 일이다.

상담사 자신의 내면 청소년과 연결하는 능력

성인 사이의 의사소통에 관한 교류분석 모델을 보면, 각 개인은 그 내부에 '부모', '어른', '아이'가 있다(Berne, 1996). 이 교류분석의 표준모델에는 인격의 중요한 한 부분인 청소년이 빠져 있다. 우리가 보기에 사람은 그 자아 안에 부모, 성인, 청소년, 아이의 인지·

• 인간중심주의 상담을 창시한 칼 로저스(Carl Rogers)의 이론과 실천을 따르는 사람들을 일컫는다.
  ― 옮긴이

행위와 연결된 부분들이 있고, 그 부분들에 접촉할 역량을 지닌다. 인격에는 청소년인 부분이 있으며 우리가 선택할 때마다(때로는 무엇을 하고 있는지 모른 채 선택하지만) 그 부분을 작용하게 만들 수 있다. 이 책을 읽고 있는 독자 대부분이 친구나 지인 또는 내담자가 청소년의 사고와 행위를 보이면서 내면 청소년의 부분을 상당히 이용할 때는 그것을 알아차릴 수 있을 것이다. 흥미롭게도 어떤 사람에게는 가족 부양과 같은 성인기의 주요한 책임이 줄어드는 중년의 시기에 인격의 청소년 부분이 강하게 나타나기도 한다.

청소년은 자아의 부분이자 우리 모두에게 한 부분이다. 청소년기는 아동기와 성인기를 연결시키는 중간단계를 나타낼 뿐 아니라, 1부에서 설명했듯이 그 자체의 특성을 지니면서 긴 기간에 걸쳐 있는 한 단계라고 하는 것이 타당하다. 어린아이의 양상이 우리의 인격에 지속되듯이 청소년의 양상도 똑같은 방식으로 지속되며 우리에게 '내면 청소년'을 제공한다. 내면 청소년은 버려야 할 부분이 아니라 유용할 수 있는 부분이다. 이 부분은 우리가 위험을 감수하고, 새로운 행동을 탐구·실험하며, 재미있는 일을 하고, 창조적으로 사고하도록 돕는다. 자아의 청소년 부분은 성인에 비해 인지적으로 더 자유롭고 덜 제한된다. 그러므로 더 많이 생각할 수 있으며 더 적은 테두리를 가지고 개념화할 수 있다.

청소년과 '의기투합해' 상담하고 싶은 상담사는 자기내면 청소년과 접촉할 줄 알아야 한다. 이 말은 상담사가 정확히 청소년처럼 행동해야 한다는 말이 아니다. 그렇게 한다면 내담자가 상담사의 말과 행위를 거짓으로 생각하고 혼란스러워할 것이다. 우리가 제안하는 것은 상담사가 자기의 내면 청소년과 접촉해 그것을 이용하면 내담자의 구성요소들을 어른의 사고로 과도하게 방해하지 않은 채 더 자유롭게 용납할 수 있고, 세상을 청소년이 인식하는 대로 인식할 준비가 되며, 그래서 내담자의 자리에서 내담자를 만족시켜줄 준비가 잘 이뤄질 수 있다는 말이다.

"자아의 모든 부분의 가치가 평가될 필요가 있다"

분명히 상담사는 상담과정 중 많은 시간에서 자기의 어른 부분을 활용할 수 있어야 한다. 그림 7-2는 청소년과 상담사 사이에 가능한 다양한 의사소통양식을 보여준다. 화살표는 소통의 길을 나타낸다.

그림 7-2 __ 청소년과 상담사 관계에서 가능한 의사소통

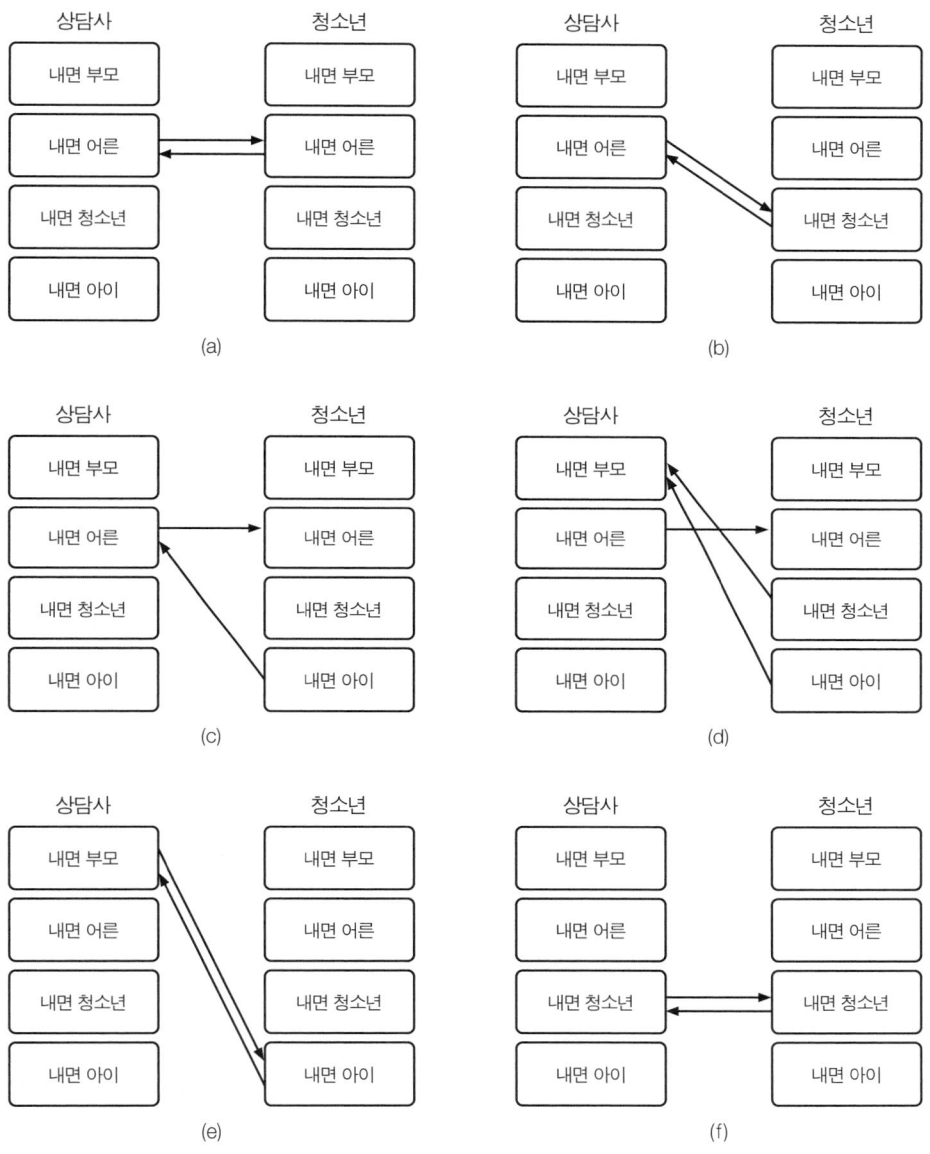

의사소통에서 어떤 양식이 다른 양식보다 더 낫다는 것은 분명하다. 그림 7-2에서 (a)와 (b)는 청소년과 상담사의 일반적인 의사소통양식을 보여준다. (c)에서 상담사는 그의 내면 어른을 이용해 청소년의 내면 어른과 의사소통을 하지만 그 청소년은 자기의

내면 아이로부터 반응한다. (d)가 보여주는 것은 훨씬 더 나쁜 소통양식으로서, 내담자가 상담사를 부모로 인식하고 자기 내면 아이나 내면 청소년으로부터 상담사의 내면 부모에 반응한다. 이런 의사소통은 분명 상담에 도움이 되지 않으며, 정신분석에서 설명하는 전이관계와 유사성을 지닌다. 이 상황에서 상담사는 역전이 입장에 놓여 그의 내면 부모로부터 반응할 위험성이 있고 (e)에서 보이는 소통양식을 만들어낼 수 있다. 우리 생각에 (a)는 청소년 내담자와 상담사의 관계에서 가장 유용한 방법일 수 있지만, (b)도 도움이 될 수 있다. (a)와 (b) 둘 다 이미 언급한 멘토-학생 관계를 허용하기 때문이다.

때로는 상담사가 (f)에서 보이는 것처럼 자기의 내면 청소년을 이용해 의사소통하는 것이 적절하고도 필수적이다. 가끔 이것이 매우 바람직한 것은, 그렇게 함으로써 청소년에게 합류하는 일(joining)이 가능할 수 있기 때문이다. 이전에 말했듯이 이는 상담사가 정확히 청소년처럼 행동한다는 의미가 아니라 자기인격의 내면 청소년 부분을 이용해 청소년의 소통 스타일에 어느 정도 부합하는 방식으로 생각·소통하는 것이다. 따라서 상담사는 자기의 내면 어른만을 이용하는 데 갇혀 있지 않고 내면 청소년을 이용할 수도 있을 것이다. 만일 상담사가 자기의 내면 어른과 내면 청소년을 쉽게 왔다 갔다 하면서 이용할 수 있으면 상담에서 자발적이고 역동적인 상호작용이 가능해진다. 청소년은 소통 스타일을 바꾸는 데 아주 능숙하다. 청소년은 자기의 내면 아이를 이용하는 것에서 멀어져가고 있기 때문에 자연스럽게 내면 청소년과 어른이 관계 맺는 방식을 실험한다. 만일 상담사가 진정으로 이러한 행위에 맞출 수 있다면, 청소년에게 합류하는 일이 강화될 수 있다. 그러나 이를 자연스럽고 편안하게 할 수 있어야 한다. 그렇지 않으면 부적절하며 거짓된 것으로 보일 것이다.

흥미롭게도 상담사가 자기 내면 청소년을 이용해 청소년 내담자와 소통할 수 있으면, 내담자는 상담사를 쉽게 본받을 수 있고, 그래서 어른의 소통양식으로 넘어갈 때 따라오기 쉽다. 이런 식의 전환은 상담회기를 창조적이고, 생생하며, 자발적이게 만든다.

개별화의 상징과 본보기가 될 능력

청소년 상담에서는 상담사가 자기의 개인적인 개별화를 보여주고 그 과정에서 내담자와 합류함으로써 자기 개별화를 상징적으로 소통하는 능력이 필요하다. 청소년을 상담할 때 상담사는 역동적 과정 속에서 자기의 자아를 청소년에게 합류시킬 필요가 있다 (Fitzgerald, 1995). 우리는 이 과정이 역동적으로 이루어지려면 상담사가 그 과정에서 선행주도적일 필요가 있다고 생각한다. 상담사의 옷차림, 앉는 자세, 말하는 방법을 보면서 청소년은 개별성이 장려·존중된다는 것을 알게 된다. 만일 상담사가 위험감수, 탄력성, 유연성, 취약성, 창조성과 같은 청소년이 좋아하는 기질을 투영할 수 있고, 또 적절한 유머와 무게감을 적당히 섞을 수 있다면, 청소년은 수용의 경험을 하게 되고, 독특함을 가치 있게 여기며 존중해주는 사람을 만났다고 생각하기 쉽다.

합류하는 일은 청소년 상담에서 분명 본질적으로 중요하다. 윤리적 테두리가 존중되는 것을 전제로, 청소년 상담에서는 성인상담에서 도움될 수 있는 수준보다 더 개인적인 수준에서의 합류가 적절하다. 이미 논의되었듯이 청소년은 탐문적이고, 상담사와 연결점을 찾으려고 하며, 상담사를 전문가의 가면 뒤에 숨겨진 사람으로보다는 개인적으로 알고 싶어 할 수도 있다. 만일 상담사와 공통된 관심사를 가졌거나 그리고/또는 상담사의 행위, 관계 맺는 방식이 자기와 비슷하다고 인식할 때는 더욱 그렇다. 그러나 이미 말했듯이, 전문적인 윤리적 테두리를 반드시 유지해야 한다. 이런 테두리 유지를 청소년이 어렵지 않게 존중하려면 상담사의 개별화 욕구라는 측면에서 그 테두리가 이루어져야 한다.

일관된 진정과 무조건적인 긍정적 존중이라는 로저리안(인간중심주의)의 자질

칼 로저스는 내담자에게 **일관된 진정**과 **무조건적인 긍정적 존중**을 보여주는 능력이 상담사에게 바람직한 자질이라고 말했다(Rogers, 1955, 1965). 이후 이 두 가지는 많은 연구자에게 유용한 자질로 인정받아왔다. 우리는 이 두 자질이 유용할 뿐 아니라 청소년 상담에 성공하려면 필수적이라고 생각한다.

- **일관된 진정성** __ 상담사가 진실하지 않으면 청소년은 재빨리 알아차린다. 상담사가 일관성 없고 진실하지 않은 행위를 하면 청소년은 이를 쉽게 안다. 청소년이 타자에 대해 탐문적인 것은 자기 성인기를 위한 본보기를 찾고 있기 때문이다. 그래서 자기가 만나는 어른의 태도나 행위를 비판적으로 평가하기 쉽다.

- **무조건적인 긍정적 존중** __ 이것은 내담자의 행위와 상관없이 무조건적·긍정적으로 선입견 없이 내담자를 수용하는 것을 말한다. 무조건적인 긍정적 존중은 힘이 들고 때로는 불가능할 수도 있다. 그러나 이 자질 없이는 상담사가 청소년과 유용한 상담관계를 만들어내는 것이 어려울 것이다.

"청소년은 판단받는다는 느낌을 가지기가 쉽다"

청소년의 행위는 대개 어른의 행위기준에 맞지 않는다. 놀랄 것도 없이, 청소년은 자주 자기가 어른에게 심판받고 비판받는다고 느낀다. 때로는 또래에게도 그렇다고 느낀다. 그렇기 때문에 승인받지 못함을 재빨리 알아차린다. 자기가 부정적으로 판단받는다고 믿으면 상담사에게 자유롭게 말할 가능성이 낮다. 더구나 부정적인 판단은 구성주의적인 접근방식에도 맞지 않는다. 구성주의적 접근방식은 상담사가 내담자의 준거 틀에서 내담자의 행위에 관한 내담자의 구성요소를 탐구하도록 요구하기 때문이다. 상담사는 청소년의 이야기와 구성요소들을 수용할 수 있어야 하는데, 상담사가 자기의 내면 청소년과 접촉하고 있으면 도움이 될 수 있다. 이를 위해 상담사가 때로는 자기의 개인적 느낌을 적극적으로 다룰 필요가 있으며, 때로는 구성주의의 패러다임에 머물러 있기 위해서라도 그렇게 할 필요가 있다. 상담사가 그런 것을 하지 못하면, 청소년이 개인적인 경험과 신념을 그 상담사에게 자유롭게 말할 수 있다고 느끼기가 쉽지 않다.

상담사의 자기기준에서 볼 때 용납할 수 없는 행위를 하는 청소년에 대해 선입견 없이, 무조건 긍정적으로 존중하는 것이 쉽지 않을 수도 있다. 이미 말했듯, 일반적인 판단을 하지 않는 것이 때로는 불가능할 것이다. 그러나 청소년과 성공적으로 함께 일하려면 내담자를 선입견 없이 무조건 긍정적으로 존중하며 대하는 것이 상담사가 추구해야 할 목표다. 이것이 어려우면, 상담사는 더 수용적으로 되지 못하도록 방해하는 어떤 개인적인 이슈가 자신에게 있는지 슈퍼바이저와 탐구할 필요가 있다.

청소년과 공감하며 쉽게 관계 맺는 능력

어떤 상담사는 청소년과 쉽게 관계 맺는 성품을 지녀서 청소년이 그 앞에서 편안함을 느끼고 스스럼없이 말하게 만든다. 이런 상담사는 타고난 장점이 있는 것이고, 그 장점이 상담기술과 기법에 결합되면 청소년 상담을 성공적으로 할 수 있다. 어떤 상담사는 청소년과 일하는 것이 힘들다고 느낄 수도 있지만 좋은 결과를 위해 필요한 과정을 잘 이해한다면 상담을 성공적으로 해낼 수 있다.

로저스(Rogers, 1955, 1965)도 **공감**이 상담에서 중요하다고 지적했다. 공감은 내담자의 느낌을 충분히 이해하고 공유하는 능력이다. 공감을 통해 상담사는 내담자에게 효과적으로 합류하고, 내담자의 구성요소들을 이해하며, 내담자가 인정할 수 있는 방식으로 내담자의 느낌을 어느 정도 공유할 수 있다. 우리는 상담사가 청소년과 함께할 때 반드시 적절한 수준의 공감을 보여주어야 한다고 굳게 믿지만, 때로는 청소년의 느낌에서 벗어나야 할 필요가 있다고도 생각한다. 이런 거리두기는 내담자의 느낌에 압도되는 것을 막아주기 때문에 내담자와 상담과정을 둘 다 관찰할 수 있고 그 과정에 대한 결정을 내릴 수 있게 해준다.

상담사가 따뜻함과 돌봄의 마음을 전달할 수 있는 것은 본질적으로 중요하다. 청소년은 이를 원하면서도, 관계가 수립될 때는 유보하는 경향이 있으며 자기의 개별성을 유지하고 싶어 한다. 상담사가 만족스럽게 합류하려면 청소년의 조심스러워하는 행위와 나란히 갈 필요가 있고, 따뜻함과 돌보는 마음이 지나치지 않도록 적절하게 조절해야 한다. 그렇지 않으면 청소년의 개별화가 건드려지게 되고, 그 청소년은 상담사를 얄팍하거나 진실하지 않다고 생각할 수 있다.

청소년과 상담사 관계의 특성

상담관계의 질은 상담을 위한 (실존주의적이고 구성주의적인) 철학적 토대와 상담사의 개인 자질(그림 7-1 참조)에 달려 있음이 분명하다. 널리 인정되는 바는, 어떤 상담개입이든 그 결과가 상담사와 내담자의 관계의 질에 의해 결정된다는 것이다. 이는 특히 청소년 상담에서 사실이며, 그 관계의 질이 상담결과와 내담자의 만족에 매우 중대한 영향을 미친다(Eltz et al., 1995; Kendall and Southam-Gerow, 1996). 성공적인 결과를 낳으려면 상담관계는 다음과 같은 성격을 지니는 것이 바람직하다.

① 진정한 인간 대 인간의 관계
② 수용하고 이해하는 관계
③ 적절한 수준의 따뜻함과 공감이 있는 관계
④ 균형 요소가 있는 관계
⑤ 문화적 이슈를 고려하는 관계

청소년 상담사는 이러한 관계의 질을 추구해야 한다. 그러나 때로는 바람직한 관계를 이루기 어렵게 만드는 특별한 환경 그리고/또는 내면의 자극들이 있다. 상담사의 편견이나 해결되지 않은 문제가 그런 자극에 포함된다. 이럴 때는 상담사가 왜 특정한 내담자-상담사 관계가 손상되는지 그 이유를 확인하고, 그 관계와 관련된 자기문제를 해결하는 데 도움을 받기 위해 슈퍼바이저를 만나는 것이 매우 유용하다.

"상담사 개인의 해결되지 않은 문제가 상담과정을 방해할 수도 있다"

진정한 인간 대 인간의 관계

청소년이 경험하는 세상은 관계의 모든 측면이 시험되는 불확실한 세상이다. 청소년에게는 어른과의 관계가 어린아이 때와는 달라진다. 그래서 어른과 관계 맺는 새로운 방식을 시도해볼 필요가 있지만, 어른의 기대에 대해 확신이 없을 수도 있다. 청소년 내담자가 느긋하게 느끼고 신뢰감을 가질 수 있도록 도와주려면 상담사가 무엇보다도 (앞에서 설명한 대로) 일관되게 진실하며, 개방적이고, 정직하고, 진지하며, 존중할 만해야 한다. 이런 특성을 보여줌으로써 진정한 인간 대 인간의 관계가 만들어질 수 있다.

수용하고 이해하는 관계

청소년은 가족 바깥세상에서 수용되고자 애쓴다. 청소년은 대개 상담실에 오면서도 아무도 자기를 이해하지 못한다고 믿는다. 또한 과연 자기를 이해할 수 있는 사람이 있을지 의심한다. 그러므로 상담사가 청소년의 이야기를 들으며 이해하고 있다는 메시지를 전달할 수 있는 것은 대단히 중요하다. 아울러 앞서 논의한 대로 내담자가 자기행위와 상관없이 수용되고 가치 있게 여겨진다는 느낌을 받는 관계가 이루어질 필요가 있다.

적절한 수준의 따뜻함과 공감이 있는 관계

따뜻함과 공감은 필수적이지만, 적절히 드러날 필요가 있다. 청소년은 개별화를 추구하고 있기 때문에 지나친 돌봄으로 둘러싸이는 것을 원하지 않을 가능성이 크다. 또한 새로운 관계, 특히 새로운 어른과의 관계를 경계할 수도 있고, 낯선 사람의 지나친 따뜻함은 일관성과 진정성이 결여된 것으로 여길 수도 있다. 상담사는 따뜻하고 돌보는 공감적 관계의 필요성을 인정하면서도 그 관계의 속도와 강도를 내담자가 편안하게 발전시키도록 허용할 필요가 있다.

균형 요소가 있는 관계

청소년과 상담사의 관계가 주로 무거운 관계일 필요는 없다. 균형이 필요하며, 따라서 심각하고 스트레스 받는 문제를 논의할 때도 친구 같은 대화 그리고/또는 유머의 사용을 포함하는 기분전환의 시간이 있을 수 있다. 청소년과의 상담에서 유머가 유용한 기술로 발견된다는 사실은 흥미롭고 주목할 만하다(Mann, 1991; Bernet, 1993; Chapman and Chapman-Santana, 1995).

문화적인 이슈를 고려하는 관계

돕는 일을 전문적으로 하는 사람들은 대부분 내담자의 환경적 배경에 관해 제한된 정보를 가지고 일하지만, 이것이 청소년과 상담사가 서로 다른 인종적·문화적 집단에 속할 때는 어려운 점이 될 수도 있다(Ivey et al., 1993). 타프(Roland G. Tharp)는 내담자가 자기 인종집단에 속한 상담사를 선호한다는 사실을 발견했다(Tharp, 1991). 따라서 그가 내린 결론은 가능한 한 모든 청소년 상담이 청소년의 가족과 공동체의 신념체계·관계·언어의 맥락 안에서 이루어져야 한다는 것이다.

key
point

- 선행주도 접근방식은 실존주의 철학, 구성주의적 사고, 상담사 개인의 자질, 상담 관계의 특성을 기반으로 한다.
- 실존주의 관점에서 보면 우리는 개인적 경험을 통해 실존 의미를 만든다.
- 청소년은 그가 살고 있는 세상에 관한 구성요소들을 계속 형성하고 있다. 이 구성 요소들은 고정된 것이 아니며, 새로운 경험과 만나면서 변화한다.
- 청소년 상담사는 청소년 발달과정을 이해할 필요가 있고, 자기의 내면 청소년과 연결하며, 개별화의 상징과 본보기가 되고, 무조건적인 긍정적 존중을 하며, 청소년과 쉽게 관계 맺을 수 있어야 한다.
- 상담관계는 진정성이 있고, 수용적이며, 이해하고, 적절히 공감하며, 문화적 이슈를 고려하는 관계여야 한다.

08

청소년 상담을 위한
선행주도 과정

1부에서 청소년기의 성격이 논의되었고, 6장과 7장에서는 청소년의 상담 필요성과 선행주도 접근방식의 토대가 탐구되었다. 청소년 상담에 선행주도 접근방식을 사용하는 과정은 이전에 논의된 모든 정보의 맥락에서 이해되어야 한다.

청소년은 아동기에서 성인기로 발달하는 길을 따라 만족스럽게 진행할 때 기분이 좋고 대개 상담의 도움이 필요 없다. 그들 삶에 문제가 생길 때 그 문제들이 이 자연스러운 발달을 방해하고 가로막는다. 이때 청소년은 일반적으로 자기자원과 기술에 의존해 그 도전거리를 극복하는 데 성공한다. 그렇지 않으면 그림 8-1이 간략하게 보여주듯이 또래나 부모나 중요한 타자의 도움으로 이 문제들을 순응적으로 다룰 수도 있다. 때로는 문제가 더 중대하고 심각하며 누적적이거나 지극히 사적이어서 상담의 도움 없이는 다룰 수 없는 것일 수도 있다. 만약 청소년이 정상적 발달의 길에 있는 장애물을 해결하거나 처리하지 못할 때 필요한 상담의 도움을 받을 수 없다면, 스트레스에 대한 반응으로 부적응 행위를 낳기 쉽다. 이런 행위에는 전형적으로 위축, 공격성, 무단결석, 마약남용 그리고/또는 자살 등이 포함된다.

우리는 다음의 것을 말함으로써 선행주도 상담을 설명하려고 한다.

① 선행주도 상담사의 행위

그림 8-1 __ 청소년의 문제해결 행위

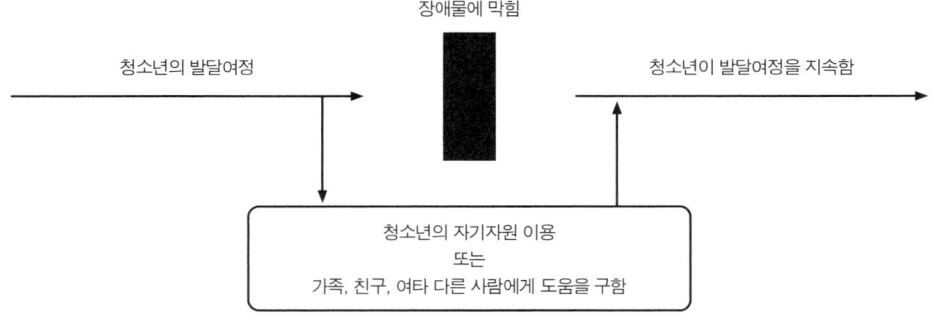

② 상담과정의 유연성

③ 상담의 일차적 기능

④ 단일회기 또는 다중회기 이용

선행주도 상담사의 행위

선행주도 상담사의 태도는 7장에서 서술된 토대에서 형성된다. 따라서 그 태도의 근거는 실존주의와 구성주의적 사고, 상담사 개인의 자질과 상담관계의 특성이다. 우리는 청소년 상담사의 태도로 적절한 본질적 특성이 다섯 가지라고 생각한다. 그것은 다음과 같다.

- 청소년의 발달상 욕구에 반응하기
- 청소년을 믿기
- 청소년의 의사소통 스타일에 합류하기
- 선행주도하기
- 청소년의 노출과정 존중하기

청소년이 또래를 상담하도록 특별히 훈련받는 경우가 있기는 하지만, 청소년 상담사 대부분은 어른이다. 어른인 청소년 상담사는 청소년 자녀가 있었거나 현재 청소년 자녀의 부모인 경우가 많다. 이런 상담사 중 어떤 이들은 다음 단락에서 제안하는 것들을 받아들이기 힘들어할 수도 있다. 거의 불가피하게 그렇게 되는 이유는, 누군가의 부모이기도 한 상담사가 자기 **부모** 부분을 이용하지 않고 피하기가 어렵기 때문이다. 피하지 못할 경우 상담사가 자기의 **내면 청소년** 부분과 **내면 어른** 부분을 이용해 청소년 내담자와 합류하는 일이 어려워질 수 있다. 그러나 7장에서 보았듯이 그런 내면 부분들을 이용하는 것은 필요하고, 그렇게 함으로써 우리는 부모이지만 청소년과 합류해 그들을 돕는 일에 만족스러움을 느낄 수도 있다.

상담사가 성인 내담자를 만날 때는 공감하면서 그 내담자의 자기세계에 대한 인식에 합류하는 것이 필요하다고 강력하게 주장하는 상담사가 많다. 그러나 놀랍게도, 청소년 상담사가 때로 자기인격의 청소년 부분을 이용해야 한다는 생각에 대해서는 저항이 많다. 그러나 인격의 이러한 부분을 이용하면 청소년과 가까이 맞추어 합류하는 것이 가능해진다.

"청소년과 합류하는 것은 성공적인 결과를 위해 필수적이다"

7장에서 서술된 대로, 내면 청소년을 이용하는 것은 청소년처럼 행동하거나 청소년인 체한다는 의미가 아니다. 그것은 자신 안에 있는 청소년을 알아차리고 접촉해 청소년 내담자와 비슷한 방식으로 생각하고, 개념화하며, 세상을 인식하고, 세상에 관한 구성요소들을 검토하며, 의사소통하는 것이다. 우리가 이렇게 할 수 없을 경우, 상담사로서 청소년에게 합류하지 못하고 부모 같은 어른으로 보일 수도 있다. 청소년은 자기가 무엇을 해야 하고 어떻게 행동해야 할지를 우리가 우리 마음대로 말한다고 인식할 수도 있다. 이렇게 되면 확실히, 우리가 도우려 하는 청소년의 힘이 **빼앗기고** 소외된다.

우리는 무조건적인 긍정적 존중을 하면서, 변덕스럽고 신뢰할 수 없는 전형적인 청소년의 행위를 무비판적으로 수용할 필요가 있다. 그런 행위가 발달상 정상적이기 때문이다. 때로 청소년은 상담사에게 도전적 행위를 하기도 한다(Mabey and Sorensen, 1995). 어떤 청소년은 어른을 의심하고, 상담 중에 느끼는 대로 행동해버리기 때문이다. 또한 물러서서 신뢰하지 않으려 하거나, 대놓고 적대적이거나 무례하게 굴 수도 있다. 이에 대해 상담사는 포용적으로 유연하게 적응하며 반응할 필요가 있다.

청소년 발달상 욕구에 반응하기

청소년 상담사는 1부에서 서술된 청소년 발달과정을 이해한 뒤, 이 장에서 말하는 상담 과정의 정보를 이용하는 것이 필수적으로 중요하다. 또한 청소년의 발달상 욕구를 이해하고 상담회기마다 그것에 적극 반응할 필요가 있다. 발달상의 욕구를 돌보는 가운데 힘과 자율이라는 청소년의 근본 이슈가 다루어질 필요도 있다.

일반적으로 청소년은 삶이 타자에 의해 주로 조정되는 상황에서부터 자기가 더 많은 자율성과 책임을 가지는 상황으로 옮겨가는 중이다. 그러므로 상담사는 청소년이 상담경험 안에서 자율성과 개별성을 표현할 수 있도록 허용할 필요가 있다. 이것이 때로는 상담사에게 불편할 수 있다. 그럴 때는 그 문제를 슈퍼바이저와 상의할 필요가 있다.

각 상담회기에 무엇이 적절하고 타당한지에 관해 상호 동의한 한도 내에서, 그 회기를 어떻게 사용할지 청소년 자신이 선택할 필요가 있다. 또한 약속시간에 올지 말지를 결정할 권리도 청소년이 가지는 것이 좋다. 상담이 필수로 요구된 경우에도 여전히 청소년은 올지 말지를, 그 결정의 결과를 고려하면서 스스로 선택할 수 있다는 느낌을 받을 필요가 있다. 상담계약이 서로 타협되고 동의되어야 청소년은 그 결정에 동등한 책임이 있다고 느낀다. 상담을 지속할지에 관해서, 다시 올지 말지는 자기가 결정할 일임을 청소년이 알 필요가 있다. 청소년은 자기 삶을 조정하고 싶어 하기 때문에, 상담사가 자기 대신 결정하려 한다고 믿어버리면 되돌아올 가능성이 적다.

청소년을 믿기

첫째, '청소년을 믿기'라는 말이 무슨 의미인지 정의할 필요가 있다. 선행주도 청소년 상담에서 내담자를 믿는다는 말은 내담자의 이야기를 듣고, 그 이야기가 믿기 힘들더라도 액면 그대로 그 청소년에게는 진실임을 받아들인다는 뜻이다. 우리는 내담자의 이야기를 전적으로 수용할 것이고 그 진실성에 도전하지 않을 것이다. 그러나 이야기 중에 불일치하는 점이 있으면, 내담자가 우리와 함께 탐구하기를 좋아한다는 전제하에 그것으로 주의를 돌려 탐구할 것이다.

청소년은 믿기 어려운 이야기를 자주 한다. 그러나 이런 이야기는 그 청소년이 현재 사용하는 구성요소들과 들어맞는다. 청소년이 기존의 구성요소들을 재검토하고 도전하는 데까지 움직이도록 상담사가 도와야 한다면, 먼저 내담자의 말을 질문 없이 수용하는 것이 필수적이다. 그러나 이야기에 불일치하는 점이 있을 때는 그것을 논의할 수 있다. 그럼으로써 필요하다면 기존의 구성요소들을 개정하도록 만들 수 있다(11장 참조).

"청소년을 믿으면 청소년이 그의 구성요소들을 재검토하는 데 도움이 된다"

청소년은 어른들이 자기를 오해하며 믿지 않는다고 느낄 때가 많다는 것은 잘 알려져 있다. 청소년이 봤을 때 상담사가 이런 인식과 맞아떨어지는 방식으로 움직인다면, 내담자가 상담사를 신뢰해 유용한 상담관계를 이룰 가능성은 줄어든다. 더구나 청소년은 스스로도 믿기 어렵다고 생각하는 이야기를 말하는 경우가 잦다. 그 이야기는 사실인데 믿기 어려운 것일 수도 있다. 따라서 우리가 듣고 있는 것을 믿는 것이 필수적이다. 듣는 것을 믿지 않으면, 우리는 신뢰받지 못할 것이다. 그러면 그 청소년이 어른 같은 인식을 더 정확하게 반영하는 이야기를 말하게끔 옮겨가도록 도와주기가 힘들어진다.

늘 내담자를 믿어야 한다는 우리의 제안에 어떤 상담사는 동의하지 않으리라는 것을 안다. 그러나 우리의 경험을 봤을 때 믿음을 통해 신뢰가 개발된다. 또한 믿음을 통해 내담자는 구성요소들을 재검토하고 평가할 힘을 받으며, 현실에 적합하지 않은 구성요소들을 버리고 더 적합한 구성요소들을 넣을 수 있게 된다. 그 과정에서 더 객관적인 진실이 드러난다. 그러나 상담사는 5장에서 서술된 정신질환의 증세가 드러날 가능성을 주의해서 볼 필요가 있고, 필요하다면 적절한 도움을 줄 수 있는 전문가에게 의뢰하는 것이 필요하다. 내담자를 믿는 것이 선행주도 상담의 본질적인 구성요소다.

청소년의 의사소통 스타일에 합류하기

앞으로 9장에서 더 충분히 논의하겠지만, 청소년의 대화 스타일은 대개 어른 대부분의 대화 스타일과 같지 않다. 많은 경우에서 청소년의 대화 내용은 오락가락 진행되며, 한 생각에서 다른 생각으로 휙 넘어가고, 대화를 내내 주도하고 싶어 한다. 상담사가 청소년과 효과적으로 합류하려면 그런 스타일을 억제하기보다는 오히려 그 스타일과 나란히 갈 필요가 있다. 따라서 옆길로 가는 말을 일부러 적극 장려할 수도 있다. 때로는 상담사가 이런 여담을 이용하는 것이 청소년과 합류하는 과정에 도움이 될 수 있고, 나중에 청소년의 개인적인 문제를 논의하는 데로 되돌아갈 수 있게 만들어준다.

부모는 청소년 자녀가 적절하지 않은 시간에 말하기 원하면 성가시게 생각하는 경우가 많다. 또 부모가 시간을 내서 청소년 자녀에게 개인적인 이슈를 말해보라고 하면 말하지 않다가, 부모에게 불편한 시간에 길게 말하고 싶어 하는 것처럼 보인다. 이는 발달상 정상적인 청소년의 행동이다. 상담사는 이것을 존중하고 이용할 필요가 있다.

청소년은 대부분 자기의 괴로운 일에 관해 말하기 어려워하고, 말하더라도 자기가 원하는 시간에 말하고 싶어 한다. 그러므로 그들의 말이 곁길로 가고, 중요한 문제를 논의하다가도 다른 이야기로 흘러가는 것을 허용해야 한다. 이는 상담 중 중요한 문제에서 도망가는 것이라기보다는, 청소년이 잠시 우회하면서 계속 말하기에 더 편안한 때를 기다리는 것일 수도 있다. 상담사는 이런 과정에 실망하지 말고 그냥 청소년을 따라가며 대화에 에너지를 보태줄 필요가 있다. 이것은 인내가 필요하고, 때로는 직접 관련 없는 것처럼 보이는 대화를 적극적으로 들으면서 즐기기로 마음먹는 것이 필요하다.

이렇듯 상담대화가 계속 무겁고 진지할 필요는 없다. 친구처럼 대화하면서 청소년을 편하게 만드는 것이 진지한 문제를 논의하는 충격과 균형을 맞추는 데 도움이 된다.

선행주도하기

청소년 상담에서 요구되는 상호반응 스타일은 성인상담에서 보통 생기는 상호반응 스타일과는 뚜렷이 다르다. 성인은 잘 정의된 상담계약의 테두리 안에 머무는 구조화된 상담회기에 잘 대처하는 것처럼 보인다. 성인은 상담하는 이유가 보통 청소년보다 더 분명하며 상담과정에서 일반적으로 더 자신감이 있다.

반면 청소년은 상담하는 일에 불안하고 확신이 없는 경우가 많다. 보통 상담사가 조용한 청취자가 되는 것만으로는 충분치 않다. 청소년은 대개 불안정한 존재여서 상담에 적극적으로 끌어들여야 한다. 청소년은 인내심이 빠르게 없어지고 지루해하기 때문에 상담관계에 활력이 있을 필요가 있다. 이를 위해 순발력 있는 태도와 창조성이 섞여야 하고, 성인상담보다 더 적극적인 상담과정이 이용되어야 한다.

선행주도 접근방식은 널리 사용되어 잘 수립·검증된 상담이론과 방법들 중에 선행주도하는 기술과 기법을 선택함으로써, 상담사가 1부에서 서술된 청소년의 욕구에 맞출 수 있도록 만들어준다. 상담기술과 기법의 선택은 상담 중 언제든 청소년의 긴급한 욕구가 확인될 때 그 욕구에 반응해 이루어진다. 선행주도 과정에서는 특정 기술 그리고/또는 기법을 도입하는 타이밍의 결정이 대단히 중요하다. 따라서 상담사가 필요한 특정 기술을 일부러 선택하고 특정 기법을 도입함으로써 상담회기가 활기차게 된다. 이는 상담회기가 정신없고 질서 없다는 의미가 아니다. 그러나 그 과정은 청소년의 대화, 태도, 기분, 이슈, 욕구에 반응하면서 계속 바뀌고 변할 것이다.

> "선행주도 상담사는 당면한 청소년의 욕구에 역동적으로 반응한다"

선행주도 상담에서 본질적인 것은 상담사가 적극적이고, 활력 있으며, 자발적이고 창조적이어야 한다는 것이다. 가장 중요한 것은 상담사의 신속하고 유연하며 **기회주의적**인 태도다. 즉, 적절한 기술과 기법을 선택·이용함으로써 신속하고 적극적으로 반응해야 기회를 놓치지 않을 수 있다는 의미이다. 그럴 때 상담과정은 에너지를 받게 된다. 선행주도 상담방식의 이용은 17장에서 사례연구를 통해 묘사될 것이다.

청소년의 노출과정 존중하기

청소년 상담 성공의 가장 중요한 요소는 어쩌면 청소년이 자기를 드러낼 수 있게 만드는 것일 수 있다. 자기노출을 통해 청소년은 공개적으로 자기표현의 기회를 얻고, 노출 내용을 승인받으며, 논의되는 이슈를 자기가 통제한다는 느낌을 얻는데, 가장 중요한 것은 개인적인 구성요소들을 재검토하고 개정할 수 있게 되는 것이다. 이 모든 것이 청소년의 발달과정을 돕는다(Rotenberg, 1995).

청소년에게 자기노출은 긍정적 감정과 부정적 감정 둘 다에 대한 해소방법(카타르시스)이 된다. 그것은 청소년이 자기 이야기와 연관된 강한 감정을 경험하도록 해주고, 그러한 감정과 관련된 이슈와 구성요소를 확인시켜준다. 만일 상담사가 그 이야기를 들을 때 비슷한 감정적 반응을 표현함으로써 청소년과 합류할 수 있다면, 그 청소년 내담자의 경험이 승인을 받는 셈이 되고 청소년은 그 감정을 더 충분히 풀어내 해소하는 효과를 얻을 수 있다. 이로써 청소년은 구성요소들을 재검토하고 개정해 미래의 행동을 결정하는 쪽으로 움직일 수 있게 된다.

6장에서 논의했듯이, 청소년이 일상생활에서 또래와의 관계를 시작·형성·유지하는 방법 중 하나가 상호 자기노출이다. 그들은 특히 비슷한 경험을 노출하는 사람에게 끌린다. 이 상호공유가 안전감과 친밀감을 만든다. 상호노출이 또래관계에서 가까움과 친밀감을 조성하듯이, 상담에서 서로 일정 수준의 이야기를 나누는 것은 신뢰를 형성하는 데 도움이 된다. 또래와의 경험과 나란히 가기 때문이다.

많은 상담사, 특히 성인상담사는 상담사의 자기노출을 염려한다. 상담사의 자기노출은 상담사 자신의 욕구를 만족시키기 위해 사용되어서는 안 된다. 상담사 자신의 개별화의 적절한 테두리를 지켜야 하며, 가장 중요한 것은 전문적·윤리적 테두리를 존중하는 것이다. 그러나 청소년 상담에서는 상담사가 상담관계를 시작·형성·유지하기 위해 제한된 수준의 자기노출이 요구된다. 상담사의 자기노출 이용은 다음 장에서 더 충분히 논의될 것이다.

청소년은 꾸준히 새로운 구성요소를 탐구하고 그것을 자기의 요소와 비교한다. 자기신념을 강하게 말하면서도 다른 사람의 생각에 개방적이고 관심을 갖는 경우도 자주 있다. 자기생각을 나누기 위해 또래, 부모, 교사, 상담사를 직접적으로나 간접적으로 끌어들여서 자기의 구성요소들을 다른 사람의 구성요소에 비춰 시험해보려 하는 경우도 빈번하다. 상담사는 청소년의 이런 전형적인 태도를 알아차리고 그것을 상담과정에 이용하는 것이 중요하다.

비밀보장의 문제는 청소년의 자발적 노출에 결정적으로 중요하다. 청소년은 친구에게 기대하는 것과 똑같은 방식으로 상담관계에서도 비밀보장과 충성을 기대한다(친구에게 늘 그런 비밀보장과 충성을 받는 것은 아닐지라도 그렇다).

불행히도 비밀보장은 복잡한 문제이다. 타자가 정보를 얻을 권리를 가지고 있기 때문이다. 많은 청소년이 가족과 살며 부모가 그들을 상담에 데리고 온다. 마찬가지로, 돌봄을 받는 청소년은 양육자가 그를 상담에 데리고 온다. 부모나 법적 보호자는 그가 돌보는 청소년에 관한 정보를 얻을 권리가 있다. 그렇다 하더라도, 자기 아이가 상담내용에 대해 비밀을 보장받을 권리가 있음을 존중해주는 부모와 양육자가 많다. 만일 상담에서 주요한 염려거리가 드러난다면 자신이 듣게 되리라는 것을 알 때는 그렇다.

부모나 양육자가 청소년을 데리고 온 경우, 처음 시작할 때 청소년이 있는 데서 비밀보장의 이슈를 논의하고 비밀보장과 그 한계에 대해 합의하는 것이 도움이 된다. 청소년이 스스로 상담하러 온 경우에는 전적으로 비밀을 보장할 수도 있다. 그러나 이는 법적·윤리적·전문적 의무에 종속된다. 학대나 자살계획 또는 남을 해치는 일 등이 노출될 경우 상담사는 그 내담자와 다른 사람들을 돌볼 의무가 있고, 적절한 조치를 취할 필요가 있다. 이때는 다른 사람에게 알려줄 필요성에 관해 청소년과 이야기하는 것이 중요하다. 가능한 한 법적·윤리적·전문적 요건을 고려한 후, 내담자에게 **언제** 그리고 **어떻게** 노출할지 결정할 권리를 주어야 한다. 이는 청소년이 노출과정에 어느 정도 통제력을 가질 수 있게 하고, 바라건대 노출결과에 대한 통제감도 가질 수 있게 해준다. 그렇게 하지 않으면 내담자의 힘을 빼앗고, 상담과정에 대한 환멸을 낳기 쉽다. 이런 일이 생기면 그 내담자는 절대로 다시 상담을 찾지 않을 수도 있다.

"비밀보장과 그 한계에 관해 개방하는 것이 신뢰를 쌓는 데 도움이 된다"

부모나 보호자가 청소년을 상담에 데리고 온 경우, 일단 비밀보장 문제가 논의되고 합의된 후에는 청소년의 신뢰를 얻기 위해 일반적으로 청소년과 먼저 이야기하는 것이 가장 좋다. 압력을 받고 온 청소년은 보통 상담과정에 가담하기를 꺼린다. 부모나 기타 어른이 먼저 상담사와 의논하게 되면, 청소년은 자기관점에서 이야기할 기회를 갖기 전에 자기에 관해 좋지 않은 이야기를 상담사가 들었으리라고 결론을 내릴 수도 있다.

부모의 권리를 존중하면서도 청소년의 신뢰를 유지하는 좋은 방법은 청소년이 함께 있을 때만 부모나 보호자 또는 가족 전체를 만나는 것이다. 이렇게 하면 청소년이 부모(또는 다른 식구)가 말하는 것과 상담사가 말하는 것을 듣고, 대안적 관점이나 현실에 대한 다른 이야기를 자유롭게 제공할 수 있다(Barker, 1990). 제3자가 상담계약 과정에 개입된 경우, 비밀보장의 이슈 및 상담사와 의뢰자 사이에 진행될 소통의 이슈를 상담

전에 명확하게 하는 것이 결정적으로 중요하다.

청소년에게 비밀보장은 다른 사람에게 노출하기가 매우 힘든 이슈를 논의할 수 있는 사적 공간을 제공하는 방법이다. 그러나 앞서 논의했듯이, 비밀보장의 정도에는 제한이 있고 상담사는 이 한계에 관해 청소년에게 공개할 책임이 있다. 국가나 지역에 따라 청소년의 권리에 관한 정책은 다양하며, 상담사와 기타 전문가들의 책임도 다양하다. 청소년 상담사는 비밀보장에 관련된 윤리적·전문적·법적 이슈에 익숙해지는 것이 필수적이다.

상담과정의 유연성

아동상담이나 성인상담에 비해 청소년 상담은 구조상 더 자유롭고 유연해야 할 필요가 있다. 상담과정은 일반적으로 잘 정의되지 않고 예측가능하지 않을 것이다. 청소년은 시간이 걸리는 치유단계가 연속적으로 뒤따르는 상담과정에 가담하면서 계속 머무르는 것이 쉽지 않다. 그들은 자기가 살고 있는 세상의 큰 그림을 볼 줄 모르는 경우가 많다. 이는 그들이 변화하고 있는 구성요소들을 다루느라 애쓰고 있기 때문이다. 또 자기 어려움을 정확하게 말하기 어려워할 수도 있고, 더 넓은 그림과 관련 없는 경우가 많은 자기만의 세상의 꽤나 분절된 부분들에 초점을 맞추거나 묘사하는 법만 알 수도 있다. 그들의 발견 과정에는 자기 그림의 다른 부분들을 연결시키고 그 의미를 만들도록 시도하는 일이 포함된다. 그러므로 이는 상담과정에서 고려되어야 하고, 상담사는 청소년이 구성요소를 형성하도록 자기생각과 신념을 함께 끌어모을 수 있게 해줄 기법을 사용해야 한다. 그래야 그 구성요소들이 청소년으로 하여금 자기세계를 의미 있는 것으로 만들도록 도와줄 것이다.

상담과정은 청소년이 보통 사용하는 것과 비슷한 방법으로 탐구하도록 허용해야 한다. 따라서 청소년은 주제에서 주제로 건너뛸 수 있고, 겉보기에 관련 없는 세상의 부분들과 경험을 탐구하고 싶어 할 수도 있다. 선행주도 상담은 이런 것들을 허용하는데, 선행주도 상담은 상담사가 상담과정의 일차적 기능에 주의를 기울이면서도 자발적이고, 창조적이며, 유연하고, 기회주의적이기를 요구하기 때문이다.

상담의 일차적 기능

그림 8-2는 선행주도 접근방식을 이용해서 청소년을 상담하는 과정을 요약해 보여준다. 상담과정은 **상담의 일차적 기능**의 핵심부분에 의존한다. 상담의 일차적 기능 세 가지는 다음과 같다.

- 관계형성
- 문제평가
- 문제 다루기

일차적인 이러한 기능들은 다음에서 자세히 논의될 것이다. 이 기능들은 반드시 이러한 순서대로 나타나는 것은 아니고, 겹쳐지거나 동시에 이루어질 수도 있다. 각각의 기능은 계속 작용할 수도 있고 한 회기 중에 서너 차례 반복될 수도 있다. 한 회기 내내 선행주도 상담사는 한 가지 이상의 기능을 다루게 된다. 이를 위해 상담사는 필요할 때마다 그림 8-2에서 화살표로 그려진 것처럼 미세기술에 의존할 수도 있다(미세기술은 10장에서 논의될 것이다). 또는 그림 8-2에 나타난 대로 청소년의 대화 스타일과 나란히 가면서 청소년이 우회하는 것을 허용할 수도 있다. 이렇게 둘러가는 것을 상담시간의 상실로 보면 안 되는데, 그것이 상담의 일차적인 기능들에 기여함으로써 하나의 유용한 목적이 되기 때문이다. 청소년과 일반적인 대화를 나누는 것은 관계를 쌓는 데 도움이 될 수 있고, 또한 청소년이 자기세계에 대해 가진 구성요소들을 알고 이해하는 데 도움이 될 수 있다.

상담의 일차적 기능이 작용하도록 이용되는 상담기법

그림 8-2의 타원들은 청소년 상담에서 도움이 될 수 있는 네 가지 상담기법들을 묘사한다. 선행주도 상담사의 과제는 상담회기의 특정 시점에 이 네 가지 중에서 적절한 기법을 선택해 사용하는 것이다. 한 회기에 하나 이상의 기법이 활용될 수도 있다. 기법들은 이용가능한 자원이다. 상담사는 기회주의적일 필요가 있고 특정 시점에 적당한 기법을

그림 8-2 __ 선행주도 상담과정

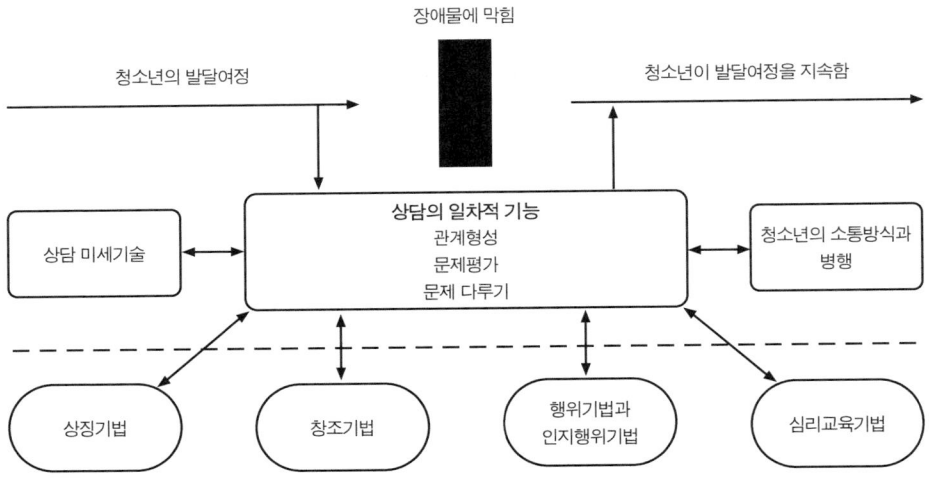

선택해 사용하는 데 능숙해야 한다. **선행주도 상담사는 상담과정을 조율하는 데 전적인 책임을 지고 상담의 일차적 기능을 수행하는 한편, 청소년이 그 과정 속에서 자유롭게 문제를 탐구하고 해결하도록 허용한다.** 이것이 선행주도 청소년 상담의 핵심이다. 상담기법은 상담에서 논의되는 이슈와 청소년의 인지적·감정적·신체적·언어적·비언어적 태도에 맞춰 선택된다. 선택된 기법들이야말로 상담사가 가장 성공적인 결과를 만들어낼 거라고 믿는 것들이다.

"선행주도 상담사는 내담자의 욕구에 신속하게 반응할 수 있다"

선택된 상담기법을 도입하는 타이밍은 상담과정에 대한 청소년의 관심도와 참여도에 영향을 미치므로 특히 중요하다. 타이밍이 부적절할 경우 청소년은 그 기법을 이용하는 데 동참하지 않을 것이다. 더구나 선택된 기법이 청소년의 당시 욕구, 기분, 성격과 맞지 않으면 실패하기 쉽다. 각각의 기법들은 13장과 16장에서 선택에 관한 정보와 기법의 적합성과 함께 논의될 것이다.

각각의 회기는 그 자체로 완성된다

선행주도 상담에서는 일차적인 세 가지 기능 각각이 모든 회기에 사용된다. 따라서 청소년이 서너 차례 상담할 경우 모든 회기에 세 가지 기능 모두가 포함된다. 그러나 어떻게 사용될지는 상황에 따라서 달라질 수도 있다. 각 회기는 그 자체로 완성되기 때문에 만일 내담자가 그다음에 돌아오지 않더라도 유용한 작업은 이루어진 것이다.

각 회기가 그 자체로 완성되는 것은 청소년에게 특히 중요하다. 많은 청소년이 위급할 때 상담사에게 오지만 그 위기가 지나자마자 오는 것을 멈추기 때문이다. 나중에 그 청소년에게 새로운 위기가 생기면 다시 돌아올 수도 있다. 상담사가 청소년이 위기에 대처할 수 있도록 돕는 것도 중요하지만, 청소년이 변화해서 새로운 위기 때 상담사 없이도 위기를 넘길 수 있는 기술을 가지도록 만드는 것은 분명 유익한 일이다.

청소년 상담에서는 청소년 발달단계상 그들이 약속을 지키는 일에 믿을 만하지 못하다는 사실을 기억하는 것이 도움이 된다. 그래서 각각의 약속이 마지막 약속일 수 있다고 가정하는 것이 도움이 될 수 있다.

관계형성

상담의 이러한 기초기능에 포함되는 것은 다음과 같다.

- 청소년에게 합류하기
- 청소년과 관계 개발
- 청소년과 계약 맺기

청소년에게 합류하기

청소년에게 합류하는 일은 청소년 상담에서 가장 결정적으로 중요한 부분이다. 때로는 이것이 어려울 수도 있지만 효과적으로 합류하지 못하면 상담이 이루어질 수 없다. 부모나 다른 어른의 영향과 통제에서 벗어나려는 것이 청소년에게는 자연스러운 경향이기 때문에 그들은 어른인 상담사에 대해 의구심을 갖고 신뢰하지 않기 쉽다. 청소년은 '이 사람이 부모나 선생하고 어떻게 다른가?', '뭘 해야 하는지 잔소리를 들어야 하는 애가 아니라 가치 있는 한 사람으로 취급해주리라고 내가 왜 기대해야 하나?'와 같은 질문을 스스로에게 던질 수도 있다. 선행주도 상담사는 일반적인 청소년의 태도를 이해하고 그것과 나란히 감으로써 합류한다. 상담사는 청소년식의 우정 형성, 특정한 의사소통 방법, 노출과정에 내재한 중요한 요소들을 이용한다. 이것을 다음 장에서 설명할 것이다. 따라서 선행주도 상담사는 청소년이 또래와 연결하고 말할 때 이용하는 개인 수준의 일반적인 태도를 자기태도의 모델로 삼는다. 이는 청소년처럼 행동한다는 의미가 아니라, 청소년이 또래관계에서 의사소통하는 과정 일반을 민감하게 이용한다는 뜻이다. 합류과정의 강화를 위해서는 10장에서 논의될 상담의 특정 미세기술들을 선택 사용하면 된다.

합류하는 일은 분명히 첫 회기의 시작과 그 회기 내내 가장 중요하다. 그러나 합류는 한 회기의 시작에서만 일어나는 일이 아니라 계속되는 과정이다. 청소년은 친구에 대한 평가를 쉽게 바꾸고, 때로는 변덕스럽다. 재빨리 공격하기도 하고, 번잡스럽게 굴면서 상담에 개입하지 않거나 관심 없어 하기도 한다. 결론적으로 상담사는 내담자와의 적극적인 연결을 유지하고 개발하는 데 계속 주의를 기울여야 한다.

청소년과의 관계 개발

청소년과의 관계 개발은 첫 만남에서의 초기연결보다는 더 깊은 수준의 합류를 말한다. 초기합류는 첫 회기뿐 아니라 각 회기를 시작할 때마다 생겨야 한다. 이러한 합류가 청소년을 상담과정에 개입하게 만들고, 더욱 온전히 신뢰하는 관계로 발전시킴으로써 그 상담을 아주 개인적인 것으로 만들어줄 수도 있다. 이런 관계 개발은 상담과정 전반에 걸쳐 지속적으로 일어날 필요가 있다. 상담사는 관계를 발전시키고 유지하는 데 부단히 주의를 기울여야 한다. 청소년은 자기관계들을 계속해서 재평가하기 때문이다. 청소년은 특히 어른과의 관계에 아주 예민한데, 상담사는 일반적으로 어른이기 때문에 청소년이 그 관계를 조심스럽게 재검토할 가능성이 아주 높다.

"진실함이 신뢰를 발전시킨다"

청소년과 상담사 사이에 '라포(rapport)'가 발전하면서 7장에서 서술된 자질을 포함한 관계가 개발될 수도 있고, 이에 따라 내담자는 문제되는 개인적인 이슈를 말하는 데 안전함을 느낄 수 있게 된다. 상담관계는 상담 작업이 유용해지도록 만드는 분위기를 조성한다. 이러한 관계는 그 자체로도 도움이 되는데, 그것은 청소년이 관계에 관한 자기의 구성요소들을 검토·개정하는 데 도움을 줄 수 있는 환경을 제공하며, 관계 자체를 실험하고, 관계를 맺는 새로운 기술을 발견하는 데 도움이 되는 환경을 조성해줄 수 있기 때문이다. 이렇게 해도 안전한 환경이 되기 위해서는 부정적 판단 그리고/또는 반감이 생길 가능성이 적다는 확신이 어느 정도는 있어야 한다. 그러므로 상담관계는 사회적 자신감이 발달하는 기회를 제공할 수 있고, 미래의 관계를 위한 본보기로 이용될 수도 있다.

청소년과 계약 맺기

초기 합류과정에서 상담의 목적과 가능한 기간 등에 대한 합의서를 느슨한 형태로라도 만드는 것이 필요하다. 이 합의서는 때때로 수정될 필요도 있다.

상담과정에 익숙하지 않은 청소년은 상담의 기회와 한계에 익숙해질 필요가 있다. 청소년이 알아야 할 것은 다음과 같다.

- 어떤 일을 충분히 말하기 위해 시간을 써도 괜찮다.
- 상담사는 해결책을 제공하지 않고 청소년이 스스로 찾도록 도울 것이다.
- 청소년이 말하는 것은 비밀이 보장되지만 그 보장에는 한계가 있을 수 있다.
- 상담에 오는 것은 청소년의 선택이다(청소년이 오지 않기로 결정하면 그 책임을 그 청소년이 져야 하는 경우가 있을지라도 그렇다). *
- 상담과정에서 무엇을 할지 말지는 청소년의 선택이다.

---

* 예를 들어 청소년이 비행을 저질렀을 때, 상담받는 일이 필수적으로 요구되고 그것을 준수하지 않으면 다른 방식으로 책임을 져야 할 경우에도 그 청소년이 상담에 올지 말지를 선택하도록 상담사는 열어놓는 것이 좋다. 물론 그 청소년이 상담을 받지 않는 것을 선택할 경우에는 다른 식으로 책임질 것까지 선택하는 셈이 된다. ― 옮긴이

- 한 회기가 청소년이 필요하거나 원하는 전부일 수 있다. 그러나 계속 상담하기를 원한다면 의논을 통해 서로 합의한 대로 할 수 있다.

문제평가

상담의 이러한 일차적 기능은 다음과 같은 것을 포함한다.

- 청소년의 이야기에 대한 경청과 믿음
- 주제, 이슈, 문제 확인
- 청소년의 감정상태 평가

이 기능은 상담과정 중 어느 한 시점에서만 일어나지 않는다는 것을 기억할 필요가 있다. 이 기능은 한 회기 동안 계속적으로 그리고/또는 여러 차례 일어난다.

청소년의 이야기에 대한 경청과 믿음

7장에서 논의했듯이, 내담자의 이야기를 판단하지 않으면서 경청하고 믿는 것은 선행주도 방식의 구성주의적 토대에서 필수적이다. 내담자 이야기를 믿는다는 것은, 그 이야기가 전적으로 그 청소년의 진실임을 받아들여서 그의 경험을 남이 믿어주는 경험이 될 수 있게 한다는 의미다. 청소년이 자기 이야기를 할 때 우리는 공감함으로써 감정적인 반응에 맞추어주고, 말로 내담자의 경험을 긍정해준다. 따라서 내담자는 인정받는다고 느낀다. 어른이 자기 이야기를 믿는다는 사실에 청소년은 때로 안도감을 경험할 수도 있다. 그 이야기가 믿기 어려운 것일 때 특히 그렇다.

이야기를 믿음으로써 상담사는 내담자의 세계로 들어가고, 그 세계 안에 어떤 것이 있는지를 느끼게 된다. 이야기가 일관성이 없으면 상담사가 어리둥절해질 수 있고, 그런 사실을 내담자에게 말할 수도 있다. 그렇게 해야 청소년은 상담사가 일관성이 있다고 보는데, 가장 중요한 것은 상담사가 청소년의 세상을 이해하고 그 불일치를 충분히 이해하려는 데 아주 열심인 것으로 보인다는 점이다.

주제, 이슈, 문제 확인

청소년이 이야기를 할 때 상담사는 이야기의 조각들을 모아 점차 그림을 그리게 된다. 이야기가 자세히 설명되면서 상담사는 더 나아가 주제·이슈·문제를 확인할 수 있고, 이런 것들을 내담자에게 되짚어 주거나, 필요하다면 명료화할 수도 있다. 이때 상담사는 특정 기법 그리고/또는 기술을 선택해 내담자가 주제·이슈·문제를 분명히 확인하고 명료화하기 쉽게 만들어 줄 수도 있다.

청소년의 감정상태 평가

청소년의 대처방법을 전체적으로 그려보기 위해 기분, 느낌, 사고, 인지를 포함해 내담자의 감정과 정신의 상태를 평가하는 것은 필수적이다. 그런 평가는 상담사가 사용할 상담기법을 결정하는 데 필요하며, 전문가의 치료가 필요한 정신건강 문제가 명확히 나타나고 있거나 발달하는 중인지 판단할 수 있도록 해준다.

평가과정에서 상담사는 청소년 발달에 관한 지식을 근거로 청소년 내담자의 과거와 현재의 경험이 그 삶에 주었던 강한 영향을 이해할 필요가 있다(1부 참조). 이러한 평가과정은 상담의 한 회기에서도 이루어지고 연속된 회기의 과정을 통해서도 지속되어야 한다.

> "평가는 지속되는 과정이다"

청소년의 감정과 정신의 상태를 평가하는 특정 상담기술에 관해서는 10장에서 논의할 것이다. 청소년은 보통 평가기법을 좋아하는 경향이 있다. 자기가 누구인지, 또는 자기가 어떻게 느낄 수도 있는지를 발견하고 이해하는 데 그런 평가가 도움이 된다고 믿기 때문이다. 이는 많은 청소년이 왜 점성술 같은 것에 흥미를 보이는지에 대한 설명이 될 수 있다. 따라서 어떤 청소년은 자기보고조사서 작성에 흥미를 보이기도 한다. 이것을 인식하고 있는 상담사는 우울증 척도 조사서나 자아존중 평가서와 같은 공식 평가서를 이용하는 것이 도움이 된다고 생각한다. 이런 평가서들은 특히 정신건강 문제를 확인하는 데 도움이 될 수도 있다. 그러나 경험 있는 많은 청소년 상담사들은 상담 중의 판단만으로도 평가할 수 있다. 이러한 판단은 정신건강 문제를 겪고 있지 않은 청소년을 상담할 목적으로는 충분하고, 청소년 상담사로서의 일에 적합하다.

문제 다루기

상담의 이 일차적인 기능에는 다음의 것이 포함된다.

- 문제 탐색
- 해결책 탐구
- 실험 계획

문제 탐색

청소년은 보통, 문제 해결책을 찾으려고 상담한다. 그래서 특정 이슈의 해결책에 집중하기 쉽다. 따라서 상담사는 그 과제에 적절한 방식을 선택해 사용할 필요가 있다.

어떤 청소년은 해결책을 찾지 않은 채, 자기이슈를 탐구하고 자기문제를 더 분명하게 이해하는 것만을 원하면서 상담에 올 수도 있다. 이런 내담자는 나중에 상담의 도움 없이 해결책을 찾기 원할 수도 있다. 이것은 청소년의 개별화 욕구와 맞는다. 이런 내담자는 원하는 대로 하도록 격려되고 칭찬받아야 한다. 자기 해결책을 찾는 것을 자기책임이라고 받아들이는 것이기 때문이다. 그는 자기능력에 대해 확신하고 있을 수도 있다. 아울러, 나중에라도 상담이 도움이 될 수 있다고 생각할 때는 다시 와도 된다고 격려될 수 있다.

해결책 탐구

문제 탐색은 가능한 해결책을 발견하는 데로 자연스럽게 나아가는 경우가 많다. 그 해결책은 평가될 필요가 있다. 그 평가는 해결책과 관련된 긍정적 결과와 부정적 결과, 그리고 가능한 해결책 각각에 대해 그 청소년이 얼마나 편안해 보이는지 그 정도를 고려해야 한다. 어떤 해결책은 그 청소년이 가진 근본신념이나 구성요소들에 적합하지 않을 수도 있다. 이럴 경우 신념을 재검토하고 가능한 구성요소들로 바꿀 기회가 있다. 더 그럴 듯한 해결책이 나오면, 청소년에게 능력과 그 해결책 이용에 대한 열심이 있는지를 보면서 그 해결책을 고려해볼 필요가 있다. 청소년의 마음에 들고, 그의 개인적 구성요소들이나 개정된 구성요소에 적합하며, 그것을 실천에 옮길 의지와 능력이 있는 해결책이 상담에서 만들어낼 수 있는 유일한 해결책이다.

실험 계획

청소년은 경험이 없기 때문에 자신이 고안한 해결책이 매력적으로 보이더라도 사실은 실제적이지 않거나 바람직하지 않은 결과를 가져올 해결책일 때도 있다. 대부분의 인간이 개인경험을 통해 가장 잘 배운다는 것을 상담사는 기억할 필요가 있다. 문제에 대한 가능한 해결책을 발견했다고 반드시 문제가 해결되는 것은 아니다. 그 해결책은 시험될 필요가 있다.

청소년은 취약하기 때문에 해결책이 실제로 효과가 없으면 깊이 실패감을 느낄 수도 있다. 그러므로 상담사는 해결책을 실천해보면서 시험할 필요성을 논의해야 한다. 실험해서 문제가 보이면, 그 실험은 실패가 아니라 새로운 정보를 제공해주는 데 도움이 된 것이라고 볼 수 있다. 그러한 새 정보는 구성요소들을 개정하고 다른 해결책을 만드는 데 이용될 수 있다.

단일회기 또는 다중회기 이용

많은 청소년이 한 번의 상담으로도 문제의 해결책을 발견하고 비교적 쉽게 발달여정을 재개하는 등의 도움을 받는다. 그러나 어떤 청소년은 그렇지 못하고 더 많은 회기의 상담 도움을 요청할 수도 있다. 약속을 정하고 상담에 충실하게 오는 일은, 불행하게도 많은 청소년에게 어려운 일이다. 특히 마무리를 열어놓는 상담계약에 어떤 청소년은 겁을 먹을 수도 있다. 지속적인 상담을 계약한 경우에도 많은 청소년이 정기적으로 나타나지 않으며 참석이 지속적이지 않다.

몇몇 연구가 청소년을 위한 단기 또는 간략한 상담과 장기상담의 효율성을 비교했다(예를 들어, Slavin, 1996; Warner, 1996). 어떤 연구들은 청소년이 스스로 온 것이 아니라 타자에 의해 의뢰된 경우의 상담출석 문제를 검토했다(DiGiuseppe et al., 1996). 이런 연구도 상담관계의 가장 바람직하고 효과적인 상담기간을 결정적으로 추천해주지는 못한다. 그러나 분명한 사실은 청소년이 일반적으로 단 한 번의 상담이나 단기간의 간략한 상담개입만으로도 도움을 받을 수 있다는 것이다(Fitzgerald, 1995; Mabey and Sorensen, 1995; Mortlock, 1995). 청소년이 자기 삶을 살아가는 방식에는 단기개입이 더 알맞다.

"각 상담회기는 그 자체로 완성되어야 한다"

선행주도 상담사는 더 상담하러 올지 여부를 청소년이 결정하도록 격려한다. 이는 청소년이 자신의 필요에 단기상담과 장기상담 중 어떤 것이 적합한지, 그리고 그런 상담을 할 준비가 되어 있는지 검토하도록 권함으로써 이루어진다. 그러나 그 선택을 미리 성급하게 말할 필요가 없다. 그래야 청소년의 결정과정이 상담사에 의해 부적절하게 훼손되지 않는다. 그러나 상담사가 장기상담이나 단기상담의 적합성에 대한 자신의 생각과 피드백을 주는 것은 적절한 일이다. 내담자의 자아가 강할 때는 단일회기가 효과적인 경우가 많지만, 자아감이 낮은 내담자에게는 그렇지 않을 경우가 많기 때문에 더 길고 많은 지지과정이 필요할 수도 있다(Alexander, 1965).

청소년 스스로 더 상담하는 것이 도움이 될 거라고 결정한 뒤 그러한 표현을 하면, 상담사와 청소년은 상담회기 연장에 관한 계약을 조정하며 협력할 필요가 있다. 이것은 상담회기의 날짜와 횟수를 고정하는 구체적인 계약일 수도 있다. 그러나 어떤 청소년은 상담할 필요가 있다고 느낄 때 올 수 있는, 정해놓지 않은 열린 계약을 더 좋아한다. 이것이 상담사에게 적합하면 개방적인 방침이 이용될 수 있다. 계약이 조정된 이후 약속시간이 일단 정해지더라도, 청소년에게 상담이 불필요해지거나 더 이상 원하지 않게 될 때 약속을 취소할 수 있다고 그 청소년에게 말해주는 것이 바람직하다.

상담을 중단하는 내담자

청소년이 상담을 중단하는 몇 가지 이유가 있다.

① 상담과정에 합류하는 일이 너무 위협적이라고 생각할 수도 있다.

② 상담경험이 만족스럽지 못하고 기대에 미치지 못했을 수도 있다.
③ 마술적인 해결책을 바랐는데 해결책을 찾고 실천할 책임이 궁극적으로는 자기에게 있다는 것을 깨달은 뒤 실망했을 수도 있다.
④ 상담사가 자기문제를 충분히 중요하게 보지 않았다고 믿었을 수도 있다.

부모가 보냈거나 타자에 의해 의뢰된 청소년은 고통스러운 이슈에 직면하거나 이슈를 깨닫게 될 때 물러서기 쉽다.

내담자가 상담을 중단하는 주된 이유로는 상담사가 자신을 다루는 것이 만족스럽지 않거나, 내담자가 자신의 문제에 직면할 때 너무 압도되는 느낌을 받기 때문으로 추정된다. 그러나 상담치료를 중단하는 사람에 대한 모든 종류의 연구가 밝혀주는 바는 중단하는 내담자 대부분이 의도했던 것이 완수되어 그만둔다는 것이다.

중단한 내담자도 장기상담을 받은 사람만큼이나 많은 진보가 있었다는 기록들이 있다(Talmon, 1990; Budman and Gurman, 1992; Rosenbaum, 1994; Kaffman, 1995). 청소년 상담사는 이것을 잘 인식할 필요가 있다. 정기적으로 상담하러 가는 일이 청소년의 삶의 스타일과 아주 편안하게 들어맞는 것은 아니기 때문이다. 더구나 청소년은 인내심이 부족하고 신속한 결과를 원하는 경향이 있다. 단번의 회기로도 청소년이 장애물을 뛰어넘어 발달상 여정을 계속하도록 충분히 도울 수 있다. 그러므로 상담사는 첫 회기가 마지막 회기일 수 있다는 사실을 깨닫는 것이 현명하다. 이것이 청소년에게는 나중에 필요할 때 다시 상담을 찾게 해줄 유용하고 완전한 상담경험이 될 수도 있다.

상담사는 청소년에게 발달상 힘과 자율성이 필요하다는 것을 고려할 필요가 있다. 청소년이 상담 지속 여부를 결정할 선택권을 받는 것은 매우 필수적이다. 그렇지 않으면 내담자가 상담과정에 심하게 저항하고 장래에는 상담을 피할 수 있다. 내담자에게 상담 지속 여부에 관한 자유롭고 개방된 선택권이 주어지면, 역설적으로 저항과 적대감이 최소화되기 쉽다. 중요한 점은, 상담요청을 받으면 기꺼이 지속적으로 상담하리라는 점을 내담자에게 분명히 하는 것이다. 청소년 내담자에게 도움을 받겠다는 목표가 있는 한, 상담사는 필요한 기간에 그와 기꺼이 상담할 것임을 알게 할 필요가 있다.

key point

- 상담과정 내내 주의해야 할 상담의 일차적 기능은 관계형성, 문제평가, 문제 다루기이다.
- 선행주도는 다음과 같은 것을 통해 청소년의 즉각적인 욕구에 활발하게 반응하는 것이다.
  - 상담 미세기술의 선별적 이용
  - 우회하는 말과 적절한 자기노출을 포함해 청소년에게 익숙한 대화과정 이용
  - 상징기법, 창조기법, 인지행위기법, 심리교육기법 도입
- 선행주도 상담사는 발달상 필요한 청소년의 자율성과 개별화에 반응할 수 있다.
- 선행주도 상담사는 자기성격 안에 들어 있는 내면 청소년 부분을 상담과정에 가져올 능력이 있다.
- 청소년의 이야기를 믿는 것은 존중의 의미가 담겨 있으며 신뢰를 쌓는 데 도움이 된다.
- 비밀보장의 정도에 관해 청소년에게 알려주는 것이 필요하다.
- 청소년이 더 이상 상담에 오지 않더라도 유용한 작업이 이루어지도록 상담회기는 매번 그 자체로 완성될 필요가 있다.
- 청소년이 해결책을 실천해보면서 시험하는 것은 실험이라는 틀에 들어갈 수 있다. 따라서 해결책이 효과가 없어도 그 결과가 실패로 경험되지 않는다.

09

청소년의 대화방식을
이용하기

청소년에게 합류해 청소년이 자유롭게 말할 수 있는 방식으로 관계 맺기를 어려워하는 상담사가 많다. 이것이 심각한 문제가 될 수 있는 것은 상담사가 청소년의 신뢰를 얻을 수 없는 한, 상담과정이 그 청소년에게 도움이 될 수 없기 때문이며, 신뢰가 있어야 청소년은 내밀한 개인 이슈를 말할 정도로 편안함을 느끼기 때문이다. 우리 견해로는 이것이 청소년 상담사가 직면하는 가장 큰 문제이다. 이 문제를 생각하면서, 상담사가 상담과정에서 청소년에게 합류하려고 할 때 겪는 어려움에 놀라지 말아야 한다. 청소년은 대개 어른들과 예민한 이슈를 말하는 것을 꺼리기 때문이다. 이를 지지해주는 문헌의 증거도 풍부하다(Boldero and Fallon, 1995).

앞에서 설명했듯이 청소년은 개별화 과정 중에 있다. 당연히 그들은 부모와 여타 어른들과 어느 정도 분리된 개인이 될 필요가 있고, 따라서 스스로 결정을 내릴 수 있어야 한다. 그들이 자기또래와 친구가 되는 것은 적합하다. 리딕(Christine A. Readdick)과 산트록(John W. Santrock)이 주목했듯이 청소년은 어른보다는 또래와 더 빈번하게 연합하는 경향이 있다(Readdick, 1997; Santrock, 1993).

우리가 알기로, 부모는 대개 청소년 자녀가 자기에게 터놓고 말하지 않으려 한다고 불평한다. 이는 놀랄 일이 아니다. 특정 주제를 말하지 않으려는 것은 개인이 자기관계에서 테두리를 만드는 방법이기 때문이다. 이를 게레로(L. K. Guerrero)와 아피피(W. A.

Afifi), 라이더(Robert G. Ryder)와 바틀(Suzanne E. Bartle) 등 많은 연구자가 지적한 바 있다(Guerrero and Afifi, 1995; Ryder and Bartle, 1991). 따라서 예민한 개인적 문제에 대해 부모나 그 밖의 어른과 이야기하기를 피함으로써 청소년은 개별화라는 자기과제를 만족스럽게 수행할 수 있도록 자기 테두리를 치는 셈이다.

또한 청소년이 어른에게 예민하거나 개인적 이슈를 말하기 꺼리는 것은, 말하게 되면 자기가 당황스러워지거나 감정적으로 압도될 수도 있기 때문이라는 것을 인정할 필요가 있다. 청소년이 이런 정보를 나누지 않고 억제하면서 자신의 사생활을 유지하고 개별화를 시도할 때는 어른과 더 가까워질 가능성을 피한다. 특히 노출을 억제함으로써 부모의 간섭과 원치 않는 감독으로부터 자신을 보호한다(Buhrmester and Prager, 1995).

"청소년은 보통 어른에게 비밀 털어놓기를 꺼린다"

청소년이 왜 어른에게 비밀을 털어놓으려고 하지 않는지 그 이유를 염두에 둔다면, 상담사에게 말하길 꺼리는 청소년이 많은 사실에 놀랄 필요가 없다. 그러나 청소년을 효과적으로 도우려면 청소년이 대화에 끼어들도록 만들 유용한 방법을 발견할 필요가 있다. 이는 청소년이 편안하게 대화하는 방식을 이해하면 더 쉬워진다. 문헌에서도 설명되고 관찰로도 분명한 사실은, 청소년이 보통 사용하는 대화과정은 성인의 그것과 어느 정도 다르다는 점이다.

청소년의 정상적인 대화과정을 더 충분히 이해하길 원한다면 그들의 대화를 관찰하는 일이 도움이 된다. 그들은 관찰대상이 되는 것에 반대할 수도 있고 관찰당하는 동안 다르게 행동할 수도 있기 때문에, 이런 관찰은 공공장소에서 가장 잘 이루어질 수 있다. 예를 들어, 기차나 버스를 타고 갈 때나 식당에서 청소년들 근처에 앉게 되면 그들의 신경을 거스르지 않고 대화를 듣기가 쉽다. 그들이 사용하는 과정을 주목해보면, 많은 청소년이 또래와 말할 때 몇 가지 뚜렷한 과정들을 이용한다는 사실을 발견할 수 있을 것이다.

청소년이 또래와 개인 수준에서 만나 이야기할 때는 보통 다음과 같은 태도를 보인다(Rotenberg, 1995; Seiffge-Krenke, 1995).

- 상대방의 표현방식, 즉 외모, 행위, 장식품, 소지품 등에 긍정적 의미를 붙인다.
- 정보를 얻기 위해 보통 닫힌 질문을 직설적으로 한다.
- 자기에 관한 정보를 누설하면서 상대방도 비슷하게 자신을 노출할 거라고 가정한다.
- 남의 견해를 가능한 한 수긍해준다.
- 타당할 때 칭찬을 한다.
- 싫고 좋은 것에 관해 아주 직접적이다.
- 이야기에 대한 반응으로서 상대방의 감정표현에 맞추거나 과장한다.

덧붙여서 말하자면 우리는 많은 청소년에게서 다음과 같은 경향을 보았다.

- 말이 자주 옆으로 흘러가고 주제나 관심사에서 벗어났다가 다시 돌아온다.
- 대화를 주도하며, 자기가 대화를 조정하고 있는 것처럼 느낀다.
- 충고를 주고받는다.

상담사로서 우리가 청소년을 대화하도록 만들어야 한다면 그들의 대화과정을 배워서 적절할 때 그 과정을 이용할 수 있다. 우리는 청소년 상담사가 앞에 열거된 행위를 선행주도할 수 있다면 도움이 될 수 있다고 믿는다. 그러나 상담사로서 우리는 자신의 성격과 맞는 자연스러운 행동을 할 필요가 있고, 가짜로 하는 것이 아니어야 한다. 따라서 상담사는 진정으로 어른이면서도, 자기의 내면 청소년과 접촉하고 그 부분을 이용할 수 있어야 한다.

청소년의 정상적인 대화과정과 어느 정도 병행하는 것은 중요하기 때문에, 여기서 그 과정을 더 자세히 논의할 것이고 상담에서의 그 타당성을 고려할 것이다.

정보를 얻기 위한 직설적인 닫힌 질문

청소년은 또래와 대화할 때 보통 직설적인 닫힌 질문을 던지면서 어른보다 더 직접적으로 탐문하는 방식을 보여준다. 상담상황에서도 어른은 아마 상담사가 더 신중하게 질문하는 것을 선호하는 반면에, 많은 청소년은 상담사의 직접적인 접근을 좋아하기 쉽다. 그렇다고 상담사로서 청소년에게 직설적인 닫힌 질문만 하는 것이 도움이 된다고 생각하지는 말아야 한다. 더구나 이러한 질문이 도움이 될지는 의심스럽다. 그러나 우리는 청소년이 좋아하는 직설적이고 개방적인 대화방식에서 배울 수 있다. 이런 대화는 다양한 치유기법에서 나오는 다양한 범위의 질문을 이용함으로써 이루어질 수 있다. 도움이 되는 이런 질문들이 11장에서 설명될 것이다.

상호 자기노출

많은 부모가 괴로워하는 이유 중 하나는 청소년 자녀가 예민한 개인 이슈를 부모와 이야기할 준비가 되지 않은 것이라는 사실은 흥미롭다. 그러나 우리는 자기 개인 문제를 청소년 자녀에게 내놓고 이야기하려는 부모가 많지 않다는 것도 보아왔다. 결국 많은 가정에서 청소년과 부모 사이에 상호 자기노출이 거의 없거나 전혀 없다. 대부분의 부모가 청소년 자녀에게 예민한 개인정보를 기꺼이 드러내놓지 않는 이유를 이해하기는 쉽다. 부모가 꺼린다면 그 청소년 자녀도 부모에게 드러내는 것을 꺼리게 될 가능성이 증가한다. 많은 청소년이 자기는 부모에게 노출하는데 부모는 자기에게 노출하지 않는 불평등한 일방적 자기노출 과정을 불편해한다. 또래 사이의 자기노출 상황은 보통 아주 다르다. 좋은 또래관계는 평등한 관계로서 상호노출이 적당하다. 우정을 개발하고 친밀감을 수립할 때 자기노출이 중요하다는 개념을 지지하는 증거도 상당히 많다(Monsour, 1992; Derlega et al., 1993; Berndt, 1995; Parks and Floyd, 1996).

버메스터(Duane Buhrmester)와 프레이저(Karen Prager)는 자기노출이 청소년에게 지니는 가치를 설명해준다(Buhrmester and Prager, 1995). 그들이 지적하는 바에 따르면, 청소년은 자기노출을 통해 자기생각을 남과 나누면서, 자기의견·태도·신념·가치·기준의 적합성과 정확성을 스스로 평가할 수 있다. 이는 분명 청소년기에 중요하다. 인생의 이 단계에서 청소년은 부모와 타자로부터 불가피하게 배웠던 신념·가치·기준을 스스로 재평가해야 하기 때문이다. 이런 재평가를 통해 그들은 자기에게 적합하지 않은 것을 거부하고 적합한 것을 수용할 수 있다. 그래서 자기 개인의 도덕적 신념체계를 발달시킬 수 있다. 또래와 생각을 나눔으로써 청소년은 자기와 동일한 삶의 단계에 있는 다른 사람의 생각과 자기생각을 비교할 수 있다.

상호 자기노출은 청소년이 느낌을 함께 발산·표현함으로써 그 느낌에서 벗어날 기회를 제공할 수 있다. 덧붙여 말하자면, 청소년은 자기노출을 하는 동안 감정적 지지와 조언을 제공할 경청자를 암묵적으로 초대한다(Cutrona et al., 1990). 그러므로 자기노출은 청소년이 자기를 괴롭히는 스트레스 문제를 다루는 데 도움이 되는 방법이다.

청소년 상담에서의 상호 자기노출

성인상담사 대부분이 상담사의 자기노출은 엄격히 제한되거나 전혀 하지 말아야 한다고 믿는다. 그러나 이런 견해에도 예외는 있다. 예를 들어 여성주의 상담이론은 동등함, 상호 존중, 상담사와 내담자 사이의 힘의 불균형 최소화를 위해 내담자와 상담사의 자기노출이 필수적이라고 지적한다. 우리는 성인상담에서 보통 자기노출의 양을 스스로 제한하는데, 이는 우리 자신의 것을 소개하는 일보다는 내담자와 그의 삶에 초점을 맞춤으로써 내담자를 먼저 생각하는 것이 중요하다고 믿기 때문이다. 그러나 청소년 상담에서는 상황이 매우 다르다. 상담사가 일부러 자기노출을 적절하게 이용하는 것이 좋은 이유가 있다.

청소년 상담에서는 청소년의 정상적인 대화과정과 나란히 가는 것이 좋다. 상담사의 적절한 자기노출은 청소년이 편안하게 자기를 노출할 수 있게 한다고 우리는 믿는다. 상담사가 자신의 개인정보를 청소년과 함께 나누는 것은 청소년이 상담사와 동등하게 관계 맺도록 초대된다는 의미인 셈이다. 이때 청소년은 상담사가 그 나름의 느낌·경험을 가지고 있으며, 그래서 자기와 유사한 진짜 사람이라고 보기 쉽다. 그러나 상담사의 자기노출에는 분명한 한계가 있어야 한다. 바람직하지 않은 친밀감과 상담사의 지나친 개입으로 유도하는 상담과정은 적절하지도 않고 윤리적이지도 않다.

"상담사의 적절한 자기노출은 신뢰를 개발하는 데 도움이 될 수 있다"

일반적으로 상담사의 자기노출은 자기의 과거 문제나 현재 문제를 말하는 것이어서는 안 된다. 그 문제가 사소하지 않고 해결된 것이 아니라면, 또 합류하는 데 유용하거나 청소년 상황에 대한 깊은 이해를 보여주는 것과 직접적인 관련이 없다면 그렇다. 예를 들어, 청소년이 최근에 일어난 부모의 별거에 관한 자기반응과 그 경험으로 인한 고통을 말하고 있는데, 상담사가 유사한 경험을 겪었다면 노출이 적절할 수도 있다. 상담사는 이런 자기노출을 통해서 슬픈 경험을 일반화할 수 있고, 청소년은 더 많은 이야기를 드러내게 될 수도 있다. 그러나 상담사의 이러한 노출은 해당 사건에 관한 상담사 자신의 이슈가 그 상담사 자신을 위한 상담이나 슈퍼비전을 받는 시간에 충분히 해결되었을 때에만 일어나야 한다. 그렇지 않으면 상담회기가 상담사 자신의 문제를 놓고 작업하는 것으로 부적절하게 이용될 수도 있다. 그래서 초점은 반드시 내담자의 문제에 맞추어져야 한다.

상담사의 자기노출은, 청소년이 상담사처럼 대처하고 극복해 자기 발달여정을 지속하며 성공하는 것이 가능하다고 믿으면서 자신감을 얻도록 도울 수도 있다. 자기노출을 할 때 일반적으로 상담사는 어떤 중요한 사건을 둘러싼 자기경험의 과정 전체를 말해서는 안 된다. 내담자가 어떤 유사성을 인식하는 데 충분한 정도의 요약만 하는 것이 도움이 된다. 덧붙여서 말하자면, 상담사는 청소년 내담자에게 그의 경험과 반응이 상담사의 것과는 불가피하게 다른 점이 있다는 사실을 알게 할 필요가 있다. 만일 그 차이점이 인정되지 않으면 청소년은 상담사가 그저 전적으로 이해하는 체할 뿐이라고 믿을 수도 있다. 그러나 어느 두 사람의 경험도 결코 일치할 수는 없기 때문에 온전한 이해란 있을 수 없다. 이러한 사실이 인정될 필요가 있다. 더구나 청소년은 자기경험을 일반화하려고 시도하면서 자기반응을 상담사의 반응에 부적절하게 부합시키고 싶어 할 수도 있기 때문이다.

청소년의 견해에 수긍하기

늘 그렇지는 않지만 청소년은 보통 서로의 관점을 수긍해준다. 그럼으로써 그들 대화는 일방적인 주장이기보다는 협조적으로 탐구하는 대화가 된다. 그들은 서로 자기신념, 태도, 구성요소들을 이야기하면서 그런 것들을 곧잘 함께 검토하고 개정한다. 우리가 청소년의 관점에 동의하지 않을지라도, 청소년이 말할 때 우리가 그 신념, 태도, 구성요소들을 이해하고 그런 것들이 그를 나타내주는 것임을 우리가 수용한다는 사실을 내담자가 알게 함으로써 그가 말하는 것을 수긍해줄 수 있다면, 청소년이 자신의 구성요소들을 탐구·재검토·개정할 수 있도록 우리가 협력하고 도와줄 기회를 갖게 된다. 우리의 다른 관점을 그가 알게 할 수도 있지만 그의 관점을 이해한다는 것 또한 알게 함으로써, 우리는 그가 한 개인으로서 귀중하다는 사실을 그에게 보여준다. 따라서 청소년에게 합류해 진정으로 개방된 정직한 관계를 만들면, 청소년은 자기생각을 우리와 탐구하는 것이 안전하다고 느낄 수 있다.

타당할 때 찬사 보내기

발달단계상 대부분의 청소년은 자기 스스로에 관해, 또 자기성취에 관해 계속 묻는다. 그들은 대화할 때 자연스럽게 서로 찬사를 보낸다. 마찬가지로 상담사는 적절할 때 도움이 되는 찬사와 기타 긍정적인 피드백을 할 수 있다. 우리가 이렇게 할 때는 분명 진정으로 하는 것이고 '보호자 노릇(patronizing)'으로 보이지 않게 해야 한다.

싫고 좋은 것에 대해 직설적이기

대부분의 청소년은 자기가 무엇을 좋아하고 싫어하는지에 관해 아주 직설적이다. 유용한 상담관계를 형성하려면 우리가 어떤 사람인지에 관해 그들과 대화할 때, 개방적인 진짜 사람으로 보일 필요가 있다. 성인상담에서는 보통 대부분의 상담사가 자신의 호불호에 관한 정보를 노출하는 것에 조심하지만, 청소년 상담에서는 이 점에 대해 직설적인 것이 아주 유용할 수 있다. 이를 통해 그 청소년이 나름의 호불호를 가질 수 있는 사람으로서 전적으로 수용됨을 알게 해줌으로써 그를 존중할 필요가 있다.

이야기에 반응할 때 상대방의 감정표현에 부합하고 과장하기

이미 논의했듯이, 청소년은 자기나 남에게 일어났던 일을 서로 이야기할 때 상대방의 감정표현에 맞추어주거나 과장하는 것이 보통이다. 상담사는 청소년의 생생하고 역동적인 대화방식을 배울 수 있다. 일반적으로 청소년은 또래대화에 상당한 에너지를 붓는다. 이것을 배우면 청소년과 대화할 때 침착한 말투와 단조로운 어조를 벗어나 활기차게 될 수도 있다.

주제에서 벗어남

청소년 대화의 아주 공통적인 특징 중 하나는 그들이 관심사를 말하다가 다른 것을 말하고, 다시 그 주제로 돌아오는 식으로 자주 옆길로 샌다는 것이다. 물론 어른 중에도 그렇게 하는 사람이 있다. 그러나 우리가 믿기로는, 특히 청소년이 대화 주제에서 벗어났다가 다시 돌아오는 이런 경향은 어떤 유용한 목적 때문이다. 청소년은 자기의 구성요소들을 끊임없이 개정하고 있기 때문에 많은 다른 생각과 아이디어를 동시에 붙잡고 씨름하려고 한다. 친구와 말하면서 새로운 생각이 떠오르면, 듣고 있던 것이나 말하고 있던 것에서 벗어나 다른 것을 이야기하기 원한다. 관심 있거나 중요할 수도 있었던 것에서 자기가 벗어났다는 사실을 깨달으면 나중에 다시 그 주제로 돌아갈 수도 있다. 그들은 오락가락함으로써 새로운 생각들을 미루어두지 않고 다룰 수 있다. 성숙할수록 한 주제에 머물고 나중에 새로운 생각을 말할 수도 있다. 그러나 청소년은 말하는 것을 참지 못하고, 제일 나중에 든 생각을 기다리지 않고 말해야 할 것 같은 충동이 잦다.

주제에서 빗나감은 또한 청소년을 매우 괴롭히는 문제에서 벗어나도록 허락하는 아주 유용한 기능이 있다. 주제 전환은 감정적으로 괴로운 문제를 이야기하던 것을 중단하고 덜 괴로운 문제를 말할 수 있게 해준다. 이를 통해 강도가 덜한 문제를 이야기하는 시간을 가진 후에 감정적으로 힘든 문제로 되돌아갈 수도 있다. 만일 이런 것이 허용되지 않으면, 자기에게 괴로운 이슈를 피하기 위해 대화 전체를 닫아버리기가 쉽다.

우리가 관찰한 바로는, 청소년이 또래와 말할 때 주제에서 벗어나는 것은 대화 중에 서로가 그런다는 것이다. 그래서 부적절한 태도라기보다는 정상적인 태도로 용납된다.

주제에서 벗어남을 이용하기

청소년은 새로운 도전적 경험에 직면할 때 극도로 강렬한 감정을 느끼며 괴로워하는 경우가 많다. 그 결과 상담상황에서도 청소년은 강한 감정이 건드려질까 봐 또는 자기감정에 압도될까 봐 염려할 수도 있다. 이때 그가 자신의 괴로운 이슈를 말하는 것에서 벗어나도 된다는 사실을 알 수 있으면, 상담이 위협적이거나 염려되는 일이 아니라 편안한 환경이라고 느끼게 될 가능성이 높다. 덧붙여서 말하자면, 그는 어른보다 또래와 대화하는 것과 같은 경험을 하게 될 것이다. 이는 분명히 그들에게 더 편안할 수 있다.

심각한 이슈를 말할 때 청소년은 때로 주의가 분산되어 상담과정에서 일시적으로 물러나기도 한다. 신발이나 장신구를 가지고 놀거나 창밖에서 일어나는 일을 내다볼 수도 있다. 이는 주제에서 벗어남과 동일한 목적을 가진다. 중요하지만 매우 괴로운 문제를 계속 말하지 않고 피하도록 해주는 것일 수 있다. 그러나 또한 우리가 인식할 필요가 있는 것은, 청소년에게 그저 에너지와 계속 이야기할 마음이 없어져서 산만해진 것일 수도 있다는 사실이다.

청소년이 주의산만해질 때 상담사는 주제에서 벗어날 기회를 가지는 셈이다. 주제에서 벗어남으로써 상담사는 청소년과 더 가까이 합류하게 된다. 예를 들어, 내담자가 신발을 가지고 장난을 치기 시작하면 상담사가 그 신발에 관해 언급하고 물어볼 수도 있다. "신발 색이 예쁘네. 어디서 샀니?"라든가 "나도 네 신발 같은 것이 있는데, 그 신발은 별로 편하지 않단다, 네 것은 어떠니?"라고 말할 수 있다. 상담사가 이런 식으로 말을 돌리면, 비록 다루던 이슈에 관해서는 아니지만 청소년이 느긋해지도록 도와주기 쉬운 평범한 대화가 전개될 것이다. 또한 이런 공동 관심사에 대한 나눔과 자기노출을 통해 청소년은 상담사와 더 가깝게 연결되는 경험을 하기 쉽다. 결과적으로 상담실의 분위기가 바뀔 것이다. 친구처럼 느긋한 대화를 통해 청소년은 다시 에너지를 얻고 상담사와 더 효과적으로 합류할 수 있다. 이런 대화 후에는 청소년이 중요한 이슈를 다시 다루도록 돕기가 쉽다. 이는 전환하는 질문을 던짐으로써 이루어질 수 있는데, 10장에서 설명될 것이다.

"주제에서 벗어나는 말을 적극적으로 조성해
긍정적 결과를 낳을 수 있다"

지금까지 논의한 대로, 청소년이 주제에서 벗어난 이야기를 할 때는 상담사가 합류하는 것이 도움이 될 수 있고, 적절한 때에는 상담사가 일부러 주제에서 벗어나는 것도 도움이 된다. 주제에서 벗어난 일상적인 것을 말하며 자기를 노출하는 것은 상담사와 청소년의 관계를 상당히 강화시켜줄 수 있다. 상담회기가 때로는 별로 필요하지 않은 즐거운 수다가 되는 걸 염려하지 않아야 한다. 청소년 상담에서는 이것이 좋은 관계를 맺는 관건이 된다.

대화주도

많은 어린이가 가족 안에서 자라나며 그 기간에는 주로 듣는 대로 행동해야 한다. 아이가 어른과 대화할 때는 보통 대화를 주도하는 일이 허락되지 않는다. 나이가 들어 청소년기에 접어들면서 청소년은 자기세상을 더 많이 주도하고 싶어 한다. 그들은 언제 말할 수 있고 언제 조용해야 하는지 듣기를 원치 않는다. 친구와 말할 때 청소년이 기대하는 점은, 서로 공유하는 것이 있으리라는 것과 대화의 주도권이 그들 사이에서 오락가락하리라는 것이다. 특히 그들은 무엇을 말해야 하는지, 언제 말해야 하는지를 듣기 싫어한다.

성인이 의료진과 같은 전문가와 말할 때는, 특히 전문가가 대화과정을 상당 부분 주도하리라고 예상하는 경우가 많다. 청소년들끼리 이야기할 때는 매우 다르다. 그들은 특정 이슈에 관해 말하는 것으로부터 직접적·간접적으로 영향을 받기보다는, 자기가 그 대화를 주도하기를 기대한다.

청소년 상담에서의 대화주도

성인상담에서 어떤 상담사, 특히 인간중심주의 상담사는 내담자에게 대화방향의 주도권을 주려고 노력한다. 그렇더라도 상담사 자신이 반응할 때는 특정 과정을 고수하며, 우리의 견해로는 그 과정이 대화의 질과 방향을 조정하는 데 큰 영향을 미친다. 어떤 상담사는 가능한 한 내담자의 욕구를 존중하지만 상담대화를 일부러 이끌고 조정한다.

우리는 청소년 상담에서는 상담사가 선행주도적일 필요가 있다고 믿는다. 나중에 논의하겠지만, 이는 8장에 논의된 대로 선행주도를 통해 상담과정에 새로운 방향과 기법을 도입함으로써 청소년의 현재 감정상태에 반응하는 책임을 우리가 져야 한다는 의미다. 그러면서도 우리는 청소년이 원할 때, 그리고 원하는 대로 청소년이 대화를 주도할 권한을 갖도록 보장해야 한다.

청소년 상담의 대화가 또래와의 대화처럼 효과적이고 편안하려면, 상담사와 내담자가 대화의 주도권을 주거니 받거니 하는 것이 좋다. 그러나 상담 내내 반드시 보장해야 할 것은, 무엇을 말하고 행할지의 **선택권**이 청소년에게 있음을 그 청소년이 이해하도록 하는 것이다. 그래야 상담사가 과정에 일부러 영향을 줌으로써 주도권을 잡는 동안에도 청소년이 부적절하게 통제받는다는 느낌이 들지 않을 수 있다.

조언 구하기

청소년이 무엇을 할지 어떤 결정을 내릴지 확신이 없을 때는 한 명 이상의 친구에게 이야기하고 조언을 구하는 것이 보통이다. 부모에게 물을 가능성이 적은 것은 부모의 지시 없이 결정을 내리고 싶기 때문이다. 자기 나이대의 친구에게 조언을 구할 때는, 묻는 청소년이나 대답하는 친구나 그 조언을 반드시 받아들일 거라고 기대하지 않는다. 이것이 부모나 다른 어른의 조언과 다른 점이다. 어른이나 부모에게 조언을 구하면 그들은 보통 그 청소년이 조언을 받아들일 것으로 기대하며, 그렇지 않으면 유감스러워할 수 있다. 그와 대조적으로 또래가 조언을 구할 때 보통은 그저 다른 관점을 얻고 다른 사람의 경험에 기대려고 시도하는 것일 뿐이다. 그렇다면 조언을 주는 일이 청소년에게는 제시된 해결책이 채택되어야 한다는 명령이라기보다는 가능한 해결책에 관한 아이디어를 나누는 일이다. 이것은 청소년이 구성요소들을 탐구하며, 적합하지 않은 것은 버리고 적합한 것을 발견하려고 애쓴다는 개념과 일치한다.

청소년 상담에서 조언하기

성인상담사는 대부분 조언하기를 피하고 내담자가 자기 해결책을 찾도록 힘을 주려고 한다. 분명 이것 또한 청소년에게 좋은 방침이다. 청소년은 무엇을 해야 한다고 듣기를 원치 않기 때문이다. 그러나 청소년이 일반적으로는 상담사가 조언하기를 기대한다는 자료도 있다(Gibson-Cline, 1996). 더구나 청소년은 자기에게 없는 경험과 지식을 상담사가 가졌으리라고 기대한다.

청소년 상담사는 교육이나 삶의 경험을 통해 얻은 지식을 청소년과 공유할 책무가 있다. 청소년이 조언을 구할 때, 조언을 주지 않으려 하기보다는 그에게 합류해 상황을 함께 탐구하자고 함으로써 가능한 해결책을 함께 찾아낼 수 있는 것이 더 낫다. 이렇게 함으로써 청소년은 협조하는 과정에 함께하자고 초대받는 셈이고 그 과정에서 아이디어와 정보를 서로 나눌 수 있다. 이는 12장에서 논의될 것이다. 해결책들과 더불어 그 결과들도 탐구될 수 있다.

> "청소년은 상담사가 인생경험을 통해 전문성을
> 지니고 있으리라고 기대한다"

청소년이 자기선택을 의미 있게 본다고 생각되면 가능한 한 상담사가 그것을 긍정해주는 것이 유용할 수도 있다. 물론 상담사가 보기에 그 해결책이 의미 있다고 생각할 때만 그렇다. 덧붙여 말하자면, 청소년이 마음을 바꾸어 다른 것을 할 수도 있음에 대해 상담사가 열어놓은 채 생각하고 있다는 사실을 알려줄 필요가 있다. 즉, 미리 결정된 선택을 고집하기보다는 그때마다 자기에게 옳다고 느끼는 것을 하는 것이 그 자신에게 달려 있음을 주의 깊게 분명히 말해줄 필요가 있다. 청소년은 자기견해를 계속 바꾸기 때문에, 이 메시지를 주는 것은 아주 중요하다. 상담에서 결정한 것을 청소년이 따르지 않더라도 그것으로 인해 상담사가 그를 못마땅해하지 않을 거라고 청소년이 믿을 필요가 있다.

청소년의 대화과정과 나란히 가기

지금까지 논의한 대로, 상담사가 청소년의 전형적인 대화과정과 나란히 가는 것은 매우 도움이 될 수 있다. 이렇게 함으로써 상담사가 청소년과 편안하고도 효과적인 상담대화를 할 수도 있기 때문이다. 예를 들어, 상담사의 적절한 자기노출을 통해 일정 수준 평등한 상담관계가 과시될 수 있고, 어떤 상황에서는 상담사의 자기노출이 청소년의 이슈를 일반화해줄 수 있다. 또한 상담대화에서 어떤 특정한 방향을 유지하려고 애쓰기보다는 주제에서 벗어나는 이야기를 적극적으로 이용함으로써, 상담관계를 강화할 수 있고, 청소년이 감정에 압도되는 것을 피하게끔 만들어줄 수도 있으며, 상담관계 강화에 기여할 잠재력을 갖는다.

key
point

- 청소년은 보통 어른보다 또래에게 속을 털어놓기 좋아하는데, 이는 그들이 개별화 과정에 있기 때문이다.
- 청소년이 또래와 대화하면서 이용하는 전형적인 의사소통과정은 어른에게 전형적인 과정과는 다르다.
- 상담사가 청소년의 전형적인 의사소통과정을 이용하는 것은 도움이 될 수 있다. 이것이 상담관계의 형성과 유지에 도움이 될 수 있기 때문이다.
- 상담사의 적절한 자기노출은 청소년이 자기를 노출할 수 있는 분위기를 만들고, 상담관계에서 평등의 수준을 일정 정도 높이는 데 도움이 되며, 일반화를 돕는다.
- 주제에서 벗어나는 것에 합류하거나 적극 조장하는 것은 상담관계를 편안하고 효과적으로 발전시키는 데 도움이 될 수 있다.

10

상담에서 사용할
미세기술

앞 장에서 상호 자기노출, 주제에서 벗어나는 말 등 상담사가 청소년의 전형적인 의사소통과정을 이용할 수 있는 방법을 논의했다. 통제와 조언의 이슈도 논의했다. 이 장에서는 상담의 다양한 미세기술(micro-skills)이 청소년 상담에서 변화를 조성하는 데 도움이 될 수 있음을 논의할 것이다. 우리는 앞 장에서 설명된, 청소년의 정상적인 대화과정과 어느 정도 병행하는 맥락에서 이러한 미세기술이 사용될 필요가 있다고 강하게 믿는다.

성인상담에도 일반적으로 사용되는 미세기술은 청소년 상담에도 유용하지만, 청소년 상담에서 선택되고 이용되는 방식은 성인상담과 비교했을 때 중요한 차이가 있다.

성인상담에서는 많은 상담사가 일반적으로 자기의 이론적 준거 틀에 적합한 특정 미세기술을 광범위하게 사용한다. 이는 여러 이론을 절충해 사용한다고 주장하는 상담사에게조차도 미세기술이 상담과정에 일관성을 주고 상담구조를 만들 수 있게 해준다는 점에서 의미가 있다. 다양한 치유모델에서 나온 미세기술 중 가장 일반적으로 사용되는 것에 관한 자세한 설명은 우리 책 『상담실천 기술(Practical Counselling Skills)』(Geldard and Geldard, 2005)과 『개인상담의 기초(Basic Personal Counselling)』(Geldard and Geldard, 2009b)에 있다.

청소년 상담에서 요구되는 것은 성인상담과 다르다. 상담사는 광범위한 상담 미세기술을 사용함으로써, 역동적으로 변화하는 과정을 만들어내 청소년의 호기심과 관심사를 더 쉽게 끌어낼 수 있다. 그 기술들은 청소년 발달과정에서 공통적으로 나타나는 비교적 낮은 수준의 구조와 나란히 가는 과정에서 사용될 수 있다. 그러므로 청소년 상담사는 가능한 한 가장 넓은 범위의 상담 미세기술을 사용할 수 있는 지식과 능력을 갖추는 것이 유리하다. 그러한 기술은 상담과정 중 제시되는 기회를 이용할 수 있도록 적절한 때에 선행주도해 선택되어야 한다. 그러면 청소년이 자기문제를 논의하고 해결책을 찾는 일에 활발하게 개입해들어올 수 있다.

이 장에서 우리는 광범위한 상담 미세기술을 설명하고, 청소년 상담에서 이 기술들이 구체적으로 어떻게 사용될 수 있는지 적당할 때마다 지적할 것이다. 그림 8-2가 보여주듯이, 우리가 논의할 상담 미세기술은 총체적인 상담과정 안에서 사용될 필요가 있다. 그 미세기술이 상담의 일차적 기능들, 즉 관계형성, 문제평가, 문제 다루기의 맥락 안에서 사용된다는 점을 인식하는 것이 필요하다.

상담 미세기술은 상담과정에서 요구되는 것에 직접 반응하는 데 사용될 수도 있고, 13장과 16장에서 설명될 상담기법들과 연관시켜 사용될 수도 있다. 상담 미세기술은 대략 다음과 같이 묶어서 구별할 수 있고, 어떤 것들은 서로 겹치기도 한다.

- 관찰
- 적극적 경청
- 생각 되돌려주기(피드백)
- 질문하기
- 도전
- 지침
- 유머 이용

관찰

관찰은 청소년이 보여주는 것을 총체적으로 평가하는 데 지극히 유용할 수 있다. 관찰은 회기마다 내내 계속되어야 한다. 그러나 청소년 상담에서는 관찰한 것을 해석하는 데 주의해야 한다. 해석이 때로는 오도될 수도 있기 때문이다. 상담사가 관찰한 것이 내적으로 일어나는 일의 외적 가장(假裝)일 수도 있다. 이런 경우는 보통 청소년이 스스로에 대해 확실하지 않고, 자기가 계속 수용되려면 어떻게 자기를 개방해야 할지 확신이 없기 때문이다. 청소년은 변화과정에 있기 때문에 그 인지과정이 복합적이고, 따라서 대부분의 어른보다 신속하게 자기방어를 하는 경향이 있다.

관찰한 것이 그 청소년의 진짜 모습은 숨겨진 겉모습일 수도 있음을 알아차리고서도, 우리는 그 겉모습이 진짜 모습인 것처럼 반응할 필요가 있다. 그 겉모습을 수용하고 받아들임으로써 우리는 청소년이 보여주는 것을 그대로 수용하고 있음을 알려주게 된다. 결과적으로 우리는 8장에서 말한 대로 청소년을 믿고 있는 것이다. 겉모습을 수용함으로써 신뢰를 만들어낼 수 있고, 그 신뢰를 통해서 청소년은 우리에게 겉모습 뒤에 있는 것을 편안하게 보여주기가 훨씬 쉬워진다. 더욱이 겉모습을 받아들임으로써 우리는 청소년이 우리에게 보여주고 싶어 하는 개인적인 것을 승인해주는 셈이 된다.

만일 외국어만 말하는 사람과 합류하기 원한다면 효과적인 의사소통을 위해서 그 언어를 배울 필요가 있다. 마찬가지로 청소년 상담에서 우리는 청소년의 행동언어와 음성언어를 배울 필요가 있다. 이는 그들의 행동양식이나 말투, 언어습관을 관찰함으로써 가능해진다. 그다음에는 적절한 수준에서 그들의 소통과정과 나란히 갈 수 있고, 결과적으로 그들과 동일한 언어를 말할 수 있다. 이렇게 함으로써 청소년의 신뢰를 얻고 그들에게 합류해 그 세계로 들어갈 수 있다. 청소년의 소통과정과 나란히 갈 때 주의할 필요가 있는 점은, 우리 자신이 청소년인 것처럼 행동하지 않아야 하고 진짜 자기와 일치되는 가운데 청소년의 소통과정과 유사한 과정을 사용하는 것이다.

"청소년의 언어로 말하는 것이 도움이 된다"

관찰을 통해 기분, 문화, 자존감, 창조성, 사회적 영향 등 청소년에 관한 정보를 얻을 수 있다. 청소년의 중요한 속성으로서 관찰될 필요가 있는 것은 다음과 같다.

- 전체적 외양
- 행위

- 기분과 정서
- 말투와 언어

전체적 외양

한 청소년의 전체적 외양은 그가 어떤 식으로 보이기 원하는지를 반영하며, 그가 어떤 사람이 되고 싶은지를 드러낸다. 그것은 개인정체성을 형성하려는 내면의 시도의 외적인 표현이다. 상담사는 자기가 청소년의 전체적인 외양을 해석하는 방식에 주의를 기울일 필요가 있다. 불행하게도 상담사로서 우리는 모두 개인적인 편견과 고정관념이 있다. 그래서 청소년의 외양은 우리가 그에 관해 느끼고 관계 맺는 방식에 심각한 영향을 줄 수 있다. 우리는 지나친 해석을 하지 않도록 주의할 필요가 있으며, 시간을 갖고 청소년을 알아가도록 해야 한다. 이를 통해 그 청소년이 어떤 사람인지 이해하고, 그 내면에서 무엇이 일어나고 있는지 발견할 수 있어야 한다.

문신과 뚫기(body piercing)를 한 청소년을 상상해보자. 이런 사람은 공격적이고 반사회적일 수도 있지만, 부드럽고 배려심이 있고 취약한 사람인데 강하고 개성 있게 보이고 싶어 하는 것일 수도 있다. 단지 외양을 관찰로는 어느 쪽이 진짜인지 알 수 없다.

청소년의 외양이 말해줄 수 있는 것은 어느 정도나 자기표현에 자유로운지, 제한되어 있는지, 자유롭게 표현할 수 없는지에 대해서다. 자기를 특정한 방식으로 보여주는 데 많은 노력을 하는 청소년은, '이봐, 나 좀 봐줘'라는 메시지를 주고 싶은 것일 수도 있다. 그런 경우 상담사가 그 암시적인 요청에 반응함으로써 그 청소년이 자기가 주목받았다는 것을 알게 해주면 합류하는 데 매우 도움이 된다. 이는 외양의 측면들을 언급하거나 긍정적으로 함축해 말함으로써 상담사가 눈여겨보았음을 알게 해주면 된다.

행위

청소년의 행위는 그에게 어떤 식으로 맞추고 합류할지에 관한 정보를 상담사에게 제공할 수 있다. 정말로 말이 많고 경계선이 없는 청소년을 예로 들어보자. 이 경우에 상담사가 조용히 듣기만 하는 것은 부적절하다. 그 대신 상담사는 청소년의 대화 스타일에 맞추는 식으로 청소년이 쉽게 합류하게끔 할 필요가 있다. 상담사가 그렇게 하지 않을 경우, 청소년은 '네 태도가 괜찮지 않아'라는 메시지가 담겨 있다고 받아들일 수도 있다. 마찬가지로 경계선이 거의 없는 청소년을 생각해보자. 이 경우에 상담사는 테두리를 잘 그어주고 모범을 보임으로써 청소년이 자기행위를 바꾸려 시도하도록 만들고 싶은 유혹을 받을 수도 있다. 불행하게도 이것은 합류과정의 토대를 흔들고 내담자를 소외시키기 쉽다. 합류를 위해 상담사는 일관성이 있으면서도 적절히 청소년의 행위에 맞춰줄 필요가 있다. 그렇게 함으로써 청소년은 자기행위가 승인되었고 상담사가 이 행위를 용납할 수 있다는 메시지를 받는다. 그렇게 하지 않으면 청소년은 자기행위가 옳지 않다고 판단되었으며 상담사가 용납하지 않는다는 메시지를 받게 된다. 결과적으로 상담사가 그에게 합류할 기회는 줄어들 것이다.

청소년이 사회적으로 부적절한 행위를 할 때는, 그가 수용할 만한 행동을 할 기술이 없기 때문일 수도 있음을 알아야 한다. 때로는 상담관계에서 상담사가 바람직한 행동의 모델이 될 수도 있지만, 청소년에게 합류하면서 상담에 들어가는 과정에서는 상담사가 자기 정체성의 한도 내에서 어느 정도 자기행위를 조정함으로써 청소년의 욕구에 적합하고 청소년을 만족시키는 데 도움이 되는 행위를 할 필요가 있다. 만일 상담사가 그럴 수 없다면 청소년 내담자는 상담사와 편안하게 관계를 맺지 못할 가능성이 높다. 이는 그가 어떻게 다른 식으로 관계 맺을지 모르기 때문일 수 있다.

청소년은 아동기에서 성인기로 넘어가면서 어떻게 새로운 방식으로 관계 맺는지를 배우는 과정 중에 있다. 따라서 사회적으로 성숙한 행위를 할 수 있는 그들의 능력에 한계가 있음은 놀랄 일이 아니다. 본보기가 되는 것은 청소년이 새로운 행위를 배우는 데 확실히 도움을 줄 수 있지만, 이미 잘 작용하는 관계의 맥락에서만 효과적일 수 있다.

불안정, 안절부절함, 무기력 같은 청소년의 태도는 그의 현재 감정상태를 상담사에게 말해주는 지표일 수 있다. 그러나 앞으로 나오겠지만, 행위 관찰로 기분을 평가할 때는 어느 정도 주의가 필요하다. 많은 청소년이 진짜 느낌을 숨기는 데 능숙하기 때문이다.

기분과 정서

청소년을 관찰할 때는 기분과 정서의 차이에 관해 분명히 할 필요가 있다. **기분**(mood)

은 내적인 느낌과 감정이며, 행위나 세상에 대한 개인의 인식에 영향을 미치는 경우가 많다. **정서**(affect)는 감정의 외적 반응이다(WHO, 1997). 청소년은 기저에 깔린 기분을 정서로 가장해서 보여줄 수도 있다. 예를 들어, 기저에 있는 우울한 감정 때문에 괴로움을 겪는 청소년이 우울해 보이기보다는 불안하며 동요된 태도를 보여주는 것은 드문 일이 아니다.

"기분은 정서 뒤에 숨겨질 수도 있다"

부모가 죽은 남자 청소년의 예를 보자. 그는 내면에서 높은 수준의 우울함과 슬픔을 경험하면서도 겉으로는 적대감과 분노를 보여줄 수도 있다. 이럴 경우 상담사는 보이는 정서 밑으로 들어가서, 청소년이 기저의 기분을 확인하고 그 기분을 자기 것으로 받아들이고 경험하도록 만들 수 있어야 한다. 이를 위해 상담사는 표현되는 정서를 관찰하고 충분히 다룰 필요가 있으며, 그 결과 내담자는 우울함과 슬픔이라는 기저의 기분을 인정하고 수용하며 자기 것으로 만드는 깊은 경험을 할 수 있게 된다.

표현되는 정서가 청소년의 상황에서 적절한 경우가 자주 있다. 예를 들어, 부모가 죽었을 때 우울하고 슬픈 기분이 깔려 있지만, 화냄으로써 반응하는 것은 이해할 만하다. 표현되는 정서를 인정함으로써 상담사는 그것을 반영해주며, 그 청소년의 애도과정에서 그것이 적절하고 정상적인 것으로 일반화할 수 있다. 정서의 **부재**를 관찰하는 것은 특히 중요하며, 정신적 외상이나 심한 스트레스를 경험했을 때는 특별히 중요하다. 이때 정서의 부재는 현실과 분열되고 현실감이 없다는 지표일 수도 있고, 따라서 그 청소년에게 심각한 정신건강 문제가 발달 중임을 나타내는 지표일 수도 있다.

분명히 말하자면, 상담의 주요 목표 중 하나는 내담자의 기분이 더 좋아지게 돕는 것이다. 이 말은 상담과정이 장기적인 의미에서 정서와 기분 둘 다에 영향을 미칠 필요가 있다는 의미이다. 이 목표를 이룰 첫 단계는 정확한 관찰이다.

말투와 언어

청소년의 말투와 언어를 관찰할 때 상담사가 주목할 필요가 있는 것은 다음과 같다.

- 말하는 내용
- 말하는 방법
- 사용된 언어

말하는 내용

청소년이 말하는 내용은 그가 무엇을 생각하고 있는지 상담사에게 말해주고, 세상에 관한 그의 신념, 아이디어, 일반적인 구성요소들을 알려준다. 내담자의 말을 들으면서 상담사는 그 청소년의 지적 기능과 사고과정에 대한 정보를 얻을 수 있다. 여기에는 정확한 기억력, 논리적으로 생각할 능력, 추상적 사고 능력, 집중력에 관한 정보도 포함된다. 이러한 정보는 상담사가 그에 맞는 적절한 상담기법을 선택할 수 있게 해준다. 예를 들어, 높은 수준의 지적 기능이 없는 내담자에게 그런 능력을 요구하는 상담기법을 사용하는 것은 분명 도움이 되지 않는다.

말하는 방법

청소년이 어떻게 말하는지도 중요하다. 한 주제에서 다른 주제로 오락가락하는 것은 많은 청소년들의 대화에서 정상적인 부분임을 기억할 필요가 있다. 그러나 상담사는 그 대화가 어떤 논리적인 연결이 있는지, 아니면 완전히 분산된 관계없는 이야기들이 계속 도입되는지 주목해야 한다.

청소년의 대화가 분산되는 것이 때로는 현재 상담환경에 압도된 결과일 수도 있다. 이 경우에는 청소년이 대화를 구성하도록 상담사가 도와줌으로써 정보가 더 명확히 표현되도록 만들어주는 것이 필요할 수도 있다. 문장이 아니라 마디마디로 말이 오락가락하면서 이 주제 저 주제로 넘어간다면, 즉 표현되는 생각이 어떤 의미나 관계도 없이 궤도에서 벗어난다면, 심각한 정신건강 문제를 나타내는 지표일 수도 있다.

사용된 언어

내담자가 사용하는 언어는 생각을 정확하게 말하고 명확하게 표현할 수 있는 능력의 지표가 된다. 이 정보는 상담사가 내담자의 지적 능력에 맞는 상담기법을 선택하는 데 도움이 된다. 어떤 청소년은 상담사와 이야기하면서 '거리의 언어'를 사용할 것이다.

이 언어에는 청소년의 또래집단이 보통 사용하는 은어 같은 어휘도 포함한다. 이런 단어 사용은 많은 어른들에게 의미가 없거나 혼동을 줄 수도 있다. 이런 어휘는 시간이 흐름에 따라 새로운 단어와 의미가 들어오면서 변할 수밖에 없기 때문이다. 청소년 상담사는 이런 은어의 의미를 배울 필요가 있다. 그래야 내담자의 언어를 이해하고 합류할 수 있기 때문이다. 어떤 특정 단어의 의미가 확실하지 않을 때는 상담사가 그것에 관해 정직하게 물어보는 것이 최선이다. "그 말은 무슨 뜻이니? 나는 처음 듣는 말이어서"라고 말이다. 현재의 상황에서 다양한 의미를 가질 수 있는 말은 그 의미를 명확히 하는 것이 도움이 될 수 있다.

적극적 경청

성인상담에서처럼 적극적 경청은 상담사가 주의 깊게 관심을 갖고 듣는 중임을 청소년 내담자가 알아차리도록 도와주고, 상담사가 내담자와 공감하며 합류하도록 돕는다. 또한 내담자에게 계속 이야기하도록 격려하는 기능을 한다. 적극적 경청에 속하는 것은 다음과 같다.

- 비언어적 반응
- 격려하는 표현
- 강조와 확대
- 내용반영과 느낌반영
- 청소년 언어에 맞추기
- 요약
- 빠져 있는 내용 주목하기

비언어적 반응

상담사의 비언어적 반응은 상담사가 듣고 있는지 여부와, 듣는 내용에 대한 상담사의 관심 정도를 나타내는 지표가 되며, 청소년에 대한 상담사의 태도를 청소년에게 알려주는 정보가 되기 쉽다. 비언어적 반응에는 적절히 시선 맞추기, 고개를 끄덕이거나 적절한 얼굴표정을 통해 듣고 있는 내용을 인정해주기, 청소년의 몸 자세와 움직임에 맞춰주기 등이 포함된다.

격려하는 표현

듣고 있다는 것을 표시하면서 내담자가 계속 말하도록 격려하기 위해 상담사는 다양한 최소반응이나 "아-음", "으-음", "그래", "맞아", "정말", "좋아"와 같은 격려표현을 사용할 수 있다. 이런 반응은 상담사가 주의 깊게 듣고 있다는 표시일 뿐 아니라 의미가 전달되고 있다는 것의 지표임을 인식할 필요가 있다. 또한 상담사의 승인 여부를 전달해주는 태도가 된다. "좀 더 말해주겠니", "알겠다", "이해해", "그랬구나", "듣고 있단다", "계속 해봐"처럼 짧은 말로 반응할 수도 있다. 이런 말들은 한 단어로 하는 최소 격려표현과 마찬가지로 거슬리지 않게 사용될 수 있다. 내담자에게 반응할 때는 상담사의 어조, 그리고 말의 속도와 소리의 크기가 내담자의 스타일과 에너지에 부합해야 한다.

> "부적절하게 전달되는 격려표현은
> 판단받고 있다고 인식하게 만들 수도 있다"

일반적으로 성인상담사는 최소 격려표현을 이용해, 판단하지 않는 태도를 확실히 전달하도록 주의할 필요가 있다. 성인상담사는 상담 초기단계에서 조용히 어느 정도 진지하게 들으면서 꽤나 낮은 수준의 감정적 정서를 보여주는 경우가 많다. 이는 상담사가 성인 내담자의 생각과 대화에 침범하고 싶지 않기 때문이다. 일반적으로 청소년 상담사도 판단하지 않는 태도를 전달할 필요가 있지만, 청소년과 합류하는 일은 청소년의 의사소통과정과 나란히 가는 감정적 민감성이 요구된다. 청소년은 또래끼리 서로 자기 느낌과 태도에 관해 더 공개적이고 직접적인 경향이 있다. 그러므로 상담사는 최소 격려를 선행주도해 전달할 필요가 있다. 그래야 청소년의 감정적 에너지와 그 결이 적절히 맞추어질 수 있다. 덧붙여 말하자면, 최소한으로 반응할 때 청소년 상담사는 자신의 태도를 표시할 수도 있다. 그것이 적절하고, 또 그렇게 해도 내담자가 판단받거나 비판받는 느낌이 들 가능성이 없을 때는 그럴 수 있다.

강조와 확대

강조와 확대는 구어적·비구어적 메시지를 섞어 내담자가 말한 내용을 피드백하고 강조해주는 일이다. 상담사는 이것을 말로 할 수도 있고, 제스처, 얼굴표정, 목소리 강도를 이용할 수도 있다. 이를 통해 내담자가 말한 내용은 강화되고 들을 만한 가치가 있는 것이 된다. 그렇게 함으로써 상담사는 청소년이 말하는 것을 적극적으로 지지하고 있음을 보여주고 계속 말하도록 격려하는 셈이다.

강조와 확대는 청소년 상담에서 특히 중요한 기술이며 성인상담에서보다 더 많이 사용되어야 한다. 이 기술을 통해 상담사는 청소년의 말에 수긍하며 청소년의 전형적 의사소통과 나란히 가면서 선행주도해 그 대화에 열심히 합류할 수 있기 때문이다.

내용반영과 느낌반영

내용반영과 느낌반영은 로저스(Rogers, 1955, 1965)가 상담에서 중요하다고 확인해준 기술이다. 내용반영은 내담자가 방금 말한 내용을 되비쳐주는 일이다. 예를 들어, 청소년이 최근에 형과 갈등이 있었다는 식으로 말하고 있었다면, 내용반영은 "요새 형과 싸우는 중이구나"라든지 "형과 요새 싸우고 있다고 나한테 말하는 거지" 또는 "그래서, 요새 형하고 많이 싸우고 있구나"라고 말하는 것이 될 수 있다. 내용반영은 상담사가 내담자의 말을 반복하는 것이 아니라 중요한 내용 정보를 잡아내어 상담사 자신의 말로 내담자에게 되들려주는 것이다.

느낌반영은 내담자의 감정적 정서라고 감지된 것을 반영해주는 것이다. 이 반영은 내담자가 상담사에게 직접 말했던 것의 결과일 수도 있고, 내담자의 비언어적 태도를 반영할 수도 있다. 예를 들어 상담사가 내담자의 눈물이나 어조의 변화를 알아챌 수도 있다. 느낌반영의 예로는 "슬픔을 느끼는구나", "네가 슬프구나", "너, 슬픈가 보다"라고 할 수 있다. 때로는 내용반영과 느낌반영을 합쳐서 "가장 친한 친구를 잃어서 네가 슬프구나"라고 말할 수도 있다.

　　청소년 상담에서는 일반적으로 반영을 지나치게 사용하지 않도록 조심해야 한다. 그 대신에 청소년이 자기 이야기가 청취·이해되고 있음을 아는 데 도움이 될 정도로만 제한해서 사용할 필요가 있다. 청소년은 또래와 대화할 때 일반적으로 반영을 사용하지 않기 때문이다. 상담사가 청소년에게 효과적으로 합류하기 원한다면 청소년에게 편안한 대화 스타일을 이용할 필요가 있다. 말을 아주 잘하는 청소년은 다른 청소년에 비해 더 높은 수준의 반영을 편안해 할 수도 있다. 불행하게도, 이런 반영에 대해 가만히 앉아서 계속 말하지 않는 것으로 반응하는 청소년이 많다. 만일 청소년이 계속 이야기하게 만들려면 더 선행주도적인 미세기술을 사용할 필요가 있다. 나중에 논의하겠지만, 청소년과의 대화에 에너지를 부어주고 계속 말하도록 조성하는 데 지극히 유용한 다른 유형의 질문들이 광범위하게 있다.

청소년 언어에 맞추기

상담사가 청소년의 언어 사용에 맞추는 방법이 세 가지 있다.

- 청소년의 어휘 사용
- 구상적(具象的) 스타일에 맞추기
- 은유 사용

청소년의 어휘 사용

　　어떤 청소년은 청소년의 특정한 문화와 관련된 단어들을 사용한다. 그들은 보통 수용되는 의미와 다른 의미를 단어들에 붙이기도 한다. 이는 특정한 활동과 연관된 또래 집단이나 갱에 속한 청소년에게서 공통적으로 나타난다. 상담사가 이런 청소년과 효과적으로 합류하고 의사소통하기를 원한다면 청소년에게 익숙하고 자연스러우며 편안한 언어를 이해할 필요가 있고, 어쩌면 사용할 필요도 있을 것이다. 그러므로 상담사는 성인대화에서 일반적으로 사용하는 단어만 사용하기보다는, 청소년 내담자에게 의미가 있는 단어를 배워 사용함으로써 그를 이해하고 의사소통하는 것이 필요할 수도 있다.

"청소년 내담자에게서 배울 수 있다"

구상적 스타일에 맞추기

상담사는 개개의 청소년 내담자가 생각하고 의사소통하는 데 사용하는 구상(具象)적 스타일에 맞출 필요가 있다. 신경언어학적 프로그램 구성에서 묘사되듯이, 사람은 보통 세 가지 다른 구상양식을 이용해서 생각한다(Grinder and Bandler, 1976). 어떤 사람은 시각적으로 생각하고 그리듯이 개념화한다. 어떤 사람은 말로 생각하고 듣는 것을 통해 자기사고의 틀을 만든다. 어떤 사람은 주로 감각적·운동감각적으로, 또는 느끼는 양식으로 생각한다. 시각적 양식으로 생각하는 사람은 "내가 그에게 사과하는 걸 봐줄 수가 없어"라고 말할 수도 있다. 반면에 청각적 양식으로 생각하는 사람은 "내가 그에게 미안하다고 말하는 걸 정말로 들어줄 수가 없어"라고 말할 수도 있다. 어떤 사람은 운동감각이나 느낌 양식을 이용해 "사과하는 게 불편할 것 같아"라고 말할 수도 있다. 만일 상담사가 청소년 내담자의 표현양식을 사용해 그와 내적으로 연결될 수 있다면 도움이 된다.

은유 사용

청소년은 은유적으로 말할 때가 자주 있다. 예를 들어 어떤 청소년은 "내가 어딜 가든 검은 구름이 내 머리를 덮고 있는 것 같아"라고 말할 수도 있다. 이 경우에 검은 구름은 절망감이나 우울함을 묘사하는 데 사용되는 것일 수도 있다. 내담자가 은유를 사용하면 그 은유를 상담사가 계속 사용해주는 것이 도움이 된다. 앞서 인용된 예에서 상담사는 내담자가 구름에 대해 어떻게 느끼는지를 탐구하거나, 그가 구름에서 태양으로 나아가려면 어떤 과정이 필요하다고 믿는지를 탐구할 수도 있다. 그 상담과정 중 나중에 다시 그 구름을 언급하면서 상담사가 그 은유를 계속 사용할 수도 있다(은유 사용에 관한 더 충분한 논의는 13장을 참조하라).

요약

로저스는 내용과 느낌을 반영할 때 요약이 유용한 기술이 된다고 확인해주었다(Rogers,

1955, 1965). 요약은 반영과 아주 비슷하다. 요약할 때 상담사는 내담자가 말한 것을 간략하고 간결하게 자기 말로 요약해서 되돌려준다. 요약은 내담자가 논의했던 일을 세세하게 망라하지 않고 가장 두드러진 면들을 골라낸다. 상담사의 요약을 통해서 내담자는 상담사가 듣고 이해했음을 알게 되며, 자기생각을 명료화시킬 수 있게 되고, 가장 중요한 것이 무엇인지 확인할 수 있게 된다.

빠져 있는 내용 주목하기

내담자의 이야기에만 주목하는 것은 충분치 않다. 빠져 있는 내용이 무엇인지 알아차리는 것도 중요하다. 상담사는 내담자의 이야기에 있는 틈과 채워지지 않은 공간을 찾을 필요가 있고, 모순되는 정보와 숨겨진 의미의 단서를 찾을 필요가 있다. 내담자가 이런 틈이나 채워지지 않은 공간을 탐구하도록, 조심스럽게 침범하지 않는 태도로 이끌면 유용한 정보가 나타날 수도 있다. 이 과정을 통해서 청소년은 놓치고 있는 대안이나 기회를 발견할 수도 있다. 빠져 있는 내용에 대한 주목은 이야기 치유(narrative therapy)에서 나온 개념이다(White, 2007).

우리는 '적극적 경청'이라는 제목으로 다양한 기술을 논의해왔다. 만일 상담사가 적절할 때마다 이 기술들을 선행주도해 도입한다면, 상담대화가 강화되고 청소년이 효과적으로 상담에 개입해들어올 가능성을 강화할 수도 있다.

생각 되돌려주기(피드백)

논의했던 대로, 우리는 반영을 이용해 청소년이 제공했던 정보를 되돌려줄 수 있다. 반영은 피드백(feedback)의 한 형태다. 청소년에게 그의 생각이나 말한 것을 되돌려주는 다른 많은 방법은 다음과 같다.

● 칭찬

- 긍정
- 기운 돋우기
- 정상화하기
- 재구성
- 서술 이용

칭찬

청소년은 하지 말았어야 할 일을 네가 했다는 식의 말을 어른으로부터 자주 듣는다. 청소년은 어른으로서의 경험이 없고, 발달상 새로운 행위를 실험해볼 필요가 있다는 사실을 고려한다면 이는 불가피한 일이다. 그 결과 많은 청소년이 어른은 자기에게 비판적이리라고 예상한다.

상담상황은 청소년이 긍정적 피드백을 받을 가능성을 제공함으로써 스스로를 괜찮게 느끼도록 도와줄 수 있다. 상담과정 중 청소년의 행위에 대해 칭찬하는 것이 도움이 될 것 같을 때는 칭찬의 피드백을 하는 것이 적절하다. 또 청소년이 내린 결정이나 개인 성장을 보여주는 행동을 칭찬할 수도 있다.

칭찬은 시의적절하게 사용될 필요가 있는데, 그렇지 않으면 어린아이 취급하는 것처럼 보일 수도 있다. 적절한 칭찬은 청소년의 기분을 괜찮게 만들며, 그가 계속 확신을 갖고 발전하도록 만들어줄 수 있다. 칭찬의 피드백은 상담사가 청소년의 이야기를 듣고 이해했음을 보여주는 지표가 될 수도 있다. 예를 들어, 청소년이 부당하게 도발되었지만 평소의 그답지 않게 스스로를 다스리고 반응했다면, 그 이야기를 들은 후에 "잘했구나, 그렇게 하기가 무척 힘들었을 텐데"라고 상담사가 말해줄 수도 있다. 따라서 그 행위가 긍정적 의미를 함축하게 되고, 청소년은 자기행위에 관해 기분이 좋아질 수 있다.

긍정

긍정은 내담자가 상담사와 함께 나눈 개인적 진실을 인정하고 강화해준다. 예를 들어 청소년은 자기가 어려운 상황에서도 좋은 결과를 이루기 위해 그 상황을 다루고 있음을 대화 중에 스스로 인식할 수도 있다. 그것에 대해 상담사는 긍정해줄 수 있다. "어려운 상황인데 네가 잘 대처하고 있는 게 분명하구나"라고 말이다. 이처럼 긍정은 상담사가 "어려운 상황에서 네가 잘 대처하고 있다고 넌 생각하는구나"라고 말하지 않고 "네가 대처를 잘하고 있구나"라고 말하는 것이다. 이것이 반영과 긍정의 차이다. 만일 상담사가 반영을 했다면, "아주 잘 대처하고 있다고 네가 믿고 있구나"라고 말하는 셈이고, 그것은 청소년이 말했던 것을 바로 반영한 것이다. 그러나 그다지 긍정해주는 것은 아니어서 내담자가 잘했다고 상담사가 믿는다는 메시지를 전달하지는 못한다.

"반영과 긍정은 동일하지 않다"

기운 돋우기

기운 돋우기는 해결중심 치유법(solution-focused therapy)에서 나온 기술이다(O'Connell, 2005). 기운 돋우기는 내담자가 전에 사용하지 않았던 새로운 긍정적인 행위를 했다고 말할 때, 상담사가 감정적으로 열심히 지지한다는 것을 보여주게 만든다. 이 기술은 청소년이 책임을 지고 변화를 주도했다는 가정에 기반을 둔다.

기운 돋우기에 사용하는 기술은, 청소년이 변화과정을 계속 묘사하도록 격려하는 질문과 서술이다. 예를 들어 상담사는 열렬한 관심을 가지고 다음과 같이 묻거나 말할 수도 있다.

"어떻게 그렇게 했니?"
"그런 결정을 어떻게 내렸니?"
"잘했네. 그렇게 하기가 틀림없이 힘들었을 텐데, 어떻게 했니?"
"근사하게 들리는구나."
"그건 멋지구나."

상담사의 이런 반응은 청소년이 어떤 변화를 성공적으로 이룬 것에 대한 책임과 자부심을 갖도록 도와준다. 더구나 내담자는 그 변화와 변화과정을 계속 탐구하도록 격려받는다. 이는 청소년이 자기행위를 스스로 통제할 수 있고 행위에 책임을 질 수 있다는 생각을 강화해준다. 이런 긍정적 강화는 청소년이 계속 자기인생을 책임지고 조정하도록 도와주기 쉽고, 따라서 더욱더 변화하면서 성인기로 나아갈 가능성을 증진시킨다.

정상화하기(normalizing)

청소년의 세계는 변화하고 있다. 그 결과 청소년은 자기감정, 반응, 행위에 자주 휘둘리게 된다. 이러한 괴로운 감정, 반응, 행위가 그 상황에서는 정상일 때가 많다. 그럴지라도 때때로 청소년은 자신이 '미쳐가고 있다'고 믿을 수도 있다. 전에 경험해본 적 없는 고도로 감정적인 느낌을 경험하기 때문이다. 이 같은 상황에서 상담사는 청소년에게 그가 경험하고 있는 것이 그 상황에서 정상이라고 말해주는 것이 도움이 될 수 있다. 물론 그것이 진짜 정상인 경우를 전제로 한다.

청소년이 때로는 스스로 실망하는 식으로 반응할 수도 있고, 비현실적인 자기기대를 하기도 한다. 다시 한 번 말하자면, 이러한 반응과 행위를 정상인 것으로 말해주는 것이 도움이 될 수 있다. 그러나 분명한 것은, 용납할 수 없는 반응과 행위가 이미 별것 아닌 것으로 취급되지 않을 경우에만 정상이라고 말해줄 필요가 있다.

우리가 알기로, 청소년이 또래에게 개인정보를 과시하는 주요 목표 중 하나는 또래가 비슷한 경험을 했는지를 점검해봄으로써 자기경험을 정당화하는 것이다(Rotenberg, 1995). 청소년은 다른 사람 눈에 자기가 어떻게 보일지 아주 관심이 많고, 그것을 자신에 대해 스스로 느끼는 것과 비교한다(Erikson, 1987). 그러므로 정상화는 청소년 상담에서 가장 중요한 상담기술 중 하나다.

재구성

재구성은 청소년 상담에서 특히 도움이 되는 아이디어다. 청소년은 자기세계에 대해 매우 분절된 관점을 가지고 있어서 넓은 그림을 보지 못하는 경우가 많다. 이것이 때로는 비현실적이고 부정적인 인식을 하게 만든다. 재구성은 자기가 고려해왔던 그림의 부분을 고려할 뿐 아니라 그것이 더 큰 그림의 일부임을 볼 수 있도록 자극한다. 이는 마치 전체 그림의 작은 한 부분만 들어가는 틀로 그곳에 들어 있는 부분만 보던 청소년이 더 큰 틀을 선택함으로써 원래 틀에 있던 것을 더 넓은 맥락 안에서 보게 되는 것과 같다.

재구성을 설명하기 위해, 조카를 자주 돌봐야 한다고 불평하는 여자 청소년의 예를 고려해보자. 그의 쌍둥이 언니는 조카를 돌봐야 했던 적이 없다는 것이다. 더 큰 그림을 탐구하면서 나타날 수도 있는 그림은 쌍둥이 언니보다 그에게 더 많은 자유가 허용되어 있고, 또 조카의 엄마인 큰언니보다 자기가 그 조카를 더 잘 돌볼 수 있다는 것에 스스로 만족한다는 것이다. 이럴 때 적절한 재구성은 다음과 같을 수도 있다. "내가 받은 인상으로는, 네가 쌍둥이 언니나 큰언니보다 더 성숙한 것일 수도 있겠다. 분명 조카를 돌보는 일이 너를 지치게 하지만, 그 애 엄마인 큰언니보다 네가 조카를 더 잘 돌보는 능력이 있어서 자부심을 느끼는 것 같구나. 그리고 부모님도 너를 더 신뢰하기 때문에 쌍둥이 언니보다 너에게 더 책임과 자유를 많이 주시는 것 같다." 상담사는 이러한 재구성을 통해, 그 청소년이 성인기를 향해갈 때 내재된 책임과 자유라는 더 넓은 이슈에 대해 자신이 어떤 태도와 느낌을 가지고 있는지 탐구하도록 돕는다.

재구성을 할 때는 처음에 초점이 되었던 그림의 부분을 무시하거나 부정하지 않고, 이 부분을 더 큰 그림에 합치는 것이 필수적이다. 이렇게 하지 못하면 청소년 내담자의 인식개념들을 긍정적으로 평가하지 않는 것이 된다. 재구성은 반드시 청소년의 인식개념을 포함시켜서 그 위에 세워지고 확대되어야 한다. 그러면 청소년은 자기의 말을 상담사가 믿었다고 인식할 수도 있고, 그 재구성을 수용할 수도 있게 된다. 재구성은 잠정적으로 느슨하게 이루어질 필요가 있는데, 그래야 청소년은 그 재구성이 자신에게 맞지 않는다고 거부할 기회를 가질 수 있다. 재구성은 내담자가 부정적·파괴적·억압적 상황이나 과정을 더 크고 긍정적인 맥락에서 바라보게 함으로써 그 상황을 수용할 수 있도록 해준다.

"재구성은 청소년의 인식개념과 맞춰질 필요가 있다"

서술 이용

청소년 상담에서 상담사의 서술은 대단히 도움이 되며, 여러 방식으로 사용될 수 있다.

- 청소년이 (13장에서 16장까지 설명될) 상담기법과 연관된 활동을 할 때, 피드백을 주기 위해서 서술이 사용될 수 있다. 예를 들어 청소년이 어떤 특정 과제를 수행하기 어려워하면, 상담사는 "상징물을 선택하기가 어려운 것 같구나"라고 말할 수도 있다.

- 상담사가 상담과정에서 관찰한 것을 청소년에게 되들려줄 때 서술이 사용될 수 있다. 예를 들어, "내 생각에 우리가 해결책을 찾지 못하고 빙빙 돌고 있는 것 같구나"라고 말할 수도 있다.

- 청소년이 하고 있는 것들에 대한 피드백으로 서술이 이용될 수 있다. 예를 들어 상담사는 "네가 손을 너무 꽉 쥐고 있는 것처럼 보여"라고 말할 수도 있다. 이런 유형의 피드백 서술은 게슈탈트 치유법(Gestalt therapy)에서 나왔다.

- 청소년이 말한 것을 역설적으로 과장해서 되들려주는 데 서술을 이용함으로써, 청소년은 그 과장에 도전받고 자기 힘을 인식할 수도 있다. 예를 들어 "그래서 너는 무조건 소망이 없다는 거구나. 네가 성공한 건 아무것도 없고, 완전 실패네"라고 말할 수 있다. 이런 역설적 접근은 청소년이 그것에 함축된 도전에 대처할 수 있는 힘이 있을 때에만 재치 있게 사용되어야 한다. 그렇지 않으면 상처를 줄 수 있다.

서술은 피드백과 관계없는 목적을 위해서도 유용하다.

- 어떤 특정한 순간에 청소년에게 일어났을 수도 있는 일을 상담사가 명료하게 만들어주는 데 서술이 사용될 수 있다. 예를 들어, 청소년이 스스로 했던 일의 결과를 진짜 좋아하는지 의구심이 들 때, "내가 너라면 정말 즐거웠을 것 같은데"라고 말해줄 수도 있다.

- '나'로 시작하는 서술은 느낌, 생각, 행위에 책임지는 본보기로 사용될 수 있다. 예를 들어 상담사는 "요즘 사람들은 그것을 상관하지 않지"라고 말하는 대신 "나는 요새 그런 걸 염려하지 않는단다"라고 말할 수도 있다.

- 상담사는 상담과정을 구성하기 위한 서술을 할 수 있다. 예를 들어 비밀보장이 어느 정도 수준에서 지켜질지에 관해 서술할 수 있다.

적극적 경청에 관한 한 피드백을 주는 데 사용될 수 있는 다른 기술도 많다. 만일 이 기술들이 선행주도적으로 선택되면 상담대화는 생생해질 수 있고, 따라서 청소년의 관심이 유지될 수 있다.

질문하기

성인상담에서는 보통 지나치게 많이 질문하지 않도록 조심한다. 상담대화가 탐문하는 것처럼 될 수도 있기 때문이다. 마찬가지로 아동상담에서도 너무 많이 질문하지 않도록 주의해야 한다. 어른이 질문할 때, 아이는 어른이 듣기 원한다고 생각하는 것을 대답하는 경우가 더 많기 때문이다. 우리가 믿기에 청소년 상담은 성인상담이나 아동상담과는 아주 다르다. 청소년 상담에서는 청소년이 상담에 몰두하는 것이 필요하고 그의 관심이 유지될 필요가 있다. 이런 상태를 조성하는 좋은 방법 중 하나는 적절한 때 적합한 질문을 하는 것이다. 상담의 많은 접근방식에서 나온 많은 질문유형이 청소년의 관심을 끄는 데 특히 도움이 된다. 그 각각을 설명하겠지만 그전에 먼저 두 가지 중요한 유형의 질문을 고려할 필요가 있다.

질문은 두 가지 유형으로 나뉠 수 있다. 열린 질문과 닫힌 질문이다. 닫힌 질문은 매우 제한될 수 있는 특정한 대답을 요구한다. 닫힌 질문의 한 예인 "너, 마약하니?"라는 질문은 "예" 또는 "아니요" 말고는 다른 대답이 거의 있을 수 없다. 청소년과 합류되기 전에는 마약을 하든 하지 않든 상관없이 이 질문에 대한 대답이 거의 다 "아니요"이기가 쉽다.

열린 질문은 다양하게 설명하는 대답을 이끌어내는 질문이다. 예를 들어 상담사가 "너, 마약하니?"라는 닫힌 질문 대신에 "마약하는 것에 대해 넌 어떻게 생각하니?"라는 질문을 던질 수도 있다. 여기서 청소년은 가능한 대답을 생각하며 태도나 신념을 묘사하라고 질문받는 셈이 된다. 그것은 단 한마디의 대답보다는 논의를 열어줄 가능성이 높다. 두 유형의 질문 모두 유용하지만 보통 열린 질문이 상담에서 더 도움이 된다. 그것이 대화할 수 있는 반응을 유도하고 자기노출의 가능성을 높여주기 때문이다.

때로는 닫힌 질문이 유용한데, 특정 정보가 요구될 때 특히 그렇다. 예를 들어, 청소년의 자살의도에 관해 물을 때는, 닫힌 질문에 대한 대답이 상담사가 청소년의 지속적인 안전과 보호에 관한 결정을 내릴 수 있도록 해줄 수 있다. 우리는 청소년에게 때로 닫힌 질문을 하는 것이 문제된다고 보지 않는다. 반드시 기억할 점은, 청소년이 다른 청소년에게 정보를 얻을 때 매우 직접적인 경우가 많다는 사실이다. 그러므로 적절한 때에 이와 관련해 우리가 그들 행위의 본이 되는 것이 도움이 될 수 있다. 그러나 한 번에 너무 많이 닫힌 질문을 하는 것은 위태로울 수 있다. 그럴 경우 상담회기가 질의응답 시간으로 변질될 것이 거의 확실하기 때문이다.

"질문의 지나친 이용은 상담이 아니라 탐문수사가 된다"

청소년 상담에 특히 유용한 열린 질문의 유형이 몇 가지 있다. 이제 그것을 설명할 것이다.

일반적 정보 추구 질문

우리는 보통 일상대화에서 정보를 얻으려고 질문한다. 청소년도 마찬가지 이유로 또래에게 질문한다. 상담사가 진짜 호기심과 관심이 있음을 나타내는 질문이면, 청소년은 자기가 중요한 정보원이라고 느끼기 쉽다. 예를 들어, "네가 하는 만화책 수집에 나도 관심이 있단다. 넌 어떤 종류의 만화를 가장 좋아하니?"라든가 "난 스케이트보드 타는 그 장면을 잘 모르겠던데, 네가 가르쳐줄 수 있니?"라고 상담사가 말할 수도 있다.

내담자의 자각을 고조시키는 질문

이런 질문은 게슈탈트 치유에서 보통 사용된다(Clarkson, 2004). 이 질문은 내담자가 신체적·감정적으로 자기 안에서 일어나는 일들을 더 충분히 자각할 수 있도록 도와주어서 내담자가 자신의 신체적·감정적 느낌을 강화하고, 다루며, 연관된 생각을 논의할 수 있게 되는 것을 목표로 한다. 이 범주에 드는 전형적인 질문은 다음과 같다.

"바로 지금 어떤 감정을 느끼니?"

"그 감정이 몸속 어느 부분에서 느껴지니?"

"지금 바로 네 안에서 일어나는 일을 나에게 말해주겠니?"

"지금 바로 네 안에서 무슨 일이 일어나고 있니?"

만일 청소년이 울기 시작하면, 상담사는 "네 눈물을 말로 표현할 수 있을까?"라고 물을 수도 있다. 이는 그 청소년이 내면의 경험과 관련된 생각을 말로 표현하도록 만들 수 있다. 말로 표현하는 것이 생각을 더 나아가게 할 수 있기 때문에, 이를 아는 상담사는 내담자와 합류해 그가 더 나아가도록 도울 수 있다. 마찬가지로, 청소년이 어딘가에 걸려서 말할 수 없는 것처럼 보인다면, 상담사는 "지금 바로 네 속에서 무슨 일이 일어나고 있는지 말해줄 수 있겠니? 속으로 무엇을 경험하고 있는데?"라고 물어볼 수도 있다.

우회질문

우회질문(circular questions)은 가족치료에 대한 밀라노 학파의 체계모델(Milan Systemic Model)에서 나온 질문유형이다(Palazzoli et al., 1980). 우회질문은 청소년이 위협을 느끼지 않을 방식으로 그에게서 정보를 얻으려는 질문이다. 청소년에게 그가 어떻게 느끼는지, 무엇을 생각하는지, 태도가 어떤지를 직접 묻는 대신에, 다른 사람이 어떻게 느끼는지, 생각하는지, 태도는 어떨지를 묻는다. 예를 들어, 상담사는 "엄마가 너에게 소리 지르기 시작하면, 네 동생은 어떻게 생각하는지 궁금하구나"라는 우회질문을 던짐으로써 청소년이 다른 사람의 느낌, 생각, 태도, 신념에 관해 말하도록 유도하는 효과를 갖는다. 이는 청소년에게 자기자신에 관해 말하라고 요구하는 것보다 덜 위협적이다. 우회질문에 대답한 후, 내담자는 자기느낌, 생각, 태도나 신념을 계속 말하면서 우회질문 안에 언급된 사람에게 자기가 동의하는지 아닌지를 명료하게 하는 경우가 많다.

옮겨가는 질문

청소년 상담에서 옮겨가는 질문이 특히 유용한 까닭은 또래대화에서 이런 식의 질문이 이루어지기 때문이다. 옮겨가는 질문(transitional questions)의 예는 다음과 같다.

> "엄마가 어떻게 느끼는지, 또 의붓아버지가 어떻게 느끼는지 네가 아까 많이 이야기했
> 는데 네 동생은 어느 편인지 궁금하구나."
>
> "학교를 그만두는 선택에 관해 전에 말했는데 지금은 그 선택을 어떻게 느끼고 있는지
> 궁금하구나."
>
> "전에 괴로운 경험을 했다고 네가 말했지. 그것에 관해 네가 더 말하고 싶은지 알 수 있
> 을까?"

옮겨가는 질문은 다음의 목적을 위해 사용될 수 있다.

① 청소년이 중요한 주제나 이슈에 대한 논의로 되돌아가도록 북돋기. 특히 이야
　기가 옆으로 샜던 경우에 해당된다(9장 참조).
② 청소년이 한 주제나 측면을 말하는 것에서 다른 주제나 측면으로 넘어가도록
　북돋기
③ 상담사가 대화에 적극적으로 참여하고 있음을 분명하게 만들기
④ 대화를 활기 있게 만들기

　상담사가 옮겨가는 질문을 이용하는 것은 선행주도적이다. 대화에 적극 참여해 변
화를 도입하고 그리고/또는 상호작용을 활발히 하기로 분명히 결정한 것이다. 기억할
점은, 상담사가 청소년 상담에서는 성인상담의 일반적인 강조점과는 다른 것을 강조한
다는 점이다. 성인상담에서는 상담사가 선행주도해 참여하기보다는 성인 내담자의 과
정에 머물러줄 필요가 있다는 데 더 큰 강조점이 놓인다. 청소년에게는 상대적으로 그
들 대화와 나란히 갈 필요가 있고, 이를 위해 옮겨가는 질문이 지극히 유용하다.

> "옆으로 새는 말을 따라가다가 옮겨가는 질문을 함으로써
> 중요한 이슈를 다시 도입할 수 있다"

옮겨가는 질문을 사용할 때는 주의할 점이 있다. 청소년이 중요한 그리고/또는 괴로운 문제를 논의하더라도 방향을 바꾸지 않을 것 같은 시점에서만 옮겨가는 질문을 해야 한다.

선택질문

선택질문은 원래 현실 치유법(Reality Therapy)에서 시작되었다(Glasser, 2001). 이 질문은 내담자가 자기생각과 행동방식을 선택할 권리가 있음을 암시해준다. 선택질문의 예는 다음과 같다.

"그때 네가 어떤 선택을 했던 것이 더 나았을까?"
"지금은 어떻게 하고 싶니? 이 문제에 대해 계속 이야기할까, 아니면 지금은 그냥 내버려둘까?"
"네가 그것에 어떤 다른 방식으로 반응할 수 있었을까?"
"다음 주에 똑같은 상황이 벌어진다면 너는 어떻게 할 것 같니?(이걸 할 거니? 저걸 할 거니?)"

과거, 현재, 미래에 관한 이런 질문은 다른 행위로 인해 생길 수 있는 결과를 보게 만들어준다. 선택과 결과를 탐구함으로써 청소년은 미래 상황에 더 잘 준비될 수 있다.

도사 질문

도사 질문(guru question)은 게슈탈트 치유법에 그 근원을 둔다(Clarkson, 2004). 이런 종류의 질문을 할 때 상담사는 먼저 청소년이 자기로부터 거리를 두고 스스로에게 조언하도록 유도한다. 예를 들어, 상담사는 "잠시만, 네가 아주 현명한 도사라고 상상해보자. 그래서 너 같은 사람에게 조언을 해줄 수 있다고 말이야. 너는 어떤 조언을 해줄래?"라고 말할 수 있다. 이 질문은 특히 청소년에게 유용하다. 그들은 보통 친구에게 조언을 하기 때문이다. 자기가 도사의 자리에 있으면 스스로에게 유용한 조언을 할 수 있는 경우가 많다. 그 '도사'의 조언을 듣고 나서, 거기에 따르고 싶은지 아닌지를 스스로 평가할 수 있다.

"많은 청소년이 조언하기를 즐긴다"

장래경력 질문

이 질문은 청소년의 현재 행위를 넘어서서 과장·추정하는 질문이다. 그것은 청소년에게 자신의 방향에 관한 선택권이 있으며, 그 선택이 삶의 스타일을 극단적으로 몰고 갈 수도 있음을 깨닫도록 도와준다. 예를 들어, "네가 공부 외에 다른 모든 것을 포기하고 다른 사람의 모델이 되기로 한 지독한 모범생이 된다면 어떤 직업을 갖게 될 것 같니?" 의 질문을 던질 수 있다. 이 질문은 청소년 자신이 원하면 따라갈 수 있는 길에 관해 자각하도록 만들어준다. 그리고 장기간의 결과를 낳을지도 모르는, 현재의 변화를 가져올 선택을 할 수 있는 능력을 강화시킨다.

　이 질문은 어느 정도 모순된 내용을 담고 있으며, 바라건대 극단적이지 않고 만족스러운 행위를 낳을 논의가 보장되는 것이 좋다. 이 질문은 조심스럽고 분별 있게 사용될 필요가 있다. 그렇지 않으면 자기성취 예언처럼 될 수도 있다. 다음과 같은 질문을 고려해보자. "너는 가게에서 들치기를 계속하면서 더욱더 위험을 감수하다가 전문 범죄자가 되고 싶은 거니?" 이 질문이 어떤 청소년에게는 유용하지만, 어떤 청소년에게는 '제안된' 경력으로서 따라가게 만들 수도 있다.

외재화 질문

이 질문은 원래 이야기 치유법(narrative therapy)에서 유래했다(White, 2007). 외재화(外在化, externalizing) 질문은 문제나 중심 이슈를 그 개인으로부터 분리한다. 이렇게 함으로써, 내담자가 원한다면 자기문제나 중심 이슈를 스스로 통제할 수 있다고 느끼도록 해준다. 문제가 자기 안에 내재해 통제할 수 없는 어떤 것이 아니라, 통제될 수 있도록 자기 바깥에 있기 때문이다.

외재화 질문의 좋은 예는 분노조절과 관련된다. 상담사는 청소년의 분노를 외재화할 수 있다. 가령 "네가 분노를 통제하는 것이 아니라 분노가 너를 통제하고 있는 것 같은 인상을 내가 받는단다. 분노가 너를 조정할 수 있게 네가 그냥 내버려두도록 분노는 어떤 술수를 썼을까?"라고 말할 수도 있다.

외재화 질문은 통제 이슈에 관한 논의로 이끌어가는 경우가 많다. 통제 이슈는 청소년에게 중요하다. 청소년은 자기인생을 더 조정하고 싶은 열망에 애쓰지만, 자기행위를 조정하는 데 따르는 책임을 꺼릴 수도 있다. 외재화 질문 다음에는 변화조장을 도와주는 예외지향 질문이 자주 따라 나온다.

예외지향 질문

유용한 질문유형 중에는 '해결중심 간단치유법(Brief Solution-focused Therapy)'에 기원을 둔 것이 많다. 예외지향 질문, 결과과장 질문, 기적 질문, 목표지향 질문, 등급질문, 변화제시 질문이 그것에 포함된다(O'Connell, 2005). 예외지향 질문의 목표는 바람직하지 않은 행동이 나오지 않았던 때나 상황에 주의를 돌림으로써 변화를 촉진시키는 데 있다.

"화가 나지 않는 때는 언제니?"
"어떨 때 아빠와 말싸움하지 않게 되니?"
"어떤 상황에서 네가 잘 참을 수 있니?"

예외지향 질문의 목표는, 청소년이 자기가 다르게 행동했던 때 그리고/또는 상황을 발견해서 자기가 다르게 행동할 수 있게 만들어주는 것이 무엇인지 인식하도록 돕는 것이다. 이런 식으로 이해함으로써 청소년은 자기행위 그리고/또는 자기 환경을 스스로 더 조정할 수 있음을 알게 된다. 이를 인식한 청소년은 긍정적 변화를 가져올 선택을 할 수도 있다.

"예외의 발견이 변화의 가능성을 이끌어낼 수 있다"

결과과장 질문

이 질문의 예는 다음과 같다.

> "어떻게 하면 악화되지 않을까?"
> "완전히 엉망진창이 되지 않도록 막아준 게 뭐니?"
> "어떻게 박살나지 않고 피했니?"

이런 질문은 청소년이 불리한 상황 속에서 스스로 대단히 잘 대처했음을 깨닫도록 도와줄 수 있다. 이 질문의 목표는 내담자가 자기행위를 긍정적으로 바라보고, 전에 인식하지 못했던 힘을 발견하도록 북돋아주는 것이다. 청소년은 자기가 얼마나 잘 살아가고 있는지 확신하지 못하므로 이런 질문은 청소년에게 매우 유용하다.

기적 질문

기적 질문은 내담자가 지금 경험하고 있는 문제에 대한 가상의 해결책을 찾기 시작하도록 돕는 데 사용된다. 기적 질문의 전형적인 예는 다음과 같다.

> "기적이 일어나 문제가 해결된다면 너는 무엇을 다르게 할 것 같니?"
> "그 일이 기적적으로 변한다면, 삶이 어떨 것 같니?"

이런 종류의 질문이 호소력 있는 것은, 상상력을 이용해서 자기 상황이 나아진다면 어떻게 달라질 것인지 탐구할 수 있게 해주기 때문이다. 변화될 수도 있는 방법에 관해 생각함으로써 내담자는 변화하는 데 도움이 될 새로운 아이디어를 탐구하기 쉬워진다.

목표지향 질문

목표지향 질문은 직접적인 질문이고, 어떤 점에서는 예외지향 질문과 비슷하다. 두 질문 모두 변화될 수 있는 방법을 탐구하도록 하기 때문이다. 그 질문들은 내담자가 어떤 변화를 원하는지 광범위하게 확인하도록 돕는다. 목표지향 질문은 내담자가 어떤 일이 달라질 수 있는지 탐구하는 가운데 미래를 내다보도록 한다. 목표지향 질문의 예는 다음과 같다.

> "네가 만일 화를 내지 않는다면 네 인생이 어떨 것 같다고 생각하니?"
> "네가 이 문제를 해결했다는 것을 너는 어떻게 알까?"
> "만일 네가 더 이상 비참하게 느끼지 않는다면 네 삶이 어떨지, 넌 무엇을 하고 있을지 말해줄 수 있겠니?"
> "네가 ○○○에 관해 이루고 싶은 특별한 목표가 있다면, 그게 무얼까?"
> "어떻게 되면 좋을 것 같니?"
> "○○○에 관해 생각하면서 어떤 특별한 목표를 찾을 수 있겠니?"

목표지향 질문은, 청소년의 마음속에 특정 목표를 이루지 못하도록 그의 능력을 훼방하는 억제된 인식이 있는지 확인하는 데 도움이 되기도 한다. 또 내담자가 이 억제된 것을 극복하는 방법을 찾도록 도와준다. 예를 들어, 다음과 같이 질문할 수 있다.

> "무엇이 네 목표를 이루지 못하게 너를 막고 있니?"
> "그 목표를 이루려면 무엇을 할 필요가 있을까?"

등급질문

등급질문은 '해결중심 간단치유법'에서 유래한다. 등급질문이 목표와 관련될 때는 목표지향 질문으로 나아가는 경우가 많다. 두 질문 모두 청소년이 목표를 확인하고 논의할 때 구체적일 수 있게 도와준다. 등급질문의 예는 다음과 같다.

> "1에서 10까지 등급 중에서 1은 극도로 자신 없는 것이고 10은 정말로 자신 있는 것이라고 한다면, 바로 지금 너는 어느 등급에 있다고 생각하니?"

"1에서 10까지 등급 중에서 1은 아주 우울한 것이고 10은 신나게 행복한 것이라면, 앞으로 너는 어느 등급에 있고 싶니?"

"1이 정직하고 올바른 시민에 해당되고 10은 지독한 범죄자에 해당된다면, 너는 어디에 있고 싶니?"

등급질문은 목표지향 질문으로 이끌어간다. 예를 들어 상담사는 "그 등급에 도달하려면 넌 무엇을 할 필요가 있을까?"라고 물을 수도 있다.

변화를 전제한 질문

변화를 전제하는 질문의 한 예는 "지난번 만났을 때보다 무엇이 달라지거나 더 나아졌니?"이다. 이 질문은 변화가 일어났음을 전제로 청소년이 향상된 것을 확인하도록 도와줄 수도 있고, 그래서 그의 기분이 좋아질 수도 있다. 긍정적인 변화가 주목받지 못하고 넘어가는 때가 매우 자주 있다. 그 주간에 말싸움이 줄어들었지만 청소년 스스로는 인식하지 못하고 있을 수도 있다. 이때 상담사는 변화를 전제한 질문을 통해서 청소년에게 일어난 변화에 초점을 맞추고, 작은 변화를 주목할 만한 것으로 만들 수 있다. 따라서 향상이 시작되었다는 인식을 형성시킬 수 있다. 일단 향상된 것이 인식되면, 더 향상시킬 마음이 생겨서 의미심장한 변화가 일어날 수 있다.

도전하기

상담사가 청소년 내담자에게 도전해야 할 필요가 있는 상황이 많다. 청소년을 공격하는 식으로 도전해서는 안 되며, 청소년 자신이 말한 것, 믿는 것, 하고 있는 일에 대해 스스로 질문하도록 만들어야 한다. 또래관계에서 청소년은 보통 직접적으로 도전한다. 상담사도 마찬가지로 직접적일 필요가 있지만 청소년의 자아에 위협적이지 않은 방식이어야 한다. 도전이 필요할 수도 있는 상황은 다음과 같다.

● 말하는 내용이 일관성이 없거나 모순되면서 혼란스러울 때

- 자기를 파괴하는 것일 수밖에 없는 행위에 연루되었으면서 그것을 인식하지 못할 때
- 자신을 괴롭히는 것처럼 보이는 기본 이슈를 회피하고 있을 때
- 과거나 미래에 관해 말하는 것에 지나치게 부적절하게 매달려서 현재에 초점을 맞출 수 없을 때
- 같은 이야기를 반복하면서 겉돌고 있을 때
- 청소년의 비언어적 행위가 언어 행위와 맞지 않을 때
- 내담자와 상담사 관계에서 바람직하지 않은 과정이 생길 때, 예를 들자면 의존성이나 전이가 생기거나, 내담자가 뒤로 물러나거나, 상담사에게 적대감과 분노 등의 감정을 보여줄 때
- 청소년이 자신의 행위 때문에 일어날 가능성이 있는 심각한 결과를 인식하지 못할 때
- 내담자가 특정한 상황에 대한 현실감이 없지만, 정신건강 문제의 징조는 없을 때

이런 상황에서는 상담사가 관찰하고 느낀 것을 공유함으로써 내담자에게 도전할 수도 있다. 좋은 도전방법은 다음과 같은 과정을 이용한다.

① 내담자가 말한 것을 반영하거나 간단히 요약해준다. 따라서 내담자는 자기 말이 경청되고 이해되었다고 느낄 수 있다.
② 경청하면서 상담사 자신이 느낀 것을 포함해 서술하는 것도 가능하다.
③ 상담사가 주목하고 관찰했던 것을 구체적으로 서술한다. 이 서술은 해석이 아니어야 한다.

"도전할 때는 예민함이 필요하다"

도전하는 반응의 예는 다음과 같다.

"네가 방금 …… 라고 말했던 것이 나에게는 좀 헷갈리는데, 내가 듣기에 누나하고 네 관

계를 서너 차례 간단히 말한 다음에는 네가 다른 것을 말하기 시작했거든."

"네가 엄마와의 관계를 말해주었지, 그런데 내가 좀 혼동되어서. 너는 엄마를 무척이나 아낀다고 나에게 말했는데, 일부러 엄마를 상처주려고 계획하고 있다고도 말하니까 말이야."

지침

청소년 상담에서 도움이 되는 지침의 유형이 많다. 지침을 줄 때는 상담사가 어른인 체한다는 느낌이 들게 하거나, 부모노릇을 한다고 느끼게 만들거나, 또는 청소년이 소외되는 느낌이 들게 해서는 안 된다. 8장에서 설명되었듯이, 선행주도 상담과정에서 상담사는 상담기법을 선택해 청소년의 이슈를 탐구하게 된다. 이 기법들을 사용할 때 상담사는 선택된 기법을 설명하고, 그 과정을 구성하는 데 도움이 될 지침을 줄 필요가 있다. 청소년 상담은 때로 지시적일 필요가 있다는 의미다.

지시하기

특정한 기법 사용과 관련된 지침을 지시하기 전에 청소년에게 그 기법에 참여할 것인지에 대한 선택권을 줄 필요가 있다. 덧붙여서 말하자면, 청소년이 지시대로 할 것인지 아닌지를 선택할 수 있다고 말해주는 것이 필요하다. 이 조건이 만족되지 않으면 청소년은 힘을 빼앗길 것이고 회기가 계속되더라도 내담자-상담사 관계는 부모 유형의 관계로 후퇴될 가능성이 높다. 특정 과정에 참여할지 타협하는 일은 청소년이 특정 지시사항들을 수용하든 수용하지 않든, 상담사와 협조하며 합류할 수 있도록 하는 데 필수적이다.

지시할 때는 상담사가 다음과 같이 분명하고 구체적인 지침을 주어야 한다.

"네가 지금 어떻게 느끼는지 말해보렴."

"더 말하렴."

"네가 진짜 어떻게 느끼는지 지금 네 축구코치에게 말하렴."(역할극에서)

"여기 와서 서보렴, 그리고 네가 선생님이라고 상상하는 거야."(역할극에서)

"자리를 바꾸어서 네가 할머니가 되는 거야."(두 의자 작업 때)

"네 실망을 표시해주는 상징물을 골라봐."(상징물 선택에서)

상담사에게 중요한 일은 지시의 결과를 관찰하는 것이다. 만일 효과가 없으면, 지침과 지시를 바꿀 필요가 있다. 이것이 어떤 순간에는 그 기법을 버려야 함을 의미할 수도 있다.

유머 이용

어떤 청소년에게는 유머가 특별히 도움이 될 수 있다. 대화를 가볍게 만들어줄 수 있기 때문이다. 중요한 것은 상담사가 자기의 내면 청소년과 접촉할 수 있어야 하고 그 상황에 적절한 유머를 사용할 수 있어야 한다는 점이다. 유머는 변화에 직접 영향을 줄 수도 있고, 편안한 분위기를 만들어낼 수도 있다.

변화를 조장하기 위해 유머를 사용할 때 우리는 역설적 개입을 사용할 수 있다. 역설적 개입은 기법중심 가족치유법(Strategic Family Therapy)에 기원을 둔다(Madanes, 1981, 1984). 프랭클(Viktor Frankl)은 역설적 개입에 대해 내담자가 자신의 신경증에 대해 웃어줌으로써 그것에서 분리되는 느낌을 개발할 수 있게 해주는 기술이라고 묘사한다(Frankl, 1973). 우스운 제안을 함으로써 상담사는 청소년이 문제에 대한 새로운 대안적 해결책을 창조적으로 생각해보도록 격려할 수도 있다. 예를 들어, 청소년이 과제물의 점수를 높이 받아야 하는 것을 염려한다면 상담사는 일부러 재치 있게 말할 수도 있다. "그렇다면 그 과제가 괜찮은지 네가 스무 번쯤 읽어야겠다. 그다음에는 대여섯 친구에게 보여줘서 잘 되었는지 제안할 것은 없는지 확인하고, 있다면 고쳐서 제출해야겠네." 분명한 것은, 이런 접근방법은 긍정적 결과가 이루어질 것이라고 상담사가 확신하는 학생에게만 사용되어야 한다는 점이다.

상담에서 유머는 결코 적대적이거나 경멸하는 것이어서는 안 된다. 청소년이 유머를 사용하는 방법은 놀리고, 흉내 내며, 행동해버리는 것이다. 그러나 이는 분명 상담사의 행위로는 적합하지 않다. 상담에서 유머 사용이 성공하려면, 내용과 타이밍을 예민하게 선택할 필요가 있고, 상담사가 청소년 내담자의 취약성에 민감해야 한다. 어떤 개인에게는 놀라운 효과가 있는 것이 다른 사람에게는 전혀 아닐 수도 있다.

key
point

- 상담의 다양한 미세기술을 통해 청소년에게 합류하며, 청소년이 이슈를 해결하고 더 기분 좋아지게 할 수 있다.
- 관찰은 상담사가 청소년의 기분, 지적 기능, 자기존중, 태도, 신념, 창조성, 사회적 영향에 관한 정보를 얻는 과정에서 평가도구로 사용될 수 있다.
- 주제에서 벗어나기, 자기노출, 청소년의 어휘, 표현양식, 청소년이 사용하는 은유를 이용해 청소년의 대화양식에 맞추는 것이 도움이 될 수 있다.
- 다양한 범위의 질문과 피드백 서술이 상담의 상호작용을 활발하게 만들고, 청소년을 집중하게 하며, 합류하는 일을 증진시킬 수 있다.
- 유머는 상담대화의 균형을 잡아주는 데 유용할 수도 있다.

11

청소년의
변화 조성

청소년 상담에서 사용될 수 있는 선행주도 접근방식을 앞에서 논의했다. 선행주도 방식이 청소년 대화과정과 상담기술을 어떻게 사용하는지, 그리고 상담과정을 청소년에게 알맞도록 어떻게 의도적으로 만들어가는지를 설명했다. 선행주도 접근방식의 토대들과 상담의 일차적 기능을 위해 사용되는 과정도 설명했다.

한 사람 안에서 변화가 생기도록 조성하는 일은 어떤 상담과정에서도 중심과제이기 때문에, 상담사가 다양한 변화가 일어나는 과정을 이해하는 것이 중요하다. 청소년에게 선행주도 접근방식을 사용할 때도 그 변화가 일어날 수 있다.

상담에서 일어날 수 있는 긍정적 변화는 어떤 상담모델이 사용되었는지와 상관이 없음을 보여주는 연구가 있다(Prochaska, 1999). 더욱이 그 연구는 상담모델보다는 내담자와 상담사의 관계가 변화를 만드는 데 더 중요한 요소라는 것을 보여주었다. 그렇다할지라도 사용되는 상담과정이 내담자에게 적합하다면 변화가 더 신속하고 효과적으로 일어나기가 쉽다. 우리의 관점에서 선행주도 접근방식의 장점은 그러한 접근방식이 일반적으로 청소년 내담자에게 적합하다는 것이다. 이는 청소년의 발달단계와 양립하기 때문이다.

쓸모 있는 종류의 변화

인간은 도움이 안 되거나 계속 성가시게 드는 생각들, 불편한 감정, 부정적인 결과를 가져올 행위 때문에 괴로워지는 경우가 많다. 청소년 상담의 중심목표는, 청소년의 기분이 더 나아지고 더 잘 적응해 자기 할 바를 함으로써 더 만족스러운 삶을 살도록 도와주는 것이다. 따라서 청소년 상담의 목표는 청소년이 생각하고 느끼며 행동하는 방식에 변화가 일어나도록 조성해주는 것이다.

한 사람의 생각, 감정, 행위 사이에는 분명히 결정적인 연관성이 있다. 사고와 감정과 행위의 관계가 정확히 어떤 성격을 지니는지에 대해 상담사, 심리학자 등은 오래전부터 다양한 의견을 말해왔다.

"사고, 감정, 행위는 상호 연관된다"

어떤 사람은 인지(사고)의 변화가 감정변화와 행동변화를 일으키기에 충분하다고 믿는다. 어떤 사람은 감정적 느낌의 변화가 불가피하게 생각과 행위의 변화를 만들어낸다고 생각한다. 놀랄 것도 없이, 어떤 사람은 행위변화가 생각과 감정의 변화를 낳는다고 생각한다. 변화를 조장하는 데 어느 것이 먼저인지 결정하려는 시도는 '닭이 먼저냐, 달걀이 먼저냐?'를 묻는 것과 같다. '긍정적인 변화를 만들기 위해 감정, 생각, 행위 중 어느 것을 목표대상으로 삼아야 하느냐?'는 질문에 결정적인 대답을 찾을 필요는 없다고 생각한다. 우리에게는 이 셋이 상호 의존적으로 보이며, 그렇기에 우리가 어느 한군데에서 변화가 있도록 조성한다면 나머지도 변할 수 있다.

한 가지 예

10대 여학생을 상상해보자. 그는 학업이 자기에게 너무 힘들다는 것을 알기 시작한다. 그 결과 압도당하는 느낌을 받으며, 주어진 과제에 초점을 맞출 수 없는 자기의 무능함을 걱정하지 않으려는 무의식적인 노력으로서 수업을 방해하는 행동을 하기 시작한다. 그의 자아존중감은 학업성적과 자신의 행위에 대한 부정적인 피드백에 악영향을 받는다. 그 결과 스스로에 대해 부정적으로 생각하기 시작하고 "나는 아무것도 잘하는 게 없어"라고 스스로 말하기 시작한다.

감정 변화시키기

상담사가 그 여학생이 자기감정의 느낌을 바꾸도록, 그래서 압도되는 느낌 대신 자기가 대처할 수 있는 것처럼 느끼도록 도울 수 있었다고 상상해보자. 이런 일이 일어났다면 그 결과가 그의 생각과 행위에 어떤 영향을 주었을까? 확실하지는 않지만, 만일 그가 압도되는 느낌을 갖지 않았다면 학업에 초점을 맞출 수 있었을 것이고 성적이 향상되었을 가능성이 있다. 그렇다면 행위 또한 변화되었을 수 있으며, 더 이상 수업을 방해하고 싶지 않았을 것이다. 덧붙여서 말하자면, 그가 학업에 열중할 수 있고 교실에서 말썽을 부리지 않기 때문에 자기에 관해 더 긍정적으로 생각하기 시작할 수도 있다.

생각 변화시키기

상담사가 그 여학생이 자기생각을 바꾸고, 그래서 "나는 아무것도 잘하는 것이 없어"라고 말하는 대신 "내가 노력을 하면 대부분의 일은 어지간히 잘할 수 있어"라고 스스로 말할 수 있도록 도왔다고 상상해보자. 다시 한 번 말하지만, 그 결과를 우리는 확신할 수 없다. 그러나 그 여학생이 기분이 더 좋아지고 다르게 행동할 수 있을 가능성은 생긴다. 예를 들어 자기가 노력하면 어지간히 잘할 수 있다는 것을 일단 깨달으면, 자기 일에 더 노력하기 시작할 수도 있다. 따라서 그 행위는 변화될 것이다. 더구나 그 여학생이 변화된 행위를 가지고 스스로에게 주는 긍정적인 메시지는 그가 감정적으로 더 나아지도록 도울 수 있다.

행위 변화시키기

상담사가 그 여학생이 행위를 변화시켜 교실에서의 비행을 중단하도록 도와줄 수 있었다고 상상해보자. 이는 그 여학생의 감정과 사고에 둘 다 영향을 줄 수도 있다. 그의 행위가 바뀌었기 때문에 자기에 대해 더 좋게 느끼고 자기를 더 긍정적으로 생각하기 시작할 수도 있다.

이러한 예를 통해 감정, 사고, 행위 중 하나만을 대상으로 삼아 그것 모두에 변화를 가져올 가능성이 어떻게 생기는지 볼 수 있다. 때로는 이 세 가지 속성을 동시에 목표로 삼는 것도 가능할 수 있다. 그러나 상담사가 한 가지를 다루면서, 결국은 셋 다 변하도록 조성되는 경우가 더 많다.

감정변화 조성

우리가 알다시피, 대부분의 청소년이 상담의 도움을 받으러 오는 것은 감정적으로 괴로움을 경험할 때다. 어떤 청소년은 자기감정을 말로나 비언어적으로 분명히 표현한다. 그러나 자기가 경험하는 감정을 명확히 확인할 줄 모르는 청소년이 많다. 때로는 그 감정이 매우 억압되어 있어서, 상담 초기단계에는 그가 자기의 모든 감정에 접촉하는 것이 불가능할 수도 있다.

감정을 풀어놓았을 때 기분이 나아지고 차분한 상태가 되는 경향에 대해 스스로 주목해본 적이 있는가? 예를 하나 들어보자. 사랑하는 사람이 죽었거나 관계가 깨져서 아주 슬퍼진 적이 있는가? 만약 있다면 울었는가? 울고 난 후 덜 심란해진 느낌이 들었는가? 우리가 감정을 바깥으로 내놓을 때 보통은 기분이 나아지는 것을 경험한다. 따라서 슬플 때 우는 것이 도움이 된다. 운 다음에 행복해지지는 않더라도 더 편안해지고 감정적으로 덜 괴롭게 되기 쉽다. 마찬가지로 우리가 매우 화가 날 때는 분노를 어떤 식으로든 풀어놓는 것이 필요할 수도 있다. 이는 소리를 지르거나 베개를 두드리거나 상징적인 어떤 행위를 하는 것일 수도 있다. 청소년도 똑같다. 그들도 자기감정을 풀어놓을 방법이 있다면 기분이 나아지기 쉽다. 따라서 상담사가 청소년의 기분이 나아지도록 도울 수 있는 방법 중 하나는 감정을 풀어놓음으로써 해소된 기분(카타르시스)을 느끼게 도와주는 것이다.

청소년이 자기감정과 접촉하도록 돕는 좋은 방법 중 하나는 로저리안(인간중심주의)의 반영기술과 비언어적 태도에 대한 피드백을 사용하는 것이다(10장 참조). 만일 상담사가 청소년의 표정과 어조 등 비언어적 태도를 관찰한다면, 내담자가 감정적으로 느끼는 방식을 파악해 그것을 그에게 반영해줄 수도 있다. 그 결과 내담자가 강한 자기감정에 접촉할 수도 있다. 어떤 감정이 나타나든 청소년이 충분히 경험하도록 허용하는 것이 도움이 될 수 있다(아주 분노하는 내담자를 다룰 때는 안전을 고려해야 한다).

청소년이 울기 시작하면 보통은 자연스럽게 멈출 때까지 내버려두는 것이 유용하다. 그러면 감정이 풀리고 해소된 기분이 든다. 좌절, 분노, 절망과 같은 감정도 다루기를 회피하기보다는 그 내용과 느낌의 반영을 통해서 청소년이 그 감정에 접촉해 말할 수 있도록 격려해주는 것이 좋다.

어떤 상담사는 청소년이 울 때 염려한다. 울기를 그치지 않을까 두렵기 때문이다. 그러나 일반적으로 울음을 그치지 않는 경우는 없다. 정상적인 인간은 스스로 규제하며 잠시 후에는 자연스럽게 울기를 멈춘다. 우리는 오랫동안 청소년과 일해왔지만 청소년이 적절히 자기감정을 표현한 후 울음을 멈추지 않는 상황에 마주친 적은 한 번도 없었다. 멈추지 않는 일이 일어난다면 분명 정신의학적 평가가 필요할 것이다.

'감정을 풀어놓는 것 그 자체로 충분한가?'라는 질문이 있을 수도 있다. 피어스(Robert A. Pierce), 니콜스(Michael P. Nichols), 두 브린(Joyce R. DuBrin)은 『심리치료에서의 감정표현(Emotional Expression in Psycotherapy)』이라는 그들의 책에서, 느낌이 충분히 표현될 때 내담자는 자기자신과 자기세계를 바라볼 새로운 방법에 도달한다고 분명히 확신했다(Pierce, Nichols and Du Brin, 1983). 달리 말하자면, 자기 상황에 대한 내담자의 인식이 변하면서 사물을 다르게 생각한다는 것이다. 즉, 세상을 생각하고 바라보는 새로운 방식이 더 만족스러운 행위로 이끈다는 것이다. 그러나 그들은 이 과정이 반드시 자동적으로 일어나는 것은 아님을 인정한다.

감정 풀어놓기의 한계

우리는 감정 풀어놓기가 치유과정의 중요한 요소라고 믿지만, 그것만으로는 충분하지 않다. 우리 경험을 봤을 때 상담에서 감정을 풀어놓는 청소년은 자기생각과 행위를 직접 다루도록 권유받지 않는 한, 그 생각과 행위에 중요한 변화를 만들어내지 못하는 경우가 많다. 불행히도 자기생각과 행위를 바꿀 줄 모르는 청소년은 장래에 문제를 경험하기가 매우 쉽다. 이는 계속된 자기파괴적 사고 패턴을 가지고 도움이 안 되는 행위에 연루되기 때문일 수도 있다. 덧붙여서 말하자면, 새로운 문제 상황이 생길 때 어떻게 인지적으로, 그리고 행위로써 순응하며 반응할지를 배우지 못한 셈이 된다.

"감정 풀어놓기만으로는 충분치 않을 수도 있다"

청소년의 기분이 나아지도록 돕기 위해 감정 풀어놓기에 의존하는 것의 또 다른 문제점은, 상당수의 청소년이 상담상황에서 강한 감정과 접촉하는 데 문제가 있다는 사실이다. 그 결과 그들은 감정을 풀어놓는 과정을 효과적으로 이용할 줄 모를 수 있다.

폭력의 경향이 있는 청소년을 상담할 경우에 상담사는 주의할 필요가 있다. 첫째, 그런 청소년이 상담회기 중 화를 내도록 권유받으면, 자기자신이나 상담사, 또는 상담실에 해가 되는 식으로 행동해버릴 수도 있다. 둘째, 더욱 중요한 것은 화를 내도록 권장되면 상담실 밖에서도 부적절하게 화를 내도 된다고 배울 수 있기 때문에 도움이 안 된다. 이런 청소년은 분노를 어떻게 조정할지 배움으로써 부적응보다는 적응의 방식으로 분노를 표현할 수 있도록 돕는 것이 더 낫다. 따라서 그들에게는 생각의 변화 그리고/또는 행위의 변화를 조성해주는 것이 감정을 풀어놓는 것보다 더 적절할 수도 있다.

생각의 변화 조성

청소년의 사고방식을 바꾸도록 도와주고 싶을 때 선택할 수 있는 방법이 있다. 예를 들어, 다음과 같은 방법을 사용할 수 있다.

- 심리교육기법(16장 참조)
- 상징기법이나 창조기법(13, 14장 참조)
- 인지행위기법(15장 참조)

생각의 변화를 촉진하는 데 이 기법들을 각각 어떻게 사용할지 논의하겠지만, 먼저 이해할 필요가 있는 것은 청소년이 살고 있는 세상에 대한 그의 구성요소와 인식을 변화시키기 위해 그들이 보통 사용하는 일반적인 과정이다. 이 과정을 영(Richard A. Young)

등이 설명해주었다(Young et al., 1999).

보통 청소년 또래끼리 하는 대화는 평등주의적·상호적이다. 이것은 청소년에게 적합한데, 그런 관계가 자율성을 추구하면서 개별적 자아를 개발시키려는 청소년의 노력과 일치하기 때문이다. 이러한 평등주의적 관계와, 수용되고 존중받는 분위기 속에서 청소년은 자기의 구성요소·신념·태도·의견을 다시 볼 기회를 갖는다. 청소년은 대화할 때 자기개인의 입장을 정해놓고, 대화과정 중에 자기의 구성요소들을 재검토하며 개선하는 가운데 서로 공유한 정보에 그 구성요소들을 맞춰간다. 그들은 함께 협조·협동함으로써 자기의 구성요소와 남의 구성요소에 도전·검토해서, 적합한 것은 수용하고 적합하지 않은 것은 대체한다. 그렇다면 청소년들 스스로 주요 참조자로서 자기 친구나 또래를 의존한다고 말하는 것은 놀라운 일이 아니다(Boldero and Fallon, 1995). 청소년이 세계관을 자주 바꿀 수 있는 것은 서로의 상호작용을 통해서인데, 그들의 관계가 자기의 구성요소들을 논의하고 탐구할 수 있도록 서로 존중하며, 안전하기 때문이다.

청소년이 변화하도록 돕기 원하는 상담사는 청소년들이 서로의 구성요소에 도전하고 검토하는 방식을 알고 있는 것이 필요하다. 그리고 나서 비슷한 상호작용 스타일을 이용해 그들이 변화하도록 도울 수 있다. 앞에서 설명했듯이, 우리는 가능한 한 평등하고 존중하는 관계를 만들 필요가 있다. 그 후 청소년이 자신의 구성요소에 도전·검토·개정하는 과정에 우리가 협조·협력함으로써 변화를 조성하는 환경을 만드는 것이 그들을 가장 잘 돕는 방법이 된다.

생각변화를 위한 심리교육기법 이용

16장에서 우리는 청소년이 사고방식을 바꾸도록 도와주는 데 쓸모 있는 여러 가지 심리교육기법을 논의할 것이다.

앞서 설명되었듯이 청소년은 새로운 아이디어, 신념, 구성요소를 탐구하는 단계에 있다. 그들은 어른에게 무엇을 하라는 말을 듣는 것을 유감스러워할 수도 있으나, 한편으로는 상담사가 자기에게는 없는 정보와 아이디어를 제공할 수 있을 것이라고 기대한다. 청소년이 상담사를 보러올 때 상담사가 전문성을 가지고 기꺼이 자기에게 정보를 주리라고 기대하는 것은 합당하다. 일반적으로는 그들이 무엇을 하라는 말을 듣기 싫어

할지라도, 새로운 정보에 수용적이고 정보를 얻는 것을 즐기는 경우가 많다. 그 정보가 부모 또는 그들 생각에 자기보다 상대적으로 힘 있는 위치에 있다고 생각하는 중요한 타자로부터 온 것이 아닐 때 그렇다. 따라서 청소년이 상담사가 제시하는 새로운 아이디어를 수용하는 경우도 자주 있고, 이 아이디어가 변화를 촉진할 수도 있다.

생각의 변화를 위한 상징기법과 창조기법 이용

청소년의 사고에 변화를 가져오는 또 다른 방법은 자기 상황을 더욱더 통찰할 수 있도록 충분히 자각시키는 것이다. 흥미로운 것은, 정신분석 치료사들은 통찰을 이끌어내면 변화가 일어난다고 믿는다는 점이다. 마찬가지로 게슈탈트 치료사는 자각을 이끌어내는 것이 변화를 낳는다고 믿는다. 이 두 유형의 치유법에는 분명 나란히 가는 점이 있다(이는 게슈탈트 치유법이 정신분석학에서 나왔기 때문에 놀랄 일이 아니다). 청소년의 자각을 높여주고 통찰을 얻게 하는 데 가장 좋은 방법은 상징기법(13장 참조)이나 창조기법(14장 참조)을 이용하는 것임을 우리는 자주 발견한다.

상징기법은 청소년이 직접 말할 수 없을 정도로 괴롭고 개인적인 이슈가 있을 때 특히 유용하다. 상징물을 이용함으로써 청소년은 말하기 힘든 이슈에 관한 생각을 직접 말하지 않고 나눌 수 있다. 이런 식으로 생각을 나누면 생각에 변화가 일어날 수도 있다.

상징기법과 창조기법이 사고와 지각에 변화를 가져오는 데 유용함을 주목하는 저술이 많다. 예를 들어, 클락슨(Petruska Clarkson)은 창조과정이 잠자고 있던 통찰을 자각하게 만들고 이 자각을 나눌 수 있는 기회를 제공함으로써 변화가 일어나게 만드는 방식을 확인해준다(Clarkson, 2004).

상징기법이나 창조기법의 사용은 단순히 청소년에게 자기생각을 말하도록 격려하는 것보다 더 효과적일 때가 많다. 이것은 특히 언변이 별로 없는 청소년의 경우에 그렇다. 창조기법과 상징기법은 청소년이 언어에 주로 의존하지 않고도 자신과 남에 관한 발견과 자각을 높이며, 통찰을 얻을 수 있게 만들어준다. 이 기법들은 언어능력이 뛰어난 청소년에게도 동등한 효과가 있다. 청소년이 자기와 분리된 방식으로 사물에 '관해' 말하는 것에서 벗어나게 해주는 경향이 있기 때문이다. 그리고 그 대신, 자기내면의 경험과 사고과정에 좀 더 충분히 접촉하도록 도와주기 때문이다.

"상징기법과 창조기법은 말하는 능력에 의존하지 않는다"

생각의 변화를 위한 인지행위기법 이용

앞서 논의했듯 청소년은 자기의 구성요소와 신념을 계속 바꾼다. 그 때문에 기껏해야 도움이 안 되는 신념, 최악으로는 자기파괴적인 신념을 갖는 경우가 자주 있다. 자기파괴적 신념은 자기나 다른 사람에 대한 비현실적인 기대와 관련되는 경우가 많다. 자기파괴적 신념을 가진 청소년은 그 신념에 대해 도전받는 것이 도움이 될 수 있다. 그러고 나서 더 좋은 대안을 발견하도록 격려받을 수 있다(15장 참조). 자기파괴적인 신념이 더 건설적인 신념으로 대체되면 대개는 다르게 행동하게 되고 기분이 나아질 것이다.

행동변화 조성

지금까지 우리는 감정 풀어놓기와 생각의 변화에 관련된 방법을 사용해 변화를 일으킬 방식을 논의해왔다. 어떤 청소년에게는 감정 풀어놓기 그리고/또는 생각의 변화가 행위를 변화시키는 데 충분하지만, 어떤 청소년은 상담과정에서 더 강하게 행위를 지시받을 필요가 있다.

행위를 직접적인 대상으로 삼을 때, 상담사는 앞 장에서 설명된 선택질문을 사용할 수 있다. 청소년이 다른 행위에 관한 선택과 그 결과를 보도록 권유받으면, 더 나은 결과를 얻고 싶은 자기 관심사에 자기행위 변화도 들어 있음을 깨닫는 경우가 자주 있다.

때로는 청소년이 자기행위를 바꾸고 싶은 마음을 분명히 표현하면서도, 바라는 변화를 실천으로 옮기는 데 어려움을 경험할 것이다. 이때 무엇이 행위를 하게 만들지, 그 행위와 관련해 어떤 실제적·심리적 보상이 있을지 검토해보는 것이 유용할 수 있다.

한 가지 예를 들어보자. 어떤 청소년이 자기의 지속적인 불법 마약이용을 진심으로 염려하고 그것을 그만두겠다고 분명히 마음먹었다. 그 상황을 더 충분히 탐구하는 가운데, 상담사는 그 내담자의 가장 친한 친구들이 마약이용자이며 내담자의 결심을 적극적으로 흔들고 있는 것을 발견할 수도 있다. 결과적으로 그가 계속 마약을 하면 분명한 보상이 있다. 마약을 이용함으로써 친한 친구들에게 더 충분히 합류할 수 있다. 그러나 마약이용을 중단하면 우정이 깨질 수 있고, 따라서 행위변화의 대가를 치르게 된다. 일단 그러한 문제가 이런 맥락에서 나타날 때 분명한 것은, 그 청소년이 원하는 변화가 이루기 쉽지 않은 문제일 수도 있다는 사실이다. 만일 마약의 습관을 포기해야 한다면, 어떻게 할 것인지 그 과정을 통해 먼저 생각해보아야 한다. 그리고 이 과정을 행동으로 옮길지 말지 준비할 마음을 먹어야 한다. 마약을 끊으려면 친구들과 직접 대결해야 할 수도 있으며 우정을 포기해야 할 수도 있다. 이를 통해 자기의 사회생활에 중대한 변화를 만들어야 할 수도 있다. 이럴 경우 상담사와 내담자는 행동계획을 그려보는 데 서로 협조해야 한다. 그 계획을 성공적으로 이루려면 필수적일 수 있는 적절한 대화기술을 청소년이 배우도록 돕기 위해 역할극이 필요할 수도 있다.

행동계획을 실천으로 옮길 때, 내담자는 상담사와 협조해 그 계획이 그대로 될 것인지 검토해보는 기회를 가질 필요가 있다. 이때 상담사는 반드시 계속 비판하지 않고 지지할 필요가 있다. 계획에 차질이 생길 때는 특히 그래야 한다. 차질이 생기더라도 결국 그 목표가 이루어지려면, 그 계획이 청소년의 바람과 욕구에 맞도록 어떻게 수정될 필요가 있는지 결정하도록 탐구될 필요가 있다. 검토 과정에 참여할 때 상담사는 청소년이 최선을 다하고 있다는 점, 그리고 실패를 인정할 때 불편함을 느낄 수도 있다는 점을 기억하면 도움이 될 수 있다.

청소년이 변화를 이루어내는 데 성공하기 시작하면 스스로 보상하도록 격려할 수 있다. 그러면 청소년은 변화의 결과뿐 아니라 보상을 누릴 수 있기 때문에도 기분이 좋아질 수 있다.

key point

- 생각·감정·행위는 서로 연관되어 있기 때문에, 이 중 하나의 변화가 반드시는 아닐지라도 다른 것들을 변화시킬 수 있다.
- 가장 효과적으로 변하려면 생각·감정·행위가 모두 변할 필요가 있다.
- 감정 풀어놓기는 감정해소가 될 수는 있지만 사고와 행위의 변화를 낳지 않을 수도 있다.
- 심리교육기법, 상징기법, 창조기법, 인지행위기법은 생각의 변화를 조장하기 위해 이용될 수 있다.
- 행동계획은 행동변화를 목표로 할 때 유용하다.

12

협력관계
유지

앞서 논의했듯이 상담사는 청소년이 계속 상담과정에 관심을 갖고 참여하도록 선행주도적일 필요가 있다. 8장에서는 상담사가 특정한 선행주도 행위를 하면서 청소년의 대화과정을 사용해 청소년에게 합류하는 것이 어떻게 치유를 돕는지 설명했다. 그러나 청소년 상담에서는 가장 효과적인 기법을 사용할 때조차도 상담과정에서 때로는 청소년의 에너지와 관심이 불가피하게 줄어든다. 상담과정이 만족할 만한 결과를 낳으려면, 상담사가 주의를 기울이면서 청소년 안에서 일어나는 변화와 그 태도의 변화를 알아차리고 적절히 반응할 필요가 있다.

공통요소

상담이 잘 작용하는 데 도움이 된다고 확인된 공통요소들이 있다. 이는 연구자마다 다른 식으로 설명되어왔지만 일반적으로 다음의 것을 포함한다.

- 상담사 개인의 자질
- 내담자와 상담사의 관계

- 내담자가 상담사를 도움을 줄 수 있는 존재로 신뢰함
- 내담자 요소
- 소망과 낙관의 영향

상담사 개인의 자질, 내담자와 상담사의 관계, 내담자가 상담사를 도움을 줄 수 있는 존재로 신뢰하는 것의 필요성은 청소년 상담의 경우 특히 타당하다는 점을 앞에서 이미 강조했고, 어느 정도 자세히 설명했다. 내담자와의 협조관계를 유지하는 것이 중요하다는 사실을 고려한다면, 내담자의 요소들과 소망·낙관의 영향을 둘 다 고려하는 것이 유용할 수 있다.

내담자 요소

당신은 "상담사가 내담자의 변화를 실제로 이끌어내는가, 아니면 내담자가 스스로 변화를 만들어내는가?"라는 질문을 고려하고 싶을 수도 있다. 우리가 보기에 많은 청소년은 자신을 치유할 능력과 탄력성을 가지고 있으며, 이는 칼 로저스의 신념과 맞는다. 그는 내담자가 스스로의 해결책을 발견할 능력이 있다고 믿었다. 그러면 상담사가 하는 일은 무엇일까? 상담사는 조력자(facilitator)로서 내담자와 협조해 변화의 가능성을 조장하고 확장하며 증폭시킨다(Bohart and Tallman, 1996). 이 책에서 설명된 선행주도 접근방식은 청소년과 상담사의 협력에 달려 있다. 이는 맞는 말이고 말하기는 쉽지만, 상담사가 효과적인 관계를 유지해 청소년이 상담사와 협력하게 만드는 것이 늘 쉬운 일은 아니다.

"어떤 내담자는 상담동기가 높지만 어떤 내담자는 아니다"

상담사로서 우리가 인정할 필요가 있는 것은, 상담하러 오는 청소년은 각기 독특한 개인이며, 변화를 위한 대안을 고려하는 그의 개인적 동기가 상담관계에 영향을 주기 쉽다는 사실이다. 어떤 청소년은 자기이슈들을 탐구하고 자기가 더 순응적으로 기능할 수 있게 해줄 결정을 내리는 일을 상담사와 함께하려는 동기가 높다. 어떤 청소년은 자기이슈를 탐구하고, 자기 일에 책임을 지며, 생각과 행위의 대안적인 방법을 고려할 때

포함될 수 있는 고통스러울 수 있는 작업에 착수할 준비가 되어 있지 않다. 분명한 것은, 상담사가 이를 인지하고 못하고, 자기 개인상황에 대한 내담자의 현재 이해와 이러한 이해를 지탱하는 그의 구성요소와 신념을 존중함으로써 적절히 반응하는 일을 해내지 못하면 청소년과 협력해 일할 기회가 흔들린다는 점이다.

소망과 낙관의 영향

달라이 라마(Dalai Lama)와 정신의학자인 하워드 커틀러(Howard Cutler)가 대화에서 동의했던 것은, 어떤 사람이 행위를 바꾸려면 그는 먼저 그것이 가능함을 깨달아야 하고, 그렇게 하고 싶어야 하며, 그다음에 실행해야 한다는 것이다(Dalai Lama and Cutler, 2000). 이것이 정확하다고 받아들인다면 상담사로서 우리가 변화가 가능하다는 소망과 기대를 가지고 우리를 보러오는 청소년을 돕는 것이 확실히 쓸모 있는 일이다.

소망과 낙관은 대부분의 사람이 일상생활을 해나가면서 다양한 정도로 이용하는 과정이다. 특히 많은 청소년이 때때로 소망과 낙관에 즉흥적으로 감정을 연결시킬 수 있다. 불행하게도, 청소년기의 스트레스와 발달단계에 관련된 다른 요소로 인해 청소년 대부분은 오락가락하는 기분을 경험한다. 그러나 상담 중에 청소년 내담자가 소망과 낙관을 위한 그의 잠재력에 다가가도록 도울 수 있으면 좋은 일이다. 우리가 인정해야만 하는 것은, 우리도 다른 사람처럼 부정적인 생각에 빠져서 비관적으로 될 때가 있다는 사실이다. 우리는 부정적인 마음의 틀 안에서는 편안하지 않음을 발견한다. 그렇기에 우리는 자기의 부정성을 인정할 때 우리의 태도를 변화시킬 동기를 얻고, 따라서 더 낙관적으로 소망을 갖게 된다. 우리 자신에 관한 이런 정보를 청소년과 나누면 그들이 자신도 마찬가지로 할 수 있다는 사실을 발견할 수 있다.

"어떻게 상담을 하면 내담자 안에 있는 소망을 불러일으킬 수 있는가"라고 묻는 것이 필요하다. 프랭크(Jerome D. Frank)와 프랭크(Julia B. Frank)는 소망을 가진 상담사가 내담자의 소망과 낙관에 기여할 수 있다고 제시한다(Frank and Frank, 1991). 그들은 또한 내담자가 어째서 현재의 문제를 경험하는지 상담사가 설명해주는 것이 내담자로 하여금 장래에 대한 소망을 갖도록 이끌 수 있다고 주장한다. 그들의 아이디어를 받아 우리가 제시하려는 것도 소망은 어떤 식으로도 전염력이 있고, 따라서 상담사인 우리가 우리를 보러오는 청소년에게 좋은 결과를 소망한다면 그 청소년도 자기에 대해 소망을 느끼기가 더 쉽다는 것이다.

"소망과 낙관은 전염될 수 있다"

치유동맹

치유동맹이라는 개념은 수년 동안 보딘(Edward S. Bordin), 사프란(Jeremy D. Safran)과 무란(J. Christopher Muran) 등 많은 연구자가 논의해왔다(Bordin, 1994; Safran and Muran, 2000). 치유동맹의 속성으로는 다음과 같은 것이 있다.

● 내담자와 상담사의 결속
● 상담사의 공감적 이해
● 다루는 목표와 과제에 대한 내담자와 상담사 간 일정 수준의 합의

성인 내담자와 관련된 연구가 보여주는 바는 동맹의 질이 시간이 흘러가면서 오르락내리락하며 심지어는 한 회기 안에서도 그렇다는 것이다(Safran et al., 2002). 청소년 상담사는 이것이 청소년기 나이의 집단에게 특별히 더 그렇다는 것을 확인해줄 수 있다. 그러나 치유동맹이 심리치유로 인한 변화의 가장 좋은 예측변수 중 하나임을 인식하는 것이 중요하다(Horvath and Simmonds, 1991). 그러므로 청소년 상담에서는 어떤 상담회기든지 내내 치유동맹의 질에 주의를 기울이는 것이 필수적이다.

협력의 가치

우리가 보기에 효과적인 치유동맹은 내담자와 상담사의 관계를 확대시켜 상담과정 전체에서 서로 협력할 수 있게 만들어준다. 이것이 성공적으로 이루어지면 상담에 도움을 구하러 온 이유가 드러날 것이고, 상담과정의 목표와 목적이 분명해질 것이다. 더 나아

가 협력을 통해 해결책이 발견될 것이다.

"협력은 해결책이 발견될 가능성을 강화한다"

치유동맹을 만들어냄으로써, 2장에서 설명된 대로 한 인간으로서 내담자의 가치를 인정해주는 것이 보장된다. 내담자는 해결책을 발견해내는 일을 할 수 있는 존재로 존중된다. 여기서 상담사는 방관자가 아니라 내담자와 함께 일하는 관계 속에서 협력한다. 이는 문제를 다루고 해결책을 찾을 새로운 방법을 탐구하는 내담자와 상담사가 서로 존중하는 파트너가 될 수 있도록 만들어준다. 이런 작업관계에서 내담자는 자신을 치유할 수 있는 타고난 기술·역량·자원·능력을 그 관계 속으로 들여오고, 상담사는 전문성과 기술을 제공함으로써, 그리고 전문가로서보다는 청소년과 동등한 사람으로서 아이디어를 나누고 협력한다. 이러한 협력이 내담자의 지식과 이해에 전반적으로 영향을 주고, 따라서 자기역할과 상담사의 역할을 자각할 수 있게 된다.

내담자의 역량을 존중하면서 협력하기

우리가 확신하는 바는 선행주도 모델을 사용함으로써 상담사가 청소년과 협력관계를 세우고 유지하는 성과를 얻는 데 유리하다는 것이다. 어떤 상담모델은 내담자와 상담사의 협력을 훨씬 더 강조하고 어떤 모델은 그 협력을 덜 중요하게 본다는 사실은 주목할 만하다.

내담자 중심 상담에서는 내담자가 자기자원에서 해결책을 찾는 능력을 특히 강조한다. 상담사는 내담자가 내면의 자기과정을 이용해 이슈를 해소하고 해결책을 찾도록 만들 수 있는 과정을 조성하는 조력자이다. 이야기 치유와 해결중심 치유와 같은 접근방식은 상담사와 내담자가 해결책을 찾는 과정에서 내담자의 역량을 존중하면서도 동등한 파트너로 함께 일하는 것이 필요함을 강조한다. 이 경우에 상담사는 가능한 대안적 해결책을 내담자와 함께 탐구하고, 제안하는 질문을 적극적으로 이용한다. 다양한 상담모델을 비교해보면 내담자와 상담사의 협력 정도에 관한 강조점이 분명히 다르다. 어떤 상담사는 내담자가 자기 해결책을 발견할 수 있는 능력에 의존하는 과정을 주로 조성해야 한다고 믿는다. 어떤 상담사는 내담자의 능력을 존중하지만 해결책을 발견하려면 협력과정에 몰두하는 것이 이롭다고 생각한다. 분명히 상담사는 자기에게 가장 적합한 모델을 사용하길 원할 것이다.

유용한 상담관계가 이루어지려면 상담사는 반드시 청소년을 존중하고 그의 능력을 소중히 여겨야 한다. 상담사가 내담자의 역량을 존중하는 것은 지극히 중요하다. 또한 내담자가 괴로운 이슈를 다루며 문제의 해결책을 찾고 행위변화를 결정하며 바람직한 변화를 실행하는 데 필요한 내면 자원을 지녔음을 상담사가 믿는 것도 대단히 중요하다. 상담하러 오면서 자기에게 이렇다 할 내면 자원과 능력이 없다고 믿는 청소년이 있음은 불가피하다. 그런 청소년은 상담사가 해결책을 찾아줌으로써 자기를 도와주리라고 기대한다. 상담실에 올 때, 그들은 필요하다면 의존해야 할 자기내면의 힘과 자신감에 접촉할 줄 모를 수도 있다. 그러나 상담사가 그 청소년이 스스로에게 의존해야 할 때 필요한 내면 힘과 자신감을 가졌다고 계속 믿어준다면, 청소년은 스스로에게 의존해 적합한 결정을 내리고, 결과적으로는 자존감을 얻도록 자기만의 힘과 자원에 접촉할 수 있게 될 것이다. 상담사는 이 과정을 조성하면서, 청소년과 협력하는 파트너로서 새로운 아이디어를 소개하고 함께 그것을 탐구할 수도 있다. 이런 과정이 내담자를 존중하면서 민감하게 이루어진다면, 그가 자기이슈를 탐구하고 자기만의 결정을 내리며 자기에게 적합한 해결책을 찾는 데 계속 힘을 얻을 수 있다. 또한 상담대화는 상담사의 추가적인 아이디어 소개로 인해 풍성해질 수 있다. 이 상황에서 청소년은 상담사가 충분히 관심을 갖고 문제탐구와 해결책 탐색과정에 동등한 파트너로 들어와 있다고 믿기 쉬워진다. 그럼으로써 내담자-상담사 관계가 강화된다. 따라서 상담사는 목적이 있는 과정에 적극적으로 참여해서 도움을 줄 수 있고, 한편으로는 내담자와 동등한 파트너로 협력함으로써 자기의 기술과 속성을 가지고 상담대화에 기여할 수 있게 된다. 이 협력과정에서 상담사는 청소년에게 괴로운 이슈를 탐구하면서 스스로에게 적합한 개인적인 결정을 내리는 역량과 능력이 있다고 존중함을 보여준다.

치유동맹의 약화를 알아차리기

작업동맹의 질이 청소년의 긍정적 변화와 의미심장하게 연결된다고 보여주는 연구들이 있었다(Hintikka et al., 2006). 성인 내담자와의 치유동맹 붕괴를 다루는 방법에 대한 연구는 수행되어온 반면, 불행히도 청소년과 관련된 유사한 연구는 제한적이었다. 이런 부족을 디주세페(Raymond A. DiGiuseppe) 등이 확인해주었다(DiGiuseppe et al., 1996). 이 책에서 이미 논의되었듯이, 청소년과의 치유동맹을 수립하고 효과적으로 유지하는 일이 어려움 많은 과제라고 생각하는 상담사가 많다. 그러나 상담사로서 우리 경험이 말해주는 것은, 8장에서 설명된 선행주도 상담을 9장에서 설명된 청소년의 의사소통과정과 함께 사용했을 때 치유동맹이 심각하게 저해될 위험성이 감소된다는 사실이다. 그럴지라도 청소년과 협력해 일할 때마다 그 청소년과의 연결이 약해지기 시작할 때에는 그것을 알아차리는 것이 중요하다.

청소년 상담회기 중 청소년과의 관계의 강도가 약화되는 것을 어떻게 인식할 수 있을지 잠시 생각해보는 것이 좋다.

우리 경험상 첫 번째 단계는, 우리 자신의 감정적인 느낌을 지각해서 우리가 청소년과 어느 수준으로 접촉하는지 감을 잡는 것이다. 우리가 청소년에게 합류되어 있지 않다고 느끼기 시작한다면, 청소년이 우리와 연결되어 있지 않을 가능성이 아주 높다고 확신할 수 있다. 우리 자신의 느낌에 덧붙여 내담자를 관찰해서 얻은 정보를 이용할 수도 있다. 상담사는 청소년에 관해 다음과 같은 것들을 눈치챌 수도 있다.

- 내담자가 흥미 없어 보이며 자기이슈를 다루지 않고 계속 옆길로 간다.
- 내담자가 대화에 적극적으로 관여하지 않고 조용하다.
- 내담자가 더 이상 눈을 맞추지 않는다.
- 내담자의 태도가 회의적이거나 부정적이다.
- 그 회기가 빨리 끝나기를 바라는 것처럼 보인다.

치유동맹이 약화되고 있음을 일단 인식하면 그 상황을 조작하려고 하기보다는 선행주도해 그 상황을 직접 다루는 것이 더 낫다. 우리의 견해로는, 그 관계에 다시 에너지를 주기 위해서 은근한 방법으로 시도하기보다는 청소년과 상담사의 관계를 투명하게 만드는 것이 더 중요하다.

"약화되는 치유동맹을 강화시키는 데
선행주도가 도움이 될 수 있다"

선행주도를 하려면 다음의 사항이 필요하다.

- 청소년과 개방적으로 정직하게 관계하기
- 우리가 경험하고 있는 것이나 눈치챈 것을 피드백하기
- 청소년에게 (회기 중에) 무슨 일이 일어나고 있는지 알아보기
- 청소년에게 대안 제공하기

우리가 청소년에게 솔직해지지 않는 한, 협력관계를 다시 만들기 힘들 것이다. 그 관계가 치유성과를 위해 덜 만족스러우면, 그것을 개방해서 인정하고 내담자에 대한 우리 느낌을 공유하는 것이 필요하다. 이런 식으로 우리는 청소년을 존중하고, 상담회기를 계속할지 아니면 끝낼지에 관해 그에게 선택권을 제공한다.

우리는 다음과 같이 말할 수도 있다.

"네가 편안한 방식으로 나와 이야기하지 못하고 있다는 느낌이 들어서 염려되는구나."
"내가 지금 네가 원하는 것을 맞추지 못하고 있다는 인상을 받는데, 편안하게 네 상황을
 말할 수 있으려면 내가 어떻게 하면 좋을지 궁금하단다."
"지금 어떻게 하면 너에게 가장 도움이 될까?"
"지금 해온 대로 네 상황을 계속 탐구해도 되겠니? 아니면 다른 방법으로 접근하는 것이
 더 나을 것 같니?"
"너를 괴롭히는 문제를 나에게 계속 말하고 싶니? 아니면 지금은 그냥 가고 생각해본 다
 음에 다시 올 수도 있는데, 어떻게 하기를 원하니?"

이렇게 말함으로써 우리는 그 청소년에게 개방적일 수 있다. 그럼으로써 우리는 그와의 관계가 좋고 그가 편안한 방식으로 그의 필요를 충족시키고 있는 체하지 않는다. 위와 같은 말을 통해 청소년이 선택권을 받는다는 것에 주목하자. 현 상황에서 무엇을

할지 청소년이 결정하도록 인도할 때, 하나의 선택만을 제안하기보다는 대안들을 확인해보는 것이 중요하다. 예를 들어, 상담사가 "네 걱정거리를 나에게 계속 이야기하고 싶니?"라고 말한다면 어떤 청소년은 "예, 말하고 싶지 않아요"라고 말하기 어려워할 수도 있다. 그 대신에 상담사가 "네 걱정거리를 나에게 계속 말하고 싶니, 아니면 그냥 갔다가 가능할 때 다른 시간에 오겠니?"라고 말한다면 계속 말하든 그 상담회기를 계속하지 않기로 결정하든 어느 쪽도 괜찮다고 느끼게 해주는 셈이 된다.

"청소년에게 선택권을 줄 때 대안들을 제공하라"

긍정적 메시지 전달

약화되는 치유동맹과 관련된 상담사의 질문에 대해 청소년이 어떤 결정을 내리든, 상담사는 청소년에게 긍정적인 피드백을 줄 기회를 잡는 것이 좋다. 예를 들어 그 피드백은 청소년이 무엇을 하고 싶은지 공개할 능력이 있다는 것일 수도 있고, 상담상황에서 청소년이 이슈를 탐구했던 방식과 관련된 것일 수도 있다. 만일 청소년이 상담회기를 끝내고 싶어 한다면, 그가 나중에 되돌아와도 환영받으리라는 것을 보장해주는 것이 적절하고도 의미 있다.

결론

상담사로서 만일 우리가 이전에 설명된 기법들을 사용한다면, 청소년과의 협력관계를 만들어내고 유지할 기회를 최대화할 수 있다. 우리는 특히 청소년의 전형적인 의사소통 과정을 이용하게끔 하는 선행주도 과정을 사용하는 것이 중요하다고 믿는다.

청소년의 관심과 에너지가 줄어드는 것을 알아차렸을 때는 내담자의 협조를 받아서 청소년에게 흥미롭고 다시 에너지를 줄 기법을 선행주도해 도입하는 것이 유리할 수 있다.

상담사로서 우리는 치유동맹이 약화되기 시작하는 때를 알아내려고 지나치게 경계할 필요는 없다. 이는 우리 자신의 느낌을 신뢰하고 관찰해낸 것을 고려함으로써 할 수 있는 일이다. 청소년과의 작업관계가 흔들리고 있음을 인지한 후에는 그렇게 인지한 것을 청소년에게 공개하고 그 회기를 계속할지 끝낼지의 선택권을 줄 필요가 있다.

key point

- 상담의 실효성은 치유동맹 등의 공통요소와 관련된 것으로 보인다.
- 상담사는 청소년과 서로 협력하고 존중하는 관계를 맺어 문제를 다루고 해결책을 찾을 수 있다.
- 상담사가 치유동맹이 약화되고 있음을 인지하면 선행주도적일 필요가 있다.
- 상담사는 청소년이 상담에 온 동기를 다루고, 상담과정의 참여에 관한 그의 선택권을 강조해줄 필요가 있다.
- 청소년이 소망과 낙관에 접촉하도록 돕는 것이 변화를 조성하는 데 도움이 될 수 있다.

3부

상담기법

13

상징
기법

이 장에서 고려할 상징기법은 다섯 가지다.

- 은유
- 예식
- 상징물
- 모래판
- 축소판 동물모형

이 기법이 모두 상징적이지만 서로 대신할 수 있는 것은 아니며, 그때그때 요구되는 적당한 주요 상담기능을 고려해 선택될 필요가 있다(상담의 기초기능에 관한 그림 8-2로 되돌아가서 참조하는 것도 괜찮다).

은유 사용

은유는 비교를 함축하고 있는 비유적인 말이다. 그것은 한 사물을 다른 사물의 측면에서 표현한다(Meier, 1989). 은유는 내담자의 삶에서 어떤 특정한 측면이나 상황 또는 과정을 직접 묘사하지 않고 대안적으로 묘사한다. 은유는 대안적인 모습과 그 내용을 사용해 실생활의 모습을 상징적으로 나타낸다. 만일 청소년이 "나는 미로에 갇혔어요. 내가 모퉁이를 돌 때마다 막다른 골목이에요"라고 말하면서 문제의 해결책을 찾을 수 없는 무력감과 좌절감을 묘사한다면, 미로는 현실상황의 은유다. 은유를 사용할 때는, 은유의 어떤 측면이 현실과 일치할 경우 다른 측면들도 현실과 맞을 것이라는 전제가 깔려 있다. 이런 전제에서 상담사는 내담자의 은유를 이용해 내담자가 실제 자기 상황에 대한 인식을 더 충분히 탐구하도록 도울 수 있다.

은유 사용의 가치

많은 연구자가 상담에서의 은유 사용의 유용성을 논의하면서 은유가 도움이 된다는 점을 다음과 같이 제시했다.

① 은유는 **내담자의 관심을 높여주기** 위해 사용될 수 있고, 따라서 상담과정의 협력을 증진시킬 수 있다(Sommers-Flanagan and Sommers-Flanagan, 1996). 청소년은 새로운 아이디어를 찾고 탐색하며 탐구하기 때문에 은유 사용을 좋아하는 경우가 많다. 그들은 특정한 은유를 만들어내고 논의하며 확대하는 것을 흥미로워하고 신나한다. 특정한 은유에 관심을 가짐으로써 그는 상담과정에 더 충분히 들어오고, 그 은유를 탐구하면서 상담에 합류하기가 쉽다. 상담사가 청소년의 은유와 언어를 사용하고 맞추어준다면 합류하는 일이 강화될 수 있다.

② 은유는 **통찰을 자극**하고, 적응행위를 위한 새로운 구성요소와 패러다임을 제시하는 데 사용될 수 있다(Divinyi, 1995). 은유를 탐구함으로써 청소년은 자기 삶의 상황과 그 상황에 연관된 이슈·신념·느낌을 더 충분히 탐구하는 가운데, 이전에는 자각하지 못했던 측면들을 발견할 수도 있다. 그때 청소년은 은유와 자기 상황의 유사성을 기대치 않게 발견하고 놀라기도 한다. 따라서 은유의 사용은 통찰을 강화할 수 있고, 무의식에 숨겨졌던 자기의 일부나 이슈를 발견하게 해줄 수도 있다.

③ 은유는 문제의 **해결책을 제공**하는 데도 유용할 수 있다. 청소년은 자기문제에 압도되어 그 해결책을 발견할 수 없는 경우가 자주 있다. 은유는 외재화하는 틀을 만들어줄 수 있기 때문에, 청소년은 그 문제를 자기와 분리해 조정하는 경험을 할 수 있게 된다(Peterson, 1994). 외재화의 틀을 이용함으로써 청소년은 현실과 연관된 괴로움 그리고/또는 취약함과 자기 사이에 거리를 둘 수 있다. 그래서 해결책이 은유 안에서 발견되기도 하며, 이는 실생활의 해결책을 어떻게 마련할지에 대한 아이디어의 단서가 될 수도 있다.

④ 은유는 **행동변화를 조성**하는 데 유용할 수 있다. 논의했듯이, 은유를 탐구하면서 해결책이 자생될 수도 있기 때문이다(Brown et al., 1996).

⑤ 은유는 행위뿐 아니라 역할까지 포함해 **인생의 중대한 변화를 조성**하는 데 사용될 수 있다. 예를 하나 들어보자. 어떤 청소년이 친구들과 함께 배를 타고 강을 따라 내려가는데, 그가 바로 노를 젓고 있는 사람이기 때문에 바위에 부딪치지 않고 노를 젓는 책임을 진 사람을 자신으로 묘사한다고 생각해보자. 그 사람은 다른 선택을 발견할 수도 있다. 가령 배의 승객이 되거나, 배를 떠나 안전한 곳으로 헤엄쳐가는 위험을 감수하는 것 등이다. 결과적으로 그는 남의 안전에 책임이 있는 사람이기보다는 자기자신에게 책임이 있는 사람으로서 새로운 역할을 볼 수도 있다.

⑥ 때로 내담자는 실생활로 의식적으로 옮겨가서 논의할 필요 없이 은유 안에 머물러 있음으로써 은유를 이용한 **치유의 이득**을 얻을 수 있다. 어떤 때는 내담자가 은유를 실생활과 관련짓도록 상담사가 도와주는 것도 유용할 것이다. 예를 들어 상담사는 "너는 보트에서 마른 땅으로 건너뛸 가능성에 관해 말했는데, 네 삶에서 그렇게 하는 것을 막는 것은 무엇일까?"라고 말할 수도 있다.

⑦ 은유는 **갈등을 탐구**하고 공감을 증가시키는 데 도움이 될 수 있고(Leavitt and Pill, 1995), 느낌을 탐구하는 데 도움이 될 수 있으며(Holland and Kipnis, 1994), 생각·느낌·행위를 표현하고 행동해버리도록 허용해줄 수 있다(Madonna and Caswell, 1991).

⑧ 은유는 내담자가 대화하고 자기를 노출하는 일이 위협적이지 않은 안전한 것으로 느끼도록 **분위기를 만드는 데** 이용될 수 있다(Kingsbury, 1994). 이 때문에 은

유는 특히 청소년 내담자에게 적합하다. 청소년은 은유를 이용해 괴로운 상황과 이슈를 매우 위태롭다고 느끼지 않으면서 말할 수 있다. 은유를 사용할 때 자유롭게 말할 수 있는 이유는, 은유와 자신의 삶의 유사성이 너무 괴롭게 느껴진다면, 내담자가 그 유사성을 부인할 수도 있기 때문이다. 이는 은유가 청소년이 다른 사람과 논의하기 어려운 것을 노출하기 시작할 때 안전함을 더 확보해 주기 때문이다.

⑨ 은유는 내담자가 자기 **삶의 이야기를 하게** 만들어줄 수 있다(Mazurova and Rozin, 1991). 이는 특히 상담사를 위해 적당한 설명이다. 처음에 청소년은 자기 이야기를 상담사에게 하는 것이 너무 힘들 수도 있다. 그러나 은유를 사용해 간접적으로는 할 수도 있다.

⑩ 은유는 **저항을 피하는 데** 도움이 될 수 있다(Briggs, 1992). 삶의 상황을 은유적으로 묘사하는 것이 직접적인 노출보다 덜 위협적이기 때문에 저항이 일어날 가능성이 줄어든다.

⑪ 은유는 내담자 상황의 **다른 요소들과 연결**시켜줄 수도 있다(Angus, 1990). 은유를 사용함으로써, 청소년은 때로 처음에는 중요하거나 타당하다고 보지 않았던 다른 요소를 인식할 수 있을 것이다.

은유 사용법

청소년 상담사는 다음과 같은 방식으로 은유를 사용할 수 있다.

① 청소년의 은유 탐구하기
② 청소년의 은유 확장하기
③ 특정 사건이나 상황을 묘사하는 은유 만들기
④ 은유를 이용해 이야기하기

은유는 또한 그림 그리기와 이야기 만들기, 이미지를 만들어내기 등 표현하는 기술과 관련해 사용될 수도 있다.

청소년의 은유 탐구하기

청소년은 대화 중에 즉흥적으로 은유를 사용할 때가 자주 있다. 예를 들어 "바윗길이 앞에 놓여 있어요"라고 청소년이 말할 수도 있다. 미래의 사건에 대한 예상을 바윗길로 표현하는 은유를 듣고 상담사는 이제 그 은유를 사용할 기회를 갖는다. 상담사는 그 청소년의 은유를 이용해 그 은유 자체나 일부를 더 자세히 묘사하도록 권할 수 있다. 예를 들어 "그 바윗길에 관해서 더 말해줄 수 있겠니?"라든지, "그것이 어떤 것이니?", 또는 "그것을 나에게 말해주겠니?"라고 상담사가 말할 수도 있다. 그 은유적인 길을 따라가는 것이 어떤 느낌일지 말해보도록 권할 수도 있다. 이것은 은유와 나란히 가는 실제상황이 닥칠 경우 갖게 될 느낌에 청소년이 접촉할 줄 알게 만들 수도 있다.

청소년의 은유 확장하기

앞 문단의 예를 이용한다면, 상담사는 그 은유를 사용해 "이 바윗길을 네가 자전거를 타고 갈 수 있으리라고 생각하니? 아니면 네가 걸어가야 할까?"라고 물어볼 수도 있다. 이러한 질문을 통해 청소년의 은유를 더 탐구해볼 수 있다. 여기서 여러 가지 결과가 나올 수 있다. 그 청소년이 자기 목적지에 닿기 위한 다른 방법을 이야기하기 시작할 수도 있고, 이것이 실생활의 목표에 닿는 새로운 방법을 발견하는 데로 이끌 수도 있다.

> "청소년의 은유 위에 쌓아올리는 것이 그 관계를 강화시켜줄 수 있다"

특정 사건이나 상황을 묘사하는 은유 만들기

특정 사건이나 상황을 묘사하기 위해 상담사가 은유를 만들어내는 것이 유용할 때도 있다. 예를 들어, "내가 듣기에 너는 벼랑 끝을 따라 걸으면서 떨어질까 봐 약간 염려하는 것 같구나"라고 말할 수도 있다. 그 청소년은 상담사의 은유를 받아들일 수도 있고 거부할 수도 있다. 만일 그 은유가 거부된다면 청소년은 대안으로 다른 은유를 말할 수도 있다. 예를 들어 "아니요, 절벽 끝에 있는 것 같은 게 아니라 연못 위에 걸린 흔들다리를 건너려고 하는 것과 같은 거지요"라고 말할 수도 있다. 이럴 경우 상담사는 그 둘의 차이를 탐구한 뒤 내담자의 비유에 초점을 맞출 수 있다.

그렇지 않고 청소년이 상담사의 은유에 동의할 수도 있다. 이 경우에는 내담자가 그 비유를 발전시킬 수도 있다. 예를 들어, "그런데 더 나쁜 건요, 가장 친한 친구가 그 벼랑 끝으로 나를 밀고 있는 것처럼 보인다는 거예요"라고 말이다. 이럴 경우에는 그 비유가 내담자의 실생활과 곧바로 연결된다. 물론 내담자가 "내가 벼랑 끝을 따라서 걷는 걸 아주 잘하거든요"라고 반응할 수도 있다. 이럴 때는 내담자가 그러한 어려운 상황에 대처할 자기의 힘과 능력을 탐구해보도록 상담사가 도와줄 기회를 갖게 된다.

은유를 이용해 이야기하기

이 특정 기법은 이야기 치유법에서 사용된다(Hoffman, 1993). 청소년은 자기 삶의 이야기를 다시 서술하면서 자기에게 배어 있는 행동과 역할을 보여줄 때가 있다. 예를 들어, 자아를 묘사하면서 다음의 내용들을 모두 포함시킬 수도 있다.

- 나는 부모가 술 마셨을 때 싸우지 못하도록 막는 사람이다.
- 조카가 엄마에게 학대받지 않게 할 책임이 나에게 있고, 앞으로도 그렇다.
- 친구나 또래가 갈등 상황에 있을 때는 내가 사이좋게 만드는 역할을 한다.

이런 정보는 이 청소년의 자아인식이 불쾌한 상황에 있는 사람을 구해내는 사람이라고 제시한다. 상담사는 그 내담자를 '구원자'로서 은유적으로 묘사할 수 있고, 그다음에 내담자가 다른 은유(예를 들어, '관찰자', '타조', '조언자' 등)를 사용할 가능성을 탐구하도록 격려해 다른 결과를 낳을 수도 있다.

어떤 이야기 치료자는 내담자가 자기문제를 외재화해 자기 이야기나 은유를 바꾸도록 격려한다(White, 2007). 이 접근방법은 내담자가 자기문제를 분리된 실체, 즉 자기 바깥에 있는 것으로 보도록 격려한다. 내담자는 문제를 외재화할 때 자기의 변화를 막고 있는 제한을 풀기가 더 쉽다는 것을 알게 된다.

예식 이용

예식은 모든 사람에게 삶의 일부를 이룬다. 예식은 절기나 행사 또는 통과를 표시하는 데 이용된다. 예를 들어, 생일을 축하할 때는 생일 케이크를 사고, 생일 노래를 부르며, 촛불을 끄고, 선물을 주는 등의 예식을 이용한다.

"예식은 인간행위의 자연스러운 부분이다"

고대문화와 현대문화에서도, 가령 아동기에서 성인기로 넘어가는 것처럼 한 상태에서 다른 상태로 넘어가는 것을 표시하는 데 예식이 이용되어왔다. 문화에 따른 특정한 예를 들자면 유대문화의 '바 미츠바(bar mitzvah)'*와 원주민 문화에서의 개시(開始) 예식 등이 있다. 개시와 연루된 통과의례는 몸의 어떤 부분을 뚫거나 문신 또는 거룩한 책의 암송과 같은 외재적 '시련'을 그 특징으로 하는 경우도 많다. 통과의례와 연관해 외적으로 관찰 가능한 예식이 바라건대 그 사람 안에서 일어나는 내면 변화와 나란히 가는 경우, 그가 그 외적 시련에 반응하면서 내면 자원에 접촉하도록 만들 수 있다. 이런 상황에서 청소년은 자기의 새로운 역할에 관한 아이디어에 의지해, 이 역할을 준비할 때 필요해질 자신의 부분과 접촉한다. 이행(移行)이란 **어떤** 존재가 **다른 어떤** 존재로 되어가는 움직임이며, 이것이 예식으로 상징화된다.

예식은 특히 청소년에게 중요한데, 이는 청소년이 계속 이행 중인 상태에 있기 때문이다. 청소년은 예식을 이용해 자기의 이행을 자기자신과 남에게 표시하며, 변화가 일어나고 있음을 과시한다. 예를 들어, 삭발한 청소년은 또래와 어른들을 향해 "이제 내가 원하는 대로 나를 보여줄 선택권이 있어. 나는 부모가 통제하는 아이에서 벗어나 내 삶을 조정하는 어른이 되어가는 중이야"라고 말하는 셈이다. 그러므로 삭발은 아동기에서 성인기로 넘어가는 것을 보여주는 예식이 된다.

청소년은 예식을 행할 필요가 있다. 그렇지 않으면 제한당한다고 느끼거나 발달할 수 없을지도 모른다. 고대문화에서는 그 사회의 신념과 문화적 신화에서 나온 개시예식들이 있었고, 그 예식이 다른 많은 역할들, 자아의 부분들, 이미지들과 접촉할 수 있게 만들어주었다. 개시예식은 그런 것들에 의지해 한 상태에서 다른 상태로의 전환을 가능

---

* 유대인 남자아이가 13세가 되면 치르는 일종의 성인식을 말한다. ─ 옮긴이

하게 해주었다. 불행하게도 현대의 서구사회는 그런 점이 척박한데, 그것은 사회가 다차원적 문화에서 개별성과 분리를 강조하는 데로 옮겨간 결과이다. 그러므로 청소년이 내면 자아의 다양한 부분들을 접촉하도록 하고, 성인기로의 여정에서 중요한 점을 표시할 예식을 만들어내며 행하도록 돕는 것이 유용할 수 있다.

상담에서의 예식 이용

상담사는 청소년 내담자와 함께 선행주도적으로 상상력을 발휘해 특정 목적을 위한 예식을 만들어낼 수 있다. 청소년은 예식을 통해 카타르시스를 얻고 자기 발달과정을 따라 움직일 수 있다. 예를 들어, 내담자가 희생되고 학대받아왔다면 억압자를 그려서 그 그림을 태우도록 할 수도 있다. 이것이 청소년을 학대했던 사람을 향한 그의 분노를 표현하게 만들어 줄 수 있다. 이를 통해 감정이 분출·해소되고 마무리되도록 만들어줄 수 있으며, 이후 그 이슈를 인지적으로 해결해가도록 만들 수 있다.

편지쓰기가 예식으로 이용될 수 있다. 공개적으로 표현되지 않은 생각과 느낌을 적어 내려가는 일은 카타르시스가 될 수 있고, 괴로운 사건들을 마감하게 해주는 경우가 자주 있다. 편지를 실제로 부칠 필요는 없다. 편지쓰기 자체만으로 예식이 완성될 것이다.

예식이 상징물들과 함께 이용될 수도 있다. 예를 들어, 청소년이 어떤 생각이나 느낌, 아이디어 또는 관계를 털어버릴 필요가 있을 경우 버려야 할 것을 의미하는 상징물을 선택하도록 할 수 있다. 그다음, 그 상징물을 묻거나 다른 식으로 버리거나 부수는 예식을 할 수도 있다. 그런 예식을 하는 동안, 상담사는 청소년으로 하여금 그 상징물이 의미하는 것이 무엇이든 그것과 연관된 것을 내버리면서 드는 자기느낌과 생각을 탐구하도록 도울 수 있다. 예식의 주요 목적은 그렇게 해서 과거의 사건과 관계되는 느낌과 생각으로 인한 괴로움을 덜고 앞으로 나갈 수 있도록 하는 것이다.

상징물 사용

청소년 상담에서 사용되는 상징물은 느낌, 생각, 신념, 사람, 관계, 그리고 여러 가지 다른 것을 의미해주는 데 사용될 수 있는 특정한 물체이다. 상담사가 상담실 한 부분이나 선반에 이용할 수 있는 상징물을 수집해놓는 것이 유용하다. 때로는 청소년 상담이 청소년 자신의 환경에서 이루어지는데, 이럴 경우에는 그 자리에서 이용할 수 있는 어떤 것도 상징물로 사용될 수 있다.

상담사의 상징물 세트에는 청소년이 흥미를 가질 수 있는 물품이 들어 있는 것이 더 낫다. 돌, 나뭇조각, 깃털, 장신구, 장난감, 축소판 동물모형, 수정구슬, 연필, 공, 쿠션, 초, 뚜껑 달린 상자, 그 외 작은 소품 등이 그런 것이다.

상징물의 중요성

융(Carl Gustav Jung)은 무의식의 소재를 발견하는 데 상징물이 도움이 될 수 있다고 믿었다(Jung, 1968). 무의식의 소재에 접근하는 것이 청소년 상담에서 특히 유용할 수 있는 까닭은, 청소년의 개별화 과정이 무의식의 자아와 의식의 자아가 상호작용하는 것과 연관되기 때문이다. 상징물을 이용함으로써 상담사는 청소년이 무의식의 소재를 의식의 사고로 가져올 수 있게 만들어줄 수도 있고, 그 결과 청소년이 자기에 대한 지식을 얻을 수도 있다. 자기에 대한 지식이 증가함으로써 청소년은 어떻게 행위하고 변화되어야 하는지에 관해 더 많은 선택과 조절을 하기가 쉬워진다.

"상징작업을 통해 무의식의 소재에 접근할 수 있다"

상징물 이용

청소년 상담에서 상징물은 다음과 같은 목적을 위해 사용될 수 있다

① 청소년이 의식적으로 정보에 접근하고 드러내도록 돕기 위해
② 청소년이 자기의 느낌·신념·생각과 접촉하고 탐구할 수 있도록 만들기 위해
③ 비교를 위한 기준이 될 수 있는 대안을 나타내기 위해
④ 자아 안의 양극들을 탐구할 수 있도록 그것을 나타내기 위해

⑤ 역할극에서 특정 인물과의 대화를 만들 때 그 사람을 나타내기 위해

⑥ 긍정적 가치를 가진 것과 부정적 가치를 가진 것을 나타내기 위해,
　 그 가치를 버리든지 아니면 다른 식으로 처리할 필요가 있을 수도 있다.

이러한 각각의 목적을 위해 청소년은 먼저 무엇이든 그것을 나타낼 상징을 선택하도록 안내된다. 청소년이 상징물 하나를 선택할 때도 있다. 그것은 확실히 그가 어떤 특정 목적을 위해 선택한 상징물이다. 어떤 경우는 청소년 내담자가 상징물을 선택하기 어려워하고, 고르는 데 시간이 상당히 걸리거나, 그것을 보면서 생각하는 데 시간을 많이 쓴다. 이런 경우 상담사는 그 과정에 관해 피드백을 줄 수도 있다. 예를 들어, "상징물을 고르는 데 문제가 있는 것 같구나"라고 말할 수 있다. 그러면 그가 상징물 선택을 어려워하는 이유에 관해 논의하기가 쉬워지고 유용한 정보를 얻을 수도 있다. 청소년이 상징물을 고르는 것이 힘들다고 말할 수 있다. 그럴 경우 원하는 것을 몇 가지 선택하도록 권할 수도 있다.

일단 상징물이 선택되면 청소년에게 그 상징물이나 그것의 성질을 묘사하라고 권할 수 있다. 상담사는 "이 상징물에 관해서 나에게 말해주겠니?"라고 말하거나 "이 상징물에 관해 무엇을 말해줄거니?" 또는 "이 상징물이 무엇 같니?"라고 질문할 수도 있다. 이런 질문은 내담자에게 해석하라고 요구하는 것이 아니라 상징물 자체를 묘사하라고 격려하는 것임을 주목하라. 상징물을 묘사하도록 함으로써, 상징물의 의미가 무엇이든 그것과 관련된 상징물의 성질이 확인될 수도 있다. 그러나 내담자 자신이 이전에는 그런 성질을 인식하지 못했기 때문에 그것을 확인하며 내담자가 놀라는 경우도 있다. 이런 성질들과 관련된 아이디어들이 이전에는 무의식으로 억압되었을 수도 있다. 따라서 이전에는 접근할 수 없었던 무의식의 아이디어들을 상징물에 대해 논의함으로써 끌어내고 접근할 수도 있다.

상징물을 논의하면서 상담사는 또한 상징물을 선택·묘사하고 있는 '지금-여기'의 경험에 초점을 맞출 수도 있다. 예를 들어 상담사는 "네가 그 상징을 집으면서 어떤 감정을 느끼니?", "그 감정을 경험하면서 어떤 생각이 드니?", "네가 그 상징물을 묘사할 때, 네 안에서는 무슨 일이 일어나고 있니?(또는, 어떤 감정을 경험하고 있니?)" 등을 물을 수도 있다. 상징물을 선택하고 묘사함으로써 청소년은 그와 관련된 현재의 느낌과 반응을 검

토하고 탐구할 기회를 제공받는다. 게슈탈트 치유의 이런 '지금-여기' 접근방식은 그 청소년이 지닌 중요한 무의식의 느낌과 생각을 의식의 느낌과 생각에 연결할 수 있게 해준다. 아울러 상담사는 그 청소년의 행위에 대해 피드백할 수도 있다. 예를 들어 상담사는 "내가 보기에 네가 상징물에 대해 말할 때 신나는 것 같던데"라고 말할 수도 있다. 그 과정 내내 그 상징물이 중요한데, 이는 그것이 의미하는 대상 때문이며 또한 그것이 자각을 넓혀주기 때문이다. 상징물이 청소년 자신의 부분을 외재화한 것일 때는 그 청소년의 취약성을 조심스럽게 고려하면서 다뤄야 한다.

정보에 의식적으로 접근해 드러낼 수 있도록 상징물 이용하기

청소년이 상황이나 사건 또는 경험을 말하기 힘들어 한다는 것을 상담사가 눈치챘을 경우, 논의하던 내용이 무엇이든 그것을 의미할 상징물을 선택하도록 권하는 것이 적절할 수도 있다. 예를 들어 집에서의 식사시간이 어떤지 말하길 어려워하는 내담자를 상상해보자. 상담사는 "너희 집 식사시간을 의미할 상징물을 고르렴"이라고 말할 수도 있다. 그 청소년이 스스로 고른 상징물의 특징과 성격을 묘사하기 시작할 때, 의식에서는 막혀 있던 정보에 접촉하고 그것을 노출할 가능성이 생긴다.

느낌, 신념, 생각에 접촉하도록 상징물 이용하기

때로는 특정 느낌이나 신념 또는 생각을 의미할 상징물을 선택하라고 청소년에게 요청하는 것이 유용할 수 있다. 그다음에 상담사는 그 상징물을 충분히 묘사하라고 권할 수 있다. 이런 대화를 통해, 그 상징물이 무엇을 의미하든 그것에 대한 그 청소년 내면의 반응에 관한 추가적인 정보가 나타나기 쉽다. 청소년은 또한 그 상징물에게 말하고 싶은 것을 무엇이든 말하라고 인도될 수도 있다. 예를 들어, 청소년이 어떤 사람에 대한 유감스러운 마음을 의미하는 상징물을 선택했다고 상상하자. 그 유감스러움이 청소년을 계속 괴롭히고 짜증 나게 할 수도 있다. 상징물이 그 마음을 표시하는 것이라면 청소년은 유감스러운 마음을 향해 화를 표현하고 그것에게 꺼지라고 말할 수도 있다. 그다음에 청소년이 바로 그 대상이 되어 대답하도록 권유될 수 있다. 상담사는 "네가 바로 그 상징물이 의미하는 유감스러움이라고 상상해볼래? 그리고 그 유감스러움이 방금 들은 것에 대해 대답하는 거야"라고 말할 수도 있다. 이렇듯 청소년과 그의 유감스러움 사이에 대화가 만들어져서 그 괴로운 느낌을 다룰 수도 있게 된다. 이런 식으로 느낌을 외재화하면 청소년은 어떤 괴로운 느낌이 자꾸 들어오는 것을 통제할 힘을 얻을 수 있다.

대안들을 비교해볼 기준이 될 상징물 이용하기

청소년은 자기가 이용할 수 있는 대안과 선택권에 관해 혼란스러워할 때가 많다. 이럴 경우 청소년에게 가능한 선택 각각을 의미할 상징물을 고르도록 한다. 선택된 상징물 각각을 묘사하고 나면, 상담사는 다음과 같이 지시할 수 있다. "그것들이 서로 어떻게 관계되는지 알 수 있게 여기에다 놓아볼래?" 이렇게 지도함으로써 청소년은 두 개의 비슷한 대안을 가까이 놓고, 다른 대안 하나는 아주 멀리 떨어뜨려놓을 수도 있다. 상징물의 그러한 배치에 관해 이야기함으로써 가능한 선택에 관한 청소년의 자각을 높이는 데 도움이 될 수 있다.

"상징물 이용이 결정하는 일을 도울 수 있다"

그다음에는 청소년이 상징물 중 하나를 들고 그것이 나타내는 대안의 장단점에 관해서 말하는 동안 계속 들고 있도록 권한다. 그 상징물에 관해 말하는 동안 그것을 들고 있음으로써 청소년은 그것에 관련된 아이디어를 그 상징에게 돌리는 것이다. 선택한 모든 상징물을 하나씩 만지면서 말함으로써 그 청소년은 각각의 대안에 관련된 긍정적인 것과 부정적인 것에 접촉할 수 있게 된다.

때로는 대안들 사이의 대화를 청소년이 만들어내도록 하는 것이 유용할 수 있다. 이렇게 하려면 청소년에게 한 상징물을 만지면서 그 상징물이 의미하는 대안을 위해 주장하도록 이끌어줄 필요가 있다. 그다음 청소년은 다른 대안을 의미하는 상징물을 집어들고 그것을 위해 주장할 수 있다. 이 과정을 거치면서 청소년은 자기 선호도에 따라 그 상징물들의 위치를 움직이기로 결정할 수도 있다. 청소년이 상징물들의 위치를 관찰하면서 얻는 시각적 이미지는, 청소년의 의식 안에 있는 아이디어와 무의식의 아이디어를 구체적인 형태로 상징화해 표현해줌으로써 그 아이디어들을 외재화하는 데 유용하다. 상징물을 이용하는 이 방법은 14장에서 설명될, 쿠션을 이용해 어떤 선택을 할지 결정하는 것과 비교될 필요가 있다.

자아 안의 양극들을 나타낼 상징물 사용

상징물은 자아 안의 양극들을 나타내는 데 사용될 수 있다. 청소년은 개인정체성과 개별화를 추구하는 동안 자신 안에 반대되는 것들이 존재함을 깨닫게 될 수 있다. 예를 들어, 청소년은 어른처럼 친절할 수도 있고 잔인할 수 있는 잠재력이 있다. 사랑하기도 하고 미워하기도 하며, 관대하기도 하고 옹졸할 수도 있다. 우리 모두 이런 성격들을 우리 안에 가지고 있다. 이런 양극들의 존재를 인정하는 것이 청소년에게 안도감을 줄 수 있고, 자기가 어떻게 행동할지에 관해 선택하고 통제할 자유를 스스로 더 널리 허용하도록 만들 수 있다.

내담자가 이런 양극들에 관해 어쩔 줄 몰라 하며 괴로워할 때, 상담사는 내담자에게 문제되는 양극들을 의미할 상징물을 고르도록 권하고, 대안들을 탐구할 때 이용했던 과정과 비슷한 과정을 거치도록 하는 것이 유용할 수 있다. 이런 탐구를 통해 청소년은 양극을 통합시킬 수도 있고, 양극 사이의 줄을 따라 움직이는 것이 가능하며, 그렇게 움직이다가 어느 시점에는 특정한 위치를 택할 수 있음을 인식할 수도 있다. 예를 들어 너그러움과 옹졸함 사이의 선상에서, 지나칠 정도는 아니지만 어떤 상황에서는 꽤나 너그럽게, 어떤 상황에서는 꽤나 옹졸하게 되기로 결정할 수도 있다. 따라서 그 청소년은 외부의 자원으로부터 내사(內射)된 고정관념에 제한받기보다는 자기행위를 결정적으로 조절할 수 있는 힘을 받게 된다. 상징물을 이용해 대안을 선택할 때처럼, 이 기법과 다음에 설명될 기법은 쿠션들 사이의 대화를 만들어내는 심리기법과 비교될 필요가 있다(14장 참조).

역할극 대화를 만들도록 특정 인물을 뜻하는 상징물 이용하기

청소년 내담자 자신을 의미하는 상징물과 다른 사람을 의미하는 상징물 사이의 대화를 만들어내는 데도 상징물이 사용될 수 있다. 이때 청소년은 상징물이 나타내는 사람의 편에서 말을 하는 동안 그 상징물을 들고 있음으로써, 그 대화의 내용에 묶여 있는 것이 중요하다. 이 기법은 청소년이 다른 사람과의 관계에 문제가 있을 때 특히 유용하다. 이 상황에서 청소년은 다른 사람이 자기에게 보이는 반응을 이해할 수 있을 뿐 아니라 자신의 이슈에 대한 통찰을 얻을 수도 있다.

버릴 필요가 있는 것을 의미하는 상징물 이용하기

이것은 예식 사용 부분에서 이미 설명되었다.

모래판 이용

모래판은 보통 아동에게 사용하는 것이 관례였지만, 청소년 상담에도 대단히 유용할 수 있다(또한 어떤 성인에게도 효과가 있다). 청소년은 아동기에서 나오는 중이기 때문에 모래판을 이용할 때 기억해야 할 것은, 모래판 작업이 유치한 것이 아니며 때로는 성인상담에서도 이용되는 기법임을 재확인시켜주는 것이 중요하다는 점이다. 어떤 청소년에게는 모래판 작업의 역사를 간략하게 소개하는 것이 도움이 될 수도 있다. 처음에 모래판 작업을 개발한 사람은 마거릿 로웬펠트(Margaret Lowenfeld)이다(Lowenfeld, 1967). 그는 아동상담을 하면서 모래판에 상징물을 놓아 합리적 사고의 영향을 덜 받는 비언어적 표현을 권장했다. 그는 소품, 색칠한 막대기, 모양이 있는 종잇조각, 금속, 진흙 덩어리를 모아서 상자에 넣어 보관했는데, 그 상자를 아동 내담자들은 '신기한 상자'라고 불렀다(Ryce-Menuhin, 1992). 이 접근방법은 언어를 사용하지 않고도 아이들이 말하도록 돕는 방법을 찾고 싶은 그의 바람에서 자라났다.

도라 칼프(Dora Kalff)는 로웬펠트의 작업에서 나아가 청소년과 성인을 위한 틀을 만들어냈다. 그는 직접 말하는 것보다 모래판의 상징물들을 이용해 더 많은 것을 얻을 수 있음을 발견했다. 모래판 작업이 상담사와 내담자에게 비언어적 이미지를 주어서 내담자나 상담사가 아직 알지 못하거나 완전히 파악하지 못한 의미를 표현할 수 있다는 것이다(Kalff, 2004). 청소년 상담에서 청소년이 상징물을 모래판에 놓을 때 이런 비언어적 이미지가 탐구될 수 있다. 청소년은 상징물들의 배치와 그 각각의 관계에 대해 이야기하자고 권유받을 수 있다. 모래판을 이용하면 청소년이 그의 아이디어를 상징할 구체적인 물체를 시각적으로 관찰함으로써 생각에 도움을 받고, 따라서 아이디어를 말로 표현하기가 쉬워진다.

장비와 물체

뚜껑이 없는 모래판이 필요하다. 넓은 모래판이 더 좋은데, 그래야 그 모래판 안에 다른 환경들을 위한 공간을 만들 수 있기 때문이다. 또한 모래판은 사각형이어야 한다. 이는 그 구석들이 안전한 장소나 갇힌 장소를 상징할 수 있어서다. 그 네모 판은 길이가 약 75 센티미터씩이고 깊이가 15센티미터인 것이 적절하다. 모래의 깊이는 약 7~8센티미터가 되어야 모래를 평평하게 깔아놓았을 때 그 모래 표면과 상자 높이 사이에 상징물을 놓을 공간이 생긴다.

모래판에 사용될 상징물은 다양한 작은 물체이며, 그것들을 준비할 때는 그 속성에서 상징적 의미가 쉽게 추정될 수 있는 것을 골라야 한다. 다음과 같은 것이 유용하다.

- 바위 조각, 조개껍데기, 조약돌, 나뭇조각
- 작은 상자, 뚜껑 달린 작은 상자,
- 장식품
- 구슬
- 자물쇠와 열쇠
- 장난감 담장, 자동차, 동물, 나무
- 작은 인형

상징물로 이용될 수 있는 물품 종류에는 어떤 제한도 없다. 어떤 상징물, 예를 들어 깃털이나 수정구슬 등은 추상적인 아이디어를 나타내는 데 더 나을 수도 있다.

모래판을 이용하는 이유

청소년 상담에서는 청소년이 상담과정에 흥미를 갖고 계속 참여하게 만드는 것이 중요함을 기억할 필요가 있다. 대부분의 청소년이 자기를 표현하는 새로운 방법을 시도하기 좋아한다. 모래판 이용도 청소년에게는 새로운 방법이 될 수 있다.

모래판을 사용할 때 어떤 청소년은 그의 아동기 경험과 다시 접촉해 즐겁게 아이 같은 행위를 한다. 그러나 대부분의 청소년에게는 모래판 사용이 흥미로운 도전이기 때문에 아이들과는 매우 다르게 행동한다. 그들은 매우 성숙한 초기 성인의 방식으로 모래판에 물체를 배치하는 과정을 보여준다. 일반적으로 청소년 상담에서 모래판 사용으로 청소년이 도움을 받는 것은 다음과 같다.

- 자기 이야기하기
- 그 이야기와 관련된 느낌, 생각, 상황, 이슈 탐구
- 과거·현재·미래의 상황과 사건 탐구
- 자기 삶에서 일어나는 요소나 사건을 인지적으로 이해

모래판 사용

좋은 시작 방법은 청소년이 말하고 싶은 이야기나 삶의 사건을 나타낼 상징물을 골라서 모래판에 원하는 장면이나 그림을 만들도록 권유하는 것이다. 때로는 청소년이 어떤 상징물을 고르지 않은 채 이야기를 시작할 수도 있다. 이런 경우 상담사가 개입해서, "그래, 너는 자전거 타고 네 친구 집에 가고 싶다고 말했지. 네 자전거를 나타낼 상징물하고 네 친구 집을 나타낼 상징물을 골라서 모래판에 놓으면 좋겠다"라고 말할 수 있다. 청소년은 이런 식으로 그것을 이야기하면서 상징화하도록 격려된다.

어떤 청소년은 그가 말하고 있는 것에 대해 모래판에 자발적으로 상징물들을 놓으면서 묘사할 수도 있다. 어떤 청소년은 말없이 모래판에 상징물들을 놓으면서 그림을 만들어갈 수도 있다. 그때 상담사는 그 그림이 완성될 때까지 관찰만 할지, 아니면 만들어가는 그 이야기를 묘사하라고 청소년에게 요청할지 선택할 수 있다. 가령 상담사는 "네가 지금 무슨 그림을 만들고 있는지 말해주겠니?"라고 물을 수도 있다. 그러나 그림이 구성되는 동안에는 그 과정을 주의 깊게 관찰하고, 불필요한 해석이나 간섭 없이 전개되도록 허용하는 것이 중요하다. 어떤 청소년은 이야기하기 전에 작업을 말없이 완성하기를 더 좋아한다. 어떤 청소년에게는 그 그림과 관련된 느낌과 이슈 등의 정보를 다루는 데 도움이 될 수 있는 상담기술이 사용될 수도 있다. 일단 그림이 완성되면 상담기술들을 이용해 그 그림을 충분히 탐구할 필요가 있다.

모래판의 그림을 다루면서 중요한 것은, 상징물이나 그 전체 그림과 관련해 청소년이 사용하고 이해한 의미 이상을 넘어가지 않아야 한다는 점이다. 모래판 작업을 다룰 때는 각 상징물의 위치와 간격에 관한 관찰의 피드백이 특히 유용하다. 예를 들어, 상담사는 "이야기가 모래판 이 구석에서 전개되었네. 나머지 공간에서는 무슨 일이 일어나고 있는지 말해줄 수 있겠니?"라고 물을 수도 있다. 이런 식으로 상담사는 청소년의 그림 안에 있는 부재(不在)나 생략을 탐구할 수 있다. 이런 것들이 이야기 속에서 중요한 타당성을 지닐 수도 있기 때문이다. 더구나 표현된 생각과 느낌에 반응해줄 때는 반영기술이 가치가 있다.

모래판 작업의 목적은 청소년 내담자가 자기자신과 현재 자기 삶의 상황에 대해 더 많이 이해할 수 있게 도와줄 소재를 드러내게끔 격려하는 것이다. 이렇게 자기 상황을 드러내고 그 상황에 대한 자각이 높아짐으로써 청소년은 성장하고, 힘을 얻는 느낌을 받으며, 자기 삶의 방향을 선택하고 조정할 수 있게 된다.

축소판 동물모형 이용

이 기법은 대부분의 청소년이 아주 흥미를 보이는 기법이다. 이 기법을 가볍게 그러나 진심으로 도입한다면 처음의 딱딱한 분위기를 녹이고 합류하는 데 아주 유용할 수 있다. 청소년에게 이 기법을 이용하자고 권할 때 그것은 그들에게 가볍게도 또는 심각하게도 다룰 수 있는 과제가 된다. 청소년은 가벼운 마음으로 접근하기 시작하지만 심각한 성격을 가진 중요한 정보가 나타날 때 상담과정에 적극적으로 참여하게 되는 경우가 많다. 이 기법에서 사용되는 축소판 동물모형은 내담자의 가족이나 사회관계에 있는 사람들을 의미하는 상징물로 이용된다. 이것은 청소년의 인간관계를 탐구하는 데 특별히 초점을 맞추는 투영적 기법이다.

"축소판 동물모형이 관계 이슈를 탐구하는 데 도움이 될 수 있다"

투영적 기법 사용의 장점

청소년에게 투영적 기법을 사용하는 것은 상당한 장점이 있다.

① 아서 클라크(Arthur J. Clark)는 투영적 기법이 내담자-상담사 관계를 강화시키며, 내담자의 이해를 돕고, 상담과정을 결정하며 목표를 분명하게 하는 데 유용할 수 있다고 지적한다(Clark, 1995).

② 베로니 레예스(Beroney Reyes)는 상담대화의 관점을 외부에서 내면을 보는 것에서, 내면으로부터 외부를 보는 것으로 전환시킬 때 상징물이 유효하다고 말한다. 외부에서 내면을 보는 관점에서는 내담자와 상담사가 바깥에서 일어나는 일에서 내담자의 내면을 보려고 하지만, 안에서 바깥을 보는 관점을 이용하면 내담자가 투영을 통해 내면에서 일어나는 일을 드러냄으로써 그것이 외적으로 관찰될 수 있다(Reyes, 1994).

③ 니바 와이스월(Niva Waiswol)이 지적하는 바로는 투영적 기법이 대화를 조성할 뿐 아니라 억제된 것들을 극복하게 해주고, 결과적으로 저항을 비켜갈 수 있게 한다(Waiswol, 1995).

④ 투영적 기법이 청소년에게 덜 위협적이다. 개인정보에 대한 접근이 간접적이기 때문이다.

축소판 동물모형을 이용하면 예민한 소재가 내담자의 실제상황과 직접 관련되지 않은 채 그 상징물들과 관련해 이야기될 수 있다. 이 과정에서 청소년은 상징물과 관련된 정보를 실생활과 비교할 수 있고, 적합한 것은 선택하며, 자기에게 너무 고통스럽거나 위태로워 적절치 않은 것은 거부할 수 있다. 이 기법을 이용하면 다른 기법으로는 드러나지 않을 수도 있지만 내담자의 삶에서 다루어질 필요가 있는 중요한 것들이 확인된다고 우리는 믿는다.

이 기법을 통해 청소년은 가족이나 또래집단 또는 다른 사회관계에서 받은 아이디어를 상징물로 이용된 동물모형에 투영한다. 그러나 청소년에게는 이렇게 투영한 것들을 과장하거나 수정할 자유가 있다. 청소년은 자기 안의 그 존재를 인식했을 때 나타날 결과가 두려워서 무의식으로 억눌러놓은 아이디어나 신념에 접근하게 될 수도 있다. 더구나 이러한 방법은 청소년이 실제상황과 관련해서는 가질 수 없었을 특성이나 행위를 상징물에 부여할 수 있게 해준다. 이를 통해 청소년은 자기의 사회적 환경 속 관계들에 관한 중요한 것을 발견하고 그것에 대해 말할 기회를 잡을 가능성이 높아진다.

"축소판 동물모형의 이용은 투영하는 과정을 포함한다"

소재

다양한 작은 동물모형이 이 기법에 사용된다.

- 집에서 키우는 동물
- 농장 동물
- 정글 동물
- 동물원 동물
- 공룡
- 악어
- 곤충
- 해양생물

동물과 기타 생물모형은 플라스틱으로 만들어지고 가능한 한 그 동물을 대신하는 것이 좋다. 그 동물의 외양이나 성격이 사람의 특정 행위나 성품을 제시할 때 청소년은 어떤 특정 인물을 의미할 동물을 고를 수 있게 된다. 이것은 그 동물모형이 만화적으로 생긴 것보다는 실제 동물과 닮았을 경우에 더 쉽게 이루어질 수 있다.

방법

방법은 명확한 네 단계로 이루어진다.

① 동물 고르기
② 동물들을 하나의 그림이 되도록 배치하기
③ 다양한 배치를 탐구하기
④ 동물들이 편안하도록 재배치하기

이 구조화된 과정을 이용함으로써 그 작업은 초기의 참여에서 관계의 적극적인 탐구를 거쳐, 투영하는 작업과정을 포함하는 만족스러운 마무리를 지으며 내담자의 정보가 드러나도록 할 수 있다.

동물 고르기

상담사는 청소년에게 그를 나타낼 동물을 고르도록 권유하면서 시작한다. "너하고 가장 비슷한 동물을 골라보렴"이라고 상담사는 말하면서 시작할 것이다. 이 지시의 말을 하는 것이 아주 중요하다. 그 목표는 청소년이 자기가 되고 싶은 것을 나타내는 동물이 아니라 정말로 자기를 나타내는 것을 고르도록 격려하는 것이다.

일단 동물을 하나 고르면 상담사는 청소년에게 그를 가장 닮은 것으로 고른 그 동물의 특징을 묘사하도록 격려한다. 가령 "이 동물은 어떠니?" 또는 "이 사자(또는 청소년이 고른 동물의 이름이 무엇이든 그 이름)에 대해서 나에게 무엇을 말해주겠니?"라고 할 수도 있다. 이런 질문에 대한 청소년의 대답을 들은 후 더 자세히 말해보라고 하는 것이 도움이 되는 경우가 많다. 상담사는 "좀 더 말해줄래?"라고 말할 수도 있다. 마지막으로 상담사는 "이 동물에 관해 더 말해줄 다른 것은 없니?"라고 질문함으로써 더 자세한 정보를 끌어낼 수도 있다. 이런 보충 질문은 청소년을 더 깊이 생각하게 만들기 때문에 의미 있는 더 유용한 정보를 끄집어낼 때도 있다. 이렇게 하면서 청소년이 이전에는 인식하지 못했던 자기성격들을 발견하는 경우도 자주 있다.

일단 청소년이 자기를 의미할 동물을 선택한 다음에는 그의 사회관계 속 다른 사람들을 의미할 동물을 고르도록 권한다. 상담사는 "네 엄마/아빠/형 (등)과 가장 닮은 동물을 고르겠니?"라고 말할 수도 있다. 각각의 동물이 선택되면, 상담사는 그 동물들에 대해 논의한 뒤 위와 동일한 질문을 사용하면 된다.

동물들을 하나의 그림이 되도록 배치하기

그다음에 상담사는 청소년에게 그 동물들을 그림이 되도록 배치하라고 권한다. 이는 가족치유의 '가족조각(家族彫刻, family sculpting)'에서 사용되는 과정과 다르지 않다. 청소년이 일단 동물들로 그림이 되게 배치하면 상담사는 그 배치에 관해 관찰한 것을 피드백하는 진술을 할 수 있다. "내가 보기에 기린이 사자하고는 거리가 머네" 또는 "모든 동물이 동그라미를 그리고 있구나"라고 말할 수도 있다. 이런 피드백은 그 청소년이 그렇게 배열한 이유를 설명하도록 권하기 쉽게 만들어준다.

다양한 배열 탐구하기

이 단계에서는 상담사가 그 청소년에게 동물들을 다른 위치로 이동시키라고 지시한다. 예를 들어, "사자를 움직여서 기린과 마주보도록 할래?" 또는 "원숭이를 코끼리 옆에 놓아보겠니?"라고 말할 수도 있다. 상담사는 청소년이 동물을 움직일 때마다 그 위치 변화에 대해 동물들이 어떤 감정적 반응을 보일지 탐구하도록 하는 순환질문을 사용할 수 있다. 가령 "공룡이 가까이 있으면 토끼가 어떻게 느낄까?" 또는 "토끼와 공룡이 함께 있는 것을 보면 코끼리는 어떻게 느낄까?"라고 상담사가 물을 수도 있다. 그 과정 내내 상담사는 동물의 배치에 대한 관찰을 말하면서 계속 청소년에게 피드백을 준다. 이 과정을 통해서 상담사는 동물들 사이의 멀고 가까운 다양한 배열을 탐구할 수 있고, 내담자가 그 동물 집단의 동맹과 제휴, 부재와 위계적 구조에 관해 생각하도록 도울 수 있다.

이 과정 중에, 그리고 동물모형을 사용하는 내내 상담사가 이 기법의 투영적 성격을 유지하는 것이 중요하다. 이를 위해 상담사는 '그 동물'이라고 언급하거나 그것의 이름(예를 들어 '사자')을 부른다. 상담사는 그 동물이 의미하는 사람의 이름으로 그 동물을 부르지 않고, 그 동물이 그 사람임을 암시하지 않는다. 동물을 '그 동물'이나 그 동물의 이름으로 언급함으로써 청소년은 자기와 자기가 선택한 동물 사이에 거리를 가질 수 있다. 그래서 그 동물이 비록 어떤 면에서는 그 내담자나 가족을 의미할지라도 그 동물이 그 사람과 동일하지 않게 된다. 따라서 청소년이 그 동물들에게 성격·특성·행위를 투영하면서 안전함을 느낄 수 있다. 즉, 그 동물이 의미하는 사람이 아니라 그 동물 자체가 부정적 또는 긍정적 속성, 수용할 만한 또는 수용할 만하지 못한 속성을 소유하게 된다. 이럴 때 청소년은 자신이나 다른 사람에 관해 인식하고 있으나 아직 인정할 준비가 되지 않은 부정적이며 바람직하지 않은 행위를 더 자유롭게 그 동물에게로 돌릴 수 있다.

청소년이 투영하는 과정에 계속 연결될 수 있도록 상담사는 결코 동물들을 만지거나 움직이지 않는 것이 좋다. 그 대신 청소년에게 동물들을 움직이라고 지시하며, 청소년이 어떻게 만지고 움직이는지를 관찰한다. 이렇게 접근함으로써 귀중한 정보가 관찰될 수도 있고 이것을 그 청소년에게 피드백할 수 있다. 가령 상담사는 "네가 공룡 가까이 있는 토끼를 움직일 때 망설이더니 결국 더 멀리 놓았네"라고 말할 수 있다. 이러한 관찰의 피드백은 청소년이 그 관계에 관해 억압된 정보를 인식하도록 도와줄 수도 있다.

동물들이 편안하도록 재배치하기

마지막으로 상담사는 그 동물들이 모두 편안하게 느낄 수 있도록 새롭게 배치하라고 권함으로써 투영하는 과정을 종결한다. 이것은 청소년이 그 과정을 마무리함으로써, 바라건대 그가 편안함을 느끼고 떠나도록 해준다. 보통은 시작할 때의 배치와 마무리할 때의 배치가 달라진다. 때로는 그 차이점을 탐구하는 것이 유용할 수 있다. 이것은 동물을 가지고 작업하는 동안 그 인간관계에 대한 청소년의 인식 안에서 일어난 내면의 과정에 초점을 맞추도록 도와주기도 한다.

요약

상징기법이 청소년에게 특히 적합한 것은, 그들은 대개 차분하지 않고, 관심이나 집중을 유지하기 위해 뭔가 하는 것을 좋아하기 때문이다. 상징기법은 상징물과 같은 시각적 물체를 선택한 뒤 그것을 갖고 활동하기 때문에 청소년이 특별히 호기심을 갖는다. 결과적으로 청소년이 상담과정에 흥미와 열심을 가지고 계속 참여하도록 만들기 쉽다.

상징물 이용이 또한 청소년의 막 피어나는 추상적 인지기술과 상상력을 자극한다. 상징기법은 다르게 접근할 수 없거나 말로 하기 어려울 수 있는 소재들을 드러내도록 하는 데 도움이 된다. 그러나 모든 청소년에게 적합한 것은 아니므로, 상담사가 선행주도해 각각의 청소년 내담자에게 적합한 기법을 일부러 적극적으로 선택할 필요가 있다.

- 상징기법은 은유, 의식, 상징물, 모래판, 축소판 동물모형을 이용한다.
- 은유는 청소년을 끌어들이고, 관심을 자극하며, 해결책 발견을 도울 수 있고, 청소년이 어려운 이슈들을 안전하고 간접적인 방식으로 말할 수 있게 해준다.
- 예식은 청소년이 카타르시스를 얻어서 자기발달여정을 계속할 수 있도록 하는 데 유용할 수 있다.
- 상징물은 청소년이 무의식에 억눌려 있을 수도 있는 정보에 접근하고, 말로 하는 대화에만 의존하는 상담과정에서는 노출하기 어려운 정보를 말하도록 해주는 데 유용할 수 있다.
- 상징물은 청소년이 대안을 탐구하고, 자기자신 안에 있는 양극단들을 탐구하며, 역할극 대화를 할 수 있게 하는 데 유용할 수 있다.
- 모래판 작업은 청소년이 자기 이야기를 하도록 만드는 데 유용하며, 특히 제한된 말솜씨를 가진 청소년에게는 더욱 그렇다.
- 축소판 동물모형은 특히 청소년이 관계 이슈, 그중에서도 가족 안에서의 관계 이슈를 탐구하도록 돕는 데 유용하다.

14

창조
기법

청소년은 인생에서 새롭고도 복잡한 인지기능을 실험하는 단계에 있다. 그들은 이전보다 더 추상적으로 생각할 수 있고, 따라서 일반적으로 상징, 은유, 기타 창조적 대리물을 이해하고 이용할 수 있다. 많은 청소년이 자기를 표현하고 자기 삶의 의미를 남에게 전달하는 데 예술적인 방법을 사용한다. 예를 들어, 청소년은 자주 스케치 그리고/또는 낙서를 통해 자기자신을 표현하고 감정을 풀어놓으며 다른 사람에게 메시지를 전달한다. 이 장에서는 다양한 창조기법을 다음과 같은 제목으로 논의할 것이다.

- 미술
- 역할극
- 일기
- 긴장이완
- 상상하기
- 꿈 작업

이런 창조기법은 흥미롭고 역동적인 활동을 포함하기 때문에 특히 청소년을 끌어당기는 힘이 있다.

상담사는 창조기법을 선택할 때 청소년의 개인적 선호에 세심할 필요가 있다. 어떤 청소년은 그림을 그릴 준비가 되어 있을 수 있지만, 어떤 청소년은 그림을 그리는 일에 위협감을 느낄 수도 있다. 마찬가지로 어떤 청소년은 글이나 일기를 쓰는 데 편안하고 느긋하지만, 어떤 청소년은 아닐 것이다. 역할극과 드라마가 자기노출과 어색함을 두려워하는 청소년에게는 위협적일 수도 있지만, 어떤 청소년은 그런 것에 담긴 역동적이고 활기찬 과정을 즐거워할 것이다.

미술

시각예술은 대부분의 청소년에게 위협받는 느낌 없이 가장 깊은 생각과 느낌, 아이디어를 표현할 방법을 제공해준다. 그림 그리는 일은 생각과 느낌을 바깥으로 끄집어내 그림에다 올려놓음으로써, 자기생각과 느낌을 자기와 분리된 것으로 관찰할 수 있게 한다. 이는 보통 고통스러운 생각과 느낌을 직접 갖고 있는 것보다 덜 위협적이다. 청소년 자신이 그 그림을 해석하며, 따라서 무엇을 드러낼지를 선택하고 조절할 수 있다는 것을 전제로 할 때 그림을 이용하는 것이 안전하다.

상담에서는 다음과 같은 것을 위해 그림이 사용될 수 있다.

- 현재의 이슈와 문제 이해하기
- 느낌 탐구하기
- 통찰력 개발하기

미술을 이용해 이런 목적을 달성하는 방법은 여러 가지인데, 우리가 청소년에게 유용하다고 발견했던 몇몇 방법을 선택해 설명할 것이다.

어떤 미술 치료사는 상담에서 미술을 이용할 때 자기의 해석능력을 강하게 믿고 고집한다. 그러나 우리는 해석을 청소년 내담자에게 맡기는 것을 선호한다. 시각예술 작품에서 공통적으로 확인할 수 있는 어떤 특징들이 있으며, 그것이 특정 이슈나 심리학적인 문제를 나타낼 수도 있다고는 믿지만, 일반적으로는 상담사가 해석하려는 시도가 현명하지 못하다고 본다. 청소년 내담자가 자기 그림을 해석하고, 자기자신에게 타당하며 드러내도 안전한 의미가 무엇이든 바로 그 의미를 드러내도록 권유하는 것이 더 낫다. 우리가 내담자의 그림을 해석한다면 그의 작품에 우리의 아이디어, 신념, 느낌, 이슈를 투사함으로써 그 작품을 오염시킬 위험이 있다.

현재의 이슈와 문제 이해를 위한 사용

청소년이 자기의 현재 이슈와 문제를 이해하도록 돕기 위해 사용할 수 있는 방법은 다음과 같다.

① 자유롭게 그리기
② 가족그림 그리기
③ 모양, 선, 색을 이용하기

자유롭게 그리기

청소년을 알아가는 과정에서 상담사는 내담자가 그리기, 그리고/또는 미술에 관심이 있다는 것을 발견할 수 있다. 청소년의 미술작품은 현재의 이슈나 문제에 관한 귀중한 정보원이 될 수도 있다. 그러므로 상담사는 청소년에게 이미 그렸던 그림이 있다면 그것을 상담회기에 가져오라고 권할 수 있다. 또한 그것에 관해 말하고, 관련된 느낌·생각·아이디어·신념을 나누며, 그림이 불러일으키는 반응에 관해 함께 이야기하기를 권할 수 있다. 그다음에 상담사는 청소년에게 그의 재능과 기술에 관해 긍정적 피드백을 주고, 미술을 개인적인 표현수단으로 이용하는 그의 능력을 긍정해줄 수도 있다.

"청소년의 창조적 관심을 이용하는 것이 유익하다"

미술은 청소년이 강한 서술을 할 수 있게 해준다. 그 서술은 사회적으로 수용될 만한 것일 수도 있고 아닐 수도 있다. 현재 서구사회에서 매체는 상당히 강조되며, 그 매체들은 청소년층을 대상으로 폭력, 초현실주의, 가학적이고 잔인한 주제, 지배와 악마숭배 등 기타 바람직하지 못한 의식들과 관행들을 보여준다. 청소년을 대상으로 한 음반이나 비디오, 잡지 표지가 부정적이고 사회적으로 수용하기 힘든 관행들을 보여주는 경우도 많다. 광고도 마찬가지이다. 청소년은 자기 미술작품에 이런 현대의 문화적 편향을 반영하기가 쉽다. 상담사로서 우리는 사회가 청소년의 작품에 미치는 문화적 영향을 인식할 필요가 있다. 그래서 청소년 내담자의 작품에 대해 냉소적이거나 역기능적인 해석을 부정확하게 부과하지 말아야 한다. 그 대신 우리는 청소년이 자기 작품에 대해 설명하도록 권할 필요가 있다.

상담사가 그림을 통해 시작하는 유용한 방법은 "네 그림에 관해서 나에게 말해줄 수 있겠니?"라고 묻는 것이다. 그다음에는 "좀 더 말해줄 수 있니?"라고 물을 수도 있다. 이 두 번째 질문은 불필요할 수도 있지만, 아주 유용할 때가 많다. 청소년이 더 깊이 생각하도록 격려하는 셈이기 때문이다. 그 결과 중요한 정보가 나타날 수도 있다. 상담사가 해석을 하지는 않으면서도 그림에서 눈에 띄는 특징이나 속성에 관한 구체적인 피드백을 주는 것은 유용할 수 있다. 가령 "네 그림에서 이 부분은 밝게 칠해졌구나"라든가 "이 모양은 아주 자세하네"라고 상담사가 말할 수도 있다. 해석하지 않는 이런 피드백은 청소년이 자기 작품을 통해 표현되는 느낌, 의미, 아이디어와 더 충분히 접촉하도록 만들 수 있다.

만일 그림에 어떤 형상이나 사람이 들어 있으면 상담사는 청소년에게 그가 그림 속 형상이나 인물이라고 상상해보도록 권할 수도 있다. 상담사는 "네가 이 괴물이라고 상상해보렴. 어떨 것 같니? 나한테 말해줄래?"라고 말할 수도 있다. 그리고 나서 청소년에게 계속 상상해보라고 권하기 위해 게슈탈트 치유기법이 사용될 수 있다. 그 자신이 괴물이라고 상상하면서 그 그림의 다른 형상에 대해 뭔가 말해보라고 권할 수도 있다. 예를 들어 "괴물인 네가 그림 속의 아기(또는 시계)에게 무슨 말을 하고 싶니?"라고 말할 수도 있다. 어쩌면 그다음에는 "네가 아기(또는 시계)라면 뭐라고 대답하고 싶니?"라고 물을 수도 있다. 따라서 그림의 다양한 부분들 사이에 대화가 만들어질 수 있고, 청소년은 상상 속에 잠재된 이야기 속으로 들어갈 수 있게 된다. 이렇게 함으로써 청소년은 그 이야기와 관련된 느낌과 이슈를 발견하기가 쉬워진다. 때로는 이렇게 그림이 다루어지면서 나타나는 정보를 청소년이 자발적으로 자기 삶과 이슈에 관련짓기도 한다. 이런 일이 일어나지 않을 경우 상담사는 "이것이 현재 네 삶에서 일어나는 어떤 일과 비슷할까?"라든가 "너도 그런 식으로 느낀 적이 있니?"와 같은 질문을 할 수도 있다. 이런 질문을 함으로써 청소년에게 현재 해당되는 이슈에 관한 정보가 나타나기도 한다.

가족그림 그리기

청소년에게 가족그림을 그리도록 권하는 것은 현재의 가족관계 이슈를 탐구하고 그 이슈에 관해서 말할 수 있게 도와준다. 가족을 그리는 것에는 두 가지 방법이 있다. 가족을 묘사하며 그리는 것과, 색깔·형태·상징 등을 통해 추상적으로 가족을 묘사하는 것이다. 상담사는 종이와 사인펜을 제공하면서 "가족그림을 그려보겠니?"라고 말할 수 있다. 이 말에 대해 청소년은 어떤 그림을 그려야 하는지 물을 수도 있다. 그럴 경우에는 상담사가 "가족을 생각할 때 마음속에 떠오르는 것이 뭐니?", "떠오르는 대로 그냥 그리면 된단다"라고 말할 수 있다.

때로는 상담사가 상징이나 선 또는 도형이나 색을 사용해 가족을 그리라고 요청할 수도 있다. "가족을 그리는데, 그냥 색을 선택하고 선과 도형으로만 그리면 된단다. 실제 인물을 그리는 것이 아니야"라고 말한다거나 "가족을 그리는데, 식구들을 나타낼 상징을 통해 그리렴"이라고 말할 수도 있다. 어떤 청소년은 상징으로 그리라는 요구를 이해하기 어려워할 수도 있다. 그럴 때는 상징물의 예를 말해주는 것이 도움이 될 수 있다. 가령 내담자가 그 식구의 성격이나 태도와 맞는다고 생각한다면 식구 중 누군가를 부드럽고 폭신한 쿠션으로 그릴 수 있다. 엉큼한 식구라면 그를 벌레처럼 그릴 수도 있다.

청소년이 그림을 그리는 과정은 그가 가족 안에서의 관계를 어떻게 인식하고 있는지 이해하는 데 아주 중요하다. 앞에서도 말했듯이, 여기서는 상담사가 관찰하거나 주목한 것을 피드백할 때 해석하지 않는 것이 가장 필수적이다. 식구들 사이의 멀고 가까운 간격과, 한 식구가 다른 식구들과 어떤 식으로 배치되었는지를 피드백하는 것이 적절하다. 피드백을 하면서 상담사는 "파란색 도형인 엄마하고 분홍색 도형인 아빠가 그림 정반대편에 있네"라고 말할 수도 있다. 또한 가족그림 안에 없는 것이나 첨가된 것을 언급해도 유용할 수 있다. 예를 들어 "이 부분은 크게 비었구나"라든가 "네 남동생이 이 그림에서 빠졌네"라고 말할 수도 있다.

"해석은 청소년 스스로 하도록 만들 필요가 있다"

청소년의 가족에 관한 정보와 그 청소년이 가족 안의 관계를 어떻게 인식하는지에 관한 중요한 정보가 해석 없는 피드백에 대한 그 청소년의 반응을 논의함으로써 얻어질 수 있다. 가장 중요한 것은, 이런 접근방식을 통해 청소년이 자기 가족에 관해 말할 기회를 갖게 하면서도, 예민한 소재에 관한 미성숙한 논의로 청소년이 취약해지는 느낌을 받지 않게 만드는 것이다. 청소년은 무엇을 노출할지를 스스로 조절함으로써 상담환경을 위협적이지 않게 느끼며 안전하다고 인식하게 된다.

도형, 선, 색을 이용하기

도형이나 선, 색을 이용하는 것은 미술 사용방법의 많은 특징을 통합한다. 상담사는 청소년에게 실제형상이 아닌 단지 도형과 선과 색을 이용해 자기세계를 그려보라고 요청한다. 그가 그리는 동안, 그 자신을 그림 속에 넣으라고 권한다. 상담사가 "이 그림 속에서 너를 어디다가 넣을 거니?"라고 말할 수도 있다. 일단 그림이 완성되면 상담사는 청소년에게 그 자신을 의미한 도형이 바로 자기라고 상상하고 그림 속의 다른 도형들에게 말을 건네도록 권한다. "네 주변의 도형들에게 말을 하면 좋겠다. 네가 누구인지, 그것들에게 네가 말하고 싶은 것을 말해보렴"이라고 상담사가 말할 수도 있다. 그에 대한 응답으로 청소년은 "나는 단단하고 강해. 너희 중 아무도 나를 이길 수 없어"라고 말할 수도 있다. 그러면 상담사는 청소년에게 그 자신이 다른 도형이라고 상상하고 바로 앞에 한 말에 대해 대답해보라고 권할 수 있다. 이로써 그림 속 부분들 사이에 대화가 만들어질 수 있다. 마지막으로 그 청소년은 그림 속 도형들 간의 대화가 그의 현재 삶과 관련이 있는지 탐구하도록 권유될 수 있다.

느낌 탐구를 위한 사용

청소년이 감정적 느낌과 접촉해 탐구하도록 돕는 데 그림이 사용될 수 있음을 확인해주는 연구가 있다. 졸리(Richard Jolley)와 토머스(Glyn V. Thomas)는 청소년이 추상적 그림을 통해 분위기를 은유적으로 표현하는 감수성을 지녔음을 탐구했다(Jolley and Thomas, 1994). 그들의 결과가 확인해주는 바는, 청소년이 그림의 형식적 속성을 분위기에 대한 정확한 이해와 이름 붙이기에 연결시킬 수 있다는 것이다. 더구나 모라(S. Morra) 등은 청소년이 감정을 나타낼 상징물을 그릴 수 있음을 발견했다(Morra et al., 1994). 느낌을 탐구하는 데 그림을 이용하는 방법은 두 가지이다.

- 지금 어떻게 느끼는지 그리기
- 자아의 부분을 그리기

지금 어떻게 느끼는지 그리기

청소년은 때로 상담 중에 강렬한 느낌을 경험하기 쉽다. 이럴 때 상담사는 그 순간에 느끼는 것을 그리라고 권할 수 있다. 상담사는 청소년의 행동을 관찰한 것을 반영해 주면서 시작할 수 있다. 가령 "네 목소리가 화난 것처럼 들리는데, 지금 감정적으로 어떻게 느끼는지 그려보겠니?"라고 말할 수도 있다. 그림이 완성되면 상담사는 청소년에게 그 그림에 관해 말해보라고 권할 수 있다. 지금 바로 경험하고 있는 느낌을 그리는 것은, 그 느낌과 그런 느낌이 들게 하는 일에 관해 말하도록 만드는 데 도움이 될 수 있다. 느낌을 표현함으로써 청소년은 기분이 나아질 수 있고 더 긍정적 느낌을 갖기 쉽다.

자아의 부분을 그리기

청소년은 때로 자기자아의 다른 부분들이 서로 갈등하는 다른 느낌들을 가지는 경험을 할 때가 많다. 예를 들어 어떤 청소년은 다음과 같이 어떤 특정 행위에 수치심과 자부심을 동시에 느낄 수도 있다.

- 수치스러워짐은 사회적으로 수용될 수 있는 규범을 위반하는 행위 때문일 수도 있다. 이것을 알면 책임지는 성숙한 사람으로 보이기 원하는 자아의 부분이 건드려질 수도 있다.
- 자부심을 갖는 까닭은 청소년의 어떤 부분은 사회규범에 대결·도전하고 싶기 때문일 수도 있다.

이런 갈등하는 느낌들이 청소년을 혼동시키고 괴롭게 만들 수 있다. 그가 자기세계를 만들려고 시도하고 있기 때문이다. 이런 상황에 있는 청소년에게 자아의 갈등하는 두 부분을 그리라고 권하는 것은 유용할 수 있다. 이것을 그릴 수 있는 세 가지 방법이 있다.

① 자아의 갈등하는 부분을 나타내줄 선, 도형, 색을 사용할 수도 있다.
② 상징물을 그릴 수도 있다(예를 들어, 망치나 조개껍데기 등).
③ 다르게 표현되는 두 개의 자화상을 그릴 수도 있다.

보통 우리는 일반적인 지침을 주고 청소년이 자기자아의 부분을 어떻게 표현할지 자유롭게 선택하도록 한다. 그림이 자아의 갈등 부분을 시각화하고 탐구하며 논의할 수 있게 해준다. 적절할 때는 그 부분들 사이의 대화를 만들어낼 수도 있다. 그 방법은 13장에서 대안 비교를 위한 상징물 사용에 관해 설명한 대로 하면 된다. 그 결과 자아의 갈등하는 부분들이 이해·수용되어 서로 편안하게 공존할 수 있게 된다면 바람직하다.

통찰력 개발을 위한 사용

청소년이 개인적 통찰을 얻을 수 있게 해주는 기법으로 다음의 것이 유용하다.

- 자아를 나타내는 과일나무 그리기
- 자화상 그리기

자아를 나타내는 과일나무 그리기

13장에서 말했듯이 은유를 사용하면 청소년이 자기 개인정보에 접촉해서 그것에 관해 말하기가 편하고 쉬워진다. 과일나무는 청소년이 개인적 통찰을 얻고 개인적 구성 요소와 신념, 느낌, 이슈들을 노출할 수 있도록 '자아'를 위한 은유로서 사용될 수 있다.

이 기법을 사용할 때 상담사는 청소년이 스스로 과일나무라고 상상하면서 그 나무의 특징에 무엇을 포함시킬지 생각하도록 만드는 것에서 시작한다. 가령 상담사는 "네가 얼마나 큰 나무니?", "네가 어떤 모양이니?", "네가 무슨 색이니?", "네게 열매가 열렸니?", "잎사귀는 달렸니?", "뿌리는 어디에 있니?"라는 질문을 던질 수 있다. 청소년이 그 자신을 과일나무로 그리는 과정을 다룰 때는 은유의 과정에서 사용되는 기술이 요구된다(13장 참조). 상담사는 그것이 충분히 탐구될 때까지 그 은유에 머물러 있는 것이 중요하다. 그렇게 해야 청소년이 안전하다고 느낄 수 있고 정보를 노출하기가 더 쉬워진다.

그림을 다루는 동안 상담사는 청소년에게 계속 스스로 나무라고 상상하도록 요청할 수 있다. 가령 "네가 그 과일나무란다"라고 말해줄 수 있다. 그다음에 상담사는 "네가 어디 있는 거니?", "너에게 과일이 늘 달려 있니?", "네 과일에 무슨 일이 일어났니?", "바람이 심하게 불 때 그 과일나무는 어떻게 느낄까?" 등의 질문을 할 수도 있다.

"청소년이 과일나무 역할에 머물도록 격려하라"

과일나무 그림을 다루는 동안 상담사는 청소년의 비언어적 태도와 언어적 행위를 관찰하고 그것을 피드백하는 것이 유용할 수 있다. 예를 들어 청소년이 새 떼가 그의 과일을 다 먹어치웠다고 말하면서 아주 슬퍼 보이면, "네가 과일나무인데 새들이 네 과일을 먹어버렸다고 말할 때 슬퍼 보이는구나"라고 말할 수 있다. 이런 말에 대한 청소년의 반응을 들은 후에 상담사는 나무가 새들에게 말하고 싶은 것이 있는지 물을 수도 있다. 이것이 새와 나무 사이의 대화로 계속 이어질 수도 있다.

상담사는 과일나무를 다루는 것을 마무리하면서 과일나무에 관해 말한 것 중에서 청소년의 실생활과 맞는 부분이 있는지 물어볼 수 있다. 청소년이 자기 삶을 그 나무에 불가피하게 투영했을 것이기 때문이다. 만일 청소년이 과일나무에게 느낌을 부여했었다면, 상담사는 "너도 그런 식으로 느낀 적이 있니?"라고 물어볼 수도 있다.

자화상 그리기

청소년이 장단점과 같은 자기개인의 속성을 탐구·통찰하도록 도와주면서 그에게 자화상을 그리라고 권하는 것도 유용할 수 있다. 일반적으로 상담사보다는 청소년 내담자 자신이 미술에 관해 해석하는 것이 가장 좋다. 상담사는 그림의 특별한 측면을 피드백함으로써 내담자의 해석을 격려해줄 수 있다. 가령 "이 넓은 종이에 너를 아주 작은 사람으로 그렸구나"라든가, "네 손을 초록색으로 칠했네"라고 말할 수 있다.

역할극

    역할극은 심리극, 게슈탈트 치유법, 인지감정행위 치유법과 같은 다양한 치유모델에서 나온 특정 기법들을 이용할 수 있다. 역할극은 에너지가 계속 흐르게 하는 데 뛰어난 방법이다. 역할극의 매우 역동적인 과정에 활발하게 참여하는 청소년이 많다. 그들은 고도로 충전된 신체적 방식으로 자기 삶 속 부분들의 역할을 해낸다. 그것을 그냥 앉아서 이슈들을 놓고 이야기하는 것보다 쉽고 편하게 받아들이는 청소년이 많다.

    역할극이 모든 청소년에게 적합한 것은 아니다. 어떤 청소년은 아주 자의식이 강해서 역할을 창조적으로 해낼 수가 없다. 그러므로 내담자가 역할극을 자발적으로 할 것인지 아닌지를 상담사가 점검하는 것이 필수적이다. 역할극이 불편하거나 자기에게 유용하지 않다는 것을 발견할 때 그만둘 수도 있다는 것을 청소년에게 분명하게 해주면 때로는 기꺼이 역할극을 해보겠다고 나서기도 한다. 역할극의 장면을 정해놓고 상담사가 먼저 역할극의 행동을 취하면서 청소년에게 합류를 권하는 것이 도움이 되는 경우가 많다. 청소년이 역할극에서 그 과정을 자기가 조정한다고 느끼며 자기가 하는 일이 지지받는다고 느끼게 하는 것이 필수적이다. 따라서 상담사는 청소년이 역할극에서 위험을 감수하도록 허용하는 것과 지지를 보내는 것 사이에서 균형을 맞출 필요가 있다.

    역할극은 다음과 같은 목적으로 사용될 수 있다.

- 역할과 관계 이해하기
- 감정과 접촉하기
- 자아의 부분들 탐구하기
- 선택하기
- 신념이나 느낌을 외재화하기
- 새로운 행위를 실험하고 실천하기

    이런 목적들이 때로는 서로 겹쳐진다. 상담과정 중 어떤 시점에서, 역할극이 유용한 목적 그리고/또는 긍정적 결과를 얻을 가능성이 많아 보이는 기회를 잡아 역할극을 만드는 것은 선행주도 상담사의 일에 속한다.

청소년이 역할극을 할 때 상담사에게 중요한 일은 그의 비언어적 태도와 언어적 행위를 계속 관찰해 그 밑에 깔려 있는 감정을 탐지하는 것이다. 드러내놓고 인식되지 않는 그런 감정을 암시하는 행동을 상담사가 보게 되면, 관찰된 그 정보를 청소년에게 피드백하는 것이 유용할 수 있다. 가령 상담사는 "너는 말할 때 주먹을 아주 꼭 쥐고 입을 악문 채 눈을 감는 것 같더구나" 또는 "네가 말할 때 목소리가 슬프게 들렸단다"라고 말할 수도 있다. 이렇게 관찰한 결과의 피드백은 청소년이 감정적 느낌에 접촉할 수 있게 만들어준다는 점에서 매우 중요하다. 그렇지 않으면 청소년이 그런 느낌을 인식하지 못하거나 그 느낌이 너무 고통스러워 피할 수도 있었을 것이다. 불행하게도, 이런 고통스러운 감정과 관련된 이슈들은 그 감정이 먼저 수용되고 풀리지 않는 한 해결될 수 없다.

역할과 관계 이해를 위한 역할극 이용

역할극은 청소년이 다른 사람과의 관계를 탐구하고 그 관계에 관련된 이슈를 자기관점과 상대방의 관점 모두에서 더 잘 이해하도록 돕는 데 유용할 수 있다. 역할극을 하는 동안 청소년은, 언어적으로나 비언어적으로 남들과의 관계에서 하는 것처럼 행동할 수 있다. 또 상대방의 역할로 바꿔서, 즉 역할극에서 다른 사람의 역할을 함으로써 자신의 행위를 더 객관적으로 잘 관찰하고 상대방의 행위를 더 잘 이해할 수도 있다.

"역할 교환은 통찰력을 증가시킬 수 있다"

역할극은 청소년이 스스로 기능적·생산적이라고 믿는 역할과 역기능적·비생산적이라고 믿는 역할 사이의 차이를 인식하도록 돕는 데 이용될 수 있다. 그다음에 청소년은 이전에 하지 않았던 새로운 역할을 배움으로써 자기역할을 넓힐 기회를 갖는다.

게슈탈트식 두 의자 접근방식

관계와 연결된 이슈를 탐구하도록 돕는 일에는, 의자를 두 개 이상 이용하는 게슈탈트 치유법에서 나온 역할극을 하는 것이 효과가 있다. 두 의자 접근법이란, 청소년이 다른 사람과의 관계에 문제가 있을 경우 청소년이 앉은 의자의 맞은편에 빈 의자를 놓고 상대방이 거기 있다고 상상하는 것이다. 청소년에게 빈 의자에 있다고 생각되는 사람에게 말하고 싶은 것을 말하도록 권유한다. 어떤 청소년은 처음에 빈 의자에 대고 말하기를 망설일 것이다. 이 과정에서 내담자를 지지·격려하기 위해 상담사가 내담자 옆에 서서 청소년 대신 빈 의자의 가상인물에게 말을 함으로써 적절한 행위의 본을 보일 수 있다. 가령 "메리야, 난 너에게 엄청 화가 났어 왜냐하면 ……"이라고 말할 수 있다(메리는 빈 의자에 앉은 가상인물이다). 그다음에 상담사는 청소년에게 그 말에 덧붙이거나 말을 바꾸도록 권할 수 있다.

일단 청소년이 빈 의자의 가상인물에게 말하고 나면, 의자를 바꾸어 앉아 역할을 교환함으로써 청소년이 그 상대방이라고 상상하는 실험을 권할 수 있다. 그 후에 내담자가 앞서 자기 의자에서 했던 말에 대해 이제는 그 내담자가 상대방인 것처럼 응답하라고 권할 수 있다. 상담사는 청소년에게 의자를 바꾸라고 지시함으로써 역할극을 연출하고 대화가 만들어질 수 있다. 한 의자에서 다른 의자로의 이런 움직임은 필수적이며, 청소년은 앉아 있는 의자에 따라 자신과 타자로 고정되어 어떤 시점에 어느 자리에 있느냐에 따라 그 편에서 말할 수 있게 된다. 이 과정 내내 청소년은 반드시 '나'라는 주어를 사용해 말하도록 권고되어야 한다. 예를 들어, 그 청소년이 다른 사람의 의자에 앉았을 때는 "음, 메리라면 …… 라고 말할 거예요"라고 말하고 싶은 유혹을 받을 수도 있다. 그런 일이 생기면 상담사는 이것이 역할극임을 분명히 지시할 필요가 있고, "나는 네가 메리라고 상상했으면 좋겠다. 그 아이가 되어서 말해보렴"이라고 할 수 있다. 그다음에 상담사는 메리가 했을 수도 있는 '나'로 시작하는 말, 가령 "나는 네가 한 말에 동의하지 않아. ……"라고 말하면서 시범을 보여줄 수도 있다.

역할극의 경험을 통해 청소년은 자기의 이슈, 느낌, 생각에 대한 이해를 얻을 것이고, 상대방의 관점에 대해서도 어느 정도 이해하게 될 것이다. 두 의자 접근법을 사용할 때는 역할극을 따로 다룰 필요가 없는 경우도 많다. 역할극은 감정적 느낌을 보여주는 비언어적인 태도에 대해 피드백·탐구하는 데 유용한 경향이 있지만 말이다. 청소년들은 역할극을 통해 상대방이 어떠한지 경험하게 되고 그런 경험 자체로 충분할 수 있다.

역할극을 마친 후 상담의 미세기술을 이용해 청소년이 현재 자기의 느낌과 생각을 다루도록 권할 수도 있다. 이 단계에 이르면 역할극에서 상대방이 어떻게 느끼고 생각했을지 묻는 것은 역효과가 날 수도 있다. 그런 질문은 내담자에게 자기경험으로부터 빠져나와 어렵고도 위협적일 수 있는 어떤 것을 해보라고 유도하는 셈이 될 수 있다. 내담자는 이미 상대방의 역할을 해보았기에 그의 관점이 어떠하리라는 감각을 얻었다. 청소년에게 상대방의 관점에 관해 말하라고 몰아가는 것은 저항을 일으킬 수 있고, 다시 상담에 오는 것을 꺼리게 만들 수도 있다.

쿠션을 이용하는 심리극 접근방식

두 의자를 이용하는 게슈탈트 치유법 대신에 이용할 수 있는 것은 심리극(psychodrama)에서 유래한 기법이다. 심리극은 1940년대 제이컵 레비 모레노(Jacob Levy Moreno)의 작업에 그 기원을 둔다(Vondracek and Corneal, 1995). 이 접근방식에서 청소년은 우선 다양한 모양과 색깔의 쿠션 더미에서 선택하는 일부터 시작하게 된다. 쿠션은 무늬가 있는 것, 단색인 것, 둘레에 술이 붙은 것, 부드럽고 폭신한 것, 얇고 단단한 것, 작은 것, 큰 것 등 다양하다. 청소년은 "너를 나타내주는 것 하나를 골라봐"라고 먼저 권유를 받는다. 선택한 후에는 고른 것을 묘사하도록 권한다. 그 쿠션을 묘사함으로써 청소년은 이전에 인식하지 않았던, 자기자신에 관한 정보를 발견하기 쉬워진다. 이는 분명 투영적 기법에 속한다.

그다음에는 쿠션을 바닥에서 원하는 곳에 놓고, 문제가 되는 다른 사람을 나타낼 다른 쿠션을 고르게 한다. 이때 문제되는 사람이 한 명 이상일 수도 있다. 그럴 경우 청소년은 그 숫자에 맞춰 쿠션을 고르도록 권유받는다. 청소년이 다 선택하고 나면, 상담사가 원할 경우 청소년에게 각각의 쿠션에 대해 묘사하도록 권한다. 이를 통해 그 쿠션으로 의미되는 사람의 속성이 발견될 수도 있다. 일단 쿠션을 다 고르면 그 관계들이 드러나도록 그것들을 바닥에 배치하도록 권유한다. 따라서 '관계 조각(relationship sculpture)'이 형성된다. 이는 때로 쿠션을 쌓는 것이 될 수도 있다.

"쿠션 조각(cushion sculpture)은 관계 이슈에 대한 자각을 높여줄 수 있다"

그다음에 청소년은 그 쿠션들을 어떻게 이용할지 지도받는다. 우선 청소년은 자기를 의미하는 쿠션 뒤에 서고, 자기가 말하고 싶은 것이 있는 대상이 되는 사람을 의미하는 쿠션을 마주보도록 한다. 두 의자 작업에서처럼 상담사가 청소년 옆에 서서 청소년의 '또 다른 자아(alter ego)' 역할을 하는 가운데, 내담자가 말하고 싶은 것을 덧붙이기도 하며, 내담자가 말한 것을 더 활기 있고 감정적인 느낌으로 되풀이할 수도 있다. 그다음에는 청소년에게 그가 방금 말을 건넨 사람을 의미하는 쿠션 뒤로 위치를 변경하라고 한 뒤, 그 사람 역할을 하면서 방금 자기 말을 들은 것에 대해 응답하도록 권한다. 청소년은 상담사의 지시에 따라 계속 움직이면서 쿠션들이 나타내는 다른 사람들의 역할을 할 수 있다. 청소년이 특정 인물의 역할을 할 때마다 거기에 해당되는 사람을 나타내는 쿠션 뒤에 서도록 한다.

이 과정은 두 의자 작업과 유사하지만 다음과 같은 장점이 있다.

- 더 유연하다. 청소년의 인식에서 관계가 변할 때 쿠션을 움직이기가 쉽기 때문이다.
- 더 신속하게 드라마가 펼쳐질 수 있다. 역할이 변할 때 의자에서 일어났다 앉았다 하는 것보다 쿠션 사이로 왔다 갔다 하는 것이 더 빠르기 때문이다.
- 관계변화에 대한 실험을 쉽게 할 수 있다. 가령 상담사가 한 쿠션을 다른 것에 더 가까이 움직이면서 청소년의 반응을 점검할 수도 있다.

이 과정에서 상담사는 선행주도해 드라마를 연출할 필요가 있다. 따라서 그 청소년이 쿠션에서 쿠션으로 움직이면서 에너지가 유지되고, 가상의 참여자들 사이의 대화가 만들어질 수 있다. 그중 어느 시점에서 상담사는 이슈가 해결되는 것을 볼 수도 있다. 그러면 청소년에게 쿠션을 떠나 앉아서 현재의 감정적인 느낌들을 말하도록 권유할 수 있다. 이슈가 해결되지 않은 것을 보게 되면 상담사는 그 과정을 요약해주어 청소년이 느낌과 이슈에 대해 자각하도록 만들 수 있다. 이렇게 함으로써 장래에 변화가 일어날 가능성이 조성된다.

중요한 것은 드라마 자체에 대해서 말하는 것이 대개 유용하지 않다는 사실이다. 그런 언급은 이미 경험한 것을 재상연하려는 시도가 될 것이기 때문이다. 그래서 드라마가 완성된 후 현재의 '지금-여기' 느낌을 탐구하는 것이 필요하다. 쿠션을 이용해 만들어진 드라마는 상담사가 역설적 상담기술들을 선행주도해 도입할 기회를 제공한다. 적절히 연출된 드라마는 활기가 넘치고, 생생하며, 때로는 아주 재미있게 청소년의 관심과 상상력을 장악한다. 그만큼 그 드라마가 강력하고 감정에 가득 찬 것이 될 가능성도 있다. 이때 청소년은 소리 지르거나 울면서 강한 감정을 보일 수도 있다.

청소년이 자기 가족 안의 관계나 가족 바깥의 관계를 탐구하도록 도와주는 데 이용할 방법에 관해 더 배우고 싶은 독자들은 우리 책『아동, 청소년, 가족을 위한 관계상담 (Relationship Counselling for Children, Young People and Families)』(Geldard and Geldard, 2009a)을 읽어도 좋다.

감정과 접촉하기 위한 역할극 이용

앞서 설명된 대로 게슈탈트식 두 의자 접근법이나 쿠션을 가지고 하는 심리극 방식의 역할극은 청소년이 감정적 느낌을 탐구하고 표현하도록 돕는 데 효과적으로 이용될 수 있다. 역할극 도중에 느낌을 표현하도록 격려하는 데 사용될 수 있는 방법은 '이중으로 하기(doubleing)'라는 심리극의 기법이다. 이는 상담사가 청소년 옆에 서서 청소년의 또 다른 자아처럼 행동하는 것이다. 예를 들어 청소년이 마틴이라는 친구에게 극도로 화가 났는데, 자기 쿠션 옆에 서서 "마틴, 난 너한테 엄청 화났어"라고 낮고 단조로운 목소리로 조용히 말할 수도 있다. 이럴 경우 상담사가 그 청소년 옆에 서서 커다랗게 힘을 준 목소리로 "마틴, 난 너한테 불같이 화가 나!"라고 말할 수 있다. 또한 상담사가 때로는 그 청소년이 사용했던 어휘, 그가 욕설을 사용했다면 그 욕설까지 포함해 덧붙여서 말할 수도 있다. 이를 통해 청소년 내담자는 상담사의 행위를 따라 할 수도 있으며, 에너지를 갖고 진정으로 느낌을 표현할 수도 있다. 따라서 역동적인 역할극이 만들어질 수 있다. 이는 청소년에게 큰 카타르시스가 될 수 있는데, 속으로 끓고 있을지 모르는 강한 감정을 풀어놓도록 도울 수 있기 때문이다.

청소년에게 위의 기법들을 사용하는 것을 염려하는 상담사도 있다. 드라마에서 이런 행위를 본 보이는 것은, 청소년이 실생활에서도 무례하게 함부로 행동하도록 격려하는 셈이 된다는 것이다. 분명히 말하지만 이것은 그런 의도가 아니기 때문에, 상담사는 특정한 내담자들에게 이 방법이 알맞은지를 민감하게 판단할 필요가 있다. 일반적으로 안전한 치유환경 안에서 청소년이 자기느낌을 강력하게 표현하도록 허용되면, 그 결과

카타르시스가 생기고 청소년은 더 느긋해진 느낌으로 외부 세계로 되돌아갈 수 있으며, 따라서 적절히 반응할 수 있는 능력이 더 커진다.

강력한 역할극의 이용은 맥락 안에서 보아야 한다. 각 역할극이 마무리된 후 그 청소년에게 장래에 관계 문제를 다루기 위해 선택할 수 있는 순응적 방법을 탐구하도록 권함으로써 만족스러운 상담과정은 계속될 것이다. 선택할 수 있는 방법은 무례하거나 도발적이지 않은 것으로서, 단호한 행위와 갈등해결 기술들이 포함될 것이다. 청소년이 이런 행위를 배울 수 있게 만들어주는 기법은 15장에서 설명될 것이다.

자아의 부분들 탐구를 위한 역할극 이용

청소년은 자주 괴롭고 혼란스러워진다. 일관되고 진정한 자기만의 독특한 개인정체성을 세우려고 추구하면서도, 그 과정에서 자아의 부분들이 내적으로 서로 불일치하고 갈등을 일으키는 경험을 하기 때문이다. 확실히 청소년은 원래 복합적이다. 그래서 반대되는 욕망을 다루어야 하고, 자기를 괴롭히고 갈등하는 신념·감정들을 다루어야 한다.

자아의 이러한 다른 부분들은 겉보기에 갈등을 일으키지만 그 청소년의 개인적 독특함을 이루는 것들이다. 자기성격이 단일하지 않으며 다양한 여러 부분으로 만들어졌다는 것을 발견하고 수용할 수 있는 청소년은 안도감을 경험할 수도 있고, 자기 안에 있는 다른 점들을 통합할 수 있게 된다. 발견과 통합의 이러한 과정을 돕기 위해 상담사는 13장에서 말한 기법과 유사한 기법을 사용할 수 있다. 즉, 자아 안에 들어 있는 양극들을 나타낼 상징물을 사용할 수 있다.

자아의 갈등하는 부분들 또는 자아 안에 있는 양극들을 탐구하기 위해, 이를 나타내줄 쿠션들이 선택될 수 있다. 가령 청소년은 자기에게 보복할 능력과 용서의 능력이 둘다 있음을 인식하면서도, 자아 안에 있는 그 두 부분을 어떻게 통합할지 혼란스러울 수도 있다. 이 경우에 보복 부분을 의미하는 쿠션과 용서 부분을 의미하는 쿠션을 고르도록 권하고, 상담실의 양편 바닥에 놓게 할 수 있다. 그리고 앞부분에서 설명했던 대로 역할극을 통해 청소년은 각 부분의 역할을 해볼 수 있다. 청소년은 한 쿠션 뒤에 서서 자아의 한 부분을 위해 주장한 뒤, 반대편에 놓인 쿠션으로 옮겨가 그 부분을 위해 주장하면서 그 두 부분 사이에 대화를 만들어내도록 지지받을 수 있다.

역할극을 통해서 주장이 계속될 때, 상담사는 청소년에게 그 두 쿠션을 연결하는 줄 위의 다양한 위치에 서보는 실험을 하도록 권한다. 그리고 그 줄 위의 특정한 한 지점에 있을 때 어떠한지 말해보라고 요청할 수 있다. 또 양쪽 사이의 연속선상을 따라 움직이면서 어떤지를 경험해보도록 권한다. 이 과정은 청소년이 양편 모두 이용할 만한 것으로 받아들임으로써 그 둘을 통합할 수 있도록 도와준다. 그러면 그 청소년은 자기가 양극단에 들어가 갇힐 필요가 없고, 자아의 부분들을 사용하는 일을 스스로 조정할 수 있음을 인식할 수 있게 된다. 따라서 청소년은 특정한 상황과 시점에, 그 연속선상에서 자기에게 가장 맞는 위치로 움직일 수 있게 된다.

"양극단 사이를 움직일 수 있는 능력에 대한 인식이 힘을 줄 수 있다"

선택을 위한 역할극 이용

이 기법은 13장에서 설명된 바 있는, 비교를 위해 대안을 고정시키는 상징물 이용법과 비슷하다. 그러나 여기서는 다양한 선택을 나타내기 위해 상징물 대신 쿠션이 이용된다. 여기서 청소년은 쿠션에서 쿠션으로 움직이라는 권유를 받는다. 한 쿠션 뒤에 서 있는 동안 청소년은 그 선택을 위해 주장하고, 그것의 장단점에 관해서도 말한다. 그 역할을 하는 동안 상담사는 청소년이 비이성적 신념에 도전하도록 도와줄 수도 있다. 이는 15장에서 설명될 것이다.

신념이나 느낌을 외재화하기 위한 역할극 이용

어떤 식으로 행동해야 한다는 청소년의 현재 믿음에 영향을 준 것은 과거로부터의 메시지일 경우가 많다. 이 메시지는 문화적·영적 신념과 연결될 수도 있고, 아주 강한 것일 수도 있다. 예를 들어 청소년은 남이 나를 어떻게 대하든 모든 사람에게 친절할 필요가 있다는 신념을 가지고 있을 수 있다. 그러나 그 신념 때문에 남이 자기를 학대하도록 내버려두게 만들고, 그래서 내면 갈등을 경험하고 있을 수도 있다. 이러한 신념(또는 느낌)은 자기를 의미할 쿠션과 그런 신념이나 느낌을 의미할 쿠션을 선택함으로써 외재화될 수 있다. 그런 후에 청소년과 외재화된 신념 사이에 대화가 만들어진다.

상담사는 이 대화에 참여할 수 있고, 청소년이 특정 신념을 재검토하는 데 도전하도록 역설적 서술에 유머를 섞어 이용할 수 있다. 예컨대 상담사가 '언제든 모든 사람에게 친절해야 한다'는 신념을 의미하는 쿠션 뒤에 자리를 잡을 수 있다. 그다음 자신을 의미하는 쿠션 뒤에 서 있는 청소년에게, "이봐, 친구야. 누가 너에게 빨간 페인트를 부어도 넌 웃어야 해. 그리고 악수하면서 고맙다고 말해야 한다"라고 말할 수도 있다. 청소년은 거의 확실히 이 도발적인 말에 도전할 것이다. 그러면 청소년은 그 신념을 고수할지 아니면 포기할지, 또는 개정된 구성요소의 일부로 통합시킬지 그 정도를 선택할 수 있다.

새로운 행위를 실험하고 실천하기 위한 역할극 이용

역할극은 청소년이 새로운 행위를 배움으로써 자기 삶을 더 잘 조정할 수 있도록 도와줄 수 있다(Gladding, 1998). 역할극을 하는 동안 상담사는 '되비추기(mirroring, 거울 노릇)'라고 불리는 심리극의 기법을 사용할 수 있다. '되비추기'는 상담사가 역할극 속에서 내담자의 역할을 하는 것이다. 청소년은 역할극이 진행되면서 펼쳐지는 드라마를 관람하고, 다른 사람과 서로 반응하는 자기에 관해 더 객관적인 자각을 얻게 된다.

역할극을 DVD나 비디오로 찍는 것도 유용할 수 있다. 이는 청소년이 그 비디오를 관람하면서 자기행위에 관한 피드백을 얻을 수 있게 해준다. 결과적으로 청소년은 자기행위를 변화시키는 데 더욱 몰두하게 될 수도 있다(Furman, 1990). 청소년은 이전의 역할극 경험을 통해 배운 다른 새로운 행위를 이용해 역할극을 반복하도록 격려될 수 있다. 이것은 청소년에게 새로운 행위를 미리 해보고 실습할 기회를 제공한다. 더구나 비디오로 찍은 역할극은 청소년이 내적 통제중심을 유지하는 능력을 상당히 증가시키는 것으로 나타났다(Dequine and Pearson-Davis, 1983).

일기 ─────────────────────────────────

글쓰기를 좋아하는 청소년이 많다. 그들은 일기, 서정시, 노래가사 쓰는 것을 좋아하고,

그래서 일기쓰기는 흥미롭고 익숙하며 만족스러운 과제가 된다. 상담과 관련해 청소년의 일기는 내밀한 개인정보를 드러낼 기회를 제공한다는 점에서 매우 유용할 수 있다 (Rotenberg, 1995). 청소년은 현재와 과거의 개인경험을 되새긴 내용과 그것에 대한 감정적 반응을 기록할 수 있다. 일기는 바인홀트(Barry K. Weinhold)가 설명하듯이 다양한 방식으로 쓸 수 있는데, 일일기록부나 꿈 기록부가 특히 유용하다(Weinhold, 1987).

일일 기록부

일일 기록부는 일기와 비슷하며, 청소년이 일상의 주관적 경험을 기록하는 것이다. 이를 정기적으로 검토하는 것이 중요하다. 그래야 청소년이 되새겨보고 통찰을 얻으며 긍정적인 변화의 기회를 탐구할 수 있다.

넬슨(Richard C. Nelson)이 제시하는 것을 적용해 만든 다음의 지침들을 따라서 일일 기록부를 쓰는 것이 유용하다(Nelson, 1992). 청소년에게 다음과 같은 제목을 이용해 날마다의 사건들을 기록하도록 권한다.

- 내가 한 것 __ 이 제목 아래 단순히 그날의 일들을 기록한다. 가령 '일어났다', '샤워했다', '아침 먹었다', '학교 갔다' 등이 있다.
- 그날에 대한 나의 견해 __ 이 제목으로는 청소년이 그날을 창문을 통해서 본 것처럼 논평하는 식으로 쓰도록 권고된다. 가령 '오늘은 더러운 날이었다', '오늘 많은 것을 해야 했다' 등이 있다.
- 나의 감정적 느낌 __ 그날 경험한 긍정적·부정적 느낌, 뒤섞인 느낌들을 적도록 청소년에게 권고한다. 가령 '아침 먹으면서 기분이 아주 좋았는데, 학교 갈 생각을 하자 우울해졌다. 그래도 학교 가서는 기분이 좋았다'라고 쓸 수 있다.
- 관계 또는 관계 결여 __ 청소년에게 다른 사람들과의 관계에 대한 정보를 기록하도록 권한다. 다른 사람과 접촉한 것 또는 접촉하지 못한 것, 그리고 그날 다른 사람에게서 영향받은 것을 적는다. 가령 '하루 종일 아빠를 보지 못했다. 친구한테 가는 걸 허락받지 못했다. 그리고 폴라와 말다툼을 해 더 엉망이 되었다'라고 쓸 수 있다.

- 오늘 배운 교훈 __ 오늘 일어난 일에서 배운 것을 기록하도록 청소년에게 권한
  다. 가령 '친구와 만나지 못한 것이 아빠와 만나지 못한 것만큼 기분 나쁘다는
  걸 오늘 알았다'라고 쓸 수 있다.

  일기에서 다른 선택이 가능했음을 봄으로써 청소년이 다른 행위 그리고/또는 다른
결과의 성취가 가능함을 확인할 수 있도록 만들어줄 수 있다. 청소년은 일정 기간 일기
를 쓰면서 도움이 되거나 도움되지 않는 행위패턴을 알게 되고, 미래의 목표를 확인할
수도 있다. 상담사와 이야기를 나누면서 특별히 불만스러운 행위 아래 잠재된 동기를
탐구할 수도 있고, 그래서 변화를 만들어낼 수도 있다.

"일기는 반복되는 행위패턴을 확인하는 데 유용할 수 있다"

꿈 기록부

청소년은 자기 꿈에 대단히 흥미를 보이는 경우가 많다. 때로는 꿈으로 인해 괴로워하
기도 하는데, 특히 계속 나타나는 꿈에 대해서 그렇다. 꿈은 중요한 개인정보에 접근하
도록 도와주는 아주 유용한 방법일 수 있다. 꿈으로부터 정보를 이용하려면, 가능한 한
꿈의 내용을 자세히 기억하는 것이 도움이 된다.
  청소년이 상담을 더 받으러올 가능성이 많고, 꿈을 탐구해보고 싶은 의지가 분명할
때는 꿈 기록부를 만들라고 권하는 것이 유용할 수 있다. 꿈 기록부를 만들려면 침대 머
리맡에 종이와 펜을 놓아두어야 한다. 잠에서 깨자마자 꿈이나 꿈의 일부가 기억날 때, 곧
바로 기록부에 자세히 적는 것이 필요하다. 다음과 같이 세 부분으로 써놓는 것이 더 좋다.

- 1부 __ 꿈에서 무슨 일이 일어났는지에 대한 충분한 묘사를 포함한 꿈 내용
- 2부 __ 꿈에서 경험했던 감정적 느낌들
- 3부 __ 그 꿈에 관한 생각

  이 기록부가 어떻게 이용될지는 나중에 '꿈 작업'이란 제목으로 다루어질 것이다.

긴장이완

어떤 청소년은 긴장이완(relaxation) 기법을 배우는 것이 도움이 된다. 그러나 모든 청소년에게 해당되지는 않는다는 것을 인식할 필요가 있다. 어떤 청소년에게는 구조화된 방식으로 수행되는 긴장이완법이 도움되지 않는데, 이는 그것을 즐겁고 편안하게 경험할 수 없기 때문이다. 긴장이완은 다음과 같은 것에 유용할 수 있다.

- 불안 그리고/또는 긴장으로 힘든 청소년을 돕기 위해
- 불안과 그 밖의 많은 스트레스 상황의 결과로 생기는 다양한 문제에 대한 적극적 대처법을 가르치기 위해(Forman, 1993)
- 상상으로 안내하기 위한 전제조건으로서

긴장이완을 배우도록 청소년을 돕는 방법

첫째, 중요한 것은 긴장이완 연습에 참여할지 청소년이 그 태도를 결정하는 것이다. 어느 정도 이 기법을 경험해본 청소년들이 많을 것이다. 어떤 청소년은 도움이 된다고 생각하고 어떤 청소년은 아닐 것이다. 이전에 만족스럽지 못한 경험이 있는 청소년이라면 이 기법을 배우도록 권하는 것이 별 소용이 없다.

어떤 긴장이완 방법이든 그 기법을 착수할 때 중요한 것은 청소년이 긴장이완 과정을 가르치는 어른보다 자기가 스스로를 조정한다고 느끼게 하는 것이다. 이런 요구를 알아채지 못하면 청소년을 무기력하게 만들고, 그래서 자기목표를 성취하려면 어른의 도움에게 의존해야 한다고 믿게 만들 수 있다.

긴장이완 절차를 시작하기 전에 상담사는 청소년에게 지시사항을 준수할지 아닐지 선택할 권리가 있음을 알려주는 것이 필요하다. 또한 긴장이완 연습을 계속할지 아닐지도 그의 선택에 달렸다고 알리는 것이 좋다. 예행연습도 필요한데, 그때 청소년은 원하면 그만둘지를 결정할 것이다. 상담사가 "네가 이것을 계속하고 싶지 않으면 하지 않아도 된단다"라고 말하는 것만으로는 충분치 않다. 청소년이 그 연습을 어떻게 그만둘지를 물어보는 것이 중요하다. 청소년이 손을 들어 표시할 건지, 눈을 뜨고 "그만할래요"

라고 말할 건지, 그냥 일어서면서 "나는 더 이상 하고 싶지 않아요"라고 말할 건지를 물어보는 것이 중요하다. 청소년이 원할 때 어떻게 중단할지 점검하는 이런 과정을 거치지 않으면, 어떤 청소년은 자기가 조정한다는 느낌을 갖기 어려울 수도 있다.

밝은 빛, 시끄러운 환경에서는 긴장이완을 하기가 쉽지 않다. 훈련하기에 가장 효과적인 환경은 방해되는 소음이 없고, 조명을 약하게 할 수 있는 곳이다. 긴장이완 훈련을 받는 청소년은 편안한 자세로 앉을 필요가 있다. 우리는 청소년이 가능한 한 편안하게 '콩 자루 쿠션(bean bag)'에 앉도록 하는 것을 선호한다. 청소년에게 바닥에 누우라고 요청하는 것은 적절하지 않다. 어떤 청소년, 특히 학대받은 아이들은 바닥에 눕는 것에서 취약해지는 느낌을 받으며 안전하지 못하다고 느낄 수 있기 때문이다. 청소년은 '콩 자루 쿠션'을 조정하면서 원하는 대로 모양을 만들어 기댈 수도 있고, 원한다면 똑바로 앉아 있을 수도 있다.

긴장이완법 지시하기

긴장이완을 지시할 때는 상담사가 억양 없이 아주 단조롭게 말할 필요가 있다. 모든 말은, 그 지시에 반응해 계속 느긋해질 시간을 갖도록 말 사이를 멈추어야 한다. 그 과정은 다음과 같은 방법으로 시작될 수 있다.

> 콩 자루 쿠션에 앉아서 몸이 편해질 때까지 이리저리 움직여봐.
> 준비되었으면 눈을 감고, 앉은 자세에 집중하고, 몸의 어떤 부분이 편하지 않은지 알아
>   보자.
> 불편한 데가 있으면 몸을 움직여봐.
> 발과 다리를 점검하자. 편하니? 아니면 움직여서 더 편안하게 만들어.
> 몸은 어떠니? 편하니? 아니면 움직여봐.
> 팔, 목, 머리를 확인하자. 다 편안하게 만들어봐.
> 필요하면 다시 몸을 다 움직여서 편안하게 만들어.

일단 청소년이 편안해지면, 상담사는 다음과 같은 말로써 이완 과정을 계속한다.

이 연습을 하는 동안 숨을 자연스럽게 쉬면서 숨을 내쉴 때마다 속으로 '느긋해지자
   (relax)'라는 말을 속으로 하는 거야.

말없이 숨쉬기에만 집중하면서 숨을 내쉴 때마다 '느긋해지자'라고 속으로 말하렴.

방해하는 생각이 나더라도 걱정하지 마. 그냥 다시 자연스러운 숨쉬기에 집중하면 돼.

그러고 나서 상담사는 잠시 청소년을 관찰한다. 그러면서 청소년이 숨을 내쉴 때마다 '느긋해지자'라는 말을 조용히 해준다. 그 후 다음 지시를 따라서 청소년이 발부터 머리까지 몸을 이완하도록 도와준다.

발가락과 발을 살살 움직이면서 힘이 풀리는 걸 느껴봐.

숨쉬기를 생각하렴(이 정도에서는 상담사가 '느긋해지자'는 말을 청소년이 숨을 내쉴 때마다 하지 않고 몇 번에 한 번씩 한다).

자, 이젠 발에 집중하자. 발가락들을 움직이면서 숨을 내쉴 때 발가락이 느긋해지게 풀어놓아보렴. 다리에 집중하자. 다리 근육에 가볍게 힘을 주고 숨을 내쉬면서 속으로 '느긋해지자'라고 말하면서 다리에 힘을 풀어봐. 느긋한 기분이 다리에서 발을 통해 바닥으로 흘러가게 하는 거야.

등과 배에 집중하자. 그 근육들에 약간 힘을 주고 숨을 내쉬면서 속으로 '느긋해지자'라고 말하는 거야. 그리고 그 근육들에 힘을 빼는 거지.

느긋한 기분이 배에서 등을 통해 다리와 발을 거쳐 바닥으로 흘러가게 해봐.

느긋해지자, 느긋해지자, 느긋해지자(숨쉬기에 맞추어 조용히 말한다).

가슴과 팔에 집중하자. 그 근육들에 약간 힘을 주고 숨을 내쉬면서 '느긋해지자'라고 말하는 거야. 그러면서 그 근육의 힘을 빼는 거지. 느긋한 기분이 팔에서 가슴을 통해 다리와 발을 거쳐 바닥으로 흘러가게 해봐.

손에 집중하자. 가볍게 힘을 주고 다시 힘을 빼면서 느긋한 느낌이 손에서 팔을 거쳐 몸과 다리를 통해 바닥으로 흘러가게 해봐.

네 몸이 콩 자루 쿠션에 더 깊숙이 빠지도록 해봐. 그러면서 숨쉬기에 집중하고 숨을 내쉴 때마다 '느긋해지자'라고 말하는 거야.

머리와 목의 근육에 약간 힘을 주고 숨을 내쉬면서 느긋해져봐. 느긋해진 느낌이 머리

에서 몸을 거처 발에까지 가고 바닥으로 흘러나가도록 해봐.

숨을 내쉴 때마다 '느긋해지자'라고 말하면서 계속 느긋하게 있어도 된단다.

상담사는 청소년이 느긋해짐을 경험하도록 얼마 동안 내버려둘 수 있는데, 이때 말해야 할 것은 다음과 같다.

나는 이제 2~3분 동안 아무 말도 안 할 거란다. 네가 숨쉬기에 집중하고 속으로 '느긋해
지자'라고 말하면서 스스로 연습할 시간을 주는 거야. 생각이 밀고 들어오면 염려하
지 말고 그냥 숨쉬기에만 다시 집중하면 된단다.

잠시 후 상담사는 다음과 같이 말할 수 있다.

이 연습을 슬슬 마감할 시간이 되었구나. 네가 다시 깨어나 활동할 준비를 시작하는 게
좋겠다.

그 말들 사이에 잠시 틈을 주고 상담사는 다음과 같이 말하며 계속 이어갈 수 있다.

숨 쉬는 일에 집중하면서 '느긋해지자'라고 말하는 대신에 이제는 콩 자루 쿠션에 앉아
있는 것에 집중하렴.
그 쿠션에서 몸을 이리저리 약간 움직이면서 쿠션을 느끼는 거야.
머리와 목을 움직이고 눈을 떠봐.
주변을 둘러보면서 이 방에 있는 물건들을 보렴.
준비가 되면 네가 느긋했었다는 것을 기억하면서 조심히 일어나렴. 갑자기 일어서는 것
은 좋지 않단다.

긴장이완을 가르친 후 청소년에게 보통 때보다 더 느긋하게 느끼는지 물어보는 것
이 좋다. 그리고 아주 각성되어 있어야 할 어떤 활동을 바로 하는 것은 권할 만하지 않다
고 말해주는 것이 좋다. 가령 청소년이 아주 느긋해졌으면, 그가 떠날 때 통행량이 많은

길거리에서 자전거를 타고 가도록 내버려두지 말아야 한다. 적절히 대응할 수 있게 충분히 경각되어 있지 않아 사고가 날 수도 있기 때문이다.

일단 청소년이 긴장완화를 배운 다음에는, 염려가 되기 시작하거나 스트레스 많은 상황에서 느긋해지도록 하는 데 이러한 방법이 도움이 될 수 있다. 이는 청소년을 똑바로 서게 한 채 몇 번 깊게 숨을 쉬라고 제안하면 된다(과다호흡이 되지 않도록 한다). 이렇게 숨을 쉬는 동안에도 속으로 자기에게 '느긋해져라'고 말하면서 몸을 느긋하게 만들라고 말해준다. 따라서 청소년은 서 있는 자세에서 손·팔·목·어깨·몸·다리 근육을 이완하는 법을 배우고, 서 있을지라도 숨을 몇 번 깊이 쉼으로써 느긋해질 수 있다. 서서 느긋해질 수 있다면 스트레스 쌓이는 상황에 직면할 때 유용할 수도 있다.

상상하기

상상력을 이용하는 중요한 네 가지 방법은 다음과 같다.

① 자아인식 변화
② 새로운 감정패턴과 행동패턴 수립
③ 부정적 기억 재구성
④ 가상여행 떠나기

이 목표들을 이루면서 청소년은 상상력을 통해 옛 기억 대신에 더 도움이 되고 순응적인 새 기억을 가질 수 있다.

자아인식 변화를 위한 이용

청소년의 자아인식은 아동기에서 유래하지만 청소년기에 변하고 발전할 것이다. 불행하게도 과거의 자아인식은 자신에 관한 청소년의 사고방식에 계속 영향을 주고 타자와의 관계에도 영향을 미치는 경향이 있다.

아동기와 청소년기의 정신적 외상 그리고/또는 학대경험은 역기능적이고 도움이 되지 않는 자아인식으로 이끄는 경우가 많다. 가령 학대받은 청소년은 자기가 사랑받을 만하지 못하고, 사랑받을 가치가 없으며, 신뢰할 만하지 못하고, 도움이 안 되는 사람이라고 믿을 수도 있다. 이런 부정적 자아인식은 청소년이 그 인식에 맞게, 그 인식을 지지하는 식으로 계속 행동하게 만들 수도 있다. 상상하기는 이런 인식과 신념이 변하도록 도와줄 수 있다.

자아인식을 변화시키기 위해 상상력을 이용하는 첫 단계는 도움이 안 되는 신념의 영향을 완전히 자각하도록 이끌어내는 것이다. 이렇게 하려면 현재의 행위를 논의하고, 그 행위가 어떻게 고정된 생각에 의해 영향을 받는지 논의하면 된다. 상담사는 또한 청소년이 자신에 관한 괴로운 생각들을 피하려고 이용해온 행위를 깨닫게 해줄 필요가 있다. 예를 들어, 청소년이 거칠고 원기 팔팔한 겉모습을 보여주더라도 그 겉모습은 무력감과 취약한 느낌을 감추는 방법일 수도 있다.

부정적 자아인식과 그 근원이 무엇인지 일단 확인되면, 상담사가 이끌어주는 상상력을 이용해 변화가 유도될 수 있다. 청소년은 부정적인 과거경험(예컨대 희생되었다고 느끼거나 어쩔 수 없다고 느꼈던)을 기억하도록 권고받는다. 그다음에는 상담사가 이끄는 대로 상상을 통해 그 경험을 재생하지만, 자기자신을 좋게 느낄 수 있도록 행위방식을 변화시켜서 경험하도록 권한다.

그 과정은 다음과 같다. 첫째, 상담사는 긴장이완 연습을 이용해 청소년이 일단 느긋해지면 과거의 부정적인 경험을 기억하도록 권한다. 그다음에 눈을 감고 계속 느긋한 상태를 유지하면서 청소년이 상상하고 있는 과거의 장면이나 사건을 묘사하도록 권한다. 그 후 상담사는 청소년에게 그 그림이나 사건을 변화시켜서 기분이나 결과가 달라질 수 있게 만들 방법을 제안하라고 요청한다. 다음에는 그 청소년에게 상상된 시나리오의 시작 부분으로 돌아가서 그 대본을 다시 만들도록 권한다. 그래서 그 사건은 긍정적인 결과를 낳는 다른 사건이 되고, 청소년이 자기에 관해 기분 좋아지는 경험을 하도록 한다.

이 과정에서 어떤 청소년은 어린아이였을 때 놀이터에서 더 크고 나이 많은 아이들에게 괴롭힘을 당했던 과거의 사건을 상상할 수도 있다. 이런 기억을 재경험하는 동안, 상담사는 그 청소년에게 자신을 괴롭히는 아이들의 공격적·폭력적 행위를 놀이터에서 또래에게 수용·존중되었음을 보여주는 행위로 대체하도록 격려한다. 이는 청소년이 우정, 도움 주기, 충성심 같은 긍정적인 자기속성과 접촉할 수 있게 해줄 것이다. 그러면 상담사는 이 속성들을 부각시키면서 새로운 가치를 부여하고, 청소년이 자기를 긍정적으로 새롭게 인식하도록 도와줄 수도 있다. 이러한 새 인식은 청소년이 장래에 긍정적인 사회적 관계를 맺게 해줄 수도 있다.

새로운 감정패턴과 행위패턴 수립을 위한 이용

이것은 '합리적 정서행위 치유법'에 속한다(Dryden et al., 2002). 청소년은 과거의 실패로 괴로워할 때가 있는데, 실패는 최근의 경험일 수도 있고 한참 전의 경험일 수도 있다. 가령 학교 운동장에서 서너 명의 다른 학생들과의 사이에 폭력이 오갔던 일을 기억할 수도 있다. 그 결과 다들 교장실로 불려갔고, 그 일을 목격한 선생이 증언을 했다. 그동안 청소년은 그 일에 대한 자기생각을 설명할 기회가 없었을 수 있다. 그 모임에서 더 힘 있는 사람에 의해 방해되거나 지시됨으로써, 그리고 그 모임의 절차에 관해 몰랐기 때문에 자기관점을 말하는 것이 방해받았을 수도 있다. 이 사건이 청소년에게 무력감, 무시되는 느낌, 자기에 대한 부적합한 느낌을 남겼을 수도 있다.

그 사건에 관한 청소년의 느낌을 바꾸기 위해 상담사는 먼저 긴장이완 연습을 이용할 수도 있다. 느긋해져 있는 동안 청소년에게 실제로 일어났던 그 사건을 떠올려보면서 떠오르는 대로 말하도록 권한다. 그다음에 상상 속에서 그 이야기를 다시 만들어보도록 권하며, 그 청소년에게 만족스러울 수 있는 방법으로 그 사건을 다르게 묘사하라고 제안한다. 개작된 이야기를 서너 차례 되돌림으로써 청소년이 과거의 기억으로 인한 괴로움을 줄일 수 있게 되기를 기대할 수 있다. 또한 그 청소년은 더 편안하고 자신 있게 느끼기 시작할 수도 있으며, 그럼으로써 장래에 비슷한 상황이 생기면 적절하고도 용기 있게 다룰 기술을 갖게 될 것이다.

부정적 기억 재구성을 위해 상상력 이용

정신적 외상을 크게 입은 청소년은 자기 이야기를 순서대로 말이 되게끔 이야기하기 어려워한다. 이는 그 기억에서 어떤 정보를 잃어버렸기 때문일 수도 있다. 이야기의 파편화는 이야기 전체가 어떤 것이었는지 느낄 수 없게 막아버리고, 그래서 그 청소년을 불안하게 만들기도 한다. 더구나 이야기가 조각나 있기 때문에 사건을 통제할 수 없었다는 느낌을 갖게 될 수도 있다. 사건이 이해할 수 있게 논리적으로 연결된 채로 기억나지 않기 때문이다. 또한 그 경험의 어떤 부분이 느닷없이 건드려질 때 일어나는 '순간재연(flashback)'으로 인해 괴로워질 수도 있다. 그런 정신적 외상을 일으킨 사건이 재구성될 수 있다면, 그래서 청소년이 완전한 맥락을 따라가며 온전히 이해할 수 있다면, 통제감이 생길 수도 있고 촉발원인(trigger)을 확인함으로써 괴롭히는 힘이 축소될 수도 있다. 아울러, 촉발하는 것에 대한 반응을 조절할 방법이 탐구될 수도 있다.

이런 청소년이 자기 이야기를 재구성해 그 사건에 대한 감을 잡을 수 있도록 하는 좋은 방법은, 그가 느긋해졌을 때 그 이야기를 상상하도록 도와주는 것이다. 그리고 상상하는 대로 말하도록, 그래서 처음부터 끝까지 이야기가 흘러가도록 도와주는 것이다. 이런 식으로 청소년은 일어났던 일이 어떤 것이었는지를 알게 될 수 있다. 그러나 기억할 필요가 있는 것은, 재서술되는 이야기가 완전히 정확하지 않을 수도 있고, 만들어진 소재가 포함될 수도 있다는 점이다.

그 과정의 첫 단계에서 상담사는 청소년을 느긋해지도록 인도하고, 느긋해진 동안 트라우마 경험에 대한 기억을 떠올려보도록 권한다. 그러면서 다음과 같은 질문으로 그 사건을 탐구하도록 만들 수도 있다. "일어난 일을 기억할 때 마음속에 어떤 그림이 보이니?", "넌 무슨 옷을 입고 있니?", "네 주변에서 어떤 소리가 들리거나 냄새가 나거나 움직임이 있는 걸 알겠니?"와 같은 질문을 한다. 이런 질문의 목적은 청소년 내담자가 그 경험의 감각적 구성요소들과 더 많이 접촉하도록 도와주기 위한 것이다. 트라우마를 다시 건드리는 원인이 되는 것들은 감각적 경험과 관련된 경우가 많기 때문이다. 이러한 촉매제가 일단 인식되면 청소년이 그것을 더 잘 다룰 가능성이 높아진다. 이런 연습 후에 청소년은 그 사건에 대한 원래 자기인식을 바꿀 수 있었을지도 모를 새로운 정보나 깨달음을 유도하는 정보를 확인하도록 격려된다. 이 새로운 통찰이 원래의 트라우마에 대한 현실감을 얻도록 도와줄 수도 있다.

가상여행을 위한 이용

가상여행은 상상 속에서 청소년이 장래에 방문하고 싶을 수도 있는 즐거운 장소로 데리고 가거나, 과거의 괴로운 경험과 접촉하도록 돕는 데 이용될 수 있다.

즐거운 장소와 접촉

청소년이 즐거운 장소에 접촉하도록 도울 때는, 그가 즐겁고 재미있을 만한 곳이라고 생각하는 장소로 상상 속에서 움직여가도록 권함으로써 긴장이완을 계속하게 한다. 그 결과 청소년은 자기에게 편안하고 즐거운 곳을 고를 기회를 갖는다. 청소년이 눈을 감은 채 즐거운 곳을 상상하는 동안 상담사는 그가 상상으로 경험하는 것에 관해 말하도록 권할 수도 있다.

과거의 괴로운 경험과 접촉

청소년이 과거에 괴로웠을 수도 있는 경험과 접촉하도록 가상여행을 이용할 때, 상담사는 그 사건이 일어났던 장소와 시간으로 이끌어갈 가상여행에 청소년을 데려간다. 그 후 청소년은 다음과 같이 차례대로 상상하도록 권유될 수도 있다.

① 청소년이 과거의 괴로운 장면을 보고 있다.
② 청소년이 그 장면의 일부이다.
③ 청소년은 그 장면에 있는 누구에게든지 하고 싶은 말을 할 수 있고, 그 사람의 반응을 볼 수 있으며, 과거의 실제 그 사건에서 하고 싶었을 수도 있는 것을 할 수 있다.
④ 청소년은 그 여행을 마치기 전에 하고 싶은 행동이나 말을 함으로써 가상여행을 완성할 수 있다.
⑤ 마지막으로 청소년은 가상여행을 마치고 의식이 상담실의 상황으로 돌아오도록 권해진다.

그 여행이 완성된 후 청소년은 눈을 뜨고 그 여행을 뒤로 하라는 권유를 받는다. 그리고 컬러 사인펜으로 그 여행에 관해서 마음속에 떠오르는 것을 그리거나 스케치하도록 권유받는다. 그림을 완성한 후 상담사는 그 그림에 대해 말해보라고 권할 수도 있다. 상담사가 그 그림에 대해 논평할 수도 있다. 가령 "여기에 커다란 빨간색 반점이 있구나" 또는 "이 부분은 비어 있네"라고 말할 수 있다. 이렇듯 그림을 해석하지 않고 보이는 그대로 말해줌으로써, 청소년이 침범해오는 질문 때문에 고민하도록 만들지 않으면서도 원한다면 그가 자기 그림에 관한 정보를 드러내도록 초청하는 셈이다.

"그림을 그림으로써 가상여행을 다루는 것은 위협적이지 않다"

더 공개적이고 덜 구조적인 가상여행을 이용하는 것도 하나의 대안이다. 여기서 청소년은 상상 속에서 어디로 갈지 선택할 자유를 갖는다. 가령 청소년에게 문 앞에 서 있다고 상상하라면서 그 문을 열고 들어갈 때 어떤 장면이 기억날 거라고 제안한다. 이는 어떤 이야기가 되어갈지 아주 열어놓는 것이지만, 거기서 기억된 장면이 아주 중요한 것일 때가 많다. 앞에서 번호로 열거된 것들을 이용해 청소년은 그 장면을 보고 그 장면으로 옮겨가서, 장면 속의 사람들과 이야기하고 원하는 것을 행하며 떠나도록 권유받는다. 중요한 것은 청소년이 상상 속에서 그 장면에 들어갔던 것과 똑같은 방식으로 그 장면을 떠나도록 권하는 것이다. 즉, 청소년은 그 문을 통해서 나와서 그 문을 닫고 떠나도록 권해져야 한다. 이렇게 함으로써 청소년은 상상 속에서 그 여행을 완수했고, 상상 속의 상황에 계속 머무는 대신 상담실 안의 상황을 재개할 수 있게 된다.

그 여행은 앞에서 말했듯이 그림을 그림으로써 다루어질 수 있다. 상담사가 이런 종류의 상상여행 경험을 다루어줄 때, 청소년이 실생활의 상황에 관한 정보를 자연스럽게 노출하기 쉽다. 이것은 개인정보를 나눌 기회를 쉽게 만들어준다.

꿈 작업

대부분의 청소년이 자기가 꾼 꿈에 관심이 많다. 그들은 꿈에 강한 호기심을 보이는 경향이 있으며, 특별한 의미나 중요성을 부여하는 경우도 많다. 때로는 자기 꿈에 예언적인 성격이 있다고 믿기도 하며, 그래서 해석하고 싶어 한다. 우리가 믿기에, 청소년의 꿈을 해석할 수 있고 해석할 능력이 있는 유일한 사람은 청소년 자신이다. 즉, 그들 자신의 해석이 중요하다.

이전에 논의했듯이 자기가 꾼 꿈을 가지고 작업하기 원하는 청소년에게는 잠에서 깨자마자 꿈을 기록하도록 권할 수 있다. 그러나 그 기록을 가져오지는 않았어도 꿈을 아주 명확하게 기억하며 그것을 말하고 싶어 할 때도 있다.

꿈을 다루는 두 가지 방법이 있다. 하나는 그림을 이용하는 것이고, 다른 하나는 심리극이나 게슈탈트 치유법이다(심리극과 게슈탈트 치유법은 서로 겹치는 부분이 상당히 많다).

꿈을 다루기 위한 미술 이용

미술을 이용할 때는 청소년에게 사인펜을 사용해 꿈을 그리거나 스케치하라고 권한다. 그 그림은 구상적일 수도 있고, 아니면 도형과 색만을 이용한 추상적인 것일 수도 있다. 때로는 그림을 그리는 동안 청소년이 자발적으로 꿈에 관해 말할 수도 있다. 어떤 경우는 내담자가 조용히 그리기만 할 것이다. 그럴 경우 그림이 완성된 후에 상담사가 "네 그림에 관해 말해줄래?"라고 말할 수도 있다. 그다음에는 "좀 더 말해보렴"이라는 말로 청소년이 더 깊이 생각하도록 권함으로써 중요한 정보가 청소년의 자각 안으로 들어와 노출되도록 할 수 있다. 상담사는 청소년에게 그가 그림 속의 물체나 사람이라고 상상해보라고 권함으로써 더 깊이 다룰 수 있다. 청소년이 그림 안의 물체나 사람이 되어 어떻게 느끼고 있는지, 무엇을 생각하고 있는지 묘사해보도록 권할 수 있다. 뭔가 말하고 싶은 것이 있는지 물어볼 수도 있다. 또 청소년이 그림 속의 물체나 사람이라고 상상하면서 그림 속의 다른 물체나 사람 또는 동물 등에게 뭔가 말하라고 상담사가 권유할 수도 있다. 그다음에는 그가 다른 물체나 사람 또는 동물이라고 상상하면서 방금 들은 말에 대답하라고 권한다. 따라서 그림 속의 두 부분 사이에 대화가 만들어질 수도 있다. 이런 대화는 종종 청소년에게 새롭고 기대치 않은 정보를 들어올려주기 때문에, 청소년이 문제되는 이슈와 사건에 대해 통찰할 수 있게 해준다.

심리극으로 꿈을 다루기

꿈을 심리극으로 접근해 다룰 때는, 먼저 청소년에게 꿈을 묘사하라고 권한다. 그리고 꿈속에 나타난 중요한 물건이나 사람을 나타낼 쿠션을 선택하라고 권한다. 그다음에는 바닥에 배열된 쿠션들을 가지고 꿈의 그림을 만들어내는 이야기가 다시 서술된다. 그때 청소년은 해당되는 쿠션 뒤에 서서 자리를 잡도록 권유받는다. 청소년은 한 쿠션마다 그것이 꿈속에서 어떤 물체나 대상 또는 사람을 나타내는지, 그리고 그것이 꿈속에서 어떠했는지를 그 물체나 사람 편에서 말하도록 요청받는다. 쿠션을 따라 옮겨가면서 꿈속의 다양한 부분들 사이에 대화가 만들어진다. 그런 심리극적인 과정 속에서 상담사는 말로 하는 행위와 말없이 하는 행위를 둘 다 관찰하고 피드백할 필요가 있다. 그래서 청소년은 감정과 그에 연관된 생각에 대한 자각이 증가되고, 이것들을 다룰 수 있게 된다.

요약

우리는 청소년이 이슈를 탐구하며 자기감정들을 다루고 변화를 만들어내도록 돕기 위해 이용될 수 있는 창조기법을 많이 설명했다. 이 모든 창조기법은 청소년에게 움직일 것을 요구한다. 그러므로 반드시 그 청소년의 욕구와 능력에 적합한 방법이 선택되어야 한다. 우리는 청소년이 상담 중의 활동에 참여할지 여부를 스스로 선택하게 하는 것이 필수적이라고 확신한다. 논의된 모든 기법 그 자체는, 수행된 작업이 그 과정 속에서 나타나는 생각·감정·태도·신념을 탐구함으로써 적절히 다뤄지지 않는 한, 그 가치가 제한될 수밖에 없다.

- 창조기법에는 미술, 역할극, 일기, 긴장이완, 상상, 꿈 작업이 포함된다.
- 미술 작업은 청소년이 현재 이슈와 문제를 이해하고, 느낌을 탐구하며, 통찰을 개발하도록 돕는 데 이용될 수 있다.
- 미술 작업의 해석은 청소년 자신이 하는 것이 더 낫다.

- 역할극은 청소년을 적극적이고 역동적인 방법으로 끌어들여, 감정과 접촉하고 관계를 탐구하며, 자아의 부분들을 탐구·선택하고, 새로운 행위를 실험·실천하도록 돕는 데 이용될 수 있다.
- 일일 기록부와 꿈 기록부는 감정 이슈, 관계 이슈, 도움이 되지 않는 반복행위에 대한 청소년의 자각을 높여주는 데 유용할 수 있다.
- 긴장이완 연습은 청소년이 긴장을 감소시키는 데, 특히 스트레스가 많은 상황에서 도움이 될 수 있다.
- 상상력의 이용은 청소년이 자아인식을 변화시키고, 새로운 감정패턴과 행위패턴을 수립하며, 부정적 기억을 재구성해 괴로운 경험과 접촉하고 편안한 공간으로 움직일 수 있도록 만들어주는 데 도움이 될 수 있다.

15

행위기법과
인지행위기법

13장과 14장에서 우리는 상징기법과 창조기법을 보았다. 이 기법들은 청소년이 자기자신을 이해하고 통찰을 얻도록 도와주며, 괴로운 감정과 그 밑에 있는 이슈들을 더 충분히 자각함으로써 자기행위를 변화시키도록 도울 수 있다. 상징기법과 창조기법은 또한 청소년이 신념과 가치를 정의내리고 이해하며 변화시키는 것을 돕는 데도 유용하며, 그 결과 행위변화가 일어나는 경우가 많다. 이 장에서 우리는 행위기법과 인지행위기법을 논의할 것이다. 이 방법들은 구조화된 목표지향적 접근방식과, 적극적인 상담사와 적극적인 청소년의 협력관계에 의존하며, 현재 이슈를 강조한다(Kutcher and Marton, 1990). 상징기법과 창조기법은 행위에 간접적인 영향을 주지만, 행위기법과 인지행위기법은 특히 행위를 직접적인 목표대상으로 삼는다. 행위를 직접적인 목표대상으로 삼을 때의 가정은, 행위가 변할 때 감정적 느낌도 긍정적으로 영향을 받으리라는 것이다.

행위기법과 인지행위기법은 불안하고, 우울하며, 공격적이고, 적대적이며, 무감각한 청소년들과 작업할 때, 그리고 인간관계와 사교기술로 인해 어려움을 겪는 청소년과 일할 때 성공적이었다. 그 성공의 정도는 다양하다(Valliant and Antonowicz, 1991; Finch et al., 1993; Wilkes et al., 1994; Biswas et al., 1995; Reinecke et al., 2006).

행위기법과 인지행위기법은 다음과 같은 소제목으로 논의될 것이다.

- 자기통제
- 자기파괴적 신념에 도전하기
- 분노조절
- 자기주장 훈련
- 삶의 목표 정하기
- 결정 내리기

자기통제

자기통제 행위를 배우는 데에는 다음과 같은 네 단계가 있다.

① 문제행위 확인
② 행위 관찰
③ 행위 평가
④ 행위 결과 정하기

자기통제 이슈가 다루어질 필요가 있을 때 상담사는 청소년에게 이 네 가지 단계를 설명해주고, 행위변화를 위한 프로그램을 함께 계획할 수 있도록 이 단계들을 이용할 수 있다.

문제행위 확인

청소년이 상담과정에서 문제를 일으키는 자신의 행위를 하나 이상 확인할 수도 있다. 예를 들어 청소년이 동생과 싸우고 그 결과로 문제가 생겼을 수도 있다. 이런 종류의 문제를 가진 청소년은 우선 동생의 행위에 관해 불평하고, 일어난 일이 동생 때문이라고 동생을 비난할 수 있다. 선행주도하는 상담사의 책임은 청소년이 남의 행동을 바꿀 수 없음을 인식하도록 도와주는 것이다. 이를 위해 "동생이 변할 것 같니?" 그리고/또는 "네가 동생의 행동을 바꿀 수 있다고 생각하니?"라는 질문을 던질 수도 있다. 청소년의 신념에 도전하는 이런 질문을 통해 청소년이 변화시킬 수 있는 유일한 행위는 자기행위 밖에 없음을 인식하게 되는 것이 바람직한 결과다.

행위 관찰

만일 청소년이 자기행위를 바꾸기 원한다면 먼저 자기행위를 관찰하는 것이 필요하다. 그래야 자기행위와 그 결과를 온전히 이해할 수 있다. 원치 않는 행동이 언제 일어나고 언제 일어나지 않는지만 관찰해도 행위가 변하는 경우가 자주 있다. 가령 동생과 갈등이 생길 때 청소년이 그것을 알아차리면, 바로 이 관찰하는 행위가 갈등을 줄일 수 있다. 관찰대상이 되는 행위가 일어났을 때 청소년이 그것을 자각해서 일어나는 일을 즉시 변화시킬 행동을 취할 수 있기 때문이다.

일기 이용

일기를 이용하는 것이 원치 않는 행동을 관찰하기 원하는 청소년에게 도움이 될 수도 있다. 청소년이 원치 않는 행위가 일어나는 상황, 그리고/또는 사건을 기록하면서 그 사건이 일어나기 이전 행위와 그 결과를 둘 다 기록할 수 있다. 이러한 목적으로 계속 일기를 쓰는 좋은 방법은, 한 페이지를 세로로 세 줄로 나누어 다음과 같은 제목으로 기록하는 것이다.

① 상황/사건이 일어나기 전의 나와 남의 행위 (그리고 나의 느낌)
② 상황/사건에 대한 묘사 (그리고 나의 느낌)
③ 나에게 일어난 결과 (그리고 나의 느낌)

청소년에게 각각의 제목 아래 당시의 느낌을 묘사하라고 권한다.
또한 하루를 몇 부분을 나누는 것도 도움이 될 수 있다. 그렇게 하면 목표대상이 되는 행위의 빈도를 변화시키고자 결심할 수 있기 때문이다. 하루를 다음과 같이 나누는 것이 적절할 수도 있다.

- 학교 가기 전
- 오전
- 오후
- 방과 후

"어떤 청소년은 일기 쓰기를 즐기지만 어떤 청소년은 아니다"

이렇게 나뉜 하루 동안 원치 않는 행위를 한 횟수는, 원치 않는 행동을 조정하려고 할 때 문제가 생기는 시간이나 상황에 관한 유용한 정보를 제공할 수도 있다. 이런 식으로 일기를 쓰는 것은 다음 상담까지의 '숙제'가 될 수 있다. 그러나 기억해야 할 것은, 청소년 스스로 그 과제가 흥미롭고 유용하다고 생각할 경우에만 이런 종류의 숙제를 한다는 사실이다.

행위 평가

이 단계에서 청소년은 스스로 세운 기준에 비춰 자기행위를 평가한다. 예를 들어 청소년은 동생과 싸우는 횟수를 절반으로 줄이려 노력하기로 결심할 수도 있다. 어떤 행위를 완전히 그만두는 것보다는 절반으로 줄이는 것이 현실적이다. 완전히 그만두려고 시도하는 것은 청소년이 실패하도록 만들어놓는 셈이 될 수도 있다.

청소년은 자기가 변화를 이루는 데 진전이 없다고 믿으면 실망하는 경우가 많다. 이런 일을 피하면서 계속 변화하도록 동기를 부여하고 격려하기 위해, 미리 정한 목표에 실제로 도달한 성공을 양적으로 모니터하도록 청소년에게 권고할 수 있다. 그런 연습을 더 흥미롭게 만들려면 목표대상이 되는 행동을 표나 그래프로 만드는 것이 도움될 수 있다. 관찰단계에서 만들어놓은 기준선과 비교될 수 있기 때문이다.

행위 결과 정하기

청소년이 자아통제를 성취하도록 동기부여가 있어야 한다면, 목표를 성취할 때 보상이 필요하다. 보상이 자연스럽게 생기는 경우도 자주 있다. 이는 바람직하지 않은 행위가 감소하면서 부정적인 결과가 줄어들고, 긍정적인 결과가 경험되기 때문이다. 그러나 변화의 초기단계에는 이렇게 자연스레 일어나는 결과가 눈에 띄지 않을 수도 있다. 그러므로 긍정적인 보상체계를 공식적으로 자리 잡게 하는 것이 의미가 있다. 그것은 새로운 물건을 소유하거나 바람직한 활동에 참여하는 것과 같은 특별한 보상일 수도 있다. 또는 나중에 그 특별한 보상을 현금화할 수 있는 토큰의 형태로 만들 수도 있다.

중요한 목표는 청소년의 자아통제를 격려하는 것이기 때문에, 청소년이 스스로 어떤 종류의 보상이나 칭찬의 표시를 받을지 결정하도록 하는 것이 더 좋다. 어떤 경우에는 부모나 중요한 타자가 보상을 주는 과정에 개입될 수도 있다. 가령 "아빠, 내가 빌과 덜 싸우면, 그래서 일주일에 세 번만 싸운다면 토요일에 아빠 차로 축구장에 데려다 주시겠어요?"라고 말하면서 아버지와 협상할 수도 있다. 따라서 그 청소년은 외적인 보상을 위해 변화를 위한 자기책임을 정하고, 책임지는 능력을 보여줄 수 있다.

자기파괴적 신념에 도전하기 ──────────

청소년이 가진 다양한 신념은 보통 자기자신을 망가뜨리는 방식으로 행동하고 생각하게 만든다. 지금은 '합리적 정서행위 치유법(Rational Emotive Behavioral Therapy: REBT)'이라고 더 많이 알려진 '인지정서 치유법'의 창시자인 앨버트 엘리스(Albert Ellis)는 그 자신이 내담자의 '비합리적 신념'이라고 이름 붙인 것에 상담사가 도전할 필요가 있다고 주장해 주목을 받았다. 이 치유법을 중요하게 이용하고 싶은 사람은 드라이든(Windy Dryden) 등(Dryden et al., 2002)이 쓴 책을 읽고 싶어질 수도 있다. 엘리스의 아이디어와 그 아이디어들이 전개되어온 방식은 청소년 상담에 대단히 유용하다.

비합리적 신념
(청소년 상담에서 우리는 '자기파괴적 신념'이라고 부르기를 더 좋아한다)

'합리적 정서행위 치유법'에서 '비합리적'이라고 간주되는 신념이란, 사람들이 기초적 목표와 목적을 이루지 못하도록 막는, 비논리적이고(특히 교조적이고) 경험적으로 현실과 불일치하는 신념을 말한다. 신념에 이런 식으로 이름 붙이는 것이 성인에게는 호소력이 크지만, 청소년에게는 별로 설득력이 없다. 많은 청소년이 아주 단순한 논리로 주장하는 것을 좋아하는 경향이 있다. 우리가 엘리스의 용어인 '비합리적 신념들'이라는 용어를 사용하면, 청소년이 어떤 '비합리적 신념들'은 비합리적이지 않고 논리적·합리적 근거를 지녔다고 주장할 수도 있다. 따라서 이런 신념들을 '비합리적'이라고 부르면 불필요한 논쟁이 야기된다. 그러나 우리가 그것을 '자기파괴적 신념'이라고 부른다면 별 논쟁 없이 대부분의 청소년이 그 개념을 이해하고 그 정의에 동의할 것이다. 그러므로 우리는 청소년 상담에서는 이 용어를 사용하는 것이 더 안전하다고 생각한다.

변화에 관한 REBT 이론

변화에 관한 REBT 치유 이론은 청소년 상담에서 아주 유용하다. 이것은 때로 ABC 틀로 묘사된다.

> A(Activating event): 현재 작용하는 사건
>
> B(Belief): 그 사건에 대한 반응을 조정하는 신념
>
> C(Consequence): 그 반응의 결과

영향을 미치는 사건이 발생할 때 청소년은 현재 가지고 있는 신념에 따라 자동적으로 반응한다. 이 신념이 청소년의 반응을 조절하며, 이 반응에 따라 결과가 생긴다. 따라서 청소년이 자기파괴적 신념을 가질 때, 이것이 외적 사건에 대한 그의 반응을 조정하고, 부정적일 결과를 낳으며, 따라서 그가 기분이 나빠지기가 쉽다.

"행위변화가 감정변화를 조성할 수 있다"

만일 청소년이 자기파괴적 신념을 변화시켜 더 유용한 건설적인 신념(REBT 용어로는 '합리적 신념')으로 대체한다면, 그 새로운 신념의 결과로써 현재 작용하는 사건에 다르게 반응할 것이다. 다르게 행동한 결과, 청소년은 긍정적인 감정을 느끼게 될 것이다. 이때 그는 자기파괴적인 신념에 따라 반응했을 때보다 좋은 기분을 느끼기가 더 쉽다.

자기파괴적 신념의 유형

표 15-1은 자기파괴적 신념을 유용한 건설적 신념과 비교해서 보여준다. 자기파괴적 신념은 다음과 같은 범주로 나뉜다.

- 반드시 해야 하고, 반드시 그래야 한다는 신념
- 최악을 상상하는 신념
- '항상'과 '결코'의 신념
- 남에게 너그럽지 못한 신념
- 비난하는 신념
- 부정적 자아인식의 신념

반드시 해야 하고, 반드시 그래야 한다는 신념

이 신념은 다음과 같은 서술문을 사용할 때 드러난다.

다른 사람이 늘 책임져야 한다.

나는 내 친구들과 같아야 한다.

나는 내가 좋아하는 것을 하기보다는 내 형을 즐겁게 해야 해.

나는 임종을 앞둔 큰아버지를 매일 방문해야 해.

때로 이런 신념은 청소년에게 자기파괴적일 수도 있다. 그 신념이 청소년이 맞출 수 없는 것을 기대하도록 만들거나, 자기 필요를 돌보기보다는 다른 사람이 원하는 것을 하도록 만들기 때문이다.

최악을 상상하는 신념

이런 신념은 청소년이 자기에게는 남겨진 다른 선택이 거의 없고, 최악의 일이 일어났거나 일어날 거라고 믿게 만든다. 예를 들어 청소년은 다음과 같이 믿을 수도 있다.

나는 절대로 학교에 다시 갈 수 없어. 너무 창피할 거야. 다른 애들 얼굴을 어떻게 봐.

숙제를 몽땅 그만두어야 할까 봐. 완전히 망쳤거든.

너무 힘들어서 더 이상은 못하겠어.

아무도 다시는 나를 존중하지 않을 거야.

이런 서술은 청소년이 장래를 위한 선택의 여지를 남기기 않고, 어쩔 수 없는 무력감과 우울함을 느끼도록 이끌어간다는 점에서 분명 매우 파괴적이다.

'항상'과 '결코'의 신념

'항상'과 '결코'의 신념은 사실의 과장이며 청소년을 기분 나쁘게 만든다. 긍정적인 일이 있었던 시간은 무시되고 거부되기 때문이다. 이 단어들을 사용한 전형적인 진술은 다음과 같다.

나는 엄마에게 물어보지 않을 거야. 항상 '안 돼'라고 말하니까.

나는 어떤 일에도 결코 성공한 적이 없어.

모든 사람이 항상 나를 비판하지.

난 결코 실수해서는 안 돼. ('반드시 해야 한다'와 '결코' 신념의 합성이다.)

나는 항상 숙제를 제 시간에 마쳐야 해. ('반드시 해야 한다'와 '항상' 신념의 합성이다.)

나는 자유시간을 절대로 얻지 못할 거야. 항상 할 일이 있으니까.

표 15-1 __ 자기파괴적 신념과 건설적 신념

자기파괴적 신념	건설적 신념
반드시 해야 하고, 반드시 그래야 한다는 신념	
내 친구는 반드시 나에게 충실해야 해.	내 친구가 때로는 나에게 충실하지 않을 거야. 원래 그런 거야. 그것이 나에게 잘못이 있다는 의미는 아니야.
다른 사람은 내 기대대로 살아야 해.	다른 사람이 내 기대대로 살지 않을 거야.
나는 꼭 내 친구들이 하는 대로 해야 해.	나는 나고, 내 것을 해도 괜찮아.
나는 반드시 이겨야 해.	평균의 법칙에 따르면 대부분의 사람이 이길 확률은 50%지. 기분 좋아지려고 이길 필요는 없어.
나는 내가 좋아하는 것을 하기보다는 내 형을 즐겁게 해야 해.	기분 좋으려면 내 필요를 돌볼 필요가 있어. 내가 기분이 좋으면 남을 돌볼 수도 있지.
나는 임종을 앞둔 큰아버지를 매일 방문해야 해.	내가 선택해도 돼. 위독한 큰아버지를 매일 방문할지는 내 선택이야.
최악을 상상하는 신념	
나는 절대로 학교에 다시 갈 수 없어. 너무 창피할 거야. 다른 애들 얼굴을 어떻게 봐.	나는 나야. 나는 괜찮아. 모든 사람이 때로 실수를 하니까. 그래서 나는 정상이고 내가 나인 것이 좋아.
숙제를 몽땅 그만두어야 할까 봐. 완전히 망쳤거든.	내가 이렇게 어려운 숙제를 한 건 진짜 잘했어. 완전히 실패한 것은 아니야. 아직 몇 가지 긍정적인 것을 얻을 수 있거든.
너무 힘들어서 더 이상은 못하겠어.	난 할 수 있어. 과거에도 늘 했고 이번에도 할 거야.
아무도 다시는 나를 존중하지 않을 거야.	내가 기분 좋아지기 위해 남이 날 존중해주는 것이 필요한 건 아니야.
'항상'과 '결코'의 신념	
난 엄마에게 물어보지 않을 거야. 항상 '안 돼'라고 말하니까.	엄마에게 물어볼 거야, 허락할 수도 있으니까.
난 어떤 일에도 결코 성공한 적이 없어.	내가 어떤 때는 성공하고 어떤 때는 실패하거든, 사람이니까. 그래서 괜찮아.
모든 사람이 항상 나를 비판하지.	사람들이 나를 비난할 때도 있지만 괜찮아. 늘 모든 사람을 즐겁게 하기는 불가능한 거니까.
난 결코 실수해서는 안 돼.	모든 사람이 실수해. 실수를 피하는 유일한 방법은 아무것도 안 하는 건데 그건 내가 아니지.
남에게 너그럽지 못한 신념	
그 애 때문에 미치겠어. 내가 도서관에서 빌린 책을 가지고 가서 늦게 반납했거든. 일부러 나를 골탕 먹인 거야.	그 애는 그냥 부주의한 거야. 그리고 도서관에서 빌린 책을 그 애에게 빌려줄지는 내 선택이었다는 것도 알아.
그 애가 방과 후 만나기로 하고 안 나타났어. 날 바보로 만들려고 일부러 그런 거야.	그 애가 아마 잊었나 봐. 그 애가 원래 그래. 어쩔 수 없지. 그 애가 실수한 거고 내가 나에 대해서 괜찮으면 돼.
내 동생 때문에 미치겠어. 자기가 해야 할 일을 절대 안 하는 거야.	내 동생은 게을러. 내가 그 애를 바꿀 수 없지. 그래서 그 애가 그러는 걸 무시할 거야. 내가 부지런한 거에 자부심을 느껴야지.
비난하는 신념	
내가 숙제를 할 수 없는 건 동생이 자꾸 놀자고 조르기 때문이야.	내가 중요한 일을 할 때는 동생과 놀아주지 않아도 돼.

그 애가 날 계속 귀찮게 하지 않으면 나도 때리지 않았을 거야. 내게 문제가 생긴 건 그 애 때문이야.	그 애가 짜증 나게 하더라도 내가 다른 식으로 다루면 말썽에 말려들지 않을 수도 있었지.
내가 수업시간에 늘 지각하는 건 매점 직원이 너무 느리기 때문이야.	늦은 건 내 탓이야. 내가 매점에 일찍 가지 않았으니까. 일어나는 일을 내가 조정할 수 있어.
부정적 자아인식의 신념	
나는 희생자야.	나는 능력 있어.
나는 패배자야.	나는 승자야.
나는 좋은 사람이 아니야.	나는 괜찮은 사람이야.
나는 가치 없는 사람이야.	나는 가치 있는 사람이야.
나는 속수무책이야.	나에게는 자원이 풍부해.
나는 나쁜 사람이야.	나는 좋은 사람이야.
나는 능력이 없어.	나는 할 수 있어.
나는 어리석어.	나는 현명해.
나는 사랑받을 만하지 못해.	나는 사랑받을 만해.

남에게 너그럽지 못한 신념

이 신념은 다른 사람이 본래 가망 없고, 나쁘며, 악의가 있고, 해야 할 일을 하지 않으며, 그래서 보통은 청소년이 기대하는 대로 살지 않는다고 간주하는 신념이다. 예를 들면 다음과 같다.

그 애 때문에 미치겠어. 내가 도서관에서 빌린 책을 가지고 가서 늦게 반납했거든. 일부러 나를 골탕 먹인 거야.

그 애가 방과 후 만나기로 하고 안 나타났어. 날 바보로 만들려고 일부러 그런 거야.

내 동생 때문에 미치겠어. 자기가 해야 할 일을 절대 안 하는 거야.

이런 신념은 부정적인 느낌을 만들고 관계를 망가뜨린다.

비난하는 신념

이 신념을 가진 청소년은 자기 상황 때문에 다른 사람을 비난한다. 비난함으로써 자기가 변화해야 할 필요성에 대해 변명하며, 다른 사람이 변해야 한다고 생각한다. 이것이 자기파괴적인 것은 어느 누구도 다른 사람을 변화시킬 수 없기 때문이며, 불만스러운 상황이 지속될 수밖에 없기 때문이다. 그 전형적인 예는 다음과 같다.

> 내가 숙제를 할 수 없는 건 동생이 자꾸 놀자고 조르기 때문이야.
> 내가 수업시간에 늘 지각하는 건 매점 점원들이 너무 느리기 때문이야.
> 그 애가 날 계속 귀찮게 하지 않으면 나도 때리지 않았을 거야. 내게 문제가 생긴 건 그
>   애 때문이야.

"비난은 책임지는 일을 피한다"

부정적 자아인식의 신념

이 신념은 자기자신을 부정적인 방식으로 묘사한다. 다음과 같은 예들이 있다.

> 나는 희생자야.
> 나는 패배자야.
> 나는 좋은 사람이 아니야.
> 나는 가치 없는 사람이야.
> 나는 속수무책이야.
> 나는 나쁜 사람이야.
> 나는 능력이 없어.
> 나는 어리석어.
> 나는 사랑받을 만하지 못해.

건설적 신념

자기파괴적인 모든 신념을 대체할 건설적인 신념은 표 15-1에 있다.

청소년의 자기파괴적 신념의 근원

청소년 상담에서 그 청소년의 자기파괴적 신념의 근원을 이해하는 것이 중요한 까닭은, 그것이 그의 마음에 정당성을 부여하는 신념의 근원이기 때문이다. 청소년의 자기파괴적 신념 대부분은 아동기에 주위 어른들에 의해 직접적·간접적으로 주어진 메시지의 결과로서 축적된다. 이 중 어떤 것은 아동기에 적절하고 사회적·도덕적 발달을 위한 틀을 제공하지만, 인생 후반기에 이르러 자기파괴적이고 가장 도움이 안 될 수도 있다.

대부분의 아이는 어른이 요구하는 것을 '반드시', '해야 한다'는 말을 계속 듣는다. 아이들이 자주 듣는 말은 어떤 일들이 '항상' 일어나거나 '결코' 일어나지 않는다는 것이다. 만약 올바른 일을 하지 않으면, '최악'이 일어날 거라고 믿게 만드는 말을 빈번하게 듣는다. 더구나 아이들은 어른들이 용납하지 않는 행동을 할 경우, 너그럽게 다루어지지 않을 때가 많다. 결과적으로 아이들은 남에게 너그럽지 못한 것을 배운다. 아이들은 실수할 때 잘못된 결과에 대해 자주 야단맞는다. 이는 불가피하지만, 자기자신의 행위 때문에 남을 비난하는 것에 의존하는 신념을 갖도록 이끌어간다. 아이는 어른의 행위를 관찰해 본받는다. 그래서 대부분의 아이에게는 어른의 행위를 본받는 것이 나중에 자기에게 도움이 되지 않을 신념을 자기가 지녀야 할 신념으로 갖게 만드는 셈이 된다.

청소년 상담에서 자기파괴적 신념에 도전하는 방법

REBT 기법을 청소년에게 이용할 때는 청소년의 발달과정을 고려해서 성인에게 보통 사용하는 도전과정을 수정할 필요가 있다. 상담사로서 우리는 청소년이 성인과 다르다는 사실을 인정할 필요가 있다. 청소년은 아동기에서 벗어나는 과정에 있으므로, 아동기에 자연적으로 불가피하게 흡수했던 신념을 이제는 변화시킬 필요가 있다.

청소년 상담사가 자기파괴적인 신념을 직접적·적극적으로 논의하는 일반적 REBT 기법을 이용하면, 청소년을 소외시킬 위험이 있다. 그들이 몇 년 동안 올바르다고 생각하며 유지한 신념들이 무시될 만한 것으로 취급되고, 정당하게 인정되지 않기 때문이다.

청소년 상담에서 자기파괴적인 신념에 도전하는 일은 두 단계로 이루어질 필요가 있다.

① 청소년은 기존의 신념에 대해 칭찬받을 필요가 있다. 이 신념은 과거에 아동기 동안 유용했던 것으로 평가될 필요가 있다.

② 청소년이 아동기에서 성인기로 넘어가면서, 기존의 신념은 이제 변화가 필요한 자기파괴적인 것으로 도전받을 필요가 있다. 청소년은 더 이상 이 신념에 제한 될 필요가 없고, 거부하는 편을 선택할 자유가 있다.

이런 도전을 하려면 그 문제가 청소년이 보통 이슈를 논쟁하는 방식과 나란히 가는 방식으로 논쟁되어야 한다. 이 논쟁은 청소년의 대화법과 나란히 가며, 어느 정도 자기 노출을 포함할 수도 있다. 상담사는 청소년과 함께 서로의 관점과 신념을 드러내놓고 공유함으로써, 청소년이 이 신념을 자기 신념체계에 통합할 수 있도록 하는 것이 적절하다. 예를 들어 상담사는 "누군가 나에게 무얼 해야 한다고 말하면 난 좀 곤란해한단다. 나는 다른 사람이 내가 해야 한다고 믿는 것을 하기보다는 내가 선택한 일을 하는 것이 더 좋거든"이라고 말할 수도 있다. 이러한 진술을 통해 상담사는 자기의 개별화 필요성을 드러내고, 다른 사람의 기대에 지나치게 영향을 받지 않으면서 자기결정에 책임을 지고 싶은 바람을 드러낸다.

이런 말을 한 다음 상담사의 책임은, 우리가 좋아하는 대로만 할 수 없고 다른 사람의 기대를 언제 어디서 맞출지 선택해야 하는 실제 세상의 요구에 청소년이 맞추도록 도와주는 것이다. 계속해서 상담사는 "어떤 경우에 나는 다른 사람이 원하는 것을 하기로 선택한단다. 가령 내가 학교에서 일하는 것을 선택했기 때문에 나는 여기 규칙을 따라야 하는 거지"라고 말할 수도 있다. 따라서 '해야 한다'는 신념을 보편규칙으로 이용하는 것이 자기파괴적일 경우가 있지만, 우리가 그것을 하지 않아서 오는 결과를 피하고 싶기 때문에 다른 사람의 기대에 맞추는 쪽을 선택할 수도 있다는 메시지가 전달된다.

"선택의 결과가 고려될 필요가 있다"

자기파괴적 신념을 다루는 과정의 본을 보여주는 것이 청소년에게 도움이 될 수도 있다. 상담사가 과거에는 어떤 종류의 신념을 고수했었는데 그것이 도움이 안 되었기 때문에 바꾸었다고 말해줄 수도 있다. 상담사가 "그런 신념이 어디서 왔니? 누가 너에게 늘 최고로 잘해야 한다는 말을 했니?"라고 묻는 것도 유용할 수 있다. 이로써 어린아이일 때는 자기가 가진 신념이 적합했던 것이었음을 청소년이 인식하도록 도와줄 수 있다. 청소년이 어린아이일 때, 그 부모는 아이에게 무엇을 해야 할지 말해주고 특정한 가치와 기준을 가르칠 권리가 있었다. 그러나 부모가 더 이상 예전의 아동기 때처럼 청소년 자녀의 삶을 움직이지 않는다는 점에서, 그러한 신념·가치·기준은 수정이 필요할 수도 있다.

청소년이 가진 자기파괴적 신념에 도전할 때 우리는 내담자와 상담사의 신념이 둘 다 존중되는 대화 스타일을 선호한다. 기존의 신념과 가치는 그동안 유용했고 정당했지만, 현재의 유용성이라는 점에서 의문시된다. 신념과 그 신념의 근원을 논의함으로써 청소년은 생각하는 일에 더 유연해져도 된다고 허용된다. 상담사의 목표는 청소년의 신념을 새로운 종류의 신념으로 즉각 대치하게 만드는 것이 아니다. 오히려 청소년이 더 자유롭게 대안적인 신념을 생각하고, 자기파괴적 신념을 탐구하며, 변화시키려는 개방성과 준비성을 갖고 생각하도록 내버려둔다. 따라서 선행주도 상담사는 새로운 사고방식을 청소년에게 부과하려는 것이 아니라, 청소년이 도전을 통해 그것을 자기방식으로 다룰 여지를 준다.

새로운 신념을 개발하는 것을 돕기 위해 칠판에 자기파괴적 특정 신념을 대체할 수 있는 긍정적 신념의 목록을 적을 수도 있다. 청소년이 기꺼이 참여하려 할 경우, 14장에서 설명된 역할극과 상상력을 이용해 새로운 신념을 채택하거나, 현재의 신념을 고수하거나, 또는 오래된 신념의 일부를 유지하면서 일부는 거부하면 어떤 결과를 낳을지 청소년이 탐구하도록 도울 수 있다.

분노조절

청소년의 분노조절에 대한 지식에 공헌한 연구자가 많이 있다. 파인들러(Eva L. Feindler)와 엑튼(Randolph B. Ecton), 포더(Iris G. Fodor), 포먼(Susan G. Forman) 등이 그들이다 (Feindler and Ecton, 1986; Fodor, 1992; Forman, 1993). 일반적으로 동의되는 바는, 분노조절 문제가 있는 청소년이 그 문제를 외재화함으로써 그의 개인적 촉매제가 무엇인지, 부적절한 분노행위를 낳을 수도 있는 신념이 무엇인지 이해할 필요가 있다는 것이다. 다음 사항은 분명히 청소년을 위한 분노조절 단계라고 말할 수 있다.

① 분노 반응패턴 확인
② 분노 외재화하기
③ 개인적 촉매제(방아쇠)와 기폭제(화약) 확인
④ 개인의 힘에 초점 맞추기
⑤ 조절방법 선택

분노 반응패턴 확인

각 청소년은 고유하므로 분노 반응을 일으키는 행위패턴도 청소년마다 다르다. 바람직하지 않은 행위패턴이 변하려면 청소년이 그것을 알아차리고 이해할 필요가 있다. 청소년이 이렇게 하도록 돕기 위해 상담사는 다음과 같은 것을 묘사하도록 권할 수 있다.

① 분노가 터지기 전의 전조들: 여기에는 분노가 폭발되기 전의 촉매제, 즉 청소년 자신의 행위와 느낌, 다른 사람의 행위가 포함된다.
② 화내는 동안 나타나는 행위: 예를 들어, 언어적·육체적으로 폭력적인 것. 이런 행위를 묘사할 때 청소년에게 그의 반응뿐 아니라 몸의 느낌과 감정적 느낌도 말하도록 격려한다.
③ 화내서 생기는 결과: 그 결과가 기분을 좋게 하는지 나쁘게 하는지, 그런 느낌이 길게 가는지 아니면 잠깐의 느낌인지를 검토하도록 격려한다.

이상의 것을 모두 논의함으로써 청소년은 바람직하지 않은 행위를 강화하는 영향들 그리고/또는 변화하기 더 어렵게 만드는 영향들을 인식할 수도 있다.

분노 외재화하기

청소년이 자기 행동패턴을 이해하도록 돕기 위해서 상담사는 화이트보드와 펜을 사용해 그림 15-1의 모델을 그려서 보여줄 수도 있다. 이 모델은 청소년의 분노를 외재화해서 마치 '분노'가 실재하고 그 자체의 성격이 있는 것처럼, 분노와 청소년을 분리된 실체로서 묘사한다.

"감정 외재화는 청소년이 감정을 조절하도록 도전한다"

분노를 당기는 방아쇠 역할의 촉매제가 분노에 직접 작용하지는 않는다. 촉매제는 청소년에게 작용한다. 이 촉매제가 분노를 활성화해서 손해가 되는 폭발을 일으키도록 허용할지 여부를 청소년이 조정한다. 청소년과 외재화된 분노 사이에는 기폭제로 채워진 공간이 있다(그림 15-1 참고). 이 기폭제는 청소년에게 교묘한 술수를 써서 촉매제가 청소년을 통과하도록 만든다. 따라서 그것이 분노를 활동하게 만든다. 덧붙여서 말하자면, 기폭제는 촉매제에 힘을 더 크게 보탠다.

그림 15-1의 분노 모델은 청소년에게 딜레마를 안긴다. 청소년은 스스로 강해지는 것을 선택해 촉매제·기폭제·분노를 조정할 수도 있고, 자기 힘을 촉매제·기폭제·분노에게 넘겨주어 그것들이 자신을 조정하도록 만들 수도 있다. 만일 청소년이 자기가 강해지는 쪽을 선택한다면 촉매제는 굴절되고 기폭제는 중화되어서, 그림 15-2에서처럼 분노 표현이 적절하고 비폭력적으로 되어 피해가 덜 생기게 된다.

분노 모델에 대한 개인적 딜레마를 검토할 때, 청소년은 원할 경우 이 모델 안에서 자기가 가장 강력한 요소가 될 수 있음을 인식하는 것이 필요하다. 상담사는 가령 "네 분노가 너를 조정하기를 바라니? 아니면 네가 네 분노를 조정하고 싶니?", "누가 더 세니? 너니, 분노니?", "촉매제와 기폭제가 너에게 장난쳐서 분노가 너를 조정하게 내버려둘 거니? 아니면 네가 촉매제의 방향을 돌리고 기폭제를 중화시킬 준비를 할 거니?"라는 질문을 할 수도 있다. 청소년은 자기가 조정한다면 더 나은 결과를 얻을 수 있을 테지만, 촉매제나 기폭제가 '분노'에 힘을 주도록 허용함으로써 '분노'가 조정하도록 허용한다면 부정적인 결과가 불가피하리라는 것을 인식할 수 있게 된다.

그림 15-1 __ 분노 외재화하기

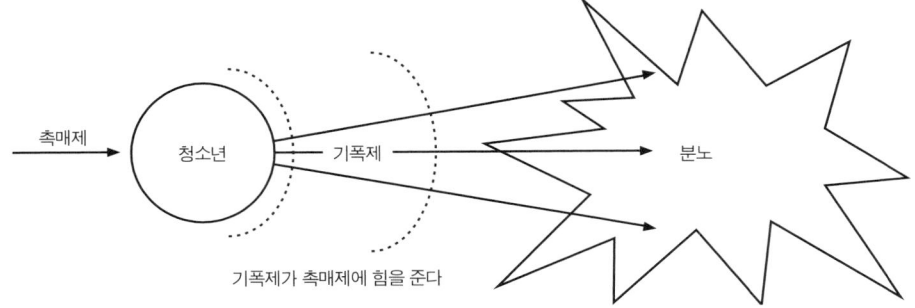

그림 15-2 __ 방향을 바꾼 촉매제와 기폭제

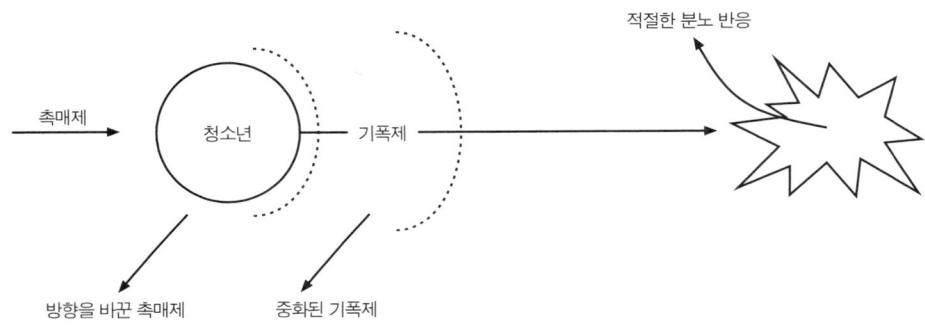

개인적 촉매제와 기폭제 확인

촉매제는 외부사건이며, 분노를 진행시켜 공격적으로 터지게 만든다. 촉매제의 예는 표 15-2에 있다. 먼저 상담사는 청소년 내담자에게 그의 분노 분출과 연관되는 촉매제의 목록을 만들라고 권할 수도 있다. 그 청소년이 자기 삶에서 시시때때로 그 촉매제가 불가피하게 생긴다고 믿고 있는 것인지 상담사가 함께 탐구하는 것이 유용할 수 있다. 촉매제가 불가피하게 있음을 인정하는 것은 분노조절의 본질적인 부분이다. 청소년은 이 촉매제가 중단될 수 없으며, 인생의 자연스러운 한 부분임을 이해하는 것이 필요하다. 중요한 것은 청소년의 반응이, 만일 청소년이 선택한다면 조정될 수 있다는 사실이다.

촉매제는 기폭제에서 힘을 받는다. 기폭제란 자기파괴적 신념이며, 그 예는 표 15-2에 있다. 예를 들어 생각해보자. '누군가가 너에게 네가 원하지 않는 일을 시키려고 한

표 15-2 __ 촉매제, 기폭제, 대안적 신념

촉매제(작용하는 사건)	기폭제(자기파괴적 신념)	대안적 신념(기폭제 중화)
놀림받는다.	남들은 날 늘 존중해야 해.	때로는 사람들이 나를 무시하지만, 나에게 문제없다는 걸 내가 알기 때문에 그런 일에 대처할 수 있어.
누군가 내가 하고 싶지 않은 일을 시키려고 한다.	사람들이 날 이용해먹으려고 하고 있어.	나는 나고, 무엇을 할지는 내가 결정할 수 있어.
압력을 받는다.	남들은 날 존중하지 않아.	나는 날 존중하니까 남들이 나를 휘두르려고 할 때 단호하게 대처할 거야.
수치를 당한다.	남들이 나보다 나아.	나는 나고, 나에게는 문제가 없어.
실수를 한다.	실수하는 것은 대재앙이야.	모든 사람이 실수하지. 그게 정상이야. 나도 정상이야.
줄 서서 기다린다.	내가 먼저 대접받아야 해.	내가 먼저 대접받으면 좋지만, 나만 아니라 모든 사람이 줄 서야 하는 거니까.
어떤 일을 능력 있게 해낼 수 없다.	난 쓸모없어.	내가 정말로 잘하는 일들이 있지만, 어떤 일은 더 연습할 필요가 있어. 누구도 완벽하지 못해.
무엇인가를 잃어버렸다.	누군가 가져갔어.	어디에다 잘못 두었나보다. 차분하게 시간을 갖고 찾으면 보일 거야.
다른 사람에게 우연히 침범당했다.	사람들은 내 권리를 존중하지 않아.	부주의한 사람이 있지. 내가 필요한 걸 그들에게 말해도 돼.
내가 누군가에게 하기를 바라는 일을 그가 하지 않는다.	남들은 내 기대대로 살아야 해.	남들이 내 기대대로 살 필요는 없어.
부당한 취급을 당한다.	난 늘 공정한 대접을 받아야 해.	인생이 늘 공정하고 바른 것은 아니야.
게임에서 졌다.	내가 반드시 늘 이겨야 해.	승률이 50퍼센트면 나는 잘하고 있는 거야.
권위 있는 사람에게 무엇을 하라는 말을 들었다.	권위 있는 사람이라고 해서 내게 무엇을 하라고 말할 권리는 없어.	어떤 상황에서 나에게 어떤 일을 하라는 말은, 그것이 적절하다면 받아들일 수 있지.

다'는 것은 촉매제다. 이 촉매제에 힘을 보태주기 쉬운 기폭제는 누군가 너를 이용해 먹으려 한다는 신념일 수도 있다. 이 신념은 도전받을 필요가 있다. 그 신념이 자기파괴 적이기 때문이다(자기파괴적 신념에 도전하는 것에 대한 위의 논의를 참조하라). 상담사는 청소년이 촉매제와 기폭제 둘 다 확인하도록 도울 필요가 있다. 그다음에 그 기폭제가 검토·도전되어, 촉매제에 힘을 보태지 않고 오히려 도움이 될 신념으로 대체될 수 있다.

개인의 힘에 초점 맞추기

청소년은 자기 삶을 자기가 조정하기 원하는 인생단계에 있기 때문에 힘과 통제라는 이슈가 그들에게 중요하다. 그림 15-2에서 보이는 분노조절 모델은 그러므로 청소년에게 호소력을 갖기 쉽다. 원한다면 촉매제의 영향력에 대해 힘을 행사하고 통제할 수 있는 능력이 자기에게 있기 때문에, 자기파괴적 신념을 더 도움되는 신념으로 대체함으로써 기폭제를 중화할 수 있다는 사실을 보통은 알게 되기 때문이다. 더구나 청소년은 일반적으로 조정당하는 것을 좋아하지 않는다. 그래서 분노에게 조정당하기보다 분노를 조정한다는 개념이 그들에게 동기를 부여해줄 수 있다.

어떤 청소년은 분노를 폭력적으로 표현하는 방법을 버리려 하지 않는다. 폭력적일 때 힘을 느끼기 때문이다. 그러므로 힘을 갖는 것이 주는 보상이 무엇인지 청소년이 확인하도록 만드는 것은 도움이 될 수 있다. 그 보상을 확인함으로써 폭력적이지 않고 강해질 수 있는 다른 방법을 찾을 수도 있다. 가령 공격적인 것의 보상이 다른 청소년들에게 존중받는 느낌을 얻은 것일 경우, 그가 그러한 공격적인 행위를 포기해야 한다면 존중받을 수 있는 다른 방법을 탐구해야 할 필요가 있을 것이다. 상담 중 논의를 통해 청소년이 깨달을 수도 있는 것은, 다른 방식으로 강해진 결과로서 자기분노를 조정하면 다음과 같은 결과를 낳고 남들로부터 존중을 받을 수도 있다는 사실이다.

- 자아존중감 증가
- 자신감 증가
- 성숙하게 보임
- 강하면서도 통제력이 있어 보임
- 가치와 신념을 지킬 수 있음

반면 청소년이 용납될 수 없는 방식으로 분노를 표현할 때는 부정적인 결과가 있는 것이 확실하다. 청소년은 또래와 어른들, 특히 권위 있는 위치에 있는 어른과 갈등하며 문제가 있는 경우가 많을 수 있다. 이런 경우 상담사가, "네 분노가 너를 조정하면서 너를 말썽에 빠뜨리는 것처럼 보이는구나. 네가 분노를 조정할 수 있으면 말썽을 피할 수도 있는 것 같은데"라고 말하는 것이 도움이 될 수 있다. 확실히, 분노조절에서 힘과 통제권의 이슈는 누가 통제권을 가졌는지의 의미에서 제시될 필요가 있다. 분노가 청소년을 조정하는가, 아니면 청소년이 분노를 조정하는가?

조절방법 선택

청소년이 촉매제 그리고/또는 기폭제를 다루어서, 용납될 수 없는 수준의 분노를 분출하지 않을 수 있도록 하는 방법은 다음과 같이 많다.

- 촉매제 피하기
- 분노가 올라오는 증상 인식하기
- 생각중단 이용하기
- 긴장이완법 이용하기
- 자기파괴적 신념에 도전하기
- 내면화된 분노 다루기
- 분노를 적절하게 표현하기
- 욕구를 채울 건설적인 방법 찾기

촉매제 피하기

청소년이 일단 자기분노나 공격적 행위를 낳는 것이 무엇인지 확인하면, 그 촉매제가 어떤 상황에서 더 자주 일어나는지 확인할 수도 있다. 분노조절 방법을 향상하도록 배우는 동안, 촉매제가 생기기 쉬운 상황을 청소년이 일부러 피하는 계획을 세우는 것이 유용할 수도 있다. 예를 들어, 학교 운동장 어느 지점에 가면 과거에 용납할 수 없이 분노하도록 만들었던 다른 아이들을 만나게 될 가능성이 많다. 어떤 상황에서는 분노가 촉발되었던 그 자리를 떠나는 것이 공격적 분출이 일어나지 않도록 막는 데 유용하다는 것을 청소년이 알게 될 수도 있다. 촉매제를 피하는 것이 유용한 방책이지만, 그것은 청소년이 분노를 내면화하도록 만들 수도 있다. 이 문제는 나중에 다룰 필요가 있다.

"도발적인 상황을 피하는 것이 도움이 될 수도 있다"

분노가 올라오는 증상 인식하기

청소년은 자신을 분노로 반응하게 만들기 쉬운 상황에서 나타나는 생리적 증상을 인식하는 방법을 배울 필요가 있다. 화가 나기 시작할 때, 다음과 같은 증상이 모두 또는 몇 가지 나타날 수 있다. 땀, 심장박동 증가, 이를 악물기, 주먹 꽉 쥐기, 근육 긴장, 머리카락 끝이 서는 것, 뱃속이 뭉침, 얼굴이 붉어지거나 하얗게 됨, 숨이 가빠지거나 숨쉬기가 힘들어지는 것 등이 그런 증상이다. 일단 이런 생리적 증상을 알아채면, 청소년은 이 증상을 분노의 표시로 자각해서 촉매제가 분노의 분출을 유도하지 못하게 할 방책으로 삼을 수 있다.

생각중단 이용하기

생각중단은 청소년이 촉매제를 신속히 가로막아 그 영향력을 막거나 감소시키는 데 사용될 수 있다. 이렇게 하려면 청소년이 생리적 증상이 일어나는 것을 인식하자마자 생각을 중단하는 법을 배워야 한다. 만일 누군가가 책을 책상에 내리치면서 "그만둬!"라고 소리친다면, 가까이 있는 사람은 '그만둬'라는 메시지에 자신의 생각을 방해받을 것이다. 마찬가지로, 청소년은 분노의 생리적 단서가 올라오는 것을 알아차리자마자 자기생각을 갑자기 방해하는 법을 배울 수 있다.

생각중단을 신체적인 특정 행위와 짝 지우는 것이 유용할 수 있다. 가령 생각중단을 배울 때 손목에 고무줄을 끼운다면, 분노의 생리적 단서가 올라오는 것을 알아차릴 때 그 고무줄을 당겼다가 놓음으로써 자기자신에게 속으로 '그만둬!'라고 말하는 셈이 된다. 이는 분노가 일어나는 과정과 연관해 생각하는 것을 방해한다. 그다음에 긴장이완법이 이용될 수 있다. 덧붙여, 분노를 불러일으킬 기폭제가 될 수도 있는 자기파괴적 신념이 도전될 수도 있다.

긴장이완법 이용하기

긴장이완법을 이용하면 감정이 올라오는 수준을 낮춤으로써 촉매제의 방향을 돌리고 기폭제의 힘을 중화해 분노조절을 더 쉽게 만들어준다. 긴장이완법은 생리적 증상이 올라오는 것을 인식하고 나서 생각을 중단한 직후에 사용될 수 있다.

14장에서 설명된 대로 긴장이완법은 청소년이 느긋해지도록 가르치는 데 사용될 수 있다. 이런 식으로 어떻게 느긋해지는지 배운 다음, 청소년은 서 있거나 앉은 자세에서 어떻게 간단히 긴장이완을 하는지 배울 수 있다. 간단한 긴장이완의 모범을 보이기 위해서, 상담사는 먼저 깊이 숨을 쉬는 방법을 보여주고 청소년이 해보도록 권한다. 가령 "네 손을 배 위에 얹고 천천히 숨을 들이마셔봐. 코를 통해서, 가슴에 공기가 가득 차게 만들어봐. 그렇게 숨을 들이쉴 때 네 손이 바깥으로 움직여져야 해. 일단 가슴에 숨이 가득 차면 입을 통해 숨을 완전히 내보내는 거야"라고 말할 수 있다. 청소년이 이렇게 숨쉬기를 두세 번 연습하는 동안 숨을 내쉴 때마다 근육도 느긋하게 풀리도록 하라고 권하며, 그와 동시에 속으로는 '느긋해지자', '침착하자', '천천히', '차분하자' 등 가라앉히는 말을 하라고 권한다. 깊이 숨쉬기, 근육이완, 차분해지는 말은 긴장을 줄이고, 청소년이 분노를 건드리는 것으로부터 주의를 돌려서 자기통제에 초점을 맞추도록 돕는다(Feindler and Ecton, 1986). 분명히 말하지만, 이 연습을 하는 동안 숨을 가쁘게 만들 수 있는 과도한 숨쉬기는 반드시 피해야 한다.

자기파괴적 신념에 도전하기

이미 논의되었듯이 기폭제는 일반적으로 자기파괴적인 신념의 결과이다. 그래서 그런 신념이 도전될 필요가 있고, 더 도움이 되는 신념으로 대체될 필요가 있다.

내면화된 분노 다루기

청소년에게 단지 분노를 억눌러 분노조절을 하라고 가르치는 일은 의미가 없다. 그 결과로 분노를 내면화해 높이 쌓기가 쉽기 때문이다. 내면화된 분노는 심리적·행동적 결과를 낳는다. 우울증으로 이끌 수도 있고, 그리고/또는 감지하기 어려운 방법으로 표현되어 바람직하지 않은 결과들을 낳을 수도 있다. 그러므로 청소년이 분노를 그냥 억누르기보다는 직접 다루는 방법을 통해 기분이 나아지도록 만들게 하는 것이 중요하다.

내면화된 분노를 다루는 한 가지 방법은 분노의 느낌과 관련된 이슈를 상담사나 친구들과 이야기하는 것이다. 이렇게 함으로써 자연히 해소될 수도 있다. 아니면 청소년이 분노를 풀어놓을 수 있게 일부러 해소과정을 계획할 수도 있다. 상담에서 이것은 게슈탈트 치유법의 두 의자 기법을 통해서 이루어질 수도 있고, 청소년이 더 넓은 환경 속에서 다른 사람의 개입 없이 안전하게 해소하는 방식으로 자기느낌을 행동으로 옮길 수도 있다. 가령 열린 공간으로 가서, 말하고 풀어야 할 것들을 크게 소리칠 수도 있다. 육체적 에너지의 표현을 통하는 것도 또 다른 방법이다. 예컨대, 달리거나 운동에 열심히 참여할 수도 있다. 이렇게 함으로써 자연스럽게 엔도르핀을 내보내고 부드러워지는 효과를 얻게 될 것이다. 마지막으로, 내면화된 분노가 관련된 사람에게 직접 표현됨으로써 풀어질 수도 있다. 이것은 다음 부분에서 다룰 것이다.

분노를 적절하게 표현하기

청소년이 자기분노를 직접 표현하는 것이 적절할 때도 있다. 14장에서 설명한 역할극을 이용해 청소년이 비폭력적 방식으로 화를 표현하는 방법을 배우도록 도울 수 있다. 여기에는 보통 다음과 같이 시작하는 진술을 하도록 가르치는 일이 포함된다. "나는 화가 나, 왜냐하면 ……." 그다음에는 사실에 대해 해석하지 않고 서술한다. 가령 "내가 하지 않은 일을 가지고 네가 나를 비난했기 때문이야"라고 말할 수 있다. 때로는 분노가 아닌 감정이 포함될 수도 있다. 예를 들어, 청소년이 "나는 화나고 창피해. 내가 하지 않은 일을 가지고 네가 나를 내 친구들 앞에서 비난했기 때문이야"라고 말할 수도 있다.

청소년이 적절하게 분노를 표현하도록 가르칠 때 중요한 것은 다음의 사항을 청소년이 인식하도록 돕는 것이다.

① 적절한 분노 표현은 자기느낌을 분명하게 말하는 것이다. 그리고 상대방의 반응을 잘 듣고 인정해서 역효과가 나는 논쟁에 말려들지 않을 필요가 있다. 상대방이 마지막 말을 하도록 내버려두는 것은 성숙함의 표시이다.

② 자기를 화나게 만든 사람에게 직접 화를 표현할 때는 바람직하지 않은 결과가 나올 수도 있다. 따라서 그런 식으로 직접 화를 표현할지 아닐지를 결정할 때는 그 잠재적 결과의 경중을 따져볼 필요가 있다.

욕구를 채울 건설적인 방법 찾기

청소년에게 분노조절을 가르칠 때 필수적인 것은 그의 욕구를 채우면서 사회적으로도 용납되는 방법을 찾도록 도와주는 것이다. 이것을 할 수 없다면 불가피하게 분노와 유감스러운 느낌을 쌓아가게 되고, 그래서 분노조절의 노력이 꺾일 수도 있다. 그러므로 그들은 자기주장(assertiveness)의 기술을 배울 필요가 있다. 그 기술이 다른 사람과 소통하면서도 자신의 욕구를 만족시킬 수 있도록 해줄 것이다.

자기주장 훈련

자기주장이란 남을 공격하지 않으면서도 자기견해를 피력하고 듣게 만드는 비방어적 방법이다. 자기주장은 다음과 같은 단계를 포함한다.

① 상대방의 말을 경청하기
② 상대방이 말한 내용 승인하기
③ 견해를 피력할 자기권리를 믿기
④ 견해를 표현하기
⑤ 타협할 준비가 되기
⑥ 차이가 있음을 인정할 준비가 되기

우리가 믿기에 청소년에게는 특히 5, 6번 항목이 중요하다. 이것들이 존중되지 않으면 갈등이 생길 수도 있다. 스스로 개별화를 추구할 때 청소년이 때때로 잃어버리는 것은, 다른 사람들도 개별적일 필요가 있다는 사실을 볼 수 있는 눈이다. 그러나 청소년이 이러한 부분에 주의하게 되면, 보통은 다른 사람이 다른 의견을 가질 권리가 있다는 것을 재빨리 받아들이고 존중한다. 이것이 개별화에 대한 청소년기의 준거 틀에 적합하기 때문이다.

청소년에게 소신 있게 행동하는 것을 가르칠 때는, 교육을 한다는 의미로 화이트보드를 사용하면서 14장에서 설명한 역할극을 합치면 가장 효과가 좋다.

상대방의 말을 경청하기

상대방의 말을 경청하는 것에는 ① 말로 소통되고 있는 메시지 내용에 주의하기, ② 말의 소통과 동시에 드러나는 비언어적 메시지를 관찰하고 고려하기가 둘 다 포함된다. 청소년에게 특히 중요한 것은 언어적 메시지와 비언어적 메시지의 불일치에 주목하는 방법과, 지금 받고 있는 정보를 자기가 정확하게 이해하고 있는지 점검하는 법을 배우는 것이다. 청소년들 사이에 흔히 오해가 생기는 것은 소통되는 진짜 메시지를 알지 못하기 때문이다. 상담사로서 우리는 청소년이 어른의 소통방법을 경험한 적이 없음을 기억할 필요가 있다.

청소년은 자기가 상대방의 메시지를 정확히 듣고 이해했는지 점검하는 법을 배울 필요가 있다. 가령 청소년은 "······ 라고 말하고 있는 거니?"라고 묻는 것을 연습할 필요가 있다. 마찬가지로, 말로 하는 메시지와 비언어적 메시지의 불일치를 점검하는 법도 배울 필요가 있다. 예를 들어, 청소년은 "네가 나에게 계속하라고 하면서 목소리는 실망한 것처럼 들려서 내가 헷갈려. 네가 정말로 뭘 좋아하는지 모르겠어"와 같은 말을 연습할 수도 있다. 개인적 느낌에 관해 '나'로 시작하는 이런 유형의 말들을 연습하는 것이 아주 유용할 수 있다.

상대방이 말한 내용 승인하기

청소년에게 중요한 것은 상대방이 말한 내용을 자신이 들었으며 이해했다고 알려줌으로써 승인하는 법을 배우는 것이다. 들은 내용을 되들려주는 말을 연습하기 위해 역할극이 이용될 수 있다. 승인해주는 전형적인 말은 다음과 같다.

> 내가 지금 너한테 들은 것은 ······.
> ······ 이기를 네가 바라는구나.
> 네 생각에 중요한 것은 ······.
> 네 생각에는 내가 ······.
> 네가 말하고 있는 것은 ······.

이는 상대방의 욕구 그리고/또는 견해에 세심하게 주의를 기울이면서도 자기욕구 그리고/또는 견해도 계속 고려하는 것이다.

견해를 피력할 자기권리를 믿기

청소년은 자기가 다른 견해를 피력할 권리가 있음을 확신하는 동시에 상대방도 다른 견해를 제시할 권리가 있음을 인정할 필요가 있다. 이는 자기견해가 반드시 수용되지 않을 수도 있다는 가능성을 불가피하게 받아들여야 함을 의미한다. 청소년은 이것을 어렵다고 생각하는 경우가 자주 있다. 그들의 자기중심적인 경향 때문이다. 그러나 청소년은 자기가 개인으로 존중되어야 한다는 것을 강하게 믿기 때문에, 다른 사람 또한 그 나름의 견해를 가진 개인으로 존중되고 싶어 할 수 있다는 것을 보통은 이해하고 받아들일 수 있다. 이와 관련해 서로 다를 수 있는 권리를 상담사가 적극적으로 권장하는 것이 유용할 수 있다.

견해를 표현하기

특정 견해를 표현할 때는 '나'를 주어로 서술함으로써 자기관점에서 말하는 것이 도움이 된다. 특히 느낌을 표현할 때는 '나' 서술을 사용하도록 이끌어주는 것이 유용할 수 있다. 가령 "나는 돈을 요구하는 것이 아주 어색하게 느껴지지만, 구직면담을 하고 싶고, 그래서 버스 탈 돈이 필요해"와 같은 말을 하도록 상담사가 청소년에게 가르쳐줄 수도 있다. 청소년은 견해를 표현할 때 이슈에 초점을 맞추어 분산되지 않도록 하는 것이 중요하다는 사실을 배울 필요가 있다. 아울러 구체적일 필요가 있으며, 상대방의 느낌이나 동기에 대해 알아보지 않고 그냥 가정하는 일은 피해야 한다.

타협할 준비가 되기

어떤 상담사는 성인에게 자기주장하는 법을 훈련시킬 때, 자기주장이란 자기요구의 방향이 바뀌지 않도록 계속 요청하는 것이라고 제시하면서, 망가진 레코드판처럼 요구사항을 반복해서 말하는 것도 그것에 포함될 수도 있다고 말한다. 청소년에게는 자기주장의 이런 접근방법이 파괴적일 수 있다. 그 방법이 그들을 실패하게 만들 수 있기 때문이다. 지속적으로 반복되는 요구에 사람들은 화를 내기 쉽다. 청소년은 특히 더욱 그렇다. 청소년에게는 자기 메시지가 정확히 전달되었는지 확인하도록 가르치는 것이 더 낫다. 그다음 그의 요구가 온전히 승인되지 않을 상황에서는 가능하다면 타협이 이루어지도록 협상하는 법을 가르치는 게 낫다.

"타협이 만족스러운 성과를 낼 수도 있다"

차이가 있음을 인정할 준비가 되기

청소년의 요구가 어떤 식으로도 만족되지 않을 때가 있다. 이런 상황은 분노를 일으킬 강한 촉매제가 될 수 있다. 따라서 청소년은 그런 상황에 준비될 필요가 있다. 또한 그런 일이 있을 때 그 촉매제를 다룰 행동을 연습하는 것이 필요하다. 해결될 수 없는 차이가 있을 때, 가령 "너와 나는 똑같이 생각하지 않는구나. 우리가 그만 말하는 것이 낫겠다"라고 말하며 물러나는 법을 배울 필요가 있다. 이때 그들은 자기욕구를 늘 만족시킨다는 기대가 비현실적이고 자기파괴적 신념을 구성한다는 사실을 내적으로 인정하게 된다.

자기주장 기술훈련이 성공하려면 좋은 모범, 특정 기술 가르치기, 역할극을 통한 연습, 긍정적 결과의 강화가 있어야 한다.

삶의 목표 정하기

청소년은 그의 인생 중 새로운 경험과 상황에 직면하는 시기에 있다. 더구나 미지의 장래에서 기대치 못한 도전에 직면할 위험이 있다. 삶이 미지의 영역으로 옮겨감에 따라, 그들은 자기에게 의미 있는 총체적 방향을 찾으면서 시시때때로 문제를 경험한다. 총체적 방향감각을 결여하고 분명한 삶의 목표가 없을 경우, 삶의 불확실성으로 인해 문제가 지나치게 많아지기도 한다.

삶의 목표는 일반적인 방향감각을 제공하며, 그 안에서는 사소한 것들이 결정될 수 있다. 또한 그 목표가 동기를 부여하는 데도 도움이 된다. 이는 청소년이 스스로를 만족시키는 데 성공하려면 동기부여가 필요하기 때문에 중요하다.

삶의 목표 유형

그 목표는 다음과 같은 범주로 나뉠 수 있다(Ford, 1992).

- 감성 __ 느낌이라는 측면에서 목표가 묘사됨
- 인지 __ 창조성이나 지식이라는 면에서 목표가 묘사됨
- 주관 __ 목표가 영적인 욕구 성취로 묘사됨
- 관계 __ 자기자신과의 관계, 남과의 관계라는 측면에서 목표가 묘사됨
- 과제 지향 __ 물질적 욕구나 숙달 욕구의 만족을 위한 목표가 묘사됨

청소년이 자기목표를 탐구할 때 상담사가 가능한 목표들을 분류해서 확인해주는 것이 유용할 수 있다.

목표 선택하기

청소년이 자기목표 목록을 만들어서 자신에게 가장 중요한 일의 우선순위를 만드는 것이 유용할 수 있다. 이때 청소년은 그 우선순위가 자기예상과 달라서 놀라기도 한다.

한 가지 유형 이상의 목표를 동시에 추구하는 것이 동기 자극에 가장 좋다. 예를 들어, 행복을 느끼고 싶은 감성적 목표와 친구와 함께하겠다고 하는 관계적 목표를 결합하면 그 청소년은 남과 함께 일하거나 교류하는 활동·경험·직업을 선택하는 데로 이끌릴 수도 있다. 따라서 그 청소년은 한 가지 이상의 목표가 동시에 성취될 수 있는 삶의 양식의 가능성을 탐구하는 것이 도움이 될 수 있다.

청소년이 특정 목표를 골라내기 시작하면, 상담사는 하위목표나 목표대상을 생각해보도록 격려할 수 있다. 이는 목표를 이루는 데 도움이 된다. 해볼 만한 하위목표를 성취하는 것이 더 큰 목표를 향해가는 그의 동기를 유지시켜주기 때문이다. 많은 유형의 목표를 이룰 수 있는 기회를 제공하는 삶의 스타일을 청소년이 계획하게끔 돕는 것이 선행주도 상담사의 과제이다. 불행하게도, 환경적·개인적 제약이 다중 목표를 만족시킬 가능성을 막을 수도 있다.

일단 하위목표가 성취되면, 상담사가 피드백을 통해 청소년이 더 큰 목표를 계속 유지하도록 돕는 것이 유용하다. 그 피드백에는 청소년이 자기진보를 평가할 수 있고 장애물이 무엇인지 확인할 수 있는 정보가 포함되어야 한다. 또한 바라는 성과를 이루는 일에 관한 청소년의 신념을 강화시키는 피드백이어야 한다. 그리고 그 피드백은 정해진

목적을 이루는 데 요구되는 기술이 자기에게 있는지를 알 수 있는 정보도 제공하는 것이어야 한다.

자살과 목표

바우마이스터(Roy F. Baumeister)는 목표가 무엇인지 확인하도록 돕는 것이, 자살시도 위험이나 자살위험이 있는 청소년에게는 필수적이라고 믿는다(Baumeister, 1990). 그는 '도피이론'이라는 것을 구성했는데, 자살을 시도하는 청소년은 더 넓은 목표와 가치에 일부러 주의를 기울이지 않는다는 것이다. 그런 것은 일반적으로 한 사람의 생각, 느낌, 행동에 의미를 주기 때문이다. 목표, 감정, 개인적 신념에서의 변화가 자살의 전조인 경우도 자주 있다. 따라서 청소년이 단기목표와 장기목표를 확인하도록 돕는 일은 자살을 방지하는 데 도움이 될 수 있다.

결정 내리기 ───────────────────────

청소년은 부모와 가족에 의존하는 상태에서 독립적으로 되는 단계로 옮겨가고 있기 때문에 스스로 결정할 일이 많아진다. 결정을 내리는 일이란 성인에게도 어려울 때가 많은데, 청소년 대부분에게는 훨씬 더 어려운 일이다. 청소년에게는 현재의 결정을 위한 토대가 될 과거경험이 없기 때문이다. 더구나 그들은 선택에 관해 이용할 만한 지식과 그 선택에 잠재된 결과에 대한 지식이 없을 때가 많다. 청소년이 어떤 특정 행위의 결과가 어떻게 될지 인지적으로는 이해할지라도, 개인적으로 경험하지는 않았기 때문에 그 결과의 중요성과 심각성을 이해하지 못할 수도 있다. 아니면 그와 관련된 결과가 자기에게 너무 심각한 것이라고 믿고, 그 중요성을 과장하거나 대안을 선택하기 두려워할 수도 있다.

　　청소년의 결정과정은 때로 자기들과 일치하라는 또래압력의 영향을 받기도 한다. 즉, 결정을 내리거나 결정사항을 보충하면서 다른 사람의 협조가 필요할 수도 있을 경우, 그들 협조의 동기·능력·성격에 관해 그 청소년이 갖고 있는 신념에 영향을 받을 수도 있다. 어떤 경우는 청소년이 자기결정의 결과와 성과를 측정할 때 지나치게 낙관적일 수도 있다. 따라서 자기가 상황을 조정하고 있다고 비현실적으로 착각할 수도 있다.

"충동적으로 내린 결정은 부정적 결과를 낳을 수도 있다"

청소년은 주의 깊게 생각한 끝에 나오는 결정과정 없이, 상황의 요구에 반응해 충동적으로 그리고/또는 방어적으로 결정을 내리는 경우가 빈번하다. 상담사는 청소년이 결정에 도달하기 위해 자기자원을 이용하도록 돕는 과정에서, 청소년의 경험부족으로 결여된 정보를 제공할 필요가 있다. 청소년은 개인적인 가치와 이루고 싶은 목표를 고려해, 가능한 한 최선의 선택을 하도록 격려받을 필요가 있다(Janis and Mann, 1982).

청소년이 결정을 내리도록 상담사가 도와줄 때는 다음과 같은 결정단계를 확인해 주는 일이 유용할 수 있다.

① 불리한 결정의 반응패턴 확인하기
② 변화의 위험성이나 불변의 위험성 탐구하기
③ 삶의 목표 탐구하기
④ 선택에 관련된 손실 확인하기
⑤ 대안 검토하기
⑥ 결정사항을 상대방에게 알리기
⑦ 결정사항 유지하기

대부분의 중요한 결정을 위해서 이 모든 단계가 다 필요하다. 어느 하나라도 빠지면 결정을 해도 결정사항이 유지될 수 없다.

불리한 결정의 반응패턴 확인하기

청소년이 결정을 내릴 필요가 있을 때 자기가 어떤 방식으로 행동하는지 확인할 수 있으면 도움이 된다. 결정을 내리는 일이 거의 항상 스트레스가 되는 까닭은 결정을 내릴 때 상실이 있을까 염려되기 때문이다. 청소년이 결정을 내리는 일의 스트레스에 반응하는 공통된 방식은 다음과 같다.

- 이미 하고 있는 일을 계속할 수도 있다.
- 미리 생각하거나 계획하지 않고 새로운 행위를 할 수도 있다.
- 결과를 보지 않고 즉각적인 안도감을 줄 해결책을 성급하게 채택할 수 있다.
- 미적거리거나, 결정하는 일의 책임을 다른 사람에게 미루려고 할 수 있다.
- 정보를 찾고 그 정보를 편향되지 않게 완전히 소화한 뒤, 대안을 평가하고 결정에 도달할 수도 있다.

분명히 말하지만 마지막 반응이 가장 유리하다. 청소년이 결정을 내리는 일의 스트레스에 스스로 어떻게 반응하는지 확인하도록 상담사가 도와줄 수 있다. 이는 그 청소년이 장래에 만족스럽지 않은 반응을 하게 될 때, 그것을 인식하도록 만들어주는 데 유용할 수 있다.

변화의 위험성과 불변의 위험성 탐구하기

청소년이 변화에 대한 결정을 내리려고 할 때, 상담사는 변화할 때의 위험성과 변화하지 않을 때의 위험성에 관해 청소년이 어떤 예상을 하는지 탐구하도록 도울 필요가 있다.

변화할 때의 위험성

청소년이 자기행위를 변화시키겠다고 결정했을 때 그 변화가 더 좋게 되는 것일지라도 그 청소년이 다루어야 할 문제가 있다. 첫째, 그 청소년은 변화에 대한 자기느낌에 대처해야 한다. 변화가 있을 때마다 어떤 상실이 있기 마련이고, 그래서 변화에 관한 염려와 불확실한 느낌이 생길 수 있다.

청소년은 자기 느낌을 다루어야 할 뿐 아니라, 어떤 변화든 그 변화에 대한 다른 사람의 반응에 대처해야 한다. 청소년이 자기에게(또는 다른 사람들에게까지) 긍정적 결과를 낳을 결정을 내릴 경우에도, 불행하게도 부모나 다른 성인, 또는 또래들이 그 변화를 문제시하고 저항할 때가 있다.

변화가 있을 때 보통 불확실성이 생기는 것은 청소년이 선택한 그 행위를 해본 경험이 없기 때문이다. 그 결과 청소년은 그러한 행위의 결과가 긍정적일지 아닐지 확신할수 없다.

변화하지 않을 때의 위험성

청소년이 변하기로 결정하는 것은 현재 자기행위가 자기에게 문제를 일으키기 때문인 경우가 많다. 즉, 청소년은 보통 변화하지 않을 때의 위험성에 대해 자각하고 있다. 그러나 상담사가 이 위험성에 관해 질문하는 일은 청소년의 마음이 그 위험에 초점을 맞추도록 해주고, 긍정적인 변화를 낳을 결정을 하도록 격려하는 일이 될 수 있다.

청소년의 낙관론 탐구

위험감수는 청소년 행위의 한 부분으로서 대단한 역할을 한다. 그래서 청소년은 새롭고 신나는 변화를 기대할 때가 많다. 그 변화가 스트레스를 줄지라도 그렇다. 따라서 청소년은 변화를 열정적·낙관적으로 바라볼 것이다. 그러나 어떤 청소년은 결정을 내릴 때 지나치게 불안을 느낄 수 있다. 그런 청소년은 변화를 결정하는 일에 연관된 위험성을 탐구하는 것이 결정과정의 중요한 단계가 된다.

삶의 목표 탐구하기

앞서 설명했듯이, 상담사는 청소년이 자기에게 중요한 삶의 목표를 탐구하도록 도울 수 있다. 일단 목표가 확인되면, 그 목표는 현재의 결정에 영향을 미칠 것이다.

선택으로 인한 상실 확인하기

결정을 내리면서 청소년은 자기가 이용할 수 있는 대안과 연관된 상실을 인식할 수 있어야 한다. 거의 모든 결정에는 상실이 뒤따른다. 예를 들어 청소년이 집을 떠날지 결정하는 상황을 고려해보자. 집을 떠나면 부모의 지도와 지원, 물질적 편안함과 안정의 상실을 경험할 것이다. 결정과 연관된 전형적인 상실에는 다음과 같은 것이 있다.

- 관계
- 관계에서의 가까움
- 관계에서의 강렬함
- 지원
- 안정
- 자유
- 개인적 통제
- 지도력
- 힘
- 물질적 소유
- 개인 신앙
- 이전에 유지했던 가치 그리고/또는 신념

"결정을 내리는 일에는 바람직한 것을 버리는 일이 포함되는 경우가 많다"

때로는 청소년이 자유나 통제의 상실, 지도력이나 힘의 상실과 같은 개인적 상실을, 이런 영역에서 다른 보상이 제공되는 결정을 내림으로써 보충할 수도 있다. 어떤 경우에는 보충할 수 없어도 청소년이 상실을 수용할 필요가 있을 것이다. 이는 특히 관계의 상실처럼 감정이 연루된 상실에 관련해서 그렇다.

일단 어떤 상실이 있을지 확인하면 그것을 최소화하는 방법을 찾을 가능성도 있다. 예를 들어, 집을 떠나고 싶은 청소년은 물질적 안락함과 안정을 상실하게 될 것임을 인정하고, 그로 인한 상실을 메우기 위해 돈을 벌 방법을 고려할 수도 있다.

대안 검토하기

13장에서 설명된 상징기법이나 14장의 역할극을 이용해 대안이 탐구될 수도 있다. 그러나 어떤 청소년은 상징기법이나 창조기법 사용을 좋아하지 않고 인지적인 방법으로 작업하기를 원할 수도 있다. 때로는 창조기법 그리고/또는 상징기법에 인지기법을 합해 사용하는 것도 가능하다.

청소년이 특정한 결정을 할 때 고려되어야 할 대안을 화이트보드에 쓰도록 하는 것이 도움이 될 수 있다. 그 목록을 만드는 동안 상담사는 청소년이 가능한 한 많은 선택사항을 생각하도록 격려한다. 그다음에는 청소년이 그것들에 관해 일반적으로 말하도록 하면서 그 대안들이 탐구될 수 있다. 그 후에 상담사가 그 대안들을 명확하게 요약할 수도 있고, 청소년에게 각각을 개별적으로 탐구하도록 격려할 수도 있다. 이를 통해 각각의 긍정적 측면과 부정적 측면이 논의되며, 그 결과 대안목록이 축소되도록 만드는 것이 도움이 될 수 있다. 가장 가능성이 적거나 가장 좋아하지 않는 대안부터 먼저 다루라고 권하는 것이 유리할 수도 있다. 이는 대안목록을 줄이는 데 도움이 되고 결정에 도달하기 쉽게 만든다.

대안을 검토할 때는, 부정적이든 긍정적이든 그 결과만이 아니라 각각의 대안들에 대한 자기의 내면 느낌이나 감정도 고려하라고 권하는 것이 유용하다.

대안을 검토할 때 청소년이 겪을 위험성은 다음과 같다.

① 사실에 기반을 두고 하는 결정과, 사실 기반은 거의 없이 감정적으로 좋은 것만 고려한 결정 사이에는 차이가 있음을 청소년이 이해할 필요가 있다. 경험부족 때문에 청소년은 강한 감정적 선호도에 따라 결정하고, 따라서 의심스럽거나 부정적인 결과가 나올 수 있는 결정을 할 때가 자주 있다.

② 청소년이 대안의 적절하지 못한 측면에 마음을 빼앗겨 결과를 비현실적으로 예측하고 결정할 수도 있다. 이를 막으려면 상담사가 선택사항 각각의 가장 중요한 측면에 초점을 맞추도록 청소년을 도울 필요가 있다.

③ 청소년의 스트레스, 자기인식, 확신, 자기존중의 수준이 대안을 명확하게 보는 능력에 영향을 미치는 경우가 많다.

④ 청소년은 과거의 가치나 신념에 의존해 생각함으로써 어떤 한 방향으로 끌려갈 수도 있다. 이런 경우 그 신념과 가치가 그에게 여전히 중요한지 점검하는 것이 중요하다. 어떤 결정이 현재의 가치와 신념과 맞으면 결정을 따르기가 더 쉽다.

대안에 관해 적절히 고려한 후의 최종 선택은 상담사의 영향을 받는 것보다는 청소년 자신의 결정이어야 한다. 각각의 대안을 선택할 때의 장단점과 결과를 주의 깊게 고려함으로써 청소년은 자기에게 가장 좋은 결정을 내릴 수 있을 것이다. 그러나 이 결정이 상담사가 보기에도 가장 바람직하거나, 의미 있거나, 적절한 것은 아닐 수 있다.

결정을 다른 사람들에게 알리기

일단 결정되면 행동으로 옮길 필요가 있다. 이는 즉각적이지 않을 수도 있다. 그 타이밍은 청소년에게 적절해야 하며, 그것을 상담 중에 논의하는 것이 좋다.

결정을 내렸을 때는 다른 사람에게 알려야 할 경우가 많다. 청소년은 결정을 시행하는 데 심사숙고하는 경우가 많은데, 이는 다른 사람이 그 결정에 어떻게 반응할지에 대해 확신이 없기 때문이다. 이 불확실성을 다루기 위해 상담사는 남이 보여줄 수 있는 반응을 청소년이 예측하고, 그 반응에 청소년이 다시 어떻게 반응할지 결정하도록 도와줄 수 있다. 이때 상담사가 청소년에게 그의 결정을 남에게 어떤 식으로 알릴지 연습해보도록 격려하는 것이 도움이 될 수도 있다. 이런 연습은 14장에서 설명된 역할극을 이용해 이루어질 수 있다. 아울러 역할극은 그렇게 의도된 메시지를 받는 사람이 어떠할지 청소년이 경험하는 데 이용될 수 있다. 청소년이 자기결정을 다른 사람에게 알리는 것을 도와주기 위해서 상담사는 또한 '나'로 시작하는 서술과 자기주장 기술을 이용하도록 지도할 수도 있다.

결정사항 유지하기

결정사항을 고수하기가 청소년에게는 어려울 때가 많다. 결정사항과 선택방향에 반대되는 도전과 압력에 계속 부딪힐 수도 있기 때문이다. 특히 청소년은 그 결정에 대해 다른 사람에게 부정적인 피드백을 받을 수도 있다.

청소년이 새로운 결정에 신나하는 초기의 밀월기간이 지나고 나면, 결정에 대한 반응으로 새로운 스트레스를 받는 기간이 있는 경우가 많다. 그러나 이때는 처음 결정을 해야 할 때보다 더 쉽게 스트레스에 대처하는 경우도 많다. 이전에 스트레스를 다루어보았기 때문에 더 회복력이 있는 상태로 그 결정을 지속시킬 수도 있다.

청소년의 결정이 안정적일지의 여부는, 긍정적이든 부정적이든 다른 사람의 피드백 강도에 따라 심각하게 영향을 받는다. 지속적으로 강한 부정적 피드백이 있을 때 청소년은 그 결정을 버리고 대안을 찾기도 한다. 이때 중요한 것은, 청소년이 원래의 결정을 시도했던 일 자체에 대해 상담사가 긍정적 피드백을 주는 것이다. 긍정적 피드백을 통해, 그 청소년은 결과적으로 실험이 이루어졌고, 그 실험을 해본 덕에 그 결정이 변경될 필요가 있다는 정보를 얻었음을 알게 된다. 유용한 실험이었다는 측면에서 피드백을 받음으로써, 청소년은 자기결정이 잘못되었다고 느끼기보다는 좋은 느낌을 가질 수도 있다.

요약

이 장에서는 청소년을 위한 인지기법을 논의했다. 이 기법은 다음 장에서 논의되는 심리교육기법과 연결되어 사용될 수 있는 부분이 많다.

key
point

- 불안·우울을 경험하거나, 공격적이고 반항하며 까닭 모를 행위를 하는 청소년에게 행위기법이나 인지행위기법이 도움이 되어왔다.
- 도움이 되지 않는 반복행위를 확인하는 데 일기쓰기가 도움이 될 수 있다.
- 자기파괴적 신념에 대한 도전이 행위변화와 감정변화를 일으키는 데 도움이 될 수 있다.
- 자기파괴적 신념은 청소년들끼리 말하는 방식과 유사한 대화방식을 이용해 도전될 수 있다.
- 분노와 같은 감정을 외재화하는 일이 청소년에게 감정조절 감각을 줄 수 있다.
- 자기주장 훈련은 청소년이 자기욕구를 표현하도록 만들어줄 수 있지만, 이 욕구들이 반드시 채워지리라고 기대하도록 만들어서는 안 된다.
- 다른 사람의 견해를 존중하고 타협할 수 있는 능력은 만족스러운 해결책에 도달하는 데 유용할 수 있다.
- 행위변화에는 위험성이 따르고 선택에는 상실이 포함되는 경우가 자주 있다.

16

심리교육
기법

이 장에서 논의할 것은 다양한 교육적 기법이다. 그 기법은 청소년에게 인생에 관해 가르치고, 자기행위를 더 많이 통제하도록 도와줄 수 있다. 청소년은 자기를 발견해가는 여정 중에 있으며, 대부분이 스스로에 관해 그리고 다른 사람들과의 관계에 대해 배우고 싶어 한다. 이런 지식을 얻는 것은 정체성을 개발하고 주위세상을 의미 있게 보도록 도와준다. 심리교육기법은 청소년이 새로운 정보를 배우는 방법에 적극적으로 참여하도록 격려한다. 주로 이용되는 과정은 자기발견 과정이다.

청소년은 대부분 상담사가 인간관계와 내면관계에서 지식과 기술이 있는 사람이라고 본다(Gibson-Cline, 1996). 청소년은 주로 심리교육기법을 이용한 자기발견을 통해 배우지만, 인간관계에 관한 상담사의 개인적 지식과 경험 또한 청소년이 이용할 수 있으면 배우기가 더 쉽다. 따라서 상담사가 적절한 지식과 경험을 청소년과 나누고, 청소년은 적합한 정보를 자기가 가진 지식에 통합시키면 유용하다.

심리교육기법을 이용할 때, 상담사는 청소년의 비언어적 행위와 언어적 반응을 꾸준히 관찰하는 것이 필요하다. 이 관찰을 통해 청소년의 감정적 느낌, 신념, 이슈, 태도에 관한 새로운 소재를 발견할 수도 있다. 그러나 청소년에게 즉흥적으로 드러나는 이슈를 탐구하기 위해서 상담사가 심리교육기법의 이용을 중단해야 할 필요가 자주 있다. 이런 측면에서는 어떤 기법도 상담과정을 강화하는 수단일 뿐임을 기억할 필요가 있다.

상담사에게 더 중요한 것은 잠재된 이슈가 나타나는지 계속 관찰하면서, 그런 이슈가 나타날 때는 특정한 심리교육기법에 머물기보다는 그 이슈를 다루어야 한다는 점이다.

이 기법의 모델을 이용할 때 위험성은 완성된 심리교육 모델을 청소년이 무비판적으로 받아들이고 자기를 그 모델에 맞추려 할 수 있다는 점이다. 그래서 중요한 점은 청소년이 그 모델을 비판적으로 검토해 자신에게 맞게 수정하도록 권해야 한다는 것이다.

심리교육기법은 다음의 네 가지 제목 아래 설명될 것이다.

- 정보를 얻는 기법
- 관계를 설명하는 기법
- 행위를 설명하는 기법
- 행위변화를 돕는 기법

정보를 얻는 기법

간단한 심리교육기법 두 가지가 청소년이 자기에 관한 정보를 얻고 나눌 수 있도록 사용될 수 있다. 그것은 등급 매기기와 조사표이다.

등급 매기기

등급 매기기를 사용할 때 화이트보드나 도화지가 필요하다. 그래야 정보가 시각적으로 드러난다. 등급 매기기는 한쪽 끝부터 다른 쪽 끝까지 몇 가지 사항들이 나열된, 선으로 된 모델이다. 그 지표로서 '아주 많이', '전혀 없음'과 같은 질(質)의 등급을 사용하거나, 1부터 7까지의 숫자 등급을 사용할 수도 있다. 등급 매기기는 행위의 강도, 심각성, 빈도에 등급을 매기고 모니터하는 데 사용될 수 있다.

질의 등급

부모가 자기를 제한한다고 불평하는 청소년을 상상해보자. 상담사는 화이트보드에

그림 16-1 __ 부모의 허용도 등급표

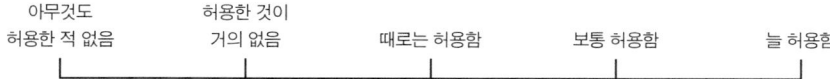

| 아무것도
허용한 적 없음 | 허용한 것이
거의 없음 | 때로는 허용함 | 보통 허용함 | 늘 허용함 |

그림 16-1의 등급 매기기 표를 그릴 수도 있다. 그다음에 아버지가 정확히 어디에 해당되며, 어머니는 어디에 해당되는지 표시하라고 그 청소년에게 요구할 수 있다. 그다음에 함께 이야기하면서 부모의 행위가 다양하다는 사실을 청소년이 인식하도록 도울 수 있다. 예를 들어 청소년은 왼쪽 끝의 '아무것도 허용한 적 없음'에 표시했을 수도 있지만, 논의하면서 그것이 정확하지 않다고 밝혀질 수 있다. 또한 청소년에게 부모가 어느 등급지표에 있으면 좋겠는지 표시하라고도 할 수 있다. 그 결과 조절과 책임에 관련된 이슈가 나타날 수도 있다.

숫자 등급

때로는 수(數)의 가치를 이용해 등급을 그리는 것이 유용할 수 있다. 예를 들어, 1에서 10까지 그리는 것이다. 수의 가치로 등급 매기기는 특히 심각성이나 강도의 측면에서 행위에 등급을 매길 때 유용하다. 가령 그림 16-2에서처럼 청소년이 1에서 10까지 자기분노 수준을 등급 매길 수도 있다. 숫자 등급은 또한 행위의 빈도를 나타날 때도 유용할 수 있다. 가령 청소년이 일주일동안 부모와 논쟁을 벌이는 횟수를 보여줄 수도 있다. 이러한 등급 매기기는 기본 척도를 제공하고 그다음 변화를 모니터하는 데 사용될 수 있다. 따라서 변화를 조장하고 목표설정에 필요한 정보를 제공하는 데 유용할 수 있다.

그림 16-2 __ 강도의 측면에서 본 행위의 숫자 등급표

									지독한 분노와 폭력적
분노 없음									행위
1	2	3	4	5	6	7	8	9	10

그림 16-3 __ 느낌 등급표

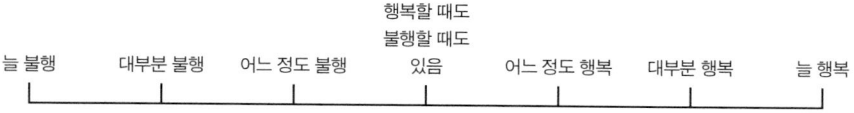

| 늘 불행 | 대부분 불행 | 어느 정도 불행 | 행복할 때도
불행할 때도
있음 | 어느 정도 행복 | 대부분 행복 | 늘 행복 |

느낌관찰을 위한 등급 매기기

느낌을 관찰할 때 등급 매기기를 이용할 수 있다. 어느 한 시점의 느낌이나 일정 기간의 느낌에 대해 그림 16-3이 보여주듯이 등급을 매길 수 있다.

피드백을 위한 등급 매기기

등급 매기기는 청소년이 자기행위에 관해 생각해보도록 도와줄 수 있다. 청소년은 자기행위나 남의 행위를 극단적으로 생각하는 경향이 많다. 상담사는 등급 매기기를 통해 청소년의 반응을 다루면서, 청소년의 행동이 두 극단 사이의 연결선상에서 자주 왔다 갔다했고 그럴 때 어떻게 다르게 행동했는지 인식하도록 도울 수도 있다. 이는 두 극단에서 예외인 경우의 횟수를 확인해보도록 권함으로써 이루어질 수도 있다.

"양극을 잇는 연속선 사이의 한 지점이 이용될 수 있다"

조사표

조사표 또는 질문지는 정신건강 문제를 측정하는 데 다양하게 사용된다. 더구나 청소년 상담에서는 대중잡지, 특히 청소년 잡지에 있는 것과 같은 비공식 질문지를 사용하는 것이 유용할 수 있다. 이러한 조사표는 청소년의 자기인식이 일관되게 사실인지를 스스로 확인할 수 있게 도와주는 방법으로 이용될 수 있는데, 진지할 수도 있고 유머러스할 수도 있다.

그림 16-4는 전형적인 질문지이다. '당신은 얼마나 친절한가?'라는 이 질문지는 청소년이 상대방에게 친절할 수 있는 자기능력을 어떻게 인식하는지 탐구한다. 완성된 질문지를 다루면서, 자기인식과 그에 관련된 이슈를 논의하고 탐구할 수 있는 길이 조성된

그림 16-4 __ 조사표의 예

당신은 얼마나 친절한가?: 답을 골라 점수를 매겨보라!

1. 나가서 놀자고 할 때, 당신은 (1) 때로는 간다. (2) 늘 간다. (3) 보통 안 간다.	5. 당신이 최근에 이긴 경기를 친구들이 축하하고 싶다고 말한 다. 당신은 (1) 그들의 행위에 맞추어주면서 즐겁게 반응한다. (2) 당신에게 끼어들려는 그들의 시도를 무시한다. (3) 집에 있을 걸 그랬다고 생각한다.
2. 친구의 생일이 기억나서, 당신은 (1) 꽃을 보낸다. (2) 전화한다. (3) 그 친구가 지난번 당신 생일을 기억해주었을 경우에만 전 화한다. (4) 다음번 만났을 때 "생일 축하해"라고 말한다.	6. 산책할 때 이웃 사람을 만나면, 보통 (1) 당신이 아는 사람에게만 "안녕하세요"라고 말한다. (2) 지나치는 모든 사람에게 "안녕하세요"라고 말한다. (3) 아무에게도 "안녕하세요"라고 말하지 않는다.
3. 지난번 만남 후 친구에게서 아무 말도 듣지 못했다. 그 만남 당시 그 친구와 약간 불화가 있었다. 당신은 (1) 전화하고 그 불화를 무시한다. (2) 전화해서 당신이 잘못한 몫을 인정하고 둘이 함께 가곤 했던 곳에서 만나자고 제안한다. (3) 친구가 전화할 때까지 기다린다.	7. 같은 반 친구가 주말 운동경기에서 일어난 사건에 말려들은 것을 알았다. 당신은 (1) 들러서 어떤지 보고 그 사건에 대해 듣는다. (2) 어떤 느낌인지 묻기 전에 사건이 완전히 마무리될 때까지 기다린다. (3) 신속하게 들러서 도움이 필요하면 당신이 도울 수 있음을 알려준다.
4. 사진을 정리하면서 그동안 연락이 없었던 동창 친구 한 명 을 보게 되었다. 당신은 (1) 함께했던 좋은 시간을 기억한다. (2) 그 친구와 다시 연락하려고 애쓴다. (3) 과거의 사람으로 기억하는 것이 낫다.	8. 버스를 타고 학교 소풍을 가고 있다. 당신은 (1) 옆에 앉은 사람과 이야기한다. (2) 풍경을 보면서 가는 것이 좋다. (3) 수다를 떨기 위해 버스에 이미 타고 있는 친구를 찾는다.

당신의 점수는?

1. (1) = 2, (2) = 5, (3) = 0 ; 2. (1) = 5, (2) = 2, (3) = 0, (4) = 1 ; 3. (1) = 2, (2) = 5, (3) = 0 ; 4. (1) = 2, (2) = 5, (3) = 0 ;
5. (1) = 5, (2) = 2, (3) = 0 ; 6. (1) = 2, (2) = 5, (3) = 0 ; 7. (1) = 2, (2) = 0, (3) = 5 ; 8. (1) = 2, (2) = 0, (3) = 5

25~40점: 친절함이 당신에게 중요하다.
  당신은 관계 우선순위 목록에서 친절함을 비중 있게 고려한다. 관계에서 상대방이 가치 있고 사랑받는다는 느낌으로 기꺼이 그 관계를 유지하게 만들려고 당신이 노력한다. 상대방이 관계유지를 원하지 않을지라도 그렇게 할 것이다.

10~24점: 친절함에는 두 가지 길이 있다고 당신은 생각한다.
  친절함이 당신에게 중요하지만 계속 친절하기 위해서는 상대방의 피드백이 필요하다. 당신은 상대방의 사생활을 침범하지 않으려고 의식한다.

9점 이하: 친절함은 당신에게 우선적인 일이 아니다.
  당신은 불친절한 사람은 아니지만 혼자 있는 것을 편안해하는, 세상에서 보기 드문 사람 중 하나다. 당신의 관심을 붙잡는 다른 일들이 있다.

자료: www.sagepub.co.uk/geldardadolescents

다. 점수 또한 논의될 수 있다. 가령 20이란 점수는 그 개인에게 실제로 어떤 의미를 가지는가?

사람과 사람의 성격을 범주화하는 방법으로 수립되어 사용되어온 마이어스-브릭스 유형지표 같은 방법도 사용될 수 있다(Briggs Myers et al., 1998).

관계를 설명하는 기법

청소년이 관계를 탐구하고 관계의 성격을 이해하도록 돕는 세 가지 방법이 있다.

- 심리학적 가계도(genogram)
- 교류분석에서 나온 아이디어들
- 테두리 이해 기법

심리학적 가계도

그림 16-5는 전형적인 심리학적 가계도이다. 타원은 여성을, 직사각형은 남성을, 선은 다양한 관계를 나타낸다.

청소년은 대부분 활동하는 것을 좋아한다. 그러므로 많은 청소년이 화이트보드나 도화지에 컬러 사인펜으로 확대가족 가계도를 그리길 즐긴다. 가계도는 가족에 관한 정보를 모으고 조직화하는 데 유용한 방법이다. 이 정보에는 삼촌, 이모 등 확대가족이 포함될 수도 있다. 가계도는 가족의 윤곽을 그림처럼 보여주기 때문에 청소년이 가족 안에서의 자기위치를 인식하도록 도와줄 수 있다. 이것이 청소년에게 중요한 까닭은, 청소년이 자기 정체성을 찾으려고 할 때 그의 개인정체성 일부는 가족의 맥락에서 구성되었을 가능성이 크기 때문이다.

청소년이 가계도를 그리는 동안에는, 가족 개개인과 가족 안에서의 관계들에 관해 이야기하기가 쉬워진다. 결과적으로 가계도는 청소년이 가족에 관해 말할 수 있게 해주면서 개인 이슈를 드러내주는 방식이 될 수 있다. 가계도는 식구들 사이에 서로 가깝고 먼 관계들을 지적해준다. 특별한 관계를 나타내는 선이 첨가될 수도 있다. 그림 16-6에서처럼, 루이즈와 마이클 사이의 이중선은 친밀한 관계를 나타낸다. 반면 제이슨과 마이클 사이의 파장선은 불만스러운 관계를 나타내고, 브라이언과 마사 사이의 파장선 위에 쓰인 dv(domestic violence)는 둘 사이에 가정폭력이 있었거나 진행 중임을 나타낸다. 가족을 감싸는 점선은 현재 함께 살고 있다는 뜻이다.

가계도를 보면서 청소년은 행위패턴과 특정한 영향이 세대에서 세대로 전해짐을

그림 16-5 __ 전형적인 가계도

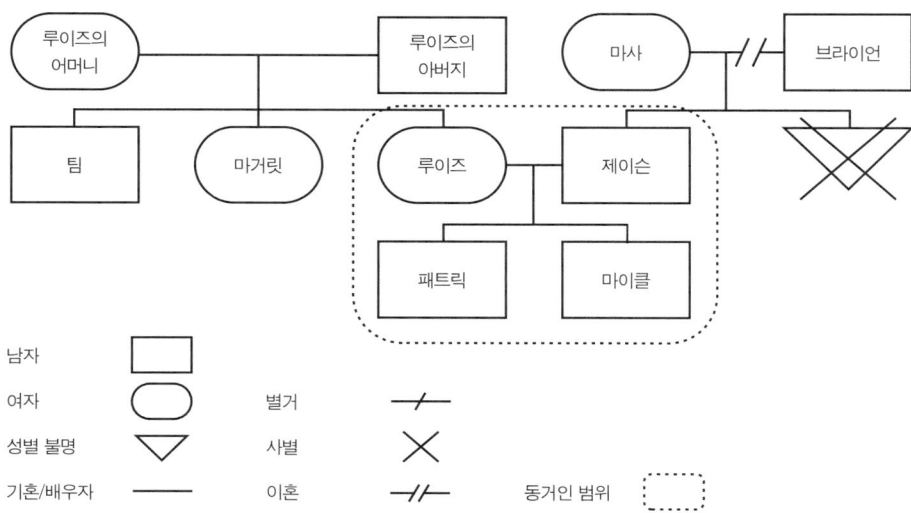

루이즈는 제이슨과 결혼했고 두 자녀인 패트릭과 마이클이 있다. 제이슨의 부모인 마사와 브라이언은 이혼했고, 성별을 알수 없는 형제가 하나 죽었다(이는 가상의 가계도이다. 실제 어떤 가족과 비슷하다면 우연의 일치일 뿐이다).

그림 16-6 __ 관계를 표현하는 가계도 이용하기

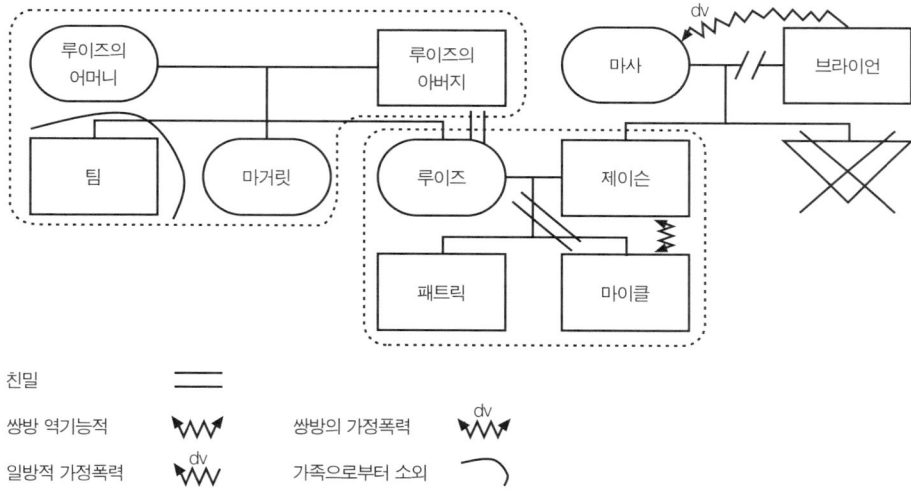

제이슨의 아버지는 결혼생활 동안 어머니에게 폭력적이었다. 제이슨은 아들 마이클과 역기능적인 관계에 있고, 루이즈는 마이클과 가깝다. 루이즈는 또한 친정아버지와도 가깝다. 루이즈의 부모와, 언니인 마거릿은 함께 살고 있지만 오빠 팀은 나머지 가족에게서 소외되어 있다(이는 가상의 가계도이다. 실제 어떤 가족과 비슷하다면 우연의 일치일 뿐이다).

인식할 수도 있다. 가령 가족 안의 알코올 의존성이 세대에 걸쳐 있음을 인식할 수도 있다. 일단 이런 행위가 인식되면, 청소년은 가족의 전통을 지속해 알코올중독자가 되거나, 다른 길을 택함으로써 자기를 위한 새롭고 다른 인생을 만들겠다고 결정할 수 있다.

교류분석에서 나온 아이디어들

교류분석은 번(Eric Berne)과 해리스(Thomas Anthony Harris)가 개발했다(Berne, 1964; Harris, 1973). 이 교류분석에서 나온 아이디어는 관계 안에서 이루어지는 사람들의 행위에 관해 쉽게 이해할 수 있도록 설명한다는 점에서 청소년에게 매력적이다. 이러한 교류분석 모델을 화이트보드나 종이에 그리면서 보여줄 수 있다. 청소년은 그림이 제시하는 아이디어를 토대로 자기 상황에 맞게 그 그림을 수정함으로써 참여할 수 있게 된다.

7장에서 우리는 한 사람의 내면 구성원에 부모, 어른, 청소년, 아이를 포함시켜 보여줌으로써 수정된 교류분석 모델을 설명했다. 우리는 그 수정된 모델이 상담사가 청소년의 욕구를 이해할 때 가장 유용한 모델이라고 믿는다. 그러나 교류분석 모델이 심리교육적인 도구로 사용될 때는 번이 제시했던 원래 모델로 돌아가는 것이 더 낫다고 생각한다. 그 원래 모델에서는 한 개인 안에 내적인 구성원이 셋이라고 제안한다.

① **내면 부모** __ 내면 부모는 비판적일 수도 있고 양육적일 수도 있다. 비판적인 부모는 강하고, 지배적이며, 엄격하고, 통제한다. 반면 양육적인 부모는 따뜻하고, 보호하며, 돌본다. 의사소통이 내면 부모로부터 타자의 내면 아이에게로 향할 때, 그 부모역할은 자기를 위한 책임뿐 아니라 타자를 위한 책임까지 포함하는 높은 수준의 책임을 지닌다.

② **내면 어른** __ 내면 어른은 현실에 근거를 두고 논리적이다.
   - 다른 사람을 통제하려고 하기보다는 존중한다.
   - 감정반응에 지배받기보다는 결정을 내리기 전에 정보를 찾는다.
   - 복종적이지 않고 독립적이며 자족한다.
   - 새로운 정보에 반응할 때 유연하고 변화할 수 있다.

③ **내면 아이** __ 내면 아이는 유치하고 무력하다. 복종적일 수도 있고 반항적일 수

그림 16-7 __ 교류분석에 의한 성격모델

내면 부모	비판적인 부모: 강함, 지배적, 엄격, 통제, 강압적, 제한적임 양육적인 부모: 돌봄, 허용, 보호, 자아와 타자에 대한 높은 수준의 책임감

내면 어른	어른: 반응선택 가능, 자기지시적, 현실에 근거함, 논리적임
	    타자존중, 결정 전 정보 추구, 독립적, 자기충족적임
	    유연함, 새로운 정보에 반응해 변화가능

내면 아이	아이: 의존적, 유치함, 무력함, 복종 또는 반항, 생각 없이 감정적 느낌에 반응함 쉽게 희생자 역할을 함, 강한 감정경험, 떼쓰는 경향

도 있다. 의존적이며, 감정적인 느낌에 생각하지 않고 대응하는 식으로 반응하며, 쉽게 희생자 역할을 하고, 강도가 센 감정을 경험할 수도 있으며, 짜증 내는 경향이 있다.

청소년과 함께 이런 성격모델을 이용할 때, 그림 16-7에서 보이는 것과 같은 설명이 이용될 수 있다. 이와 같은 그림을 그리면서 청소년은 비판적인 부모, 양육적인 부모, 성인, 내면 아이에 적용되는 특징을 논의할 수 있다. 이로써 청소년은 자기 부분들을 불가피하게 탐구하게 될 것이다.

그다음에 그림 16-8이 보여주듯이, 청소년은 자기내면 자아의 각 부분들이 다른 사람의 내면 자아의 다양한 부분들로 가는 의사소통에 의해 관계가 어떤 영향을 받는지 탐구하도록 한다. 그림 16-8의 (a)와 (b)는 소통의 연결선이 서로 어긋나 있기 때문에 역기능적이고 만족스럽지 못한 소통패턴의 예를 보여준다. 해리스(Harris, 1973)는 이처럼 소통의 많은 예를 그려주었다. 그림 16-8의 (c)와 (d)에서 보여주는 평행을 이루는 소통은 더 만족스러운 경향이 있지만, 여전히 문제를 일으킬 수도 있다. 예를 들어, 그림 16-8의 (c)에서 보여주듯이 한 사람은 어린아이가 부모에게 말하듯이 행동하고 상대방은 어른으로서 그 아이에게 반응하면, 둘 사이에 특정한 역할을 위해 효과적으로 협조가 이뤄지는 셈이지만 이러한 구도가 둘 다에게 불편할 수도 있다. 특히 오랫동안 이런 식으로 소통하면 그렇다. 그림 16-8의 (d)에서처럼, 화가 나 있는 비판적인 어른으로 행동하는 사람과 불만스러운 아이로 반응하는 상대방 사이에서 생기는 소통의 패턴 또한 불편할 수

그림 16-8 __ 의사소통의 상호반응 패턴(실선 화살표는 첫 번째 메시지, 점선 화살표는 반응)

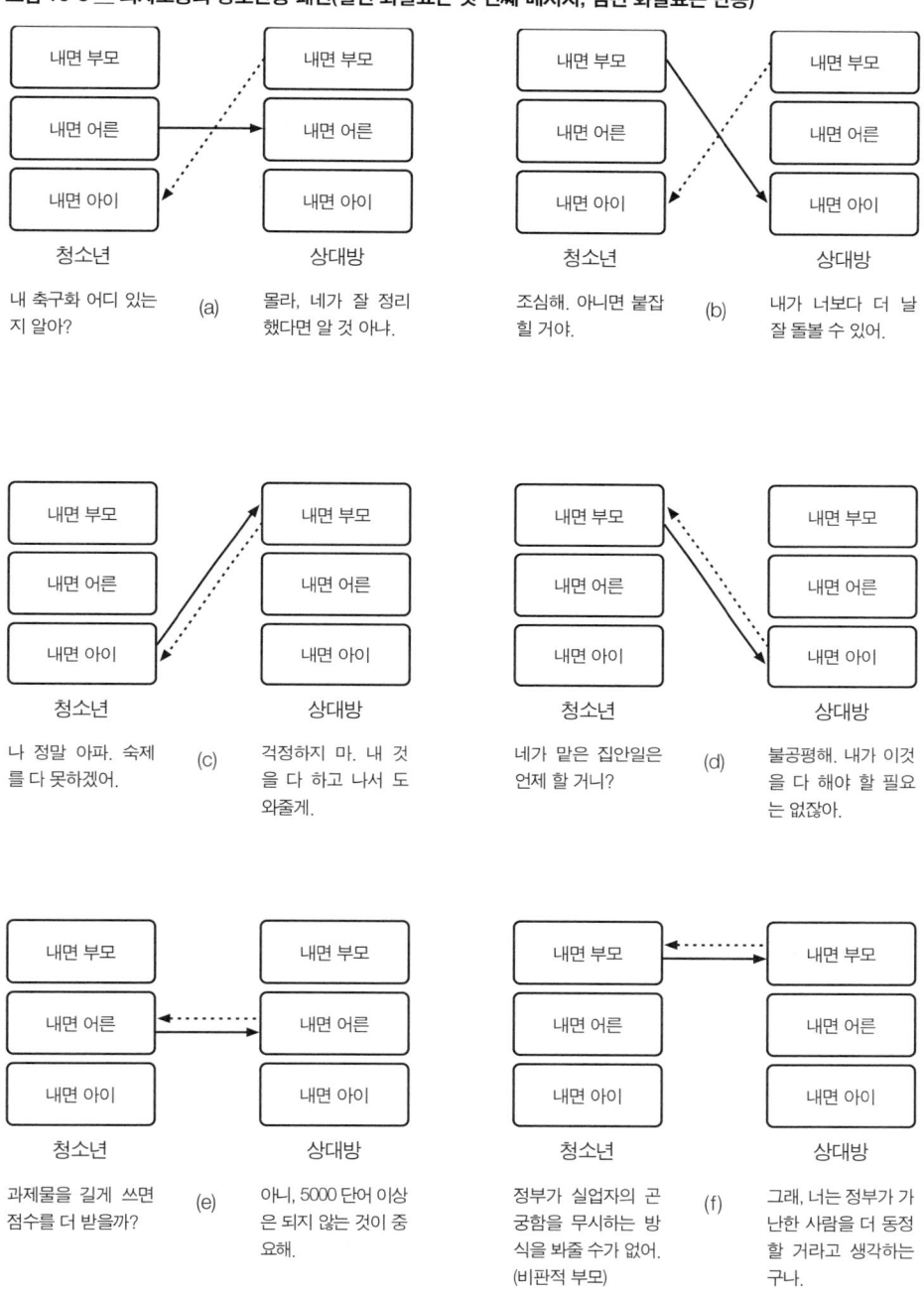

청소년

내 축구화 어디 있는
지 알아?

(a)

상대방

몰라, 네가 잘 정리
했다면 알 것 아냐.

청소년

조심해. 아니면 붙잡
힐 거야.

(b)

상대방

내가 너보다 더 날
잘 돌볼 수 있어.

청소년

나 정말 아파. 숙제
를 다 못하겠어.

(c)

상대방

걱정하지 마. 내 것
을 다 하고 나서 도
와줄게.

청소년

네가 맡은 집안일은
언제 할 거니?

(d)

상대방

불공평해. 내가 이것
을 다 해야 할 필요
는 없잖아.

청소년

과제물을 길게 쓰면
점수를 더 받을까?

(e)

상대방

아니, 5000 단어 이상
은 되지 않는 것이 중
요해.

청소년

정부가 실업자의 곤
궁함을 무시하는 방
식을 봐줄 수가 없어.
(비판적 부모)

(f)

상대방

그래, 너는 정부가 가
난한 사람을 더 동정
할 거라고 생각하는
구나.
(비판적 부모)

있다.

사람들은 일반적으로 의사소통의 줄이 그림 16-8의 (e)와 (f)처럼 수평을 이룰 때 더 만족스럽다. 부모와 부모, 아이와 아이의 소통이 때로는 아주 즐길 만하고 만족스러울 수 있다. 그러나 때로는 양편이 바람직하지 않은 행동으로 부딪힐 수도 있기 때문에 이 소통에서도 형편없는 결과가 나올 수 있다. 최고의 의사소통양식은 그림 16-8의 (e)처럼 어른 대 어른의 소통이다.

모든 사람은 분명 남과 소통할 때 내면 자아의 어떤 부분을 사용할지 선택한다. 이 선택은 확실히 소통의 결과에 영향을 미치고 관계에 여파를 준다. 청소년에게 교류분석 모델을 가르치면 그가 다른 사람들과 관계하고 소통하는 방법을 더 많이 이해하도록 도울 수 있다. 아울러 청소년이 관계에서 자기태도로 인해 나올 수 있는 결과를 더 많이 자각할 수도 있다. 교류분석에 관해 더 배우고 싶은 독자는 번(Eric Berne)과 스튜어트(Ian Stewart)를 읽으면 좋을 것이다(Berne, 1996; Stewart, 2007).

테두리 이해를 위한 기법

1장에서 말했듯이 청소년기에는 생물학적·신체적 욕구에 대한 자각이 고조된다. 청소년의 신체는 변화하는 중이며, 그래서 청소년은 자기 몸이 성적으로 변하고 있음과 성욕이 고조됨을 자각한다. 많은 청소년에게 이것은 대단히 불편한 시기가 될 수 있고, 동시에 흥분되는 시기이기도 하다. 청소년은 스스로에게 새로울 수 있는 상황에서 개인적 친근함과 친밀함에 대한 결정을 내리는 일에 계속 직면하게 된다. 그 결과 상담 중에 청소년이 관계의 친근함과 거리감에 관련된 이슈를 탐구하도록 돕는 것이 필수적일 때가 많다.

아동기에는 관계와 우정이 부모의 결정에 의해 지배·통제되는 경우가 많다. 이것이 청소년기에는 보통 바뀌게 되는데, 청소년은 친구를 고르고 유지하며 끊는 데 더 자유로워지기 시작한다. 청소년은 또한 다른 종류의 관계를 배운다. 아이에게는 다른 아이가 친구든지 아니든지 둘 중 하나이지만, 청소년기에는 다양한 관계 개발에 대한 인식이 자라난다. 그 다양한 범위는 연속선상을 따라 다음과 같이 나눌 수 있다.

- 친구가 아닌 사람
- 아는 사람
- 친구라고 할 수 있는 사람
- 친구들 중의 하나 (또는 친구 집단에 속한 사람)
- 가까운 친구
- 친밀한 개인적 관계가 있는 특별한 친구

이런 범위의 친구들을 관리하고 유지하는 것과 우정의 변화를 허용하는 일에는 상당한 기술이 요구된다. 청소년기에 이 기술의 많은 부분을 배워야 한다.

"변화하는 우정을 다루기가 청소년에게는 괴로운 일이 될 수 있다"

청소년은 다른 사람의 거부를 어떻게 인식해야 할지, 또는 실제로 거부당함이 무엇인지 이해하기 어려워하는 경우가 많다. 다른 사람에게 거절당함 또는 거절이라는 개념은, 다른 사람이 자기에게 중요한 테두리를 쳐놓은 결과일 때가 많다. 만일 청소년이 테두리의 성격을 이해할 수 있다면, 거절당하더라도 불가피한 일로서 더 잘 수용할 수 있을 것이다.

청소년이 테두리의 개념을 이해하도록 돕기 위해서 샴페인(Marklyn P. Champagne)과 워커-허시(Leslie W. Walker-Hirsch)가 제시했던 원형개념의 수정안을 이용할 수 있다(Champagne and Walker-Hirsch, 1982). 그림 16-9가 그러한 원형모델을 보여주는데, 이것을 도화지에 그려서 이용할 수 있다. 그 원들은 크기의 순서대로 다음과 같은 것을 나타낸다.

- **중심 원** __ 이 원은 청소년의 개인적 공간이다. 누군가를 초대하기로 결정하지 않는 한, 어느 누구와도 공유할 필요가 없다. 청소년이 이 공간에 자기 이름을 써넣을 수도 있다. 다른 사람이 이 원 안에 들어오도록 허락된다면 친밀한 행위가 생길 것이다. 아주 사적이고 개인적인 정보의 공유, 그리고/또는 접촉이 있을 수 있다. 서로 원한다면 성적인 행위가 있을 수 있는 공간이다.

그림 16-9 __ 원형모델

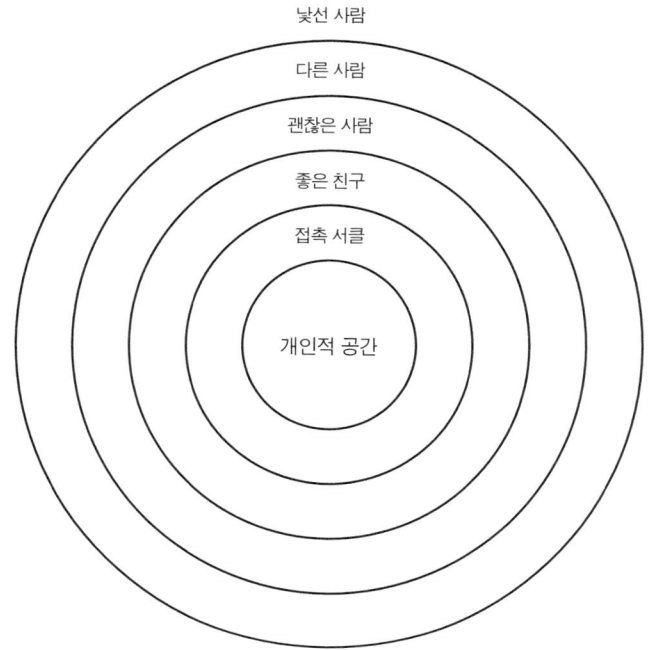

- **접촉하는 원 __** 이 원 안에서는 포옹과 같이 성적이지 않은 신체접촉이 있을 수 있다. 친척과 특별한 친구가 이 안에 초대될 수도 있다.
- **좋은 친구의 원 __** 이것은 따뜻하고 서로 긍정적인 느낌을 가진 사람을 위한 원이다. 개인적이고 친밀한 정보가 공유될 수도 있으나, 대부분의 청소년에게는 이 안에서 신체접촉이나 포옹이 거의 일어나지 않는다.
- **괜찮은 사람의 원 __** 이 원에는 청소년의 사교체계 안에 있는 사람이 포함된다. 이 사람들과는 편안한 관계지만, 가까운 친구는 아니다. 청소년은 이들을 특별히 좋아하지도 싫어하지도 않을 수 있다. 이 사람들은 청소년이 속한 그룹에 속해 있다. 어떤 사람이 이 원에서 '좋은 친구의 원'으로 옮겨가려면 그 청소년과 더 많은 시간을 보내고, 자기에 관해 더 많은 것을 나누며, 공통관심사에 더 충분히 참여해야 할 것이다.
- **다른 사람의 원 __** 만나기는 했지만 더 작은 원들 안에 속하지 않은 모든 사람이 포함된다. 따라서 가게 주인이나 버스 운전사 등 얼굴은 익숙하지만 보통은

대화하지 않는 사람이 이 안에 있다.
- 원 바깥은 **낯선 자**들이 차지한 공간이다.

원형모델을 사용할 때는 청소년에게 각 서클에 초대할 수 있는 사람이 어떤 종류의 사람인지 말하도록 권하고, 해당되는 원 안에 그 사람들의 이름이나 묘사할 것을 적어 넣으라고 권한다. 아울러, 다른 색의 펜을 이용해 각 원에 적절한 행동을 논의하고 해당되는 원 안에 적으라고 한다. 원형모델은 다른 사람들과의 적절한 테두리 및 관계 개발과 연관된 행위를 가르치는 데 사용될 수 있다. 특히 청소년은 다음과 같은 것들을 배울 수도 있다.

① 청소년이 테두리를 갖는 것은 적절하다. 그것은 스스로 다른 사람들과의 관계에서 친근함에 제한을 두는 것이다. 원형모델에서는 서로 동의하지 않는 한, 어느 누구도 중심에 더 가까운 원으로 옮겨갈 권리가 없다.

② 다른 사람들도 그들 나름의 테두리가 있다. 그 테두리들도 비슷하게 원으로 표현되며, 누가 특정한 원에 들어갈지 정할 수 있는 권리를 그 사람이 가진다. 결론적으로, 어떤 사람이 자기의 어느 테두리 안에 청소년을 허용할지는 그 사람의 권리로서 청소년이 조정할 수 있는 일이 아니다. 상대방을 자기에게 얼마나 가깝게 허용할지를 청소년이 조정하는 것처럼, 다른 사람도 그 나름의 제한을 둘 것이다.

③ 관계는 고정되어 있지 않으며 역동적이다. 청소년은 원한다면 자기의 원형모델 위에서 어떤 사람이 한 원에서 다른 원으로 이동하는 것을 허락할 수 있다. 그 사람이 청소년의 큰 원에서 더 작은 원으로 옮기는 것을 허락할 권리는 청소년에게 있다. 청소년이 누군가를 더 작은 원으로 초대할 때는 그 사람이 바라는 바를 존중할 필요가 있다. 그 사람이 더 가까운 원으로 옮기고 싶지 않을 수도 있기 때문이다.

④ 청소년이 자기의 모델에서는 어떤 사람이 한 원에서 다른 원으로 움직이는 것의 허용 여부를 조정하지만, 다른 사람의 모델에서 청소년이 더 작은 원으로 움직이는 것을 허락할지 조정하는 것은 청소년의 일이 아니다.

⑤ 각각의 원 안에서 관계를 위한 적절한 행동은 그 종류가 서로 다르다. 청소년이 누군가를 자기의 더 작은 원으로 옮기길 원한다면 초대의 행위를 보여주며 그 사람이 움직이고 싶도록 격려하는 분위기를 만들 필요가 있다. 마찬가지로, 청소년이 다른 사람의 모델에서 안쪽의 원으로 옮기고 싶으면 그러기 위한 적절한 행위를 개발할 필요가 있으며, 옮기는 것은 그 사람의 협조에 달려 있다.

⑥ 다른 사람에게 그가 어디 속하는지에 관해서 분명한 메시지를 줄 행위가 개발되어야 한다. 그래야 불필요한 오해 없이 일관성 있는 관계가 개발될 것이다. 이런 행위에 포함되는 사고기술들은 친구관계 형성기술, 자기주장 기술, 타협기술, 갈등해결 기술 등이다. 테두리가 부적절하게 침범당하지 않는다는 가정하에 어느 정도 유연할 수 있는 능력 또한 유용하다.

⑦ 테두리는 존중될 필요가 있고, 테두리 침범이 다루어질 필요가 있다. 청소년은 다른 사람이 그 자신의 테두리를 만들 권리를 가진다는 사실을 존중할 필요가 있다. 덧붙여 자기의 테두리가 침범당하고 있을 때는 그것을 다른 사람에게 알리는 자기주장 기술을 배울 필요가 있다. 청소년은 접촉하는 원에 들어 있지 않은 사람이 자신에게 접촉하는 것에 대해 괜찮지 않다고 분명하게 말할 수 있어야 한다. 이런 점에서 상담사는 역할극 상황을 통해 청소년이 적절한 반응을 배울 수 있도록 해줄 필요가 있다.

"남의 테두리에 대한 존중은 필수적이다"

행위를 설명하는 기법

이 제목으로 우리가 다룰 모델은 세 가지이다.

① 분산시키는 역할담당 모델
② 목표지향 역할담당 모델
③ 폭력순환 모델

이 모델들은 학습·반복되어온 나쁜 행동패턴을 다룬다. 청소년은 이 반복적인 행동패턴을 스스로 알아차리기 어려운 경우가 많다. 패턴은 각인되며, 습관적이기 때문이다. 청소년이 그것을 인식·인정할 수 없으면, 그러한 행동패턴을 이용하지 않도록 배우거나, 적절한 때에만 그런 패턴을 사용하거나, 원한다면 그 행동패턴을 전체적으로 변화시킬 수 있는 일이 일어날 가능성이 없다. 그러므로 반복적 행동패턴을 다루는 첫 단계는 청소년이 자기에게 개인적으로 적합한 패턴이 무엇인지를 확인하도록 도와주는 것이다.

앞으로 그려질 패턴은 자주 보는 것이지만 청소년 각각의 특정 행위에 맞게 수정될 필요가 있을 것이다. 역할담당 모델과 폭력순환 모델을 이용하는 과정은 청소년이 자기 행위를 설명해줄 모델을 개발하도록 유도한다.

분산시키는 역할담당 모델

그림 16-10이 이 모델을 보여준다. 이 모델에서는 네 단계가 순환한다.

① 선행(先行) 사건
② 주의를 분산시키는 청소년의 행위
③ 다른 사람의 반응
④ 안도함

선행 사건
이 사건은 순환의 시작을 표시한다. 보통은 청소년의 불안 수준을 고조시키는 사건이다. 그런 사건의 예는 다음과 같다.

* 부모의 싸움
* 남자친구의 과도한 음주
* 친구가 위험한 일을 함

그림 16-10 __ 역할담당 모델

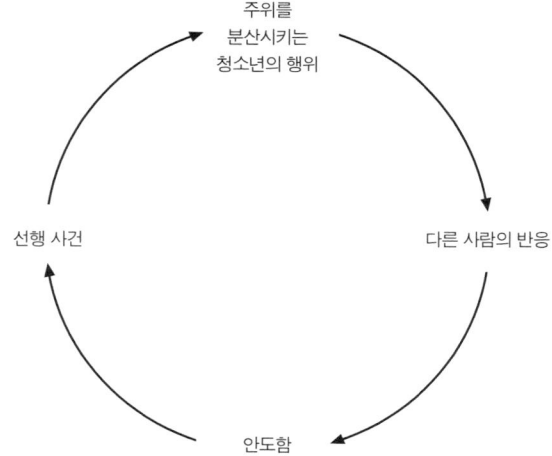

주의를 분산시키는 청소년의 행위

순환의 이 단계에서 청소년은 주의를 분산시키는 행동을 하는데, 그렇게 함으로써 과열된 상황을 진정시키려 한다. 이런 행위는 청소년이 과거에도 했던 행위이고, 그래서 긴장과 불안을 줄이는 데 성공했었던 행위이다. 주의를 분산시키는 행위의 결과로써 청소년은 특정 역할을 떠맡는다. 예를 들면 다음과 같다.

- 부모가 싸우는 동안 청소년은 용납될 수 없는 행위를 함으로써, 부모가 자기에게 벌을 주도록 만들어 부모의 주의를 분산시킬 수도 있다. 초점이 부모의 다툼에서 청소년에게로 넘어가는데, 그 결과 부모의 싸움에 관한 불안을 줄이기 위해 그 청소년이 '희생양' 역할을 맡는 셈이다.
- 어떤 청소년은 주의를 분산시키려고 유머를 이용할 수도 있고, 따라서 '광대' 역할을 한다.
- 어떤 청소년은 한쪽 부모를 지나치게 보호하면서 '구원자' 역할을 하기도 한다.
- 어떤 청소년은 싸우는 부모 사이에서 부모나 중재자 역할을 하기도 한다.

다른 사람의 반응

이 단계에서는 다른 사람이 청소년의 분산시키는 행동에 대해 반응한다. 그 반응은 보통 선행 사건으로부터 주의를 돌려 청소년의 분산시키는 행동에 초점을 맞춘다. 결과적으로 청소년의 불안은 줄어들고, 이 순환의 마지막 단계로 나아간다.

안도함

청소년은 학습된 행동패턴을 반복함으로써 그 결과는 예측가능한 것이 된다. 관련된 다른 사람들과 청소년 모두 그 패턴을 알아차릴 수도 있고, 청소년의 그런 개입에 대해 일관되고 예측가능한 반응을 할 수도 있다. 관련된 다른 사람들과 청소년은 불안과 긴장이 완화되는 안도감을 경험한다. 그러나 이런 반복행위는 청소년에게 거의 확실히 부정적인 결과를 가져온다. 이는 나중에 설명할 것이다.

목표지향 역할담당 모델

이 모델에서 청소년은 가족이나 더 넓은 환경에서 굳어진 역할에 갇히게 된다. 자신의 불안을 줄이기 위해 이 역할을 담당함으로써, 청소년은 그 체계 안에서 안전과 안정을 제공하지만 자기욕구를 만족시키지는 못하기 때문에 그 역할로 인한 책임감에 스트레스를 받을 수도 있다. 예를 들면 다음과 같다.

- 어떤 청소년은 형이 여동생을 괴롭히지 못하게 구할 필요가 있다고 믿으며, '보호자' 역할에 갇힐 수도 있다. 이를 통해 여동생에 대해서 아주 조심하고 보호적이 될 수도 있다. 이렇게 조심하는 행동이 청소년 자신의 사교욕구를 채우지 못하게 막고, 그 결과 자기의 사교시간을 또래집단과 관계를 형성하고 개발하기보다는 여동생과 보내는 데 쓸 수도 있다.
- 어떤 청소년은 '영웅'의 역할에 갇히기도 한다. 학교공부를 잘하고, 운동경기도 잘하며, 사회적으로 잘 적응한다. 이를 통해 그 영웅은 자기가 역기능적인 부모를 기분 좋게 만들어줄 거라고 믿는다. 그 부모가 성공적인 아이를 키웠다고 자랑스러워할 수 있기 때문이다. 문제는 그 영웅이 다른 사람을 실망시키지 않기

위해서 뭔가 해야 한다는 강박감을 느끼고, 다른 사람의 기대에 부응하느라 끊임없이 스트레스를 받는다는 것이다.

- 어떤 청소년은 '평화를 만드는 사람'의 역할을 하거나, 그 역할을 부여받을 수 있다. 이 역할을 하는 사람은 강한 감정을 표현하는 사람을 좋아하지 않고 다른 사람을 위한 해결책을 협상하기 좋아한다. 그래서 이 역할을 완수하지 못하면 불안해진다. 강한 감정이 표현되어 더 강한 수준의 갈등이 생길까 봐 두렵기 때문이다.

떠맡은 역할 다루기

역할담당에서 반복패턴을 사용할 때의 문제는 청소년이 그 특정 역할에 갇혀서 스스로는 오랫동안 지극히 불만스러울 수도 있다는 점이다. 특히 이러한 역할 때문에 중요한 자기욕구를 충족시킬 수가 없다. 자기욕구와 접촉하는 대신, 그리고 자기의 내면 어른을 이용해 상황에서 물러서서 논리적으로 결정하고 자기욕구에 대해 자기주장을 하는 대신에, 청소년은 학습된 행위를 하게 되고, 임시적으로만 불안을 해소한다.

학습된 반복행위가 긴장을 즉각적으로 피하는 데 도움이 되는 것은 분명하다. 그러나 청소년에게는 때로 자신이 긴장에 직면할 필요가 있음을 인식하고, 자기욕구를 만족시킬 수 있도록 결정을 내릴 수 있음을 아는 것이 성장과정의 일부가 된다. 여기에는 때로 다른 사람을 돌볼 책임이 그 사람들 자신에게 있다고 인식하는 일이 포함된다.

"때로는 어려운 결정을 내리는 일이 요구된다"

분산시키는 역할이든 목표지향의 역할이든, 떠맡은 역할에 갇힌 청소년을 도울 때 상담사는 그 청소년이 자기가 떠맡은 역할을 인식하고, 왜 그 역할을 맡았는지 인식하도록 도울 방법을 찾을 필요가 있다. 그리고 나서 자기파괴적인 신념에 도전하며, 반복행위를 방해할 수 있는 방법이 탐구될 수 있다. 그다음에는 새로운 기술이 연습되어 더 적응력 있는 행위가 이루어질 수 있다.

그림 16-11 __ 폭력순환 모델

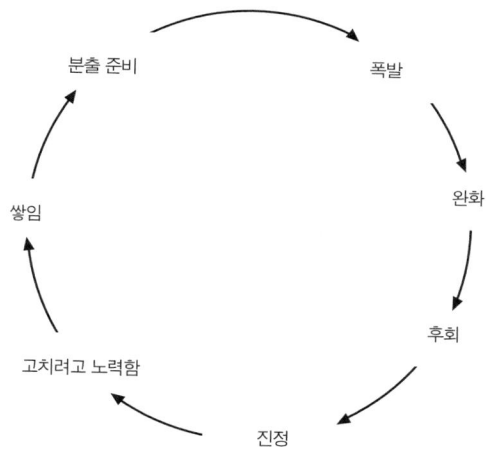

폭력순환 모델

이 모델은 그림 16-11에서처럼 일곱 단계로 이뤄진다. 폭력의 순환에 갇힌 청소년들이 있다. 이는 그 자신과 그의 관계, 그와 관련된 다른 사람에게 처참한 결과를 가져온다. 폭력순환에 사로잡힌 청소년에게 이러한 모델을 그려주는 것은 그 자신의 반복된 행위 패턴을 확인하게 만들고, 초기 국면에서 그것을 알아차리도록 할 수 있다. 초기 국면을 알아차림으로써 그 청소년은 그 순환을 계속할 건지 아니면 대안 행위를 이용할건지 선택할 수 있다. 폭력순환 모델은 15장의 분노조절 기법과 연결시켜 사용할 수도 있다.
　폭력의 일곱 단계는 다음과 같다.

① 쌓이는 단계
② 분출이 준비된 단계
③ 폭발 단계
④ 완화 단계
⑤ 후회 단계
⑥ 진정 단계

⑦ 고치려고 노력하는 단계

쌓이는 단계

이 국면에서 청소년은 내면 긴장이 올라오며 증가하는 것을 경험한다. 긴장이 이렇게 쌓이는 이유가 상담 중에 유용하게 탐구될 수 있다. 이 국면에서 청소년이 경험할 수 있는 것은 참을 수 없는 느낌, 초조함, 좌절인데, 이때 다른 사람에 대해 비현실적 기대를 하는 자기파괴적 신념에 기대고 있을 수도 있다(14장 참조). 때로는 특정한 사람의 행위나 사건 또는 상황에 대한 반응으로 분노의 느낌을 쌓을 수도 있다. 그러나 어떤 청소년에게는 그것이 보통 하는 반응이 되어버려, 상황과 상관없이 분노를 느낄 수도 있다. 그런 경우, 그 청소년이 높은 수준의 불안감을 경험하고 있거나 정신건강에 문제가 있을 가능성이 가장 높다. 정신건강 문제가 의심되면, 정신건강 전문가에게 검사를 받도록 강력히 권고해야 한다.

분출이 준비된 단계

쌓이는 국면에서 경험되는 긴장을 적응력 있게 다루는 적절한 기술이 없으면, 청소년은 자기감정상태에 압도되기 쉽고, 그래서 자기행위를 살피면서 조절하기가 어렵다. 이렇게 분출될 준비가 된 국면에서 청소년은 아마도 매우 높은 수준의 분노 감정을 보여주는 언어적·비언어적 표시를 할 것이다. 결과적으로 그 청소년과 관계하던 상대방은 자기가 달걀껍데기를 밟은 것처럼 느낄 수도 있고, 폭발을 기다리고 있었던 것처럼 느낄 수도 있다. 이는 분명히 관계를 상하게 한다.

폭발 단계

이 단계에서 청소년은 언어적·신체적으로 파괴적인 방식을 통해 분노를 행동에 옮긴다. 그 결과 상대방에게는 확실히 해가 되고, 청소년의 관계와 안녕에도 파급효과가 있게 된다.

완화 단계

일단 폭발이 끝나면, 청소년은 쌓여온 에너지와 긴장에서 즉각 풀려나는 것을 경험한다. 이 단계가 청소년의 폭력행위 순환을 강화시킨다.

후회 단계

이 국면에서 청소년은 자기행위가 용납될 수 없는 것이었음을 인식하고, 죄책감을 느끼며 변명한다. 사람들에게 사과할 수도 있다. 그러나 자기가 인식하는 대로, 즉 상대방이 도발적이었다고 상대방을 비난함으로써 자기행위를 최소화하려고 시도하는 경우가 많다. 그는 자기의 스트레스를 다룰 다른 방법이 없다고 믿고 있을 수도 있다.

진정 단계

진정 국면에 들어서면 청소년이 덜 감정적이 되므로 재평가가 가능하다. 청소년이 자기의 반복적인 행동패턴을 인식하고, 반복되는 일을 피하기로 결정할 수 있는 가능성이 가장 높은 단계도 이 국면이다. 청소년은 분노가 쌓이는 것을 나타내는 생리적 증상들을 인식하는 법을 배울 필요가 있다(15장의 '분노조절' 참조)

고치려고 노력하는 단계

이 국면에서 청소년은 손상된 관계를 수리하고 편안한 관계로 회복시키려 시도한다. 그러나 이렇게 하는 데 필요한 기술을 지닌 청소년은 별로 많지 않다. 그래서 그 시도가 실패할 때 좌절감의 증가를 경험한다. 이 좌절감은 청소년이 그러한 순환을 반복하도록 묶어두는 경향이 있다.

패턴 부수기

청소년이 폭력의 순환에 갇힐 때마다 상담사는 청소년이 자각하도록 선행주도할 책임이 있다. 그래야 청소년이 새로운 행동방식을 배울 수 있다. 폭력순환 모델을 통해서 상담사는 청소년이 순환의 어떤 단계에서 폭발이 일어나기 전에 반복적인 폭력패턴을 깨려면, 다른 행위와 다른 생각의 패턴·신념을 사용할 수도 있음을 인식하도록 도와줄 수 있다. 15장에서 설명된 분노조절 기술을 청소년에게 가르치는 것은 상담사의 책임이다. 더구나 상담사는 청소년이 행위를 바꾸어 폭력이 계속 순환되지 않도록 하는 것이 그 청소년의 책임임을 확실하게 알려줄 필요가 있다.

폭력순환을 부수는 과정의 일부로서 필요한 교육에는 다음 네 가지의 중요한 메시지를 집어넣는 것이 필수적이다.

① '폭력은 괜찮지 않다' __ 폭력은 다른 사람에게 해를 끼치고 무시하는 언어적·비언어적 행위 둘 다를 포함하며, 결코 용납될 수 없는 행위이다.

② '도발은 폭력의 구실이 될 수 없다' __ 도발은 비폭력적 반응을 이용할 때 가장 잘 대처된다. 이런 대응은 상황에 따라 다양하다. 도발에 대한 적절한 반응이 상담 중에 탐구·연습될 수 있다.

③ '폭력을 행사한 사람은 상대방의 행위에 상관없이 자기 폭행에 대한 책임이 있다' __ 책임지는 것이 폭력행위를 변화시킬 수 있는 관건이다. 청소년은 이를 인정하고 받아들이기 힘들어하는 경우가 많다. 어릴 때는 자기행위를 조정하는 일에 대한 책임을 다른 사람이 많이 졌다. 청소년기에는 자기 삶을 조정할 책임을 더 많이 원하면서도, 어려운 변화를 만들어낼 책임을 받아들이는 데 아직 주저하는 단계에 있다. 따라서 책임이라는 이슈를 충분히 탐구할 필요가 있고, 용납될 수 없는 행동을 조정하는 데까지 책임을 확대해 볼 수 있어야 한다.

④ '도발은 폭력적이다' __ 폭력적인 청소년은 자기의 폭력이 다른 사람의 도발 때문이라고 비난하기 좋아하지만, 그가 다른 사람을 도발할 때도 많다. 이런 것에 놀랄 필요가 없는 것은, 도발이 나쁘기는 하지만 좌절과 분노를 표현하는 한 방법이기 때문이다. 그러므로 청소년에게는 도발에 관한 두 가지 메시지가 필요하다. 첫째로 도발은 폭력적 대응을 정당화해주지 않으며, 둘째로 도발은 괜찮지 않은 일이고 폭력적이라는 사실이다.

"도발이 폭력을 정당화하지 않는다"

폭력순환과 싸우는 청소년은 분명 폭력에 관한 부정적인 메시지를 배울 필요가 있으며, 그것은 긍정적 관계를 세울 수 있는 기술훈련과 함께 이루어져야 한다.

폭력의 순환에 희생당한 청소년 돕기

불행하게도 많은 청소년이 가정에서 폭력을 당하거나 목격한다. 이 청소년들은 '정신적 외상 후 스트레스'를 다룰 수 있도록 특별한 도움이 필요하며, 장래에 자기를 보호할 수 있는 결정을 내리도록 도울 필요가 있다. 이런 식으로 트라우마가 있는 아동·청소년과 작업하면서 우리는 폭력순환 모델이 유용하다는 것을 발견했다. 청소년이 경험하고 있거나 경험했던 그 과정을 이해하도록 도와줄 수 있기 때문이다. 일단 그들이 그 과정을 인식하면, 장래의 자기보호계획을 생각해내는 것이 더 쉬워질 수 있다.

희생자는 폭력순환 중 '쌓이는 국면'에서 자기 스스로 달걀껍데기 위를 걷고 있는 것처럼 느낀다. 쌓여가는 그 단계에서 긴장의 감정적인 중압감을 견딜 수 없기 때문에 무언가 도발적인 일을 함으로써 그러한 폭발을 촉발시키는 경우가 많다. 따라서 희생자는 그 폭발을 견디고 난 후에 어느 정도의 안도감을 경험한다. 그러한 과정에서 심각한 부상의 위험을 감수하면서도 폭발을 촉발시킨다. 상담사로서 우리가 기억해야 할 것은 어린이와 청소년, 어른이 해마다 가정폭력으로 죽임을 당한다는 사실이다. 그러므로 청소년 내담자가 수용할 수 있는 방식을 통해 그가 안전하도록 가능한 모든 단계를 취해야 한다.

행위변화를 돕는 기법

행위변화를 위해 13, 14, 15장, 그리고 이 장의 초반에서 설명된 많은 기술이 이용될 수 있다. 이 부분에서는 추가 기법 세 가지를 설명할 것이다.

- 문제해결
- 연대표(timeline) 이용
- 붕괴하는 시간

그림 16-12 __ 문제해결 단계

> **단계 1: 문제확인**
> 사건들을 논의하고 주로 문제되는 이슈를 부각시켜보자. 무엇이 주된 문제라고 생각하는지 써보자.
> _____
> _____
> _____
> _____
>
> **단계 2: 가능한 해결책 목록**
> 창의성을 마음껏 발휘해서 문제해결을 위해 생각할 수 있는 모든 아이디어를 써보자.
> 1. _____
> 2. _____
> 3. _____
> 4. _____
>
> **단계 3: 해결책 각각의 장점과 단점 목록 작성**
>
> 장점   단점
> 1. _____   1. _____
> 2. _____   2. _____
> 3. _____   3. _____
> 4. _____   4. _____
>
> **단계 4: 자기의 기술, 돈, 시간, 자원을 고려해 최선의 해결책 선택하기**
> _____
> _____
> _____
> _____
>
> **단계 5: 바람직한 결과에 도달하기 위해 밟아야 할 단계 목록과 해결책 수행을 위해 단계마다 필요한 것의**
> **목록 작성**
>
> 단계   필요한 것
> _____   _____
> _____   _____
> _____   _____
> _____   _____
>
> **단계 6: 나아진 것을 재검토하고, 필요하면 계획을 변경하기**
> 변화 1 _____
> 변화 2 _____

문제해결

15장에서 우리는 청소년과 함께 결정내리는 과정을 논의했다. 문제해결도 비슷한 과정을 따라가지만, 간단하게 결정해야 할 일상의 이슈를 다루는 방법을 논의하고 탐구할 때는 이 문제해결 기법을 이용하는 것이 더 도움이 된다. 그림 16-12는 청소년이 문제해결을 위해 따라갈 수 있는 여섯 가지 단계를 보여준다.

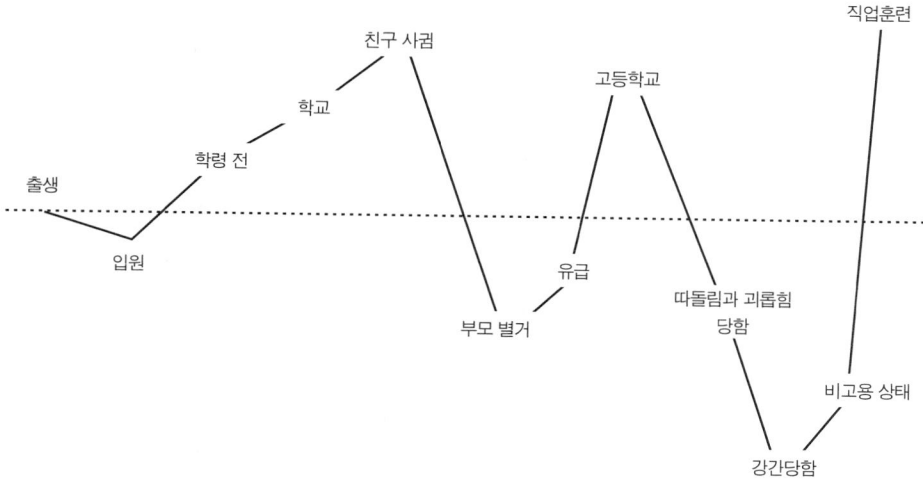

그림 16-13 __ 긍정적 · 부정적으로 중대한 사건들의 연대표

연대표 이용

연대표는 시간에 따라 일어나는 변화를 청소년이 인식하도록 도와줄 수 있다. 연대표는 청소년이 움직여가는 길을 그리듯 보여주므로 결정하는 일과 관련해 이용해볼 수 있다. 그림 16-13은 전형적인 연대표이다. 연대표는 아동기에서 시작해 성인기로 움직여가는 시간을 토대로 할 수 있고, 그 선을 따라 날짜를 이용해 그 위치들을 알려줄 수도 있다.

연대표는 중요한 사건의 맥락을 도형으로 그려 이용할 수도 있고, 청소년의 삶에서 부정적·긍정적으로 중요했던 사건을 평가하는 데 이용될 수도 있다. 연대표는 일정 기간에 걸쳐 반복적으로 일어났던 행위를 청소년이 인식하도록 만드는 데 유용할 수 있다. 장기간에 걸쳐 동일한 행위가 발생했던 여러 날짜를 연대표에 표시함으로써, 청소년은 반복된 행위를 인식하고 그 순환을 끊을 결정을 내리도록 격려받을 수 있다. 연대표는 청소년 스스로 어디에 있었고, 어디로 가려 하는지에 대한 감각을 얻을 수 있게 도와주고, 장래의 변화를 강화하는 데 사용될 수 있는 과거의 성공을 부각시킬 수 있다.

붕괴하는 시간

'붕괴하는 시간'은 청소년이 상황을 있는 그대로 내버려두기보다는 행위를 변화시킬 결정을 내리고 행동의 필요성을 인식하도록 돕는 데 유용할 수 있다. '붕괴하는 시간'에서 상담사는 화이트보드나 큰 종이에 시간을 나타낼 가로선을 그을 수 있다. 그 연대표는 왼쪽 끝을 과거의 어떤 시점(6개월 전이라고 하자)으로 삼고 출발한 뒤, 현재를 나타내는 중간을 거쳐 장래의 특정 시점을 나타내는 오른쪽 끝으로 움직인다. 청소년과 이야기를 나누어가면서 그 선에 다른 날짜를 덧붙일 수 있다.

연대표를 그린 후 청소년은 선 위의 각각의 시점에서 자기행위가 어떤 식으로 변화되었는지 말하도록 권해진다. 이 변화과정이 연대표 위에 표시될 수 있다. 그다음에는 현재 다룰 필요가 있는 행위로 넘어가서 논의한다. 변화의 목표가 되는 행위가 6개월 또는 1년, 아니면 2년이나 5년 안에 변화될지에 관해 청소년이 생각하도록 권고받음으로써 시간이 무너질 수 있다. 따라서 제안된 변화의 타이밍에 초점이 맞추어진다.

연대표 이용은 청소년으로 하여금 변화가 일어날 수 있도록 결정하고, 그 결정을 실행할 필요가 있음을 자각하도록 돕는다. 그 결과 변화하기 원하는 것에 대해 말만 하는 것으로는 충분치 않다는 인식을 할 수도 있다. 변화가 일어나야 한다면 그 변화의 타이밍에 관해 정해진 목표가 있어야 한다. 이를 이해하는 것이 청소년에게는 특히 중요하다. 급히 해야 할 일이라고 스스로 압박감을 느끼지 않으면, 미적거리면서 하지 않는 것에 지극히 익숙한 청소년이 많기 때문이다.

요약

이 장에서 우리는 청소년과 함께 사용할 수 있는 심리교육기법을 논의했다. 이 기법은 13, 14, 15장에서 설명된 기법들 중 하나 이상과 연결해 사용될 수 있는 경우도 많다. 심리교육기법을 사용할 때 특히 중요한 것은 청소년이 상담과정에 계속 관심을 갖고 참여하도록 만들어야 한다는 것이다. 청소년이 많이 흥미로워하지 않는 기법을 고집스럽게 사용하기보다는, 상담관계의 질에 주의하는 것이 더 중요하다는 사실을 기억하는 게 유용할 수 있다. 그러나 건전한 치유동맹이 유지된다는 전제하에, 정보를 얻고 관계와 행위를 설명하며 행위변화를 돕는 일에서는 심리교육기법이 매우 도움이 될 수 있다.

key
point

- 심리교육기법은 자기발견 과정을 포함할 때 가장 효과가 있다.
- 등급 매기기는 청소년이 행위변화를 위해 노력하고 그 변화를 모니터할 수 있도록 만드는 데 유용할 수 있다.
- 가계도는 청소년이 가족환경과 관련된 정보를 논의하도록 북돋아준다.
- 교류분석기법은 청소년이 자기의 의사소통과정과 타자의 의사소통과정을 더 잘 이해하도록 돕는 데 사용될 수 있다.
- 원형개념은 청소년이 관계변화를 다루는 법을 이해하는 데 도움이 될 수 있다.
- 행위의 주의분산 역할담당과 목표지향 역할담당은 청소년의 불안을 감소시키지만 부정적인 결과로 이끈다.
- 폭력순환 모델은 학대의 가해자와 피해자가 둘 다 어떻게 변화를 일으킬지 이해하는 데 도움이 될 수 있다.
- 행위변화를 도와줄 다른 기법으로는 '문제해결', '연대표', '붕괴하는 시간'이 있다.

선행주도 상담 실천

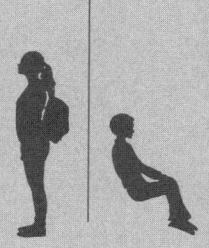

17

전문적·윤리적
이슈

모든 상담사는 자기가 상담하고 있는 나라에서 상담사에게 해당되는 전문적이고 윤리적인 행위규범에 익숙해질 윤리적 책임이 있다. 예를 들어 영국에서는 상담사가 '영국 상담과 심리치료 협회(British Association for Counselling and Psychotherapy: BACP)의 자격요건에 익숙해야 하고 그것을 준수해야 한다. 더구나 청소년과 일할 때는 그 인생의 발달단계와 관련된 특정 욕구들을 고려해야 한다. 이 점에서 우리가 만나는 청소년을 모두 존중하고, 그에 대한 우리의 전문적인 의무사항을 인식하며, 그의 욕구를 다루는 데 능력과 자신감을 가지고 일하는 것이 중요하다.

청소년 존중

다음의 것을 다루는 일이 청소년을 존중하는 일이다.

- 청소년의 권리
- 비밀보장
- 내담자-상담사 관계의 한계

- 문화적 다양성

청소년의 권리

상담에 오는 청소년의 가장 중요한 권리는, 그가 느낌·의견·신념·생각·구성요소를 가진 한 개인으로서 그런 것들이 진정 그의 것으로 가치 있게 평가·존중받는 것이라고 할 수 있다. 8장에서 설명되었듯이, 청소년은 민감한 개인정보를 노출할 때 신뢰·존중될 권리를 가진다.

"청소년은 가치 있게 평가받을 필요가 있다"

불가피하게도 청소년의 권리에는 제한이 있다. 때로는 청소년이 자기권리라고 여기는 것과, 부모의 권리 및 청소년에게 권위를 가질 수도 있는 여타 어른의 권리 사이에 갈등이 있을 수도 있다. 그 결과 상담사는 비밀보장과 청소년의 안전보장과 같은 특정 이슈에 대해 딜레마가 생길 수도 있다. 이때의 윤리적 고려사항은 보통 상담사가 그것을 청소년에게 공개함으로써 청소년이 상담사의 위치를 자각할 수 있도록 만드는 것이다. 또한 그 상담사는 이런 딜레마를 슈퍼바이저와 논의하는 것이 적절하다.

이런 딜레마가 있을 경우에, 상담사는 청소년에게 상담관계, 비밀보장, 상담사의 의무조항을 분명하게 함으로써 딜레마를 줄이기 쉽다. 이런 이슈와 관련해서 필수적인 것은 청소년이 정보를 받고 동의할 기회를 주는 것이다. 코리(Gerald Corey) 등에 따르면 정보를 주고 동의를 받는 일은 내담자에게 힘을 실어주는 것이고, 결과적으로는 윤리적 중요성뿐 아니라 치유와 관련된다(Corey et al., 2007). 우리가 믿기에 이는 특히 청소년과 일할 때 사실인데, 그들의 인생단계상 불가피하게 자기개인의 힘의 결여가 자주 이슈가 되기 때문이다.

비밀보장

청소년 상담사에게는 청소년의 비밀보장 욕구와, 정보 획득에 대한 부모의 바람 사이에서 균형을 잡는 일이 자주 도전적인 과제로 다가온다(Benitez, 2004). 더구나 관계되는 다른 편들이 있는 경우가 많다(예를 들어, 학교 선생). 실제로 상담사는 부모에게 너무 많은 정보를 주는 것과 너무 적은 정보를 주는 것 사이에서 균형을 맞추어야 하는 경우가 많다(Corey et al., 2007).

청소년이 상담사와 말하러 올 때는 다른 어른들에게 말할 수 없는 정보를 나누는 경우가 자주 있다. 그 결과 비밀이 보장되고 자기의 사적인 권리가 존중되기를 기대하기 쉽다. 어떤 상황에서는 비밀보장의 정도에 한계가 있기 때문에, 그런 경우에 제공될 수 있는 비밀보장의 수준에 관해 그 청소년과 분명하게 이야기하는 것이 상담사가 해야 하는 일이다. 이는 분명 노출되는 정보의 성격에 달려 있다. 청소년 자신이나 다른 사람의 안전이 위태로운 경우에는 상담사가 그 정보를 다른 사람에게 알리는 것이 윤리적인 책임일 수 있고, 경우에 따라서는 법적 책임일 수도 있다. 여기서 다른 사람들이란 부모, 선생처럼 권한을 가진 사람, 적법한 단체(예를 들어, 아동보호기관)가 포함될 수 있다.

"청소년과 일할 때는 비밀보장에 한계가 있다"

청소년 존중에는 첫째, 청소년에게 비밀보장의 한계에 대한 정보를 주는 것이 포함되어야 한다. 둘째, 타인에게 정보노출이 필수적이지 않은 경우, 청소년에게 정보노출 가능성에 대해 알리고 동의할 것인지 결정할 기회를 주어야 한다. 셋째, 윤리적 이유 때문에 타자에게 정보노출이 필수적일 경우에는 어떤 식으로 그 정보를 타자에게 넘기는 것이 가능하고도 적절할지 청소년과 의논해야 한다. 예를 들어, 청소년이 자기 정보를 혼자서 넘겨주기 원할 수도 있고 상담사의 도움을 받기 원할 수도 있다. 아니면 자기가 없는 데서 상담사가 정보를 넘겨주기 원할 수도 있다. 덧붙여서 말하자면, 어떤 노출이든 청소년이 그 타이밍을 조절하는 것이 적절할 때는 그렇게 하도록 하는 것이 바람직하다. 그렇지 않으면 힘을 빼앗기는 느낌을 받기 쉽다.

내담자-상담사 관계의 한계

어떤 연령대의 내담자든지 내담자-상담사 관계는 완전히 동등한 관계일 수가 없다. 이는 특히 청소년 상담에서 사실이다. 상담사가 원하든 아니든, 상담사는 불가피하게 힘과 영향력을 가진 위치에 있다. 상담사를 보러 오는 청소년은 고도로 감정적인 상태에 있는 경우가 많고, 따라서 아주 취약하다. 상담사는 내담자에 대한 공감과 이해를 가지고 경청하는 데 에너지를 많이 쏟기 때문에, 청소년은 상담사가 비현실적으로 돌본다고 인식할 수도 있다. 이러한 인식으로 청소년의 마음이 약해져서 상담사에게 우정과 친밀감을 제공하려고 할 수도 있다. 3장에서 기술한 대로 청소년은 특히 관계와 관련해 취약한데, 이는 관계가 보통 청소년기에 변화하기 시작하는 탓이다. 또한 청소년은 낭만적 사랑의 강렬한 느낌에 민감하며, 때로는 상담사에 대한 부적절한 낭만적 애착을 발전시킬 수도 있다. 따라서 청소년 상담사는 적절한 테두리를 설정해 내담자의 개별성과 분리성이 상담관계로 인해 방해되지 않도록 하는 것이 필수적이다.

"청소년과 상담사 사이에 명확한 테두리가 요구된다"

어떤 청소년은 상담이나 상담사에게 일정 기간 의존하는 것이 불가피하다. 이런 임시적인 의존이 내담자에게 반드시 문제가 된다고는 볼 수 없다(Corey et al., 2007). 상담사가 그것을 인식하면서 적절히 반응해 장기간의 의존성으로 발전하지 않는다면 문제가 없다.

램(Douglas H. Lamb)과 카탄자로(Salvatore J. Catanzaro)는 그 관계가 성적이지 않아도 윤리적으로 문제될 수 있는 상황을 몇 가지 확인해준다(Lamb and Catanzaro, 1998). 여기에는 내담자와의 다중적인 관계, 현재의 내담자 또는 과거의 내담자와의 신체접촉이 포함된다. 이전에 논의했듯이, 이 이슈는 특히 취약한 청소년을 다룰 때 적절하다. 학교 상담사는 때로 청소년과 다중관계를 갖는 위치에 있게 된다. 상담사이지만, 시간제 교사 그리고/또는 운동코치일 수도 있다. 이런 다중관계는 더더욱 적절한 테두리를 늘 설정해야 할 필요성이 있다.

문화적 다양성

상담사로서 우리는 문화적 이슈를 인식하고 적절히 반응하는 것이 중요하다. 이는 특히 청소년 상담에서 타당하다. 각자의 인종집단에 속한 많은 청소년이 가정의 문화적 배경과 그가 살고 있는 사회의 일반적인 문화적 배경의 차이 때문에 생기는 딜레마의 결과에 직면하게 된다.

레디(Prasuna Reddy)가 제시하는 바에 따르면, 상담사가 문화적으로 유능하려면 내담자의 개인의 사회적·문화적 맥락을 자각하고 그것에 대한 지식이 있어야 한다(Reddy, 2006). 그런 맥락에서, 내담자는 자신이 속한 인종집단의 상담사와 상담하는 것이 가장 좋다고 믿는 상담사들도 있다. 불행하게도, 상담사가 반드시 청소년의 문화와 관련된 자각을 하고 있으리라 기대하는 것은 비현실적이다. 더구나 어떤 특정 청소년과 동일한 인종집단에 속한 상담사가 없을 수도 있다. 이 딜레마에 대한 책임 있는 윤리적 대답은 무엇인가?

"문화적인 전문가의 역할을 벗어던지라"

터발론(Melanie Tervalon)과 머리-가르시아(Jann Murray-Garcia)가 설명했듯이, 우리는 상담관계에서 문화적 전문가의 역할을 제쳐놓을 필요가 있다(Tervalon and Murray-Garcia, 1998). 그 대신에 내담자의 인종에 관해서는 배우는 자가 되어 내담자와 협조하는 동반자로서 일해야 한다. 우리 지식의 한계를 인정하고, 내담자로부터 우리가 요구하는 정보를 찾는 것이 바로 그를 존중하는 것이다. 상담사가 청소년과 합류해 협조함으로써, 청소년은 자기자신에게 괴로운 문화적 이슈를 우리에게 알려주고 우리가 이해하도록 도울 수 있는 힘을 얻을 것이다.

전문가로서의 의무조항

전문적인 청소년 상담사의 의무조항에 관련된 이슈는 다음과 같다.

- 상담환경 요건
- 다른 전문가와 연결되어 일하기

● 법적인 의무조항

상담환경 요건

청소년과 함께 작업하는 많은 상담사가 자기가 일하는 단체에 대한 책임이 있다. 예를 들어 학교에서 일하는 상담사는 보통 학교행정에 직접 책임이 있고, 그러한 맥락에서 그리고 학교 체제에 의해 부과된 한도 안에서 상담하도록 요구된다. 마찬가지로 아동과 청소년 보호기관을 위해 일하는 상담사는 그 기관의 정책과 절차를 반드시 준수하고 존중해야 한다. 때로는 상담환경의 요건이 상담의 치유작업을 제한하기도 한다. 책임 있게 행동한다는 것은 개인적인 가치평가와 전문적인 가치평가 사이의 어떤 갈등이 있더라도 그것을 인식하고 효과적으로 다루는 일을 포함한다(Corey et al., 2007). 특정한 작업환경으로 인한 제한이 있고, 상담사가 전문적인 역할을 하려면 그 제한을 준수해야 할 필요가 있는 상황에서는 상담사가 그런 것을 청소년 내담자에게 분명하게 말하는 것이 그 내담자를 존중해주는 것이 된다. 이러한 제한은 비밀보장에 관한 한계들과, 또 타자와의 정보공유에 대한 요구사항과 관련되는 경우가 많다.

다른 전문가와 연결되어 일하기

어떤 상황에서는 청소년 상담사가 정신과 의사, 의사, 심리학자, 사회복지사, 청소년 지도자 등과 같은 전문가와 협조해 일하는 것이 유리할 수 있다. 때로는 다른 전문가가 그 상황에 관해 적절한 정보를 받는 것이 그 청소년에게 유리하다. 상담사는 가능하면 언제든지 청소년과 협조해 무슨 정보를 노출할 수 있고, 노출되어야 하는지, 그리고 어떤 정보를 주지 않을지를 민감하게 판단할 필요가 있다.

상담사로서 예민한 소재가 노출되어야 한다고 믿는다면 청소년에게 허락을 받는 것이 보통 더 낫다. 그러나 그렇게 하지 못할 어쩔 수 없는 비상상황이 있을 수도 있다. 상담사가 윤리적으로 적절한 행동과정을 확실히 모르면 그 문제를 슈퍼바이저와 논의해야 한다.

법적인 의무조항

상담사가 법정에 증인으로 소환될 때는 법의 개입에 의해 내담자의 비밀보장이 제한될 수도 있다. 이런 경우 정보를 주지 않는 것은 법정모독이 될 수도 있다. 더구나 아동학대와 같은 이슈에 관한 한, 어떤 나라에서는 전문기관에 속한 상담사가 법정에서 의무적으로 보고하도록 요구된다.

"법적 의무조항에 익숙해져라"

상담사가 자각해야 할 중요한 사실은, 청소년이 자해를 하거나 타인을 해쳤을 경우 상담사가 법적으로 응답할 책임이 있을 가능성이 뚜렷하다는 사실이다. 또한 상담사는 미성년자가 부동산을 상하게 하거나 파괴하겠다고 심각하게 위협할 때, 부동산을 보호할 의무가 있다(Corey et al., 2007). 청소년의 비밀보장과 관련된 국법이나 지방법이 획일적이지 않기 때문에, 상담사는 상담하는 지역의 법적 조처에 익숙해지는 것이 필수적이다(Lawrence and Kurpius, 2000).

상담사의 유능함

청소년 상담사가 유능해야 할 필요성을 생각한다면 다음 사항을 고려해야 한다.

- 훈련
- 슈퍼비전(supervision)
- 상담사의 책임감
- 상담사의 유능함
- 의뢰
- 상담사의 자기돌봄 필요성

훈련

상담사 자격을 위해서는 인증된 공부와 훈련과정을 완성할 필요가 있고, 지속적으로 슈퍼비전을 받아야 하며, 거주 국가의 해당 전문단체의 요건을 충족시켜야 한다. 예를 들어, 영국에는 '영국 상담과 심리치료 협회'가 있고, 오스트레일리아에는 '심리치료와 상담 오스트레일리아 연맹(Psychotherapy and Counselling Federation of Australia: PACFA)이나 오스트레일리아 상담협회(Australian Counselling Association: ACA)가 있다.

청소년은 내담자 중에서 특정 집단이므로 청소년과 상담하기를 기대하는 상담사는 뚜렷이 구별되는 교육, 훈련, 슈퍼비전을 받는 실습이 요구된다(Lawrence and Kurpius, 2000). 청소년을 상담하기 전에 새로운 상담사는 청소년과 일하기 위한 특별훈련을 받고, 청소년 상담에 경험이 있는 상담사에게 슈퍼비전을 받는 것이 필수적이다.

상담사의 훈련은 상담사로서 일하는 동안 계속될 필요가 있다. 그 훈련은 훈련 프로그램, 컨퍼런스, 워크숍, 세미나 등 전문성 개발 활동에 참석하고 참여하는 일이다.

"상담사의 훈련은 상담사로서 일하는 내내 계속된다"

슈퍼비전

슈퍼비전이 필요한 이유가 몇 가지 있다.

- 상담사가 개인 이슈를 다룰 수 있도록
- 상담사가 기술을 향상시킬 수 있도록
- 특정 내담자의 상담과정에 관한 외부의 관점을 제공받기 위해
- 의존성과 전문적인 테두리에 관한 이슈를 다루기 위해

청소년 상담사가 자기개인의 이슈, 특히 자기 청소년기에 일어났을 수도 있는 것과 관련된 이슈, 청소년과 관련된 상담사 자신의 가치와 신념에 관한 이슈를 다루는 것은 대단히 중요하다. 그러나 상담사가 스스로 인정하는 중요한 개인 이슈를, 비록 그 이슈

가 청소년과 직접 관계되지 않을지라도 다루는 것이 필수적이다. 상담사의 개인 이슈가 상담회기 동안에 무심코 건드려진다면 상담과정을 방해할 수 있기 때문이다.

상담사의 책임감

상담사는 공동체 전반에 대한 책임을 늘 자각하고 있어야 한다. 이것이 때로는 비밀보장과 관련된 문제를 제기한다. 공동체의 구성원이 위태롭거나 부동산이 손상될 가능성이 있거나, 또는 불법행위가 발생할 가능성이 있거나 이미 발생했을 때마다 상담사는 어떤 행동을 취할지 결정할 필요가 있다. 이런 결정은 흑백을 가리는 일이기보다는 회색지대에 놓여 있는 경우가 많아서, 때로는 내담자의 필요와 공동체의 필요를 위해 장기적으로 가장 적절한 것을 결정하는 일이 상담사에게 어려운 일이 될 때도 있다. 이런 때에는 슈퍼바이저와 윤리적 이슈들을 충분히 이야기하는 것이 분별 있는 태도이다.

상담사로서의 능력

상담사는 가능한 한 가장 높은 수준의 서비스를 보장할 책임이 있다. 이는 적절한 훈련과 경험 많은 상담사의 슈퍼비전, 그리고 전문성 개발 활동을 통해서만 이루어질 수 있다. 상담사는 아무리 상담경험이 많더라도 상담사로서의 자기능력의 한계를 자각하고 있어야 한다. 우리는 모두 전문적·인간적으로 한계가 있다. 그러므로 상담사로서 우리가 이 한계를 인정하고 그것을 내담자에게 공개하는 것이 필수적이다. 내담자는 자기가 만나는 상담사가 그에게 필요한 도움을 줄 수 있는 능력을 가졌는지 아닌지를 알 권리가 있다.

의뢰

청소년 상담은 특별한 기술이 요구되며, 내담자에게 특정 문제가 나타낼 때는 다른 상담사 또는 필요한 기술을 가진 다른 전문가에게 의뢰하는 것이 합리적인 경우가 있다. 의뢰하기 전, 다른 상담사나 전문가에게 의뢰되는 것에 관해 그 청소년이 어떻게 느끼는지 이야기를 나누는 것이 분별 있는 태도다. 확고하게 청소년이 다른 곳에 의뢰되기를 원치 않을 경우에는, 의뢰하는 대신에 상담사가 집중적으로 슈퍼비전을 받으면서 계속 그 청소년을 만나는 것이 적절할 수도 있다. 그러나 이는 슈퍼비전 시간에 논의될 필요가 있는 사안이다.

청소년이 다른 상담사나 전문가에게 의뢰되는 일을 편안해한다면, 새로운 상담사에게 어떤 정보를 넘겨주고 어떤 것이 보류되어야 할지를 그 내담자와 논의해야 한다. 그래야 그 청소년이 인수과정에서 어느 정도 조정력을 가질 수 있다. 분명한 것은, 어떤 정보는 윤리적인 이유 때문에 반드시 다른 전문가에게 넘겨주어야 하는 상황이 있다는 사실이다. 다시 한 번 말하지만 이는 내담자와 논의되어야 하고, 그래서 내담자가 왜 그 정보가 전달되어야 하는지를 이해하며, 그 정보가 다른 전문가에게 전달되는 방식에 대한 자신의 생각을 말할 수 있어야 한다. 그렇지 않으면 그가 힘을 빼앗기는 느낌을 받기 쉽다.

상담사의 자기돌봄 필요성

자기돌봄이 이 장에서 논의되는 것에 놀랄 수도 있다. 그러나 우리는 자기돌봄이 전문적인 이슈일 뿐 아니라 윤리적인 이슈라고 생각한다. "개인의 삶을 유지하는 것이 심각한 윤리적 의무조항이다"(Corey et al., 2007: 64). 상담은 전문적인 일이고, 상담사 편에서 볼 때 감정적으로 많은 것이 요구되는 일이다. 상담관계는 어떤 점에서 불균형한 관계이다. 상담사는 내담자와 협조해 이슈를 다루면서도, 한편으로는 자기이슈를 제쳐놓고 있기 때문이다. 상담과정에서 내담자는 상담사가 제공하는 공감적인 지지를 받는다. 특히 괴로운 이슈를 가진 청소년과 일할 때는 그것이 상담사에게 감정적으로 고통스러운 일일 경우가 있다. 그 결과 상담사가 소진되는 국면에 들어가는 일이 흔하다.

"모든 상담사는 때로는 소진증상을 경험한다"

소진증상을 경험하는 상담사는 청소년과 협력해 괴로운 감정적인 이슈를 다루기 어렵다. 따라서 상담사는 자기자신을 돌보아야 하며, 소진증상이 시작되는 것을 경험할 때는 재충전에 필요한 행동을 취할 윤리적 책임이 있다. 소진에 관해 더 배우고 그것을 어떻게 다룰지 알려면 우리의 책 『상담의 실제 기술(Practical Counselling Skills)』(2005)이나 『개인상담의 기초(Basic Personal Counselling)』(2009) 또는 『면담상담 기술(Personal Counseling Skills)』(2008) 중 하나를 골라 '자기자신을 돌보기'라는 소제목이 붙어 있는 장에서 소진에 관해 읽기를 권한다.

key
point

- 청소년 상담사에게 전문적이고 윤리적인 중요한 이슈는 존중, 전문가로서의 의무조항, 상담사로서의 능력과 관련된다.
- 청소년을 존중하는 것에는 그의 권리, 비밀보장, 내담자-상담사 관계의 한계, 문화적 다양성에 대한 주의가 포함된다.
- 청소년을 위한 비밀보장은 안전 이슈와 부모 그리고/또는 타자의 권리로 인한 한계가 있다.
- 청소년과 상담사 사이에는 명확한 테두리가 요구된다.
- 전문적인 의무조항에는 상담환경 요건, 다른 전문가와의 작업, 법적 의무조항이 포함된다.
- 상담사는 보고와 관련된 법적 의무조항을 자각하고 있어야 한다.
- 상담사는 훈련과 슈퍼비전을 받음으로써, 그리고 자기욕구를 돌봄으로써 유능한 서비스를 제공할 필요가 있다.
- 상담사에게 적절한 기술이 없는 상황에서는 내담자를 다른 전문가에게 의뢰해야 한다.

18

사례
연구

선행주도 상담과정을 보여주기 위해 두 가지 사례를 설명할 것이다.

* 사례 1 __ 맥스는 단회기 상담을 했다.
* 사례 2 __ 로라는 여섯 회기 상담을 포함한 프로그램에 참석했다.

이 사례연구에서 오른쪽 열은 상담사가 사용한 기술과 기법을 나타낸다(그림 8-2 참조). 그것은 상담의 선행주도 성격을 보여주는 데 도움이 된다. 오른쪽 열을 검토하면 상담사가 기술이나 기법을 선택할 때 정해진 패턴을 따르지 않고 내담자의 현재 상태에 즉흥적·기회주의적으로 반응하고 있음이 분명해질 것이다. 선행주도 상담사는 기법을 취사선택해 절충하며 통합하는 상담사다. 한 회기 또는 일련의 회기 중에서 서로 다른 이론적 틀에서 나온 기법이 가장 적합하다고 생각할 때는 일부러 도입해 채택하기도 한다. 그러나 이것만으로는 선행주도 과정을 충분히 설명하기가 어렵다. 그 과정은 이 책에서 설명되어온 틀 전체와 어울릴 필요가 있다.

사례연구 1: 맥스

맥스는 15세이고 그의 엄마 메리의 막내아들이자, 현재 살아남아 있는 아이 중 맏이다. 메리는 세 번째 결혼생활 중이고, 세 번째 결혼에서는 아이가 없다. 맥스에게는 아빠가 다른 열두 살 난 누이동생이 있다. 맥스의 18세 형 트렌트는 석 달 전 자살했다. 맥스와 트렌트의 아빠는 같다. 메리는 어릴 때 방치되고 학대받았으며, 성인이 되어서도 관계 속에서 폭력과 학대를 당했고, 두 아들은 이 폭력을 목격했다. 메리는 늘 자녀들과 가까운 관계를 유지했으며, 스스로 자녀의 친구라고 생각한다.

맥스의 형이 진통제를 과다 복용해 자살한 후, 메리는 상담사에게 연락해 맥스를 도와달라고 요청했다. 메리는 맥스가 형의 자살에 대한 반응을 다루는 데 도움이 필요하다고 믿었다. 맥스는 형이 자살한 후 학교를 그만두었다. 메리가 또한 염려하는 것은 맥스가 가족에게서도 점점 멀어지고 있다는 점이다. 그리고 맥스가 술에 취해서 집에 들어오는 때가 자주 있기 때문에 술을 너무 많이 마신다고 믿고 있다. 메리는 지금 맥스의 행동이 죽은 형과 비슷하지만, 트렌트가 죽기 전과는 달라진 것이라고 말했다. 맥스가 트렌트의 옷을 입고 그의 음악을 연주하며, 자기 친구보다는 트렌트의 친구들과 어울리며 트렌트처럼 행동한다는 것이다. 메리는 맥스도 자살할까 봐 염려한다. 메리는 맥스와 이야기하려고 했지만 소용없었다. 그러나 맥스가 괴로워하고 있으며, 누군가와 이야기할 준비가 되어 있으리라 믿고 있다.

상담회기

다음은 상담을 서술한 것이다. 이는 축어록(상담대화를 그대로 옮긴 것)은 아니며 한 시간가량의 상담회기 중 있었던 일을 요약한 것이다.

상담회기	상담사가 이용한 기술과 기법(그림 8-2 참조)
상담사가 맥스를 대기실에서 만났다. 그의 기분과 행동을 관찰했다. 그는 상담실에 있는 것이 불안하고 기분이 좋지 않은 것처럼 보였다.	관찰
상담사가 격식 없이 가볍게 자기를 소개했다.	관계형성

상담회기	상담사가 이용한 기술과 기법(그림 8-2 참조)
맥스의 기분이 편안해지도록 돕고 그에게 합류하기 위해 상담사는 그의 방문에 관한 긍정적인 메시지를 주었다.	긍정적 확인
상담실에 들어간 다음, 상담사는 둘의 관계에서 상담사의 자발적인 정직함을 보여주기 위해서, 어머니가 상담실에 연락했기 때문에 상담사가 그의 가족에게 일어난 일에 관해서 조금 알고 있음을 맥스에게 드러냈다.	관계형성
맥스에게 지금 상담실에 있는 느낌을 표현하도록 권한다. 그의 반응을 들으면서 맥스의 비언어적 행동을 관찰했다.	열린 질문, 관찰, 적극적 경청
그는 눈에 띄게 불안해 보였지만 그렇지 않다고 부인하고, 자기가 상담실에 있는 유일한 이유는 어머니가 요청 때문이라고 말했다. 상담사는 여기에 직접 대결하지 않았다. 이 단계에서는 신뢰관계 형성에 초점이 있었기 때문이다. 그 대신 상담사는 맥스의 견해에 동의한 뒤 부모가 때로는 자녀에게 강한 영향력을 행사할 수 있음을 인정했다.	청소년의 견해에 동의하고, 맥스의 언어를 반영해 청소년의 소통방식과 병행
그다음에, 합류과정의 일부로서 맥스와 비밀보장 이슈에 관해 이야기를 나누고 서로 수용할 만한 합의에 도달했다.	관계형성
상담사는 어머니가 왜 맥스에게 상담이 필요하다고 생각했는지에 관한 맥스의 신념을 탐구하기 시작했다. 맥스의 주요 이슈와 주제가 무엇인지 확인하려고 다음과 같이 물었다. "어머니가 여기 계시다면, 네가 상담해야 한다고 생각하는 이유가 무엇이라고 말하실 것 같니?"	적극적 경청과 순환질문을 이용해 문제평가
맥스는 형의 자살 후 어머니가 어떻게 '맥스에 관해 별나게 구는지' 말하기 시작했다. 어머니의 스트레스를 알고 있으며, 형의 죽음 이후 어머니의 대처능력을 염려했다. 상담사는 적극적 경청 기술을 사용해 맥스가 계속 말하도록 격려했다.	적극적 경청 기술
상담사는 적극적이고 정직한 관계를 만들려고 더 노력하면서, 맥스의 어머니가 맥스를 극도로 염려한다는 인상을 받았음을 인정했다. 이렇게 개방해 드러냄으로써, 상담사는 어머니에 대한 맥스의 의견을 공유하고 그녀의 심란한 행동에 대한 그의 개념에 동의해줄 수 있었다.	개방적 노출을 통해 청소년의 견해에 동의함으로써 청소년의 의사소통과 병행
이제 맥스의 주요 이슈를 확인하는 데로 초점을 이동했다. 상담사는 맥스가 어머니에 대해 말하면서 보여주는 감정상태에 관해 피드백을 했고, 그의 느낌에 관해 말해보도록 권했다. 맥스는 어머니가 '별나게 굴' 때 어떻게 행동하는지를 생생하게 묘사했다.	이슈에 대해 자각하도록 피드백 진술을 이용해 문제를 다루기 시작

상담회기	상담사가 이용한 기술과 기법(그림 8-2 참조)
맥스는 어머니의 행동이 자기에게는 좋지 않음을 설명했다. 맥스의 이야기를 들으면서 상담사는 맥스의 감정상태를 평가하고, 그가 말할 때 어떻게 동요하고 화난 목소리가 되는지 관찰했다.	최소한의 반응과 반영
맥스는 그가 어떤 방식으로 행동할 때 어머니가 스트레스를 받는지 설명했다. 어머니는 소리 지르고, 그에게 형의 옷을 입지 말라고 말하며, 그의 행동과 형의 행동을 비교했다(술 취하고, 감정적으로 냉담해진다고 말했다). 맥스는 어머니가 자기에게 너무 많이 의존한다고 말했다. 상담사는 어머니의 행동에 대한 맥스의 논평과 느낌을 요약해주었고, 맥스의 어머니가 맥스에게 문제된다는 것에 동의했다.	요약을 통해 문제평가
맥스는 어머니가 상담사에게 말했던 대로 행동한 것을 인정했고, 때로는 그 행동이 자기에게도 불편했다고 말했다. 그러나 더 중요한 것은, 그가 어머니의 행동에 지쳤고 어떻게 해야 할지 모른다는 것이었다. 맥스는 상담사가 자기처지를 이해하는 것처럼 느꼈기 때문에 자기느낌을 더 개방해 말할 수 있었다	청소년의 소통방식에 맞춤으로써 합류하기
대화과정 중 맥스는 말의 방향을 바꾸어 주제에서 벗어났다. 상담사는 그가 벗어나는 대로 따라갔다.	청소년의 소통방식과 병행
맥스는 친척들과 의붓식구들에 관해서 많이 말하고, 어머니와 확대가족에 관해 묘사했다. 폭력과 분리, 상실과 트라우마에 노출된 가족의 이야기를 하면서 말이 오락가락했다.	적극적 경청과 미세 상담기술을 다양하게 이용
상담사는 맥스에게 가계도를 이용하면 가족에 대해 묘사하기가 더 쉬울 것이라고 제안했다.	심리교육기법
맥스의 행동에 어머니가 어떤 식으로 반응해서 그가 어떻게 스트레스를 받고 화났는지를 길게 말할 때, 상담사는 경청하면서 관찰했다.	다양한 미세기술 이용
상담사가 맥스의 감정적 정서에 맞춰 자기도 맥스와 똑같은 상황이라면 똑같이 느꼈을 것이라고 말했다.	청소년의 소통방식과 병행
맥스에게 상담이 필요하다는 어머니의 믿음에 관해 맥스가 어떻게 생각하는지를 등급 매기기 질문을 이용해 탐구했다. 화이트보드에 등급을 그리고, 어머니가 그를 어떻게 본다고 믿는지 지적하도록 권했다. "1에서 10까지, 1은 실제로 도움이 필요한 것이고 10은 전혀 필요 없는 것이라면, 엄마는 네가 어디에 있다고 믿는 것 같니?"라고 물었더니, 맥스는 어머니가 자기를 2나 3쯤에 있다고 생각하리라고 믿었다. 맥스가 자기의 탄력성과 대처능력에 대해서는 어떻게 인식하는지 탐구	심리교육기법

상담회기	상담사가 이용한 기술과 기법(그림 8-2 참조)
하기 위해 "네 생각에는 네가 어디 있는 것 같니?"라고 묻자, 그는 자신을 6 근처에 두었다.	
상담사는 맥스가 어머니의 생각보다는 자기가 더 잘 대처하고 있다는 그의 인식을 긍정적으로 확인해주고 평가했다.	긍정적 확인과 평가
맥스가 자기의 대처능력을 어떻게 인식하는지 더 충분히 이해하고 평가하기 위해, 상담사는 좀 어리둥절하다고 말했다. 그것은, 맥스가 어머니가 생각하는 것보다는 자기가 더 잘 지내는 것으로 믿는다고 말했지만, 등급 매기기에서 점수를 10 가까이에 두지는 않았기 때문이라고 말했다.	도전하는 질문을 통해 문제평가
상담사의 도전 결과, 맥스는 형의 죽음을 처음 들었을 때로부터 애도했던 과정을 연결시키기 시작했다. 상담사는 맥스가 이제 자기의 애통함이 끝났으며, 자기자신의 삶을 산다고 설명하는 동안 적극적으로 경청했다.	적극적 경청
상담사는 맥스가 말하면서 계속 불안정해지고 자신 없어 하다가 마침내 침묵하는 것을 관찰했다. 상담사는 맥스가 형의 죽음과 관련된 감정과 접촉하고 있는 것은 아닌지 의구심이 들었다. 그래서 맥스의 현재 감정상태와 관련된 당장의 문제에 초점을 맞추기로 결정했다.	관찰
상담사는 맥스가 몸으로 느끼는 감각이 무엇인지 확인하고 이것을 그의 감정적 느낌·생각과 연결하도록 도와주었다.	자각시키는 피드백 진술 이용
맥스는 울면서, 형에 대해, 형을 잃은 것에 대해 말했다. 그는 자신이 과거에 형을 아버지처럼 의존했으며, 이제부터는 충고나 지지를 받을 수 없어서 두려워하고 있음을 알게 되었다.	최소반응과 반영
상담사는 심리극 기법을 이용해 맥스의 취약함과 두려움의 문제를 다루면서 맥스가 자기내면의 강함과, 지혜, 문제해결 능력을 점점 더 많이 자각하도록 도왔다. 맥스가 자기 두려움을 외재화하며 색색의 쿠션으로 상징화하도록 돕고, 자기와 '두려움'이 대화하도록 격려했다.	창조기법
창조기법을 마무리하기 위해 상담사는 맥스가 현재 느낌을 탐구해 그것을 말로 표현함으로써 그 느낌을 더 많이 조절할 수 있다고 깨닫도록 도와주었다.	상담의 다양한 미세기술 이용
계속해서 맥스는 형을 자기의 역할모델로서 얼마나 좋아했고 의지했는지에 대해 형에게 말하지 않던 것을 후회했다.	적극적 경청

상담회기	상담사가 이용한 기술과 기법(그림 8-2 참조)
상담사는 맥스가 형과 말할 기회를 놓친 문제를 다루도록 도왔다. 두 의자 기법을 사용해 맥스가 형과 대화하는 역할극을 할 수 있게 해주었다. 이 대화에서 맥스는 이전에 표현되지 않았던 생각과 느낌을 표현했다.	창조기법
이 기법을 사용함으로써 맥스는 다른 생각에 접근할 수 있었다. 그는 자기가 바로 형과 같다고 믿었음을 설명했다. 또한 형을 향한 감정적 느낌을 표현했고, 자살한 것에 대해 형에게 분노를 표현했다.	내용반영과 느낌반영
맥스는 형이 선택할 수도 있었을 대안을 제시했고, 자기가 같은 상황에 있다면 형과는 다르게 행동했을 것임을 넌지시 내비쳤다. 상담사는 맥스가 형과 똑같은지 아니면 다른지에 관해서 준 정보가 서로 부딪치는 점에 관해 맥스에게 도전했다.	도전하는 질문
맥스와 형의 차이를 탐구하고, 개별성과 자기 정체성을 추구하고자 하는 맥스의 청소년기 욕구를 다루기 위해 상담사는 맥스에게 두 개의 목록을 만들도록 권했다. 하나는 형과 같은 점에 관해, 다른 하나는 형과 다른 점에 관한 것이었다. 맥스는 이것을 열심히 수행했다.	시각적 목록을 이용해 차이점을 보는 인지기법
이것을 가지고 맥스가 자기 장래행위를 예측한 것에 관해 논의할 수 있었다. 상담사는 맥스가 삶의 목표를 탐구하도록 도울 기회를 잡았다. 맥스는 이제 더 느긋하게 보였고, 자기자신에 대해 괜찮아하는 것처럼 보였다.	인지기법
이 논의를 마무리한 후, 상담사는 맥스가 도움이 필요하다고 보는 어머니의 생각에 관한 이전의 이슈로 맥스의 주의를 돌리는 질문을 하며 조정했다. 1에서 10까지 등급을 이용해서, 어머니가 만일 그에게 10점을 준다면 어떻게 다르게 행동할지 상상해보라고 요구했다. 이 질문에 대답하는 대신 맥스는 웃기 시작했고, 어머니가 자기에게 10점을 주려면 자기가 완전히 새로운 사람으로 변화해야 할 것이라고 말했다.	상담사가 초기 이슈로 돌아가기 위한 전환질문을 함으로써 조정함
상담사는 긍정적 관계와 대화 에너지를 유지하기 위해 유머를 이용했다. 어머니가 염려하는 것을 멈추게 하려면 맥스가 충격적인 행동을 할 필요가 있을지도 모른다고 제시했다(가령 형의 옷을 입는 대신 여동생의 옷을 입거나, 형의 음악을 듣는 대신 모차르트를 듣는 등).	청소년의 소통방식과 병행하며 유머 이용
상담사는 맥스의 정서를 반영하고 맞추어주면서 그의 반응을 승인하고 증폭시킨다.	청소년의 소통방식과 병행

상담회기	상담사가 이용한 기술과 기법(그림 8-2 참조)
상담사는 "어머니가 너를 염려하며 스트레스를 받는 일이 없었던 때를 생각할 수 있겠니?"라고 물었다. 맥스는 어머니를 스트레스받게 하지 않는 몇 가지 예외적인 행위를 확인할 수 있었다. 여기에는 맥스가 자기 옷을 입고, 맥스가 얼마나 멋있게 보이는지 어머니가 칭찬했을 때도 포함되었다. 맥스는 어머니가 그에게 긍정적일 때도 있었고, 그럴 때는 자기도 어머니에게 적대감을 덜 갖는다는 사실을 인식할 수 있었다.	예외지향 질문
그러나 형의 옷을 입고 형의 소지품을 사용하는 것이 맥스에게는 편안했다. 맥스는 어떻게 자기욕구를 만족시키면서 동시에 어머니와의 갈등을 피할지에 대한 딜레마가 있음을 확인했다. 상담사는 맥스가 형의 옷을 입는 것에 관해, 그리고 어머니와의 관계에 대해 어떻게 하고 싶은지 말해보라고 권했다.	장래지향 질문을 이용해 문제 다루기
상담사는 이러한 딜레마와 관련해 맥스가 선택할 수 있는 것을 발견하기 위해서 문제해결 방법을 이용하도록 권했다. 맥스는 모든 사람이 더 행복해질 수 있도록 그가 할 수 있는 몇 가지 타협안을 계속 제시했다.	인지기법
맥스는 어머니와 함께 있을 때 '완전히 스트레스 없는 공간'을 만들 가능성에 대해 확신이 없음을 계속 표현했다. 그는 어머니와 가족으로부터 더 독립적이기를 바란다고 말했다. 상담사는 분리되며 개별적이 되고 싶은 그의 소망은 그 연령대 청소년에게는 정상이라고 말함으로써 그의 행위를 정상화했다.	정상화하기
상담사는 자기가 10대일 때 더 많이 분리되고 싶었지만 자기 어머니가 받아들이기 어려워했었다는 사실을 맥스와 함께 나누었다. 이 정보는 맥스가 최근에 장남을 잃은 어머니가 어떤 느낌일지를 탐구할 수 있게 해주었다. 맥스는 자기 어머니의 행동이 이해할 만한 것임을 구체적으로 알 수 있었고, 자기 상황에 대해 더 편안해졌다.	유용한 정보를 나누기 위한 상담사의 자기노출
맥스는 한 회기 더 상담하는 것이 유용할 거라고 결정했다. 상담사는 이에 동의하고, 적절한 시간이 언제인지를 의논했다. 그러나 맥스가 나중에 이것이 불필요하다고 생각한다면, 오지 않기로 결정할 수 있다고 알려주었다.	관계유지하기

후속 조치

맥스는 한 번 더 상담하는 것이 도움이 되리라고 결정했지만, 상담하러 다시 나타나지 않았다. 맥스 어머니인 메리는 상담사에게 연락해서 맥스가 형과의 사별과 관련해 더 개방적으로 어머니와 소통하기 시작했고, 견습생이 될 목표를 갖고 학교에 돌아갈 생각을 한다고 말했다. 또한 맥스가 자기 또래집단과 만나고 있지만, 술을 이용하는 실험은 계속하며, 그럼에도 전처럼 취하도록 마시는 일을 계속하지는 않는다고 보고했다. 맥스는 또한 의붓아버지인 브라이언과 더 가까워지기 시작했다.

메리는 맥스와 전처럼 가까워지지는 못했다고 느끼지만, '그 나이의 남자애로서는' 정상적으로 행동하고 있음을 인정했다. 또한 맥스가 계속 형의 옷을 입고 형의 소지품을 사용하지만, 이제는 그것이 그녀에게 덜 염려되는 것처럼 보였다. 다른 긍정적인 변화를 보았기 때문이다.

사례연구 1에 관한 논평

맥스의 형이 자살했기 때문에, 상담사에게 중요했던 것은 맥스도 자살하려는 생각을 가진 것으로 보일 수 있는 어떤 단서에도 경계심을 갖는 것이었다. 이런 단서가 보이지 않았기 때문에, 상담사는 어머니에게 문제가 있지 자기에게 문제 있는 것이 아니라는 맥스의 구성요소를 믿고 받아들였다. 이렇게 함으로써 맥스는 자기와 어머니의 행위에 관한 자기의 구성요소를 다시 만들고, 자기이슈에 접근해 다룰 수 있었다.

상담의 일차적 기능(그림 8-2 참조)에 계속 초점을 맞춤으로써, 상담사는 상담을 선행주도해 연출하는 가운데 맥스가 자기 해결책을 찾도록 힘을 부여했다. 염려는 인생의 한 부분이라는 실존주의적 생각이 상담사의 자기노출을 통해 수용·일반화되었다. 다양한 이론 틀에서 나온 다양한 기법과 상담기술이 맥스의 현재 욕구를 만족시키기 위해 기회주의적으로 선택·결합되었다. 그 과정의 다양한 시점에서 상담사는 자기의 내면 청소년이나 내면 어른을 선택적으로 이용해 효과적으로 의사소통했다.

사례연구 2: 로라

로라는 청소년 쉼터 프로그램에 고용된 사회복지사가 상담을 의뢰한 내담자다. 16세인 그녀의 행위에 관한 염려 때문이었다. 미성숙한 행위, 거짓말, 절도, 몸을 비위생적으로 간수함, 다중적 신체증상, 낮은 자존감이 그녀에 대한 묘사였다. 현재는 사는 집이 없다. 로라는 자기가 도움이 필요한 모양이라고 믿으며 주저 없이 상담실을 찾았다.

상담회기

다음의 내용은 상담회기에 대한 서술이다. 이것은 축어록이 아니라 한 시간 분량의 한 회기마다 각각 요약한 것이다.

상담회기	상담사가 이용한 기술과 기법(그림 8-2 참조)
첫째 회기	
로라가 약속시간보다 일찍 도착했다. 대기실에서 수다를 떨다가 상담사를 만나자마자 로라는 상담사의 옷을 칭찬했다. 상담사는 명랑하게 받아주며 로라의 싹싹함과 분위기에 맞추었다.	청소년의 소통방식을 병행하면서 관계형성 기술 이용
상담사의 관찰에 따르면, 로라는 어느 정도 들뜨고 불안해하면서도 상담사에게 익숙하게 계속 반응하지만, 전반적으로는 자기나 남의 테두리에 대해 상관하지 않는 것처럼 보였다. 상담사는 로라의 테두리 없음에 주목했다.	관찰을 통해 문제평가
상담사는 로라를 상담실로 초대했고, 로라와 합류해 로라가 새로운 상황에서도 편안해 보이는 것을 칭찬했다. 많은 청소년이 상담상황에 압도될 수 있음을 말해주었다. 로라에게는 이 피드백이 별로 인상적이지 않은 것처럼 보였다. 로라는 상담실에서 자기에 관한 모든 것을 노출해야 하고, 그래야 상담사가 그녀를 도울 수 있다고 믿고 있었다. 로라는 자기가 많은 문제를 가지고 있으며 많은 도움이 필요하다고 말했다. 상담사는 이 말이 로라가 상담 전에 다른 사람에게 말했던 것과 일치하지 않음에 주목했고, 로라가 아주 의존적인 10대라는 의심이 들었다.	청소년의 소통방식을 긍정적으로 확인해주고 일반화하며, 그러한 소통방식과 병행

상담회기	상담사가 이용한 기술과 기법(그림 8-2 참조)
상담사는 로라에게 그녀를 도와주는 사람이 많이 있음을 알고 있다고 말했다. 그리고 그것이 그녀에게는 어떤 느낌인지 물었다. 로라는 도와주는 사람들 덕분에 자기가 말썽을 일으킬 행위를 멈출 수 있을 것이라고 믿었다. 상담사는 로라가 자기행위를 조절해주는 외부의 통제에 의존하고 이에 대한 개인적 책임은 지지 않고 있음에 주목했다.	열린 질문을 이용한 문제평가
상담사는 합류과정의 일부로서 비밀보장 이슈에 관해 로라와 이야기를 나누었고, 서로 수용할 만한 합의에 도달했다.	관계형성
로라가 어릴 때 경험을 자발적으로 드러내기 시작했고, 상담사는 로라가 어릴 때 갈라선 부모 양편과 어떻게 연락하는지 말하는 동안 적극적으로 경청했다. 부모와의 접촉은 늘 로라가 먼저 했다.	적극적 경청
첫 회기에 로라는 현재와 과거의 기억들에 관해 많이, 그리고 자세히 말했으며, 불안하고 혼란스러워 했다. 상담사는 로라가 자신에 관해 그리고 자기경험에 관해 말할 필요가 있고, 때로는 현재와 과거의 경험을 잘 분리하지 못한다는 것을 관찰했다.	적극적 경청과 문제평가를 위한 관찰
이 회기 동안 상담사는 로라에게 복잡한 가계구조를 가계도로 그리도록 권했다.	심리교육기법
로라가 과거와 현재의 사건들과 상황을 묘사하는 것을 돕기 위해 연대표를 사용했다.	심리교육기법
그다음, 상담사는 로라가 복잡한 가족구조 안에서 자기 개인경험을 자세히 묘사하는 능력을 가졌음을 긍정적으로 확인해주고 칭찬했다.	긍정해주기
로라가 이 정보를 나눌 때 말이 빨라지고 몸이 불안정해지는 것이 관찰되었다. 상담사는 이런 관찰을 로라에게 피드백했다.	관찰과 피드백
로라에게 몸으로 느끼는 감각과 신체적 불안정함을 확인하라고 요구하고, 이렇게 함으로써 자기느낌과 생각과 접촉하게 했다.	열린 질문 사용
로라는 자기의 불안정함이 낯선 사람에게 자기와 가족에 관해 말하면서 흥분했기 때문이라고 설명했다. 그러나 그 과정이 자기에게 스트레스가 되었음을 인정했다. 상담사는 로라가 그 불안을 외재화함으로써 자기느낌을 탐구하도록 도왔다. 상담사는 로라가 쿠션을 상징물로 사용해서 자기불안과 대화를 만들어내도록 도와주었다.	창조기법
이 연습을 하는 동안 로라와 상담사에게 분명해진 것은, 로라가 감정적으로 너무나 무너질 것처럼 느꼈기 때문에 정보를 더 이상 노출할	정상화하기

상담회기	상담사가 이용한 기술과 기법(그림 8-2 참조)
수 없다는 것이었다. 상담사는 현재 상황에서 염려와 불안이 어떻게 정상적인지에 관해 피드백을 주었다.	
상담사는 자기 개인경험을 공유하면서 이 피드백을 강화했다.	청소년의 소통방식과 병행하는 자기노출
로라는 자기불안이 고조되었음을 자각하면서 개인정보를 더 노출하려면 신뢰관계가 필요하다는 점을 발견할 수 있었다. 로라는 자기가 과거에 경험했던 가까운 관계에 대한 신뢰가 긍정적이지 못했다고 말했다. 상담사는 정보노출의 선택권이 로라에게 있다고 알려주었다. 그다음 로라가 계속 상담할 준비가 되었는지를 논의했다.	상담 미세기술의 다양한 이용
상담사는 문제해결 기법을 이용해 로라가 앞으로 더 상담할지의 선택을 탐구하도록 도왔다. 로라는 4회 더 상담하겠다고 계약했다. 네 번 회기의 목표를 관계의 신뢰에 관한 이슈를 탐구하는 것으로 정했다.	인지기법
둘째 회기	
로라가 약속시간에 도착했을 때, 지난번보다는 말을 덜 하고 머뭇거렸다. 상담사는 다시 상담하러온 것이 어땠는지 물어보았다. 로라는 치과에 가는 경험에 비유했다.	관계형성과 열린 질문을 통한 문제평가
상담사는 로라의 비유를 계속 이용해 치과에 갈 때 자기도 두렵다고 밝혔다. 로라와 상담사는 함께 수다를 떨며 그에 대한 서로의 견해를 반영하고 서로의 감정을 부풀려 말했다.	상징기법과 청소년의 소통방식 병행
상담사는 치과 갈 때 스트레스를 덜 받기 위한 자기전략을 말해주고, 로라 자신의 전략을 생각해보도록 유도했다. 상담사는 로라와 함께 이러한 전략을 상담상황에 대처하기 위해서 일반화할 수 있는지 탐구했다.	자기노출과 인지기법 이용
로라는 통제력을 갖는 것이 자기에게 중요하다는 사실을 확인했고, 상담사와 함께 상담 중에 그녀가 조정할 수 있는 방법을 협상했다.	문제 다루기
상담사는 그녀의 기분에 관해 묻고, 지난번 회기 이래로 더 나아지거나 달라진 것이 있는지 물었다.	변화를 전제로 한 질문
로라는 지난 상담 중에 자기 삶에 중요한 몇 가지 이슈를 탐구하기로 결정했는데, 이제 이 결정에 대해 양가감정이 있음을 인정할 수 있었다. 상담사는 로라가 그 결정에 연관된 득과 실을 확인하도록 도움으로써 그 결정으로 인해 생길 수 있는 위험성을 탐구하도록 격려했다.	인지기법

상담회기	상담사가 이용한 기술과 기법(그림 8-2 참조)
로라는 관계에서의 신뢰와 충실이라는 목표를 탐구할 수 있을 정도로 충분히 편안함을 느꼈다. 상담사는 로라가 축소판 동물모형을 상징물로 사용함으로써 과거와 현재의 가족관계를 탐구하는 것부터 시작할 수도 있다고 제시했다.	상징기법
이 회기에서 나타난 것은 다음과 같다. 1. 로라는 부모의 결혼실패가 자기책임이라고 믿었다. 2. 초기 아동기에 부모의 거듭된 별거로 혼란스러웠고, 부모 양쪽을 여러 번 오가며 살았다. 3. 로라는 2~3년 동안 엄마의 동거인에게 성적 학대를 받았다고 주장했다. 이것을 엄마에게 말했을 때 엄마는 믿지 않았다. 4. 로라는 부모가 모두 자기를 원하지 않았고, 로라의 형제들을 더 좋아했다고 믿었다. 5. 아버지와는 간절히 가까워지고 싶지만, 엄마하고는 가까워지길 원치 않았다. 엄마는 믿을 수 없다고 생각했다.	상담 미세기술을 다양하게 이용
로라는 자기의 주요 이슈가 다음과 같음을 확인했다. * 어린아이 시절에 돌봄을 받지 못한 느낌 * 힘을 빼앗긴 느낌 * 방치되고 무시된 느낌	요약

셋째 회기

로라는 오자마자 아픈 것 같다면서 불평했다. 상담사는 로라의 '아픈 것'을 탐구했고, 자기가 아플 때와 관련된 기억을 로라와 공유했다.	자기노출과 청소년의 소통방식 병행
상담사는 로라에게 아프다는 것이 어떤 것인지를 탐구했다.	질문, 반영, 요약
아플 때의 장단점 목록을 로라가 만들도록 권했다. 로라는 아플 때 중요한 장점은 돌봄을 받을 기회를 갖는 것이며, 단점은 힘이 없어지는 것이라고 믿었다. 로라는 아픈 경험을 아이가 되는 경험에 비유했다.	인지기법
상담사는 로라의 어릴 때 경험이 다른 사람과 신뢰하는 관계에 대한 그녀의 양가감정을 설명해줄 수 있을지 물었다. 관계는 그녀에게 돌봄을 받을 기회를 주지만, 어떤 경우에는 힘을 빼앗고 그녀를 불안하게 할 수도 있었다.	질문을 포함해 상담의 미세기술을 다양하게 이용
로라는 자기 친구가 '수백 명'이라고 말함으로써 방어적으로 응답했다. 대화 중에 나타난 것은 로라가 친한 관계와 새로 형성된 관계의 차이를 이해하지 못한다는 사실이었다.	상담의 미세기술을 다양하게 이용

상담회기	상담사가 이용한 기술과 기법(그림 8-2 참조)
관계에는 가깝고 먼 형태가 다양하게 있으며, 테두리도 각각 달라져야 함을 로라가 인식할 수 있도록 돕기 위해, 상담사는 원형모델을 사용하기로 결정했다. 로라는 현재 자기의 사교범위 안에서 더 친해지고 싶은 사람과 더 멀리하고 싶은 사람이 누구인지 확인했다. 로라는 원하는 테두리를 유지할 능력이 자기에게 있는지 확신하지 못했다. 다음 상담에서 그것과 관련된 이슈를 계속 탐구하기로 결정했다.	심리교육기법

넷째 회기

로라는 약속시간에 도착했고 상담사가 보기에 다른 때보다 더 침착하고 덜 부산스러웠다.	관찰
상담사는 로라가 상담을 계속하는 것에 대해 어느 정도 편안한지 탐구했고, 현재의 느낌과 생각을 탐구했다.	관계 쌓기
로라는 관계 신뢰라는 이슈를 계속 탐구하는 데 열심이어서, 그녀가 상담사에게 지난주 세운 목표를 상기시켜주었다. 이 회기 동안 상담사는 한 연속선의 양 끝을 나타낼 색색의 쿠션을 이용하는 창조기법을 선택했다. 이를 통해 로라는 전적으로 신뢰하는 것과 전혀 신뢰하지 않는 것의 양극단을 통합할 수 있게 되었다. 상담사는 로라가 그 쿠션들 사이의 연속선을 움직이면서 어떤 감정을 경험하는지 탐구하도록 격려했다. 다른 사람과의 친근함을 조정하는 것에 관한 이슈가 더 등장했다. 로라는 친근함과 관련해 그 연속선상 어디에 '서 있을지'를 자기가 선택할 수 있음을 이해하기 시작했다.	창조기법
상담사는 인지행위기법을 사용해 로라가 관계에서 친근함을 조절할 때 생기는 위험성과 결과를 탐구하도록 도왔다. 이 과정은 다른 사람과의 관계에서 로라가 지닌 자기존중과 자기가치에 관련된 문제제기를 더 하도록 만들었다. 로라는 다음 상담회기의 목표로 자아감 탐구를 잡았다.	인지기법

다섯째 회기

상담사는 그 주간이 로라에게 어떠했는지를 알기 위해 변화가 일어났다는 것을 가정한 질문을 했다.	변화를 전제한 질문
로라는 지난주 동안 자기에게 어떤 일들이 달라졌는지를 관련짓는 데 열심이었다. 그녀는 자기가 남들에게 어느 정도 개입할지 선택하는 것을 실험했고, 그 경험이 자신에게 매우 힘을 느끼게 해준다는 사실을	기분 돋우며 관계 쌓기

상담회기	상담사가 이용한 기술과 기법(그림 8-2 참조)
발견했다. 상담사는 그녀의 성공이 들을 만한 가치 있는 것이라고 긍정해주면서 축하했다.	
로라는 확신이 없을 때도 있었고, 그 결과 어떤 관계에 대해서는 자기가 가치 없고 그런 관계를 가질 자격이 없다고 느꼈던 때도 있었다고 인정했다. 아버지와 접촉하려 했을 때 그랬다는 것이다.	적극적 경청
상담사는 로라의 자아개념을 탐구하는 데 은유를 이용하려고 그녀를 '과일나무'로 그려보도록 권했다. 그림을 그리는 동안 분명해진 것은 로라가 자기에 대한 부정적 개념이 많다는 것이었고, 그 개념들은 무력감과 희생당함에 관련되었다.	창조기법
상담사는 로라가 자기의 희생을 외재화해서 자기와 분리함으로써, 그것을 자기와 다른 실체로 볼 수 있도록 도왔다. 상담사는 로라가 그녀의 희생을 의미할 상징물을 고르고 그것과 대화하도록 격려했다.	상징기법
상담사는 로라가 자기의 희생으로 인해 생기는 문제에 초점을 맞추도록 도왔다. 둘은 로라가 희생당하는 느낌이 들지 않았던 때를 찾아내면서 시간을 보냈다. 이 단계에서 로라에 관한 대안 이야기가 등장했고, 그 이야기 안에서는 로라가 강하고 독립적일 줄 아는 사람이었다.	예외지향 질문
상담사는 로라에게 첫 번째 회기 끝에 네 번을 더 상담하기로 약속했음을 상기시키고, 이제 그 네 번의 회기가 끝났지만 로라가 원한다면 계속하는 것을 선택할 수 있다고 알려주었다. 로라는 한 번 더 오기로 결정했다. 그 회기가 마감 회기가 될 거라는 것에 동의했다.	관계유지
여섯째 회기	
로라는 기분이 좋아지고 낙관적인 느낌이 증가했음을 보여주었고, 지난주에 다른 사람들과 긍정적인 방식으로 만났다고 설명했다.	관계유지
로라는 청소년 쉼터에서 나와 공동숙식을 하는 곳으로 옮기려고 계획을 짜기 시작했다. 상담사는 로라의 목표를 강화시켰고, 이 목표를 이룰 계획을 말해보라고 권했다.	인지기법
이 시점에서 로라는 상담을 계속하지 않기로 결정했다. 자기 삶에서 현재 할 일이 너무 많다고 말했다. 상담사는 상담을 종결하는 그녀의 결정을 긍정했다.	긍정하기

후속 조치

나중에 로라가 다시 상담하러 올 수 있다는 것을 인식하면서도, 상담사는 상담의 지지 없이 로라가 통합의 기간과 정상적인 청소년의 행위를 경험하는 것이 중요하다고 믿었다. 이는 장래에 로라가 자기 힘과 능력을 계속 인식할 수 있게 해주고, 또 자기 삶에 완전히 책임지는 때가 있었음을 깨닫도록 만들 것이다.

사례연구 2에 대한 논평

이 사례는 맥스의 사례와는 아주 다르다. 맥스의 경우에는 상담과정이 신속하게 이루어질 수 있었다. 고착된 개인 이슈가 오랜 기간 발전되어온 것이 아니었기 때문이다. 로라의 경우에는 문제가 더 전반적인 것이었고, 그래서 그녀의 자아개념, 대처능력, 해결책을 찾는 능력에 영향을 미쳤다. 그녀는 훨씬 더 감정적으로 무너지기 쉬웠다. 그녀의 자아개념의 핵심 구성요소들이 쉽게 위협당할 수 있었기 때문이다. 결과적으로 상담과정은 더 천천히 진행되었다.

　　로라 스스로 개별화와 분리라는 정상적인 청소년 과제와 씨름하고 있음을 인식함으로써, 상담사는 상담회기를 로라가 선택·조정하는 것을 연습할 수 있는 장소로 이용할 수 있었다. 첫 회기에서 상담사는 로라가 노출할지 아닐지, 다시 상담하러올지 아닐지를 선택할 수 있음을 분명히 했다. 두 번째 회기에서는 조정의 문제를 드러내놓고 논의했고, 로라가 상담 중에 조정할 수 있는 방식들이 타협되었다.

　　일차적인 상담기능에 초점을 유지함으로써, 상담사는 상담을 선행주도해 이끄는 동안 로라에게 자기 해결책을 찾도록 힘을 부여했다. 상담사의 자기노출은 치과에 가는 일과 아픈 일에 관한 로라의 불안을 정상화했다. 상담과정 전반에 걸쳐 각기 다른 이론 틀에서 나온 다양한 기법과 상담기술이 로라의 현재 욕구에 맞도록 기회주의적으로 선택되어 합쳐졌다. 그 과정의 각각 다른 시점에서 상담사는 자기의 내면 청소년과 내면 어른을 선택적으로 이용해 효과적으로 소통했다.

참고문헌

Adams, G. R. and S. K. Marshall. 1996. "A developmental social psychology of identity: understanding the person-in-context." *Journal of Adolescence*, 19, pp.429~442.

Alexander, A. and R. Kempe. 1984. "The role of the lay therapist in long term treatment." *Child Abuse and Neglect*, 6, pp.329~334.

Alexander, F. 1965. "Psychoanalytic contributions to short term psychotherapy." in L. R. Wolberg(ed.). *Short Term Psychotherapy*. New York: Grune & Stratton.

American Psychiatric Association. 2001. *Diagnostic and Statistical Manual of Mental Disorders*, 4th ed. revised. Washington, DC: American Psychiatric Association.

Anderson, D. A. 1993. "Lesbian and gay adolescents: social and developmental considerations." *High School Journal*, 77, pp.13~19.

Angus, L. 1990. "Metaphor and structure of meaning: the counselling client's subjective experience." First International Conference on Counselling Psychology (1988, Porto, Portugal), *Cadernos de Consulta Psicologica*, 6, pp.5~11.

Archer, Robert, P. 1997. *MMPI-A: Assessing Adolescent Psychopathology*, 2nd ed. Hillsdale, NJ: Lawrence Erlbaum.

Arnett, J. 1992. "The soundtrack of recklessness: musical preferences and reckless behaviour among adolescents." *Journal of Adolescent Research*, 7, pp.313~331.

Arroyo, W. and S. Eth. 1985. "Children traumatized by Central American warfare." in S. Eth and R. S. Pynoos(eds.). *Post-traumatic Stress Disorder in Children*. Washington, DC: American Psychiatric Press. pp.103~120.

Aseltine, R. H. 1996. "Pathways linking parental divorce with adolescent depression." *Journal of Health and Social Behaviour*, 37, pp.133~148.

Atlas, J., K. Weissman and S. Liebowitz. 1997. "Adolescent inpatients' history of abuse and dissociative identity disorder." *Psychological Reports*, 80, pp.1086~1092.

Bagley, C., F. Bolitho and L. Bertrand. 1997. "Sexual assault in school, mental health and suicidal behaviours in adolescent women in Canada." *Adolescence*, 32, pp.341~366.

Bandler, R. and J. Grinder. 1979. *Frogs into Princes*. Moab, UT: Real People Press.

Barker, P. 1990. *Clinical Interviews with Children and Adolescents*. New York: Norton.

Bauman, K. E. and S. T. Ennett. 1996. "On the importance of peer influence for adolescent drug use: commonly neglected considerations." *Addiction*, 91, pp.185~198.

Baumeister, R. F. 1990. "Suicide as escape from self." *Psychological Review*, 97, pp.90~113.

Baumrind, D. 1971. "Current patterns of parental authority." *Developmental Psychology Monographs*, 4, No.1, pt 2.

_____. 1991a. "Effective parenting during the early adolescent transition." in P. A. Cowan and E. M. Hetherington(eds.). *Family Transitions*. Hillsdale, NJ: Lawrence Erlbaum. pp.219~244.

_____. 1991b. "The influence of parenting style on adolescent competence and substance use." *Journal of Early Adololescence*, 11, pp.56~95.

Benitez, B. R. 2004. "Confidentiality and its exceptions." *The Therapist*, 16(4), pp.32~36.

Berndt, T. J. 1995. "Intimacy and self-disclosure in friendships." in K. J. Rotenberg(ed.). *Disclosure Processes in Clrildren and Adolescents*. Cambridge: Cambridge University Press.

Berne, E. 1964. *Games People Play: The Psychology of Human Relationships*. New York: Castle Books, in association with Grove Press.

_____. 1996. *Games People Play: The Basic Handbook of Transactional Analysis*. New York: Ball antine Books.

Bernet, W. 1993. "Humor in evaluating and treating children and adolescents." *Journal of Psycho therapy Practice and Research*, 2, pp.307~317.

Billings, A. G. and R. H. Moos. 1981. "The role of coping responses and social resources in attenuating stress of life events." *Journal of Behavioural Medicine*, 4, pp.139~157.

Biswas, A., D. Biswas and P. K. Chattopadhyay. 1995. "Cognitive behaviour therapy in generalised anxiety disorder." *Indian Journal of Clinical Psychology*, 22, pp.1~10.

Bjerregaard, B. and C. Smith. 1993. "Gender differences in gang participation, delinquency, and substance abuse." *Journal of Quantitative Criminology*, 9, pp.329~355.

Blos, P. 1979. *The Adolescent Passage: Developmental Issue*. New York: International Universities Press.

Bohart, A. C. and K. Tallman. 1996. "The active client: therapy as self-help." *Journal of Humanistic Psychology*, 36, pp.7~30.

Boldero, J. and B. Fallon. 1995. "Adolescent help-seeking: what do they get help for and from whom?" *Journal of Adolescence*, 18, pp.193~209.

Bordin, E. S. 1975. *The Working Alliance: Basis for a General Theory of Psychotherapy.* Paper presented at the meeting of the Society for Psychotherapy Research, Washington, DC.

_____. 1994. "Theory and research on the therapeutic working alliance: new directions." in A. O. Horvath and L. S. Greenberg(eds.). *The Working Alliance: Theory, Research and Practice.* New York: Wiley.

Borrine, N. L., P. J. Handal, N. Y. Brown and H. R. Searight. 1991. "Family conflict and adolescent adjustment in intact, divorced and blended families." *Journal of Consulting and Clinical Psychology*, 59, pp.753~755.

Bowlby, J. 1969. *Attachment.* New York: Basic Books.

Brent, D., J. Perper, G. Maritz and C. Allman. 1993. "Bereavement or depression? The impact of the loss of a friend to suicide." *Journal of the American Academy of Child and Adolescent Psychiatry*, 32, pp.1189~1197.

Briggs, J. 1992. "Travelling indirect routes to enjoy the scenery: employing the metaphor in family therapy." *Journal of Family Psychotherapy*, 3, pp.39~52.

Briggs Myers, I., M. H. McCaulley, N. L. Quenk and A. L. Hammer. 1998. *MBTI Manual (A Guide to the Development and Use of the Myers Briggs Type Indicator)*, 3rd ed. Mountain View, CA: Consulting Psychologists Press.

Bronzaft, A. L. and S. B. Dobrow. 1988. "Noise and health: a warning to adolescents." (special issue on adolescence and the environment) *Children's Environments Quarterly*, 5, pp.40~45.

Brown, G. W., D. Summers, B. Coffman and R. Riddell. 1996. "The use of hypnotherapy with school age children: five case studies." *Psychotherapy in Private Practice*, 15, pp.53~65.

Browne, A. and D. Finkelhor. 1986. "Impact of child sexual abuse: a review of the research." *Psychological Bulletin*, 99, pp.66~77.

Budman, S. H. and A. S. Gurman. 1992. "A time sensitive model of brief therapy: the I-D-E approach." in S. H. Budman, M. F. Hoyt and S. Friedman(eds.). *The First Session in Brief Therapy.* New York: Guilford Press. pp.111~134.

Buhrmester, D. and K. Prager. 1995. "Patterns and functions of self-disclosure." in K. J. Rotenberg (ed.). *Disclosure Processes in Children and Adolescents.* Cambridge: Cambridge University Press.

Burge, D., C. Hammen, J. Davila and S. Daley. 1997. "Attachment cognitions and college and work functioning two years later in late adolescent women." *Journal of Youth and Adolescence*, 26, pp.285~301.

Calabrese, R. L. and J. Noboa. 1995. "The choice for gang membership by Mexican-American adolescents." *High School Journal*, 78, pp.226~235.

Casper, R. and S. Lyubomirsky. 1997. "Individual psychopathology relative to reports of unwanted sexual experiences as predictor of a bulimic eating pattern." *International Journal of Eating Disorders*, 21, pp.229~236.

Champagne, M. P. and L. W. Walker-Hirsch. 1982. "Circles: a self organisation system for teaching appropriate social/sexual behaviour to mentally retarded/developmentally disabled persons." *Sexuality and Disability*, 5, pp.172~174.

Chapman, A. H. and M. Chapman-Santana. 1995. "Humor as psychotherapeutic technique." *Arquivos de Neuro Psiquiatria*, 53, pp.153~156.

Chassin, L. and M. Barrera. 1993. "Substance use escalation and substance use restraint among adolescent children of alcoholics." *Psychology of Addictive Behaviours*, 7, pp.3~20.

Clark, A. J. 1995. "Projective techniques in the counselling process." *Journal of Counselling and Development*, 73, pp.311~316.

Clarkson, P. 2004. *Gestalt Counselling in Action*, 3rd ed. London: Sage

Colarusso, C. 1992. *Child and Adult Development: A Psychoanalytic Introduction for Clinicians*. New York: Plenum Press.

Comings, D. 1997. "Genetic aspects of childhood behavioural disorders." *Child Psychology and Human Development*, 27, pp.139~150.

Compas, B. E., V. L. Malcarne and K. M. Fondacaro. 1988. "Coping with stressful events in order children and adolescents." *Journal of Consulting and Clinical Psychology*, 56, pp.405~411.

Connor, M. J. 1994. "Peer relations and peer pressure." *Educational Psychology in Practice*, 9, pp.209~215.

Corey, G. 2004. *Theory and Practice of Counselling and Psychotherapy*, 7th ed. Pacific Grove, CA: Wadsworth.

Corey, G., M. S. Corey and P. Callanan. 2007. *Issues and Ethics in Helping Professions*, 7th ed. Belmont, CA: Brooks/Cole.

Cox, A. D., D. Cox, R. D. Anderson and G. P. Moschis. 1993. "Social influences of adolescents' shoplifting: theory, evidence, implications for the retail industry." *Journal of Retailing*, 69, pp.234~246.

Crespi, T. D. and M. M. Generali. 1995. "Constructivist developmental theory and therapy: implications for counselling adolescents." *Adolescence*, 30, pp.735~743.

Cutrona, C. E., J. A. Suhr and R. Macfarlane. 1990. "Interpersonal transactions and the psychological sense of support." in S. Duck(ed.). *Pesonal Relationships and Social Support*. London: Sage. pp.30~45.

Dacey, J., D. Magolis and M. Kenny. 2006. *Adolescent Development*, 4th ed. Chicago, IL: Brown & Benchmark.

Dalai Lama and H. C. Cutler. 2000. *The Art of Happiness: Handbook for Living* (audio tapes). New York: Simon & Schuster.

Darke, S., J. Ross and W. Hall. 1996. "Overdose among heroin users in Sydney, Australia: responses to overdoses." *Addiction*, 91, pp.413~417.

DeGaston, J. F., S. Weed and L. Jensen. 1996. "Understanding gender differences in sexuality." *Adolescence*, 31, pp.217~231.

Dequine, E. and S. Pearson-Davis. 1983. "Video-taped improvisational drama with emotionally disturbed adolescents: a pilot study." *Arts in Psychotherapy*, 10, pp.15~21.

Derlega, V. I., S. Metts, S. Petronio and S. T. Margulis. 1993. *Self-disclosure*. Newbury Park, CA: Sage.

Desivilya, H. S., R. Gal and O. Ayalon. 1996. "Long term effects of trauma in adolescence: comparison between survivors of a terrorist attack and control counterparts." *Anxiety, Stress and Coping: An International Journal*, 9, pp.135~150.

DiGiuseppe, R., J. Linscott and R. Jilton. 1996. "Developing the therapeutic alliance in child-adolescent psychotherapy." *Applied and Preventative Psychology*, 5, pp.85~100.

Divinyi, J. E. 1995. "Story telling: an enjoyable and effective therapeutic tool." *Contemporary Family Therapy: An International Journal*, 17, pp.27~37.

Downey, J. 2003. "Psychological counselling of children and young people." in R. Woolfe, W. Dryden and S. Strawbridge(eds.). *Handbook of Counselling Psychology*. London: Sage. pp. 322~342.

Downey, V. W. and R. G. Landry. 1997. "Self reported sexual behaviours of high school juniors and seniors in North Dakota." *Psychological Reports*, 80, pp.1357~1358.

Dryden, W., R. DiGiuseppe and M. Neenan. 2002. *A Primer on Rational-Emotive Behavior Therapy*, 2nd ed. Champaign, IL: Research Press.

Dupre, D., N. Miller, M. Gold and K. Rospenda. 1995. "Initiation and progression of alcohol, marijuana and cocaine use among adolescent abusers." *American Journal on Addictions*, 4, pp.43~48.

Dusek, J. B. 1996. *Adolescent Development and Behavior*. Englewood Cliffs, NJ: Prentice-Hall.

Earls, F., E. Smith, W. Reich and K. G. Jung. 1988. "Investigating psychopathological consequences of a disaster in children: a pilot study incorporating a structured diagnostic interview." *Journal of the American Academy of Child and Adolescent Psychiatry*, 27, pp.90~95.

Ebata, A. T. and R. H. Moos. 1991. "Coping and adjustment in distressed and healthy adolescents." *Journal of Applied Developmental Psychology*, 12, pp.33~54.

Eddowes, E. and J. Hranitz. 1989. "Educating children of the homeless." *Childhood Education*, 65, pp.197~200.

Ehrhardt, A. A. 1996. "Our view of adolescent sexuality: a focus on risk behavior without the developmental context." *American Journal of Public Health*, 86, pp.1523~1525.

Elkind, D. 1967. "Egocentrism in adolescence." *Child Development*, 38, pp.1025~1034.

_____. 1980. "The origins of religion in the child." in J. Tisdale(ed.). *Growing Edges in the Psychology of Religion*. Chicago, IL: Nelson-Hall.

Elliot, D. S., W. J. Wilson, D. Huizinga and R. J. Sampson. 1996. "The effects of neighbourhood disadvantage on adolescent development." *Journal of Research in Crime and Delinquency*, 33, pp.389~426.

Eltz, M. J., S. R. Shirk and N. Sarlin. 1995. "Alliance formation and treatment outcome among maltreated adolescents." *Child Abuse and Neglect*, 19, pp.419~431.

Epstein, N. B., D. S. Bishop and S. Levin. 1980. "The McMaster model of family functioning." *Advances in Family Psychiatry*, 2, pp.73~89.

Erikson, E. 1968. *Identity: Youth and Crisis*. New York: Norton.

_____. 1987. *Childhood and Society*. London: Paladin.

Eskilson, A. and N. G. Wiley. 1987. "Parents, peers, perceived pressure and adolecent self-concept: is a daughter a daughter all of her life?" *Sociological Quarterly*, 28, pp.135~145.

Feindler, E. L. and R. B. Ecton. 1986. *Adolescent Anger Control: Cognitive-behavioral Techniques*. New York: Pergamon.

Fergusson, D. M., L. J. Horwood and M. T. Lyndley. 1997a. "The effects of unemployment on psychiatric illness during young adulthood." *Psychological Medicine*, 27, pp.371~381.

Fergusson, D. M., M. T. Lynskey and L. J. Horwood. 1997b. "The effects of unemployment on juvenile offending." *Criminal Behaviour and Mental Health*, 7, pp.49~68.

Finch, A. J., W. M. Nelson and E. S. Ott. 1993. *Cognitive Behavioral Procedures with Children and Adolescents: A Practical Guide*. Boston, MA: Allyn & Bacon.

Fitzgerald, M. 1995. "On the spot counselling with residential youth: opportunities for therapeutic intervention." *Journal of Child and Youth Care*, 10, pp.9~17.

Flavell, J. 1977. *Cognitive Development*. Englewood Cliffs, NJ: Prentice-Hall.

Fodor, I. G. 1992. *Adolescent Assertiveness and Social Skills Training: A Clinical Handbook*, San Francisco, CA: Springer.

Ford, M. 1992. *Motivating Humans: Goals, Emotions and Personal Agency Beliefs*. Thousand Oaks, CA: Sage.

Forman, S. G. 1993. *Coping Skills Interventions for Children and Adolescents*. San Francisco, CA: Jossey-Bass.

Fowler, J. 1981. *Stages of Faith*. Melbourne: Dove.

Frank, J. D. and J. B. Frank. 1991. *Persuasion and Healing: A Comparative Study of Psychotherapy*, 3rd ed. Baltimore, MD: Johns Hopkins University Press.

Frankl, V. 1973. *Psychotherapy and Existentialism: Selected Papers on Logo Therapy*. Harmondsworth: Penguin.

Fransella, F. and P. Dalton. 2000. *Personal Construct Counselling in Action*, 2nd ed. London: Sage.

Frauenglass, S., D. K. Routh, H. M. Pantin and C. A. Mason. 1997. "Family support decreases influence of deviant peers on Hispanic adolescents' substance use." *Journal of Clinical Child Psychology*, 26, pp.15~23.

Frederick, C. J. 1985. "Children traumatized by catastrophic situations." in S. Eth and R. S. Pynoos(eds.). *Post-traumatic Stress Disorder in Children*. Washington, DC: American Psychiatric Press. pp.71~100.

Friedman, H. L. 1993. "Adolescent social development: a global perspective — implications for health promotion across cultures." *Journal of Adolescent Health*, 14, pp.588~594.

Frydenberg, E. 1999. *Learning to Cope: Developing as a Person in Complex Societies*. Oxford: Oxford University Press.

Frydenberg, E. and R. Lewis. 1993. "Boys play sport and girls turn to others: age, gender, and ethnicity as determinants of coping." *Journal of Adolescence*, 16, pp.253~266.

Furman, L. 1990. "Video therapy: an alternative for the treatment of adolescents." *Arts in Psychotherapy*, 17, pp.165~169.

Gaoni, B., J. Kronenberg and N. Kaysar. 1994. "Boundaries during adolescence." *Israeli Journal of*

Psychiatry and Related Sciences, 31, pp.19~27.

Garcia, P. 1992. "The family effect on adolescent drug use: environmental and genetic factors." *The American Psychological Association*, 13, pp.39~48.

Garnefski, N. and R. Diekstra. 1996. "Child sexual abuse and emotional and behavior problems in adolescents: gender differences." *American Academy of Child and Adolescent Psychiatry*, 36, pp.323~329.

Garralda, N. E. 1992. "A selective review of child psychiatric syndromes with a somatic presentation." *British Journal of Psychiatry*, 161, pp.759~773.

Geldard, K. 2009. *Practical Interventions for Young People at Risk*. London: Sage.

Geldard, K. and D. Geldard. 2005. *Practical Counselling Skills: An Integrative Approach*. Basingstoke: Palgrave Macmillan.

_____. 2008a. *Counselling Children: A Practical Introduction*, 3rd ed. London: Sage.

_____. 2008b. *Personal Counselling Skills: An Integrative Approach*. Springfield, IL: Charles C. Thomas.

_____. 2009a. *Relationship Counselling for Children, Young People and Families*. London: Sage.

_____. 2009b. *Basic Personal Counselling: A Training Manual for Counsellors*, 6th ed. Frenchs Forest: Pearson Education Australia.

Gerevich, J. and E. Bacskai. 1996. "Protective and risk predictors in the development of drug abuse." *Journal of Drug Education*, 26, pp.25~38.

Gibson-Cline, J. 1996. *Adolescents: From Crisis to Coping—A Thirteen Nation Study*. Oxford: Butterworth-Heinemann.

Gilligan, C. 1983. "New maps of developments: new visions of maturity." *Annual Progress in Child Psychiatry and Child Development*, 3, pp.98~115.

Gladding, S. T. 1998. *Group Work: A Counseling Speciality*, 3rd ed. Englewood Cliffs, NJ: Prentice-Hall.

Glasser, W. 2001. *Counseling with Choice Therapy: the New Reality Therapy*. New York: Quill.

Glod, C. and M. Teicher. 1996. "Relationship between early abuse, post-traumatic stress disorder and activity levels in pre-pubertal children." *American Academy of Child and Adolescent Psychiatry*, 34, pp.1384~1393.

Grigg, M., J. Bowman and S. Redman. 1996. "Disordered eating and unhealthy weight reduction practices among adolescent females." *Preventative Medicine*, 25, pp.748~756.

Grinder, J. and R. Bandler. 1976. *The Structure of Magic*, vol.2. Palo Alto, CA: Science and Behav ior Books.

Grossman, M. and K. M. Rowat. 1995. "Parental relationships, coping strategies, received support, and wellbeing in adolescents of separated or divorced and married parents." *Research in Nursing and Health*, 18, pp.249~261.

Guerrero, L. K. and W. A. Afifi. 1995. "What parents don't know: taboo topics and topic avoidance in parent—child relationships." in T. J. Socha and G. Stamp(eds.). *Parents, Children, and Communication: Frontiers of Theory and Research*. Hillsdale, NJ: Lawrence Erlbaum. pp.219~245.

Haan, N. 1977. *Coping and Defending: Processes of Self-Environment Organization*. New York: Academic Press.

Hall, R., L. Tice, T. Beresford, B. Willey and A. Hall. 1989. "Sexual abuse in patients with anorexia nervosa and bulimia." *Psychosomatics*, 30, pp.73~79.

Hallsworth, S. and T. Young. 2009. "Working with gangs and other delinquent groups." in K. Geldard(ed.). *Practical Interventions for Young People at Risk*. London: Sage.

Hammarstrom, A. 1994. "Health consequences of youth unemployment: review from a gender perspective." *Social Science and Medicine*, 38, pp.699~709.

Handford, H. A., S. D. Mayes, R. E. Mattison, F. J. Humphrey, S. Bagnato, E. O. Bixler and J. D. Kales. 1986. "Child and parent reaction to the Three Mile Island nuclear accident." *Journal of the American Academy of Child Psychiatry*, 25, pp.346~356.

Harris, T. A. 1973. *I'm OK—You're OK*. London: Pan.

Havighurst, R. J. 1951. *Developmental Tasks and Education*. New York: Longman.

Heubeck, B. G., B. Tausch and B. Mayer. 1995. "Models of responsibility and depression in unemployed young males and females." *Journal of Community and Applied Social Psychology*, 5, pp.291~309.

Hintikka, U., E. Laukanaen, M. Marttunen and J. Lehtonen. 2006. "Good working alliance and psychotherapy are associated with positive changes in cognitive performance among adolescent psychiatric inpatients." *Bulletin of the Menninger Clinic*, 70(4), pp.316~335.

Hoffman, L. 1993. *Exchanging Voices: A Collaborative Approach to Family Therapy*. London: Karnac.

Hoffman, M. 1988. "Moral development." in M. Bornstein and M. Lamb(eds.). *Developmental Psychology: An Advanced Textbook*. Hillsdale, NJ: Lawrence Erlbaum. pp.497~548.

Holland, D. and A. Kipnis. 1994. "Metaphors for embarrassment and stories of exposure: the not so egocentric self in American culture." *Ethos*, 22, pp.316~342.

Horvath, A. O. 2001. "The therapeutic alliance: concepts, research and training." *Australian Psy chologist*, 36, pp.170~176.

Horvath, A. O. and B. D. Symonds. 1991. "Relationship between the working alliance and outcome in psychotherapy: a meta-analysis." *Journal of Counselling Psychology*, 38, pp.139~149.

Hoste, R. R. and D. le Grange. 2009. "Addressing eating problems." in K. Geldard(ed.). *Practical Interventions for Young People at Risk*. London: Sage.

Hu, F. B., B. R. Flak,, D. Hedeker and O. Syddiqui. 1995. "The influence of friends and parental smoking on adolescent smoking behaviour: the effects of time and prior smoking." *Journal of Applied Social Psychology*, 25, pp.2018~2047.

Hurrelman, K., U. Enel and J. C. Wideman. 1992. "Impacts of school pressure, conflict with parents, and career uncertainty on adolescent stress in the Federal Republic of Germany." *International Journal of Adolescents and Youth*, 4, pp.33~50.

Ianni, F. A. J. 1989. *The Search for Structure: A Report on American Youth Today*. New York: Free Press.

Ives, R. 1994. "Stop sniffing in the states: approaches to solvent misuse prevention in the USA." *Drugs, Education, Prevention and Policy*, 1, pp.37~48.

_____. 2009. "Tacking the misuse of volatile substances." in K. Geldard(ed.). *Practical Interventions for Young People at Risk*. London: Sage.

Ivey, M, A. Ivey and L. Simek-Morgan. 1993. *Counseling and Psychotherapy: A Multi-cultural Perspective*. Needham Heights, NY: Simon & Schuster.

Jackson, S and H. Bosma. 1990. "Coping and self in adolescence." in H. Bosma and S. Jackson(eds.). *Coping and Self-concept in Adolescence*. Berlin: Springer-Verlag. pp.203~221.

Janis, I. and L. Mann. 1982. "Counseling on personal positions." in I. Janis(ed.). *Counseling on Personal Decisions: Theory and Research on Short Term Helping Relationships*. New Haven, CT: Yale University Press.

Jenkins, J. E. 1996. "The influence of peer affiliation and student activities on adolescent drug involvement." *Adolescence*, 31, pp.297~306.

Jensen, A. R., S. J. Cohn and C. M. Cohn. 1989. "Speed of information processing in academically gifted youth." *Personality and Individual Differences*, 6, pp.621~629.

Jolley, R. and G. Thomas. 1994. "The development of sensitivity to metaphorical expression of moods in abstract art." *Educational Psychology*, 14, pp.437~450.

Josselson, R. 1987. *Finding Herself: Pathways to Identity Development in Women.* San Francisco, CA: Jossey-Bass.

Jung, C. G. 1968. *Collected Works*, Vol.9, pt 1: *The Archetypes and a Collective Unconscious*, 2nd ed. revised. Princeton, NJ: Princeton University Press.

Kaffman, M. 1995. "Brief therapy in the Israel kibbutz." *Contemporary Family Therapy: An International Journal* (special issue on family therapy in Israel), 17, pp.449~468.

Kalff, D. M. 2004. *Sandplay: A Psychotherapeutic Approach to the Psyche.* Cloverdale, CA: Temenos.

Kaplan, S., D. Pelcovitz, S. Salzinger and F. Mandel. 1997. "Adolescent physical abuse and suicide attempts." *Journal of the American Academy of Child and Adolescent Psychiatry*, 36, pp. 799~808.

Kazdin, A. E. 1985. *Treatment of Anti-social Behavior in Children and Adolescents.* Chicago, IL: Dorsey.

Kearney, C. A. and W. K. Silverman. 1995. "Family environment of youngsters with school refusal behavior: a synopsis with implications for assessment and treatment." *The American Journal of Family Therapy*, 23, pp.124~132.

Keil, F and N. Batterman, N. 1984. "A characteristic-to-defining shift in the development of word meaning." *Journal of Verbal Learning and Verbal Behaviour*, 23, pp.221~236.

Kelly, G. A. 1955. *The Psychology of Personal Constructs.* New York: Norton.

Kendall, P. C. and M. A. Southam-Gerow. 1996. "Long term follow up of cognitive behavioural therapy for anxiety disordered youth." *Journal of Consulting and Clinical Psychology*, 64, pp.724~730.

Kingsbury, S. J. 1994 "Interacting within metaphors." *American Journal of Clinical Hypnosis*, 36, pp.241~427.

Knight, G., A. Dubro and C. Chao. 1985. "Information processing and the development of co-operative, competitive and individualistic social values." *Developmental Psychology*, 27, pp. 37~45.

Kohlberg, L. 1968. "The child as a moral philosopher." *Psychology Today*, 2, pp.25~30.

_____. 1984. *The Psychology Moral Development: The Nature and Validity of Moral Stages.* San Francisco, CA: Harper & Row.

Kroger, J. 2005. *Identity in Adolescence: The Balance between Self and Other*, 3rd ed. London: Routledge.

Kutcher, S. P. and P. Marton. 1990. "Adolescent depression: a treatment review." in J. G. Simeon and B. Ferguson(eds.). *Treatment Strategies in Child and Adolescent Psychiatry*. New York: Plenum Press. pp.20~27.

Lamb, D. H. and S. J. Catanzaro. 1998. "Sexual and nonsexual boundary violations involving psychologists, clients, supervisees, and students: implications for professional practice." *Professional Psychology: Research and Practice*, 29(5), pp.498~503.

Lambie, I. 2009. "Young people with sexual behaviour problems: towards positive and healthy relationships." in K. Geldard(ed.). *Practical Interventions for Young People at Risk*. London: Sage.

Lawrence, G. and S. E. R. Kurpius. 2000. "Legal and ethical issues involved when counseling minors in nonschool settings." *Journal of Counselling and Development*, 78(2), pp.130~136.

Lazarus, J. D. and S. Folkman. 1984. *Stress, Appraisal and Coping*. New York: Springer.

Leavitt, R. S. and C. J. Pill. 1995. "Composing a self through writing: the ego and the ink." *Smith College Studies in Social Work*, 65, pp.137~149.

Levingston, B. and J. Melrose. 2009. "Alcohol and young people." in K. Geldard(ed.). *Practical Interventions for Young People at Risk*. London: Sage.

Lincoln, C. and P. McGorry. 1995. "Who cares? Pathways to psychiatric care for young people experiencing a first episode of psychosis." *Psychiatric Services*, 46, pp.1166~1171.

Lo, L. 1994. "Exploring teenage shoplifting behavior: a choice and constraint approach." *Environment and Behavior*, 26, pp.613~639.

Lovat, T. J. 1991. *Childhood into Adolescence: Perspectives and Issues for Teachers*. Wentworth Fall, NSW: Social Science Press.

Lowenfeld, M. 1967. *Play in Childhood*. New York: John Wiley.

Luntz, B. and C. Widom. 1994. "Anti-social personality disorder in abused and neglected children grown up." *American Journal of Psychiatry*, 151, pp.670~674.

Mabey, J. and B. Sorensen. 1995. *Counselling for Young People*. Buckingham: Open University Press.

Madanes, C. 1981. *Strategic Family Therapy*. San Fnncisco, CA: Jossey-Bass.

_____. 1984. *Behind the One-way Mirror: Advances in the Practice of Strategic Therapy*. San Francisco, CA. Jossey-Bass.

Madonna, J. and P. Caswell. 1991. "The utilisation of flexible techniques in group therapy with delinquent adolescent boys." *Journal of Child and Adolescent Group Therapy*, 1, pp.147~157.

Mann, D. 1991. "Humor in psychotherapy." *Psychoanalytic Psychotherapy*, 5, pp.161~170.

Martin, A. 1997. "On teenagers and tattoos." *Journal of the American Academy of Child and Ado lescent Psychiatry*, 36, pp.860~861.

Mazurova, A. and M. Rozin. 1991. "Family conflicts of counter cultural youth of the USSR and possible psychotherapeutic approaches." *American Journal of Family Therapy*, 19, pp.47~53.

McBroom, J. R. 1994. "Correlates of alcohol and marijuana use among junior high school students: family, peers, school problems, and psychosocial concerns." *Youth and Society*, 26, pp.54~68.

McClellan, J., C. McCurry, M. Ronnei and J. Adams. 1997. "Relationship between sexual abuse, gender and sexually inappropriate behaviors in seriously mentally ill youth." *Journal of the American Academy of Child and Adolescent Psychiatry*, 367, pp.959~965.

McEvoy, A. and E. Erickson. 1990. *Youth and Exploitation*. Holmes Beach, FL: Learning Publications.

McGee, R., D. Wolfe and S. Wilson. 1997. "Multiple maltreatment experiences and adolescent behaviour problems: adolescent perspectives." *Development and Psychopathology*, 9, pp.131~149.

Mead, M. 1975. *Coming of Age in Samoa*. New York: Morrow.

Meeus, W., M. Dekobic and J. Iedema. 1997, "Unemployment and identity in adolescence: a social comparison perspective." *Career Development Quarterly*, 45, pp.369~380.

Meier, S. T. 1989. *The Elements of Counseling*. Pacific Grove, CA: Brooks/Cole.

Meshot, C. and L. Leitner. 1993. "Adolescent mourning and parental death." *Amiga Journal of Death and Dying*, 26, pp.287~299.

Michell, L. and P. West. 1996. "Peer pressure to smoke: the means depends on the method." *Health Education and Research*, 11, pp.39~49.

Miller, Shirley M(ed.). 1983. *Counseling and Psychotherapy with Children and Adolescents*. Tampa, FL: Mariner.

Molidor, C. E. 1996. "Female gang members: a profile of aggression and victimisation." *Social Work*, 41, pp.251~257.

Monsour, M. 1992. "Meanings of intimacy in cross — and same — sex friendships." *Journal of Social and Personal Relationships*, 9, pp.277~295.

Moore, S. 2009. "Sexual health related interventions." in K. Geldard(ed.). *Practical Interventions for Young People at Risk*. London: Sage.

Morra, S., B. Caloni and M. d'Amico. 1994. "Working memory and the intentional depiction of emotions." *Archives of Psychology*, 62, pp.71~87.

Mortlock, J. 1995. "Chloe: 'Who cares for me' counselling with a disturbed and disturbing teenager." *Therapeutic Care and Education*, 4, pp.10~13.

Nader, K., R. S. Pynoos, L. Fairbanks and C. Frederick, C. 1990. "Children's PTSD reactions one year after a sniper attack at their school." *American Journal of Psychiatry*, 147, pp.1526~1530.

Nelson, R. C. 1992. *On the Crest: Growing through Effective Choices*. Minneapolis, MN: Educational Media Corporation.

Neumark-Sztainer, D., M. Story, S. French and N. Resnick. 1997. "Psycho-social correlates of health compromising behaviours among adolescents." *Health Education Research*, 12, pp.37~52.

O'Connell, B. 2005. *Solution Focused Therapy*, 2nd ed. London: Sage.

O'Keefe, M. 1996. "The differential effects of family violence on adolescent adjustment." *Child and Adolescent Social Work Journal*, 13, pp.51~68.

O'Koon, J. 1997. "Attachment to parents and peers in adolescence and their relationship with self image." *Journal of Adolescence*, 32, pp.471~482.

Oppenheimer, R., K. Howels, R. Palmer and D. Chalomer. 1985. "Adverse sexual experiences in childhood and clinical eating disorders: preliminary description." *Journal of Psychiatric Research*, 19, pp.357~361.

Palazzoli, S. N., L. Boscolo, F. G. Cecchin and G. Prata. 1980. "Hypothesising circularity neutrality: three guidelines for the conductor of the session." *Family Process*, 19, pp.3~12.

Parks, M. R. and K. Floyd. 1996. "Meanings for closeness and intimacy in friendship." *Journal of Social and Personal Relationships*, 13, pp.85~107.

Patton, W and P. Noller. 1990. "Adolescent self-concept: effects of being employed, unemployed or returning to school." *Australian Journal of Psychology*, 42, pp.247~259.

Perry, M. J. and W. Mandell. 1995. "Psychosocial factors associated with the initiation of cocaine use among marijuana users." *Psychology of Addictive Behaviours*, 9, pp.99~100.

Peters, M. and E. Weller. 1994. "Resolved: several weeks of depressive symptoms after exposure to a friend's suicide is 'major depressive disorder: negative'." *Journal of the American Academy of Child and Adolescent Psychiatry*, 33, pp.584~586.

Peters, T. C. 1990. "Student graffiti and social class: clues for counsellors." *School Counsellor*, 38, pp.123~132.

Peterson, R. W. 1994. "The adrenalin metaphor: narrative mind and practice in child and youth care." *Journal of Child and Youth Care*, 9, pp.107~121.

Piaget, J. 1948/1966. *Psychology of Intelligence*. New York: Harcourt.

Pierce, R. A., M. P. Nichols and J. R. Du Brin. 1983. *Emotional Expression in Psychotherapy.* New York: Amereon.

Pierce, W., E. Lemke and R. Smith. 1988. "Critical thinking and moral development in secondary students." *High School Journal*, 71, pp.120~126.

Prochaska, J. O. 1999. "How do people change, and how change to help many more people." in M. Hubble, B. Duncan and S. Miller(eds.). *Heart and Soul of Change: What Works in Therapy.* Washington, DC: American Psychological Association.

Radkowski, M. and L. J. Siegel. 1997. "The gay adolescent: stresses, adaptations, and psychosocial interventions." *Clinical Psychology Review*, 17, pp.191~216.

Raich, R. N., J. C. Rosen, J. Deus and O. Perez. 1992. "Eating disorder symptoms among adolescents in the United States and Spain: a comparative study." *International Journal of Eating Disorders*, 11, pp.63~72.

Raviv, A. and E. Maddy-Weitzman. 1992. "Parents of adolescents: help seeking intentions as a function of help sources and parenting issues." *Journal of Adolescence,* 15, pp.115~121.

Readdick, C. A. 1997. "Adolescents and adults at the mall: diadic interactions." *Adolescence*, 32, pp.313~322.

Reddy, P. 2006. "Cultural diversity and professional practice." in S. Morrissey and P. Reddy(eds.). *Ethics and Professional Practice for Psychologists.* Thompson: Melbourn.

Reinecke, M. A., F. M. Dattilio and A. Freeman. 2006. *Cognitive Therapy with Children and Ado lesecnts: A Casebook for Clinical Practice*, 2nd ed. New York: Guilford Press.

Reyes, B. 1994. "Cultural symbols and images in the counselling process." *Pastoral Psychology*, 42, pp.277~284.

Robin, S. S. and E. O. Johnson. 1996. "Attitude and peer cross pressure: adolescent drug and alcohol use." *Journal of Drug Education*, 26, pp.69~99.

Rogers, C. R. 1955. *Client-Centered Therapy.* Boston, MA: Houghton-Mifflin.

_____. 1965. *Client-Centered Therapy: Its Current Practice, Implications and Theory.* Boston, MA: Houghton-Mifflin.

Rosenbaum, R. 1994. "Single session therapies: intrinsic integration?" *Journal of Psychotherapy Integration*, 4, pp.229~252.

Rotenberg, K. J. 1995. *Disclosure Processes in Children and Adolescents.* Cambridge: Cambridge University Press.

Rutter, V. 1995. "Adolescence: whose hell is it?" *Psychology Today*, 28, pp.54~65.

Ryce-Menuhin, J. 1992. *Jungian Sand Play: The Wonderful Therapy*. New York: Routledge, Chapman & Hall.

Ryder, R. G. and S. Bartle. 1991. "Boundaries as distance regulators in personal relationships." *Family Process*, 30, pp.393~406.

Safran, J. D. and J. C. Muran. 2000. *Negotiating the Therapeutic Alliance: A Relational Treatment Guide*. New York: Guilford Press.

Safran, J. D., J. C. Muran, L. W. Samstag and C. Stevens. 2002. "Repairing alliance ruptures." in J.C. Norcross(ed.). *Psychotherapy Relationships That Work*. New York: Oxford University Press. pp.17~32.

Safyer, A. W., B. H. Leahy and N. B. Colan. 1995. "The impact of work on adolescent development." *Families in Society*, 76, pp.38~45.

Salzman, J. 1997. "Ambivalent attachment in female adolescents: association with affective instability and eating disorders." *International Journal of Eating Disorders*, 21, pp.251~259.

Sanders, B. and M. Giolas. 1991. "Dissociation and childhood trauma in psychologically disturbed adolescents." *American Journal of Psychiatry*, 148, pp.50~54.

Sandler, I. N., S. A. Wolchik, D. MacKinon, T. Ayers and M. W. Roosa. 1997. "Developing linkages between theory and intervention in stress and coping processes." in A. Walchik and I. Sandler (eds.). *Handbook of Children's Coping: Linking Theory and Intervention*. New York: Plenum Press. pp.3~40.

Santrock, J. W. 1993. *Adolescence*. Madison, WI: Brown & Benchmark.

Schaeffer, C., R. Chang and S. W. Henggeler. 2009. "Responding to the use of illicit drugs." in K. Geldard(ed.). *Practical Interventions for Young People at Risk*. London: Sage.

Schlossberg, N. K. 1989. "Marginality and mattering: key issues in building community." *New Directions for Children's Services*, 48, pp.5~15.

Schmidt, M. 1991. "Problems of child abuse with adolescents in chemically dependent families." *Journal of Adolescent Chemical Dependency*, 1, pp.9~24.

Schonert-Reichl, K. A. and J. R. Muller. 1996. "Correlates of help seeking in adolescents." *Journal of Youth and Adolescence*, 25, pp.705~731.

Schrof, J. 1995. "Unhappy girls and boys." *US News and World Report*, 119, pp.86~88.

Searight, H. R., S. L. Thomas, C. M. Manley and T.U. Ketterson. 1995. "Self-disclosure in adolescents: a family systems perspective." in K. J. Rotenberg(ed.). *Disclosure Processes in Children and Adolescents*. Cambridge: Cambridge University Press. pp.204~225.

Seiffge-Krenke, I. 1995. *Stress, Coping, and Relationships in Adolescence.* Hillsdale, NJ: Lawrence Erlbaum.

Sharp, D. L., R. E. Cole, C. E. Kourofsky and S. W. Blaakman. 2009. "Intervening with youth who engage in fire-lighting." in K. Geldard(ed.). *Practical Interventions for Young People at Risk.* London: Sage.

Shave, D. and B. Shave. 1989. *Early Adolescence and the Search for Self: A Developmental Perspective.* New York: Praeger.

Shulman, S., I. Seiffge-Krenke, R. Levy-Shiff and B. Fabian. 1995. "Peer group and family relationships in early adolescence." *International Journal of Psychology*, 30, pp.573~590.

Sigler, R. T. 1995. "Gang violence." *Journal of Health Care for the Poor and Underserved*, 6, pp. 198~203.

Simeonsson, R. J. 1994. *Risk, Resilience and Prevention: Promoting the Well Being of All Children.* Baltimore, MD: Brookes.

Singer, M. I., T. M. Anglin, L. Y. Song and L. Lunghofer, L. 1995. "Adolescents' exposure to violence and associated symptoms of psychological trauma." *Journal of the American Medical Association*, 273, pp.477~482.

Slavin, J. H. 1996. "Readiness for psychoanalytic treatment in late adolescents: developmental and adaptive considerations." *Psychoanalytic Psychology*, 13, pp.35~51.

Smith, C. 1997. "Factors associated with early sexual activity among urban adolescents." *Social Work Journal*, 42, pp.334~346.

Sommers-Flanagan, J. and R. Sommers-Flanagan. 1996. "The Wizard of Oz metaphor in hypnosis with treatment resistant children." *American Journal of Clinical Hypnosis*, 39, pp.105~114.

Spinelli, E. 2003. "The existential-phenomenological paradigm." in R. Woolfe and W. Dryden(eds.). *Handbook of Counselling Psychology*, 2nd ed. London: Sage. pp.180~198.

Spirito, A., L. Stark, N. Grace and D. Stamoulis. 1991. "Common problems and coping strategies reported in childhood and early adolescence." *Journal of Youth and Adolescence*, 20, pp.531~544.

Steinberg, L. 1990. "Autonomy, conflict, and harmony in the family relationship." in S. S. Feldman and G. R. Elliot(eds.). *At the Threshold: The Developing Adolescent.* Cambridge, MA: Harvard University Press. pp.255~276.

Steinberg, L. and W. Steinberg. 1994. *Crossing Paths: How Your Child's Adolescence Triggers Your Own Crisis.* New York: Simon & Schuster.

Steiner, H., I. Garcia and Z. Matthews. 1997. "Post-traumatic stress disorder in incarcerated juvenile delinquents." *American Academy of Child and Adolescent Psychiatry*, 36, pp.357~365.

Stewart, I. 2007. *Transactional Analysis Counselling in Action*, 3rd ed. London: Sage.

Stoddard, F. J., D. K. Norman and J. M. Murphy. 1989. "A diagnostic outcome study of children and adolescents with severe burns." *Journal of Trauma*, 29, pp.471~477.

Story, N., S. A. French, N. D. Resnick and R. W. Blum. 1995. "Ethnic/racial and socioeconomic differences in dieting behaviours and body image perceptions in adolescence." *International Journal of Eating Disorders*, 18, pp.173~179.

Sussman, T. and M. Duffy. 1996. "Are we forgetting about gay male adolescents in AIDS related research and prevention?" *Youth and Society*, 27, pp.379~393.

Swanson, M. S. 1991. *At Risk Students in Elementary Education: Effective Schools for Disadvantaged Learners*. Springfield, IL: Thomas.

Talmon, M. 1990. *Single Session Therapy: Maximizing the Effect of the First (and Often Only) Therapeutic Encounter*. San Francisco, CA: Jossey-Bass.

Tervalon, M. and J. Murray-Garcia. 1998. "Cultural humility versus cultural competence: a critical distinction in defining physician training outcomes in multicultural education." *Journal of Health Care for the Poor and Underserved*, 9(2), pp.117~125.

Tharp, R. 1991. "Cultural diversity and the treatment of children." *Journal of Consulting and Clinical Psychology*, 59, pp.799~812.

Tomori, M. 1994. "Personality characteristics of adolescents with alcoholic parents." *Adolescence*, 29, pp.949~959.

Tubman, J. G., M. Windle and R. C. Windle. 1996. "Cumulative sexual intercourse patterns among middle adolescents: problem behavior precursors and concurrent heatlth risk behaviors." *Journal of Adolescent Health*, 18, pp.182~191.

Tucker, R. 1989. "Teen Satanism." paper presented at the Conference on Ritual Abuse: Fact or Fiction, The Institute for the Prevention of Child Abuse, Ontario.

Turner, G. 1999. "Peer support and young people's health." *Journal of Adolescence*, 22, pp.567~572.

Tyler, M. 1978. *Advisory and Counselling Services for Young People*, DHSS Research Report no.1. London: HMSO.

USA Today Magazine. 1997. 125(2622), p.8.

Vallliant, P. and D. H. Antonowicz. 1991. "Cognitive behaviour therapy and social skills training improves personality and cognition in incarcerated offenders." *Psychological Reports*, 68, pp. 27~33.

VanderMay, B. and R. Meff. 1982. "Adult-child incest: a review of research and treatment." *Adolescence*, 17, pp.717~735.

Vernon, A. 2004. *Counseling Children and Adolescents*, 3rd ed. Denver, CO: Love.

Vondracek, F. W. and S. Corneal. 1995. *Strategies for Resolving Individual and Family Problems*. Pacific Grove, CA: Brooks/Cole.

Waiswol, N. 1995. "Projective techniques as psychotherapy." *American Journal of Psychotherapy*, 49, pp.244~259.

Wampold, B. E. 2001. *The Great Psychotherapy Debate: Models, Methods, and Findings*. Mahwah, NJ: Erlbaum.

Wang, A. Y. 1994. "Pride and prejudice in high school gang members." *Adolescence*, 29, pp.279~291.

Wang, M. Q., E. C. Fitzheugh, J. M. Eddy and Q. Fu. 1997. "Social influences on adolescents' smoking progress: a longitudinal analysis." *American Journal of Health Behavior*, 21, pp.111~117.

Wardle, J., R. Bindra, B. Fairclough and A. Westcombe. 1993. "Culture and body image: body perception and weight concern in young Asian and Caucasian British women." *Journal of Community and Applied Social Psychology*, 3, pp.173~181.

Warner, R. E. 1996. "Comparison of client and counsellor satisfaction with treatment duration." *Journal of College Students Psychotherapy*, 10, pp.73~88.

Warren, S., L. Huston, B. Edgeland and L. Sroufe. 1997. "Child and adolescent anxiety disorders and early attachment." *Journal of the American Academy of Child and Adolescent Psychiatry*, 36, pp.637~644.

Waterman, A. 1984. *The Psychology of Individualism*. New York: Praeger.

Waterman, A. S. 1992. "Identity as an aspect of optimal psychological functioning." in R. Adams, T. P. Gulotta and R. Montemoyr(eds.). *Adolescent Identity Formation*. Thousand Oaks, CA: Sage. pp.50~72.

Webster, R. A., M. Hunter and J. A. Keats. 1994. "Peer and parental influences on adolescents' substance abuse: a path analysis." *International Journal of the Addictions*, 29, pp.647~657.

Weinhold, B. K. 1987. "Altered states of consciousness: an explorer's guide to inner space." *Counselling and Human Development*, 20, pp.1~12.

Welch, S, H. Doll and C. Fairburn. 1997. "Life events and the onset of bulimia nervosa: a controlled study." *Psychological Medicine*, 27, pp.515~522.

West, D. J. 1982. *Delinquency: Its Roots, Careers and Prospects*. Cambridge, MA: Harvard University Press.

West, M. O. and R. J. Prinz. 1988. "Parental alcoholism and childhood psychopathology." in S. Chess, A. Thomas and M. E. Hertzig(eds.). *Annual Progress in Child Psychiatry and Child Development*. New York: Brunner/Mazel. pp.278~314.

White, F. A. 1996. "Parent, adolescent communication and adolescent decision making." *Journal of Family Studies*, 2, pp.41~56.

White, M. 2007. *Maps of Narrative Practice*. New York: Norton.

Widon, C. S. 1994. "Childhood victimization and adolescent problem behaviors." in R. B. Kettellinus and N. E. Land(eds.). *Adolescent Problem Behaviors*. Hillsdale, NJ: Lawrence Erlbaum. pp. 127~164.

Wilkes, T. C., G. Belsher, A. J. Rush and E. Frank. 1994. *Cognitive Therapy for Depressed Adolescents*. New York: Guilford Press.

Wills, T. A., J. T. Pierce and R. I. Evans. 1996. "Large scale environmental risk factors for substance abuse." *American Behavioral Scientist*, 39, pp.808~822.

Wilson. C. J. and F. P. Deane. 2001. "Adolescent opinions about reducing help-seeking barriers and increasing appropriate help engagement." *Journal of Educational and Psychological Consultation*, 12(4), pp.345~364.

Winefield, A. H. and M. Tiggemann. 1990. "Employment status and psychological well-being: a longitudinal study." *Journal of Applied Psychology*, 75, pp.455~459.

Winter, D. A. 2003. "The constructivist paradigm." in R. Woolfe and W. Dryden(eds.). *Handbook of Counselling Psychology*, 2nd ed. London: Sage. pp.241~259.

Woolfe, R., W. Dryden and S. Strawbridge(eds.). 2003. *Handbook of Counselling Psychology*, 2nd ed. London: Sage.

Word, W. 1996. "Mortality awareness and risk taking in late adolescence." *Death Studies*, 20, pp.133~148.

World Health Organization(WHO). 1994. *ICD-I0 Classification of Mental and Behavioural Disorders: Clinical Descriptions and Diagnostic Guidelines*. Geneva: World Health Organization.

World Health Organization, Collaborating Centre for Mental Health and Substance Abuse. 1997. *Treatment Protocol Project Management of Mental Disorders*. Sydney: World Health Organization.

Yarnold, B. M. and V. Patterson. 1995. "Factors correlated with adolescent use of crack in public schools." *Psychological Reports*, 76, pp.467~474.

Young, R. A., S. Antal, M. E. Bassett, A. Post, N. DeVries and L. Valach. 1999. "The joint actions of adolescents in peer conversations about career." *Journal of Adolescence*, 22, pp.527~538.

Youniss, J. and J. Smollar. 1985. *Adolescent Relations with Mothers, Fathers and Friends*. Chicago, IL: University of Chicago Press.

찾아보기

인명

지은이

캐스린 겔다드 Kathryn Geldard

오스트레일리아의 퀸즐랜드 주에 있는 선샤인코스트 대학에서 상담학 전임강사로 일하고 있다.

데이비드 겔다드 David Geldard

공공 정신건강을 위한 여러 기관에서 아동과 가족을 전문적으로 돌보는 심리학자이다. 개인적으로도 상담기관을 운영하고 있다.

저자들의 다른 저작

- 『아동, 청소년, 가족을 위한 관계상담(Relationship Counselling for Children, Young People and Families)』 (SAGE, 2009)
- 『위기상황의 청소년을 위한 실제개입(Practical Interventions for Young People at Risk)』(SAGE, 2009)
- 『개인상담의 기초: 상담훈련 매뉴얼(Basic Personal Counselling: A Training Manual for Counsellors)』, 6판 (Prentice Hall, 2009)
- 『아동상담: 실천을 위한 입문서(Counselling Children: A Practical Introduction)』, 3판(SAGE, 2008)
- 『개인상담 기술: 통합적 접근(Personal Counseling Skills: An Integrated Approach)』(Charles C. Thomas, 2008)
- 『실제적 상담 기술: 통합적 접근(Practical Counselling Skills: An Integrative Approach)』(Palgrave Macmillan, 2003)
- 『일상에서 이용할 상담기술(Counselling Skills in Everyday Life)』(Palgrave Macmillan, 2003)
- 『아동집단상담: 상담사, 교육자, 사회사업가(Working with Children in Groups: A Handbook for Counsellors, Educators, and Community Workers)』(Palgrave Macmillan, 2001)

옮긴이

김시원

1976년 이화여자대학교에 입학해서 기독교학 전공과 철학 부전공, 그리고 2013년에 조직신학으로 박사학위를 받기까지 36년이 걸렸다. 그사이에 뉴질랜드 바이블 칼리지(Bible College of New Zealand)에서 상담디플로마(Diploma of Counselling) 과정을 졸업하고 랑기토토(Rangitoto) 고등학교에서 상담교사로 6년 동안 일하면서 뉴질랜드 상담자 협회(New Zealand Association of Counsellors)의 정회원이 되었다. 한국에 돌아온 후, 현재 이화여자대학교 신학대학원 이화목회상담센터에서 강사 및 슈퍼바이저로 일하고 있으며, 한국목회상담협회의 전문가 회원이다.

한울아카데미 1817

청소년 상담
청소년을 위한 선행주도 접근방법

지은이 ┃ 캐스린 겔다드·데이비드 겔다드
옮긴이 ┃ 김시원
펴낸이 ┃ 김종수
펴낸곳 ┃ 도서출판 한울

편집책임 ┃ 이수동
편집 ┃ 정경윤

초판 1쇄 인쇄 ┃ 2015년 9월 7일
초판 1쇄 발행 ┃ 2015년 9월 17일

주소 ┃ 10881 경기도 파주시 광인사길 153 한울시소빌딩 3층
전화 ┃ 031-955-0655
팩스 ┃ 031-955-0656
홈페이지 ┃ www.hanulbooks.co.kr
등록번호 ┃ 제406-2003-000051호

Printed in Korea.
ISBN 978-89-460-5817-0 93180 (양장)
      978-89-460-6040-1 93180 (학생판)

* 책값은 겉표지에 표시되어 있습니다.
* 이 책은 강의를 위한 학생용 교재를 따로 준비했습니다.
  강의 교재로 사용하실 때에는 본사로 연락해주시기 바랍니다.